O Último Templário

Raymond Khoury

TRADUÇÃO DE
Vera de Paula Assis

5ª reimpressão

Ediouro

Título original
The Last Templar

Adaptação de capa
Obra Completa Comunicação

Revisão
Isabella Leal
Liciane Corrêa

Produção editorial
Juliana Romeiro

CIP-Brasil. Catalogação-na-fonte
Sindicato Nacional dos Editores de Livros, RJ.

K56u Khoury, Raymond
O último templário / Raymond Khoury; tradução Vera de Paula Assis. — Rio de Janeiro: Ediouro, 2006.

Tradução de: The last templar
ISBN 85-00-01845-3

1. Templários — Ficção. 2. Romance. I. Assis, Vera de Paula. II. Título.

CDD 891.73
06-1363 CDU 821.411.21'06-3

06 07 08 09 10 5 4 3 2 1

Rua Nova Jerusalém, 345 – Bonsucesso
Rio de Janeiro – RJ – CEP: 21042-235
Tel.: (21)3882-8200 – Fax: (21)3882-8212/8313
www.ediouro.com.br

Para os meus pais

Para as minhas meninas:
Suellen, Mia e Gracie

e

Para o meu amigo do peito
Adam B. Wachtel
(1959-2005)
Você teria gostado muito disto tudo.
Sou grato à Victoria e à Elizabeth por terem dividido você conosco.
Sentiremos sua falta.
Muito.

Tem nos servido bem, este mito de Cristo.

— Papa Leão X, século XVI

Prólogo

Acre, reino latino de Jerusalém, 1291

A Terra Santa está perdida.

Esse único pensamento continuava a perseguir Martin de Carmaux, sua finalidade brutal mais aterrorizante que as hordas de guerreiros entrando em enxame pela brecha no muro.

Ele lutou para reprimir o pensamento, para afastá-lo.

Agora não era hora para lamentações. Ele tinha um trabalho a fazer.

Homens a matar.

Sua espada larga brandida ele mergulhou através das nuvens sufocantes de fumaça e poeira e arremeteu no meio das tropas fervilhantes do inimigo. Eles estavam por toda parte, suas cimitarras e machados rasgando a carne, os gritos dos guerreiros dilacerando a inquietadora batida rítmica dos tímpanos do lado de fora dos muros da fortaleza.

Com toda sua força, ele desceu a espada, rachando o crânio de um homem até os olhos, a lâmina saltando livre ao investir contra seu próximo oponente. Ao lançar um rápido olhar à sua direita, reconheceu Aimard de Villiers dirigindo a espada para o peito de outro atacante antes de continuar para o próximo oponente. Atordoado pelos lamentos de dor e pelos gritos estridentes de fúria à sua volta, Martin sentiu alguém agarrar sua mão esquerda e rechaçou agilmente o ofensor com o punho de sua espada antes de descer sua lâmina, sentindo-a atravessar músculos e ossos. Do canto do olho, sentiu algo ameaçadoramente próximo à sua direita e, instintivamente, brandiu a espada contra o vulto, decepando o antebraço de outro dos invasores antes de, num único golpe, escancarar o rosto e cortar a língua.

Já se passavam horas desde que ele ou qualquer um de seus aliados tiveram um momento de pausa. O ataque muçulmano não apenas tinha sido incessante, como também tinha sido muito pior do que o imaginado. Flechas e projéteis de piche em chamas tinham chovido constantemente sobre a cidade durante dias, dando início a mais incêndios do que poderiam ser enfrentados de uma só vez, enquanto os homens do Sultão tinham aberto, por debaixo dos grandes muros, buracos que eles encheram de galhos e que também foram colocados em chamas. Em vários lugares, essas fornalhas improvisadas tinham rachado os muros que agora desmoronavam sob uma barragem de rochas catapultadas. Os Templários e os Hospitalários tinham conseguido repelir, por pura força de vontade, o ataque no Portão de Santo Antônio antes de atiçar o fogo e de bater em retirada. A Torre Amaldiçoada, contudo, tinha feito jus ao seu nome, permitindo a entrada dos desenfreados sarracenos e selando o seu destino.

Gritos estridentes de agonia se perdiam no confuso tumulto enquanto Martin recolhia sua espada e olhava por toda parte numa busca desesperada de qualquer sinal de esperança, mas não havia nenhuma dúvida em sua mente. A Terra Santa estava, de fato, perdida. Com crescente pavor, ele percebeu que todos eles estariam mortos antes que a noite acabasse. Eles enfrentavam o maior exército já visto e, apesar da fúria e da paixão que corriam em suas veias, seus esforços e os de seus irmãos estavam indubitavelmente fadados ao fracasso.

Não demorou muito antes que seus superiores também se dessem conta disso. Seu coração se esmorecia enquanto ouvia a profética corneta convocando os Cavaleiros do Templo sobreviventes a abandonar as defesas da cidade. Seus olhos, olhando para a esquerda e para a direita num confuso frenesi, voltaram a encontrar os de Aimard de Villiers. Viu neles a mesma agonia, a mesma vergonha que ardia dentro dele. Lado a lado, lutaram para abrir caminho por entre a turba desordenada e conseguiram voltar à relativa segurança do complexo templário.

Martin seguiu o cavaleiro mais velho enquanto ele se movia agressivamente através da multidão de civis aterrorizados que tinham buscado refúgio por trás dos sólidos muros do burgo. A visão que os recebeu no grande vestíbulo o chocou mais ainda que a carnificina que testemunhara do lado de fora. Deitado em uma rústica mesa de refeitório estava Guilherme de Beaujeu, o grão-mestre dos Cavaleiros do Templo. Pedro de Sevrey, o marechal, estava de pé ao seu lado, junto com dois monges. Os olhares pesarosos em seus rostos deixavam pouco espaço para dúvida. Quando os dois cavaleiros chegaram ao seu lado, os olhos de Beaujeu se abriram, e ele ergueu ligeiramente a cabeça, o movimento causando um involuntário gemido de dor. Martin olhou fixamente para ele, atordoado, sem conseguir acreditar naquilo que via. A pele do velho estava totalmente sem cor, os olhos, injetados de sangue. Os olhos de Martin percorreram o corpo de Beaujeu, lutando para tentar dar um sentido ao que via, e identificou a flecha de pena saindo pela lateral da caixa torácica. O grão-mestre segurava a haste na curva da sua mão. Com a outra, acenou para Aimard, que se aproximava dele, ajoelhou-se ao seu lado e envolveu a mão dele entre as próprias mãos.

— Chegou a hora — conseguiu dizer o velho, a voz doída e fraca, mas clara. — Vá agora. E que Deus esteja contigo.

As palavras passaram pelos ouvidos de Martin. Sua atenção estava em outro lugar, concentrada em algo que tinha percebido assim que Beaujeu abrira a boca. Era a língua dele, que tinha ficado preta. Fúria e ódio cresceram na garganta de Martin ao reconhecer os efeitos da flecha envenenada. Este líder de homens, a figura imponente que tinha dominado cada aspecto da vida do jovem cavaleiro até onde conseguia se lembrar, estava praticamente morto.

Ele percebeu Beaujeu erguer o olhar a Sevrey e inclinar a cabeça quase imperceptivelmente. O marechal foi até o pé da mesa e ergueu uma capa de veludo para revelar um pequeno baú ornamentado. Não tinha mais que três palmos de largura. Martin nunca o tinha visto antes. Ele o examinou em extasiado silêncio enquanto Aimard se levantava e olhava fixa e solenemente para o baú e, então, voltou a olhar para Beaujeu. O velho manteve o olhar fixo antes de voltar a fechar os olhos, a respiração assumindo um som de mau agouro. Aimard foi até Sevrey e o abraçou, ergueu o pequeno baú e, sem sequer lançar um olhar para trás, rumou para fora. Ao passar por Martin, disse simplesmente:

— Venha.

Martin teve um momento de hesitação e lançou um olhar para Beaujeu e para o marechal, que inclinou a cabeça em aprovação. Saiu rapidamente atrás de Aimard e logo percebeu que eles não estavam indo em direção ao inimigo.

Estavam se dirigindo para o cais da fortaleza.

— Para onde estamos indo? — perguntou num tom de desafio.

Aimard não reduziu sua marcha.

— O *Templo do Falcão* nos espera. Rápido.

Martin parou de segui-lo, a mente rodopiando em confusão. "Estamos partindo?"

Ele conhecia Aimard de Villiers desde a morte de seu pai, ele próprio um cavaleiro, 15 anos antes, quando Martin mal tinha cinco anos. Desde então, Aimard tinha sido seu guardião, seu mentor. Seu herói. Tinham lutado juntos muitas batalhas e era certo, acreditava Martin, que permanecessem lado a lado e morressem juntos quando chegasse o final. Mas não isto. Isto era loucura. Era... *deserção*.

Aimard também parou, mas apenas para agarrar o ombro de Martin e empurrá-lo para continuar andando.

— Apresse-se — ordenou ele.

— Não — gritou Martin, afastando dele a mão de Aimard.

— Sim — insistiu laconicamente o cavaleiro mais velho.

Martin sentiu as náuseas subindo à garganta; seu rosto anuviou enquanto lutava para encontrar as palavras.

— Não desertarei nossos irmãos — balbuciou. — Não agora, nem nunca!

Aimard soltou um pesado suspiro e lançou um olhar para trás, para a cidade sitiada. Projéteis em chamas desenhavam arcos no céu noturno e desciam violentamente de todos os lados. Ainda agarrando o pequeno baú, ele virou-se e deu um passo ameaçador para frente e, então com seus rostos a meio palmo de distância, Martin viu que os olhos do amigo estavam úmidos com lágrimas não derramadas.

— Acha que quero abandoná-los? — disse num sibilo, a voz cortando o ar. — Abandonar nosso mestre, em sua hora final? Você me conhece muito bem e é sábio o bastante para não acreditar nisso.

A mente de Martin fervilhava em grande confusão.

— Então... *por quê?*

— O que precisamos fazer é muito mais importante que matar mais alguns desses cães raivosos — respondeu Aimard sombriamente. — É crucial para a sobrevivência da nossa Ordem. É crucial se quisermos garantir que tudo aquilo por que trabalhamos também não morrerá aqui. Precisamos ir. Agora.

Martin abriu a boca para protestar, mas a expressão de Aimard era violentamente inequívoca. Martin inclinou a cabeça em lacônica aquiescência, embora com má vontade, e o seguiu.

O único navio que restava no porto era o *Templo do Falcão*. As demais galés zarparam antes que o ataque sarraceno tivesse interceptado o principal porto da cidade uma semana antes. Já em maré baixa, estava sendo carregado por escravos, sargentos-irmãos e cavaleiros. Uma atrás da outra, as perguntas revolviam no cérebro de Martin, mas ele não tinha tempo de fazer nenhuma delas. Ao se aproximarem do cais, ele viu o comandante do navio, um velho marinheiro que só conhecia como Hugo e por quem, ele também sabia, o grão-mestre tinha alta consideração. Do convés de seu navio, o homem robusto estava atento à atividade fervilhante. Martin varreu o olhar pelo navio desde o castelo da popa, passando pelo seu alto mastro, até a proa, de onde saltava a figura de proa, a escultura incrivelmente natural de uma feroz ave de rapina.

Sem afrouxar o passo, a voz de Aimard berrou para o mestre do navio.

— A água e as provisões foram carregadas?

— Foram.

— Então, abandone o resto e zarpe imediatamente.

Em questão de minutos, a prancha de desembarque foi recolhida, as amarras foram soltas e o *Templo do Falcão* foi afastado das docas por remadores no escaler da embarcação. Não demorou muito e o supervisor já tinha chamado e as fileiras de escravos de galé tinham mergulhado seus remos na água escura.

Martin olhou atentamente enquanto os remadores escalaram desordenadamente até o convés e, então, puxaram o escaler para cima e o prenderam. À batida rítmica de um gongo grave e os grunhidos de mais de 150 remadores acorrentados, o navio ganhou velocidade e se afastou do grande muro do complexo templário.

Enquanto a galé entrava no mar aberto, flechas desciam do céu ao mesmo tempo em que o mar à sua volta entrava em erupção com as imensas explosões crepitantes de espuma branca à medida que as bestas e catapultas do Sultão eram dirigidas para o navio. Logo estavam fora de seu alcance e Martin ficou de pé, olhando para trás, para a paisagem que recuava. Os pagãos se enfileiraram nos baluartes da cidade, lançando uivos e zombarias para o navio como animais engaiolados. Atrás deles, rugia um inferno, ressoando com os berros e gritos de homens, mulheres e crianças, tudo contra o incessante trovão dos tambores da guerra.

Lentamente, o navio ganhou velocidade, auxiliado pelo vento terral, suas fileiras de remos subindo e descendo como asas escumando as águas escuras. No horizonte distante, o céu tinha se tornado negro e ameaçador.

Estava acabado.

Com as mãos ainda trêmulas e o coração pesado, Martin de Carmaux, lenta e relutantemente, deu as costas para a terra de seu nascimento e olhou com firmeza à frente, para a tempestade que os aguardava.

Capítulo 1

No início, ninguém percebeu os quatro homens montados a cavalo que emergiram da escuridão do Central Park.

Em vez disso, todos os olhos se concentravam em um ponto quatro quadras ao sul de lá, onde, sob uma barreira de *flashes* e luzes da televisão, um desfile contínuo de limusines despejava celebridades elegantemente paramentadas e simples mortais no cordão de isolamento ao lado de fora do Museu Metropolitano de Arte, o Metropolitan.

Era um daqueles eventos gigantescos que nenhuma outra cidade realizava tão bem quanto Nova York, muito menos quando o anfitrião era o Metropolitan. Espetacularmente iluminado e com feixes de luz girando pelo céu negro de abril acima dele, o edifício esparramado era como um sinal irresistível no coração da cidade, chamando os seus convidados a passarem pelas austeras colunas de sua fachada neoclássica, sobre a qual pairava uma bandeira com os seguintes dizeres:

"Tesouros do Vaticano"

Havia corrido um rumor sobre o adiamento do evento, ou mesmo de seu cancelamento definitivo.

Uma vez mais, relatórios recentes do serviço secreto tinham incitado o governo a elevar o estado nacional de alerta contra o terrorismo para o nível laranja. Em todo o país, autoridades estaduais e locais tinham endurecido as medidas de segurança. Por toda a Nova York, soldados da Guarda Nacional foram posicionados nos metrôs e nas pontes, enquanto policiais trabalhavam em turnos de 12 horas.

A exposição, dado o seu tema, foi considerada particularmente arriscada. Apesar disto tudo, a grande determinação tinha prevalecido e o conselho do museu votara a favor de manter os seus planos. A mostra aconteceria conforme o planejado, mais um testemunho do espírito inquebrantável da cidade.

Uma jovem com cabelos impecáveis e dentes brilhantemente esmaltados estava de pé, de costas para o museu, na terceira tentativa de exercer seu direito de entrar. Tendo fracassado em parecer deliberadamente culta e *blasé*, a repórter tentava falar sério enquanto dirigia seu olhar diretamente para a lente desta vez.

— Não consigo me lembrar da última vez que o Metropolitan foi sede de uma festa tão cheia de estrelas, certamente nada tão glamouroso desde a exposição maia, e isto já faz alguns anos — anunciou enquanto um homem gorducho de meia-idade saía da limusine com uma mulher alta e angulosa num vestido de noite azul de um tamanho pequeno demais e uma geração mais jovem que ela. — E lá está o prefeito e sua adorável esposa — falou entusiasticamente a repórter —, nossa própria família real e, obviamente, elegantemente atrasados.

Continuando em um tom sério, adotou um olhar mais grave e acrescentou:

— Muitos dos artefatos em exposição aqui esta noite nunca foram vistos pelo público antes, em nenhum lugar. Estiveram trancados nos cofres do Vaticano por centenas de ano e...

Exatamente nesse momento, uma súbita onda de assobios e aplausos da multidão a distraiu. A voz desaparecendo, ela desviou o olhar da câmera, os olhos se voltando para a crescente comoção.

Foi quando ela viu os cavaleiros.

Os cavalos eram espécimes soberbos: de cor cinza imperial e castanha, com rabos e crinas pretos ondulantes. Mas foram seus condutores que tinham excitado a multidão.

Os quatro homens, cavalgando lado a lado, estavam vestidos em armaduras medievais idênticas. Tinham capacetes com viseiras, coletes de cota de malha, perneiras com placas em aba sobre jaquetas pretas e calções acolchoados. Eles davam a impressão de terem acabado de sair de um portal para viagens no tempo. Dramatizando ainda mais o efeito, espadas longas e largas embainhadas pendiam de suas cinturas. E o mais incrível de tudo, usavam longos mantos brancos sobre sua armadura, cada qual portando uma cruz larga vermelho-sangue.

Os cavalos agora se moviam num suave trote.

A multidão entrava em delírio à medida que os cavaleiros avançavam devagar, olhando fixamente para frente, alheios à comoção à sua volta.

— Bem, o que temos aqui? Parece que o Metropolitan e o Vaticano soltaram todos os arreios esta noite; e eles não são magníficos? — disse a repórter entusiasmada, decidindo agora pelo velho e simples *showbiz*. — Escutem só essa multidão!

Os cavalos chegaram até o cordão de isolamento do lado de fora do museu e, então, fizeram algo curioso.

Eles não pararam lá.

Em vez disto, viraram lentamente até estarem de frente para o museu.

Sem perder um passo, os homens montados persuadiram de modo gentil as suas montarias a subir para a calçada. Avançando com muita calma, os quatro cavaleiros guiaram os cavalos até o passeio pavimentado.

Lado a lado, subiram cerimoniosamente os degraus em cascata, rumando para a entrada do museu.

Capítulo 2

— Mãe, preciso mesmo ir — protestou Kim.

Tess Chaykin olhou para a filha com um ar de irritação no rosto. As três — Tess, a mãe Eileen e Kim — tinham acabado de entrar no museu e Tess esperava dar uma rápida olhada nas exposições apinhadas antes que os discursos, as conversas informais e as demais formalidades assumissem o controle. Mas isso teria agora que esperar. Kim estava fazendo o que toda criança de nove anos de idade inevitavelmente faria nessas ocasiões, ou seja, esperar o momento mais inconveniente para anunciar sua necessidade desesperada de ir ao banheiro.

— Francamente, Kim. — O grande vestíbulo estava apinhado de pessoas. Navegar por entre elas para acompanhar a filha ao banheiro feminino não era uma perspectiva que entusiasmava Tess neste exato momento.

A mãe de Tess, que não fazia qualquer esforço para esconder o pequeno prazer que estava sentindo com isto, interveio.

— Eu a levo. Você vá em frente. — Então, com um sorriso de cumplicidade, acrescentou: — Apesar de eu gostar de vê-la ganhar sua recompensa.

Tess fez uma careta para ela e depois olhou para a filha e sorriu, sacudindo a cabeça. O rostinho e os olhos verdes cintilantes nunca deixaram de usar seu encanto para encontrar a saída para qualquer situação.

— Encontrarei vocês no salão principal. — Ela ergueu um dedo em riste para Kim. — Fique perto da vovó. Não quero perdê-la neste circo.

Kim gemeu e virou os olhos. Tess as viu desaparecer na confusão antes de virar-se e ir em frente.

O imenso salão do museu, o Grande Hall, já estava cheio de homens de cabelos grisalhos e mulheres vertiginosamente glamourosas. Os smokings e os vestidos longos eram praxe e, quando percorreu os olhos por todo o salão, Tess se sentiu acanhada. Inquietava-a a idéia de que ela se destacava tanto pela discreta elegância quanto pelo constrangimento de ser vista como parte da multidão *in* à sua volta, uma multidão pela qual não tinha absolutamente interesse algum.

O que Tess não percebia era que o que as pessoas notavam nela não tinha nada a ver com ela ser discreta no vestido preto de corte preciso que flutuava poucos centímetros acima dos joelhos, nem com seu constrangimento de comparecer a eventos tão intensamente triviais como este. As pessoas simplesmente a notavam, e ponto final. Sempre tinham notado. E quem poderia culpá-los? A sedutora massa de cachos emoldurando os afetuosos olhos verdes que irradiavam inteligência geralmente desencadeava a reação. A constituição física saudável dos 36 anos de idade que se movia em passos fluidos, relaxados, o confirmavam e o fato de ela ser inteiramente alheia aos seus encantos o selavam. Era bem ruim que ela sempre tivesse se apaixonado pelos caras errados. E acabara se casando com o último desse bando desprezível, um erro que desfizera recentemente.

Tess avançou para o salão principal, o burburinho das conversas ecoando para fora das paredes ao seu redor, num rugido surdo que tornava impossível discernir palavras individuais. A acústica, ao que parecia, não tinha sido uma consideração fundamental no projeto do museu. Ela ouviu indícios de música de câmara e identificou o quarteto feminino de cordas enfiado em um canto, os arcos ferindo enérgica, mas quase inaudivelmente, os seus instrumentos. Inclinando a cabeça furtivamente para os rostos sorridentes na multidão, conseguiu passar pelas sempre presentes exibições de flores frescas de Lila Wallace e pelo nicho onde a sublime terracota vitrificada azul e branca da *Madona com Menino*, de Andrea della Robbia, postava-se graciosamente velando a multidão. Esta noite, contudo, eles tinham companhia, já que esta era apenas uma das muitas representações de Jesus Cristo e a Virgem Maria que agora adornavam o museu.

Quase todas as peças em exposição estavam sendo exibidas em vitrines de vidro e não se podia duvidar, mesmo num rápido relance, que muitas dessas peças em exposição eram de enorme valor. Mesmo para alguém com a falta de convicção religiosa de Tess, eram bem impressionantes, até arrebatadoras, e quando ela passou deslizando pela grandiosa escada e entrou no salão de exposição, seu coração começou a acelerar com a crescente onda de antecipação.

Havia peças pomposas do altar de alabastro da Borgonha, com cenas cheias de vitalidade da vida de São Martinho. Os crucifixos às vintenas, a maioria deles em ouro maciço e pesadamente incrustados de pedras preciosas; um deles, uma cruz do século XII, consistia em mais de uma centena de figuras entalhadas na presa de uma morsa. Havia elaboradas estatuetas de mármore e relicários de madeira entalhada; mesmo vazios de seu conteúdo original, esses baús eram exemplos soberbos do trabalho meticuloso de artesãos medievais. Um glorioso leitoril com uma águia de bronze se postava altivamente ao lado de um superlativo castiçal de Páscoa espanhol pintado, de quase dois metros, que tinha sido retirado dos próprios aposentos do papa.

Enquanto assimilava as diversas peças, Tess não conseguia deixar de se angustiar com sua decepção. Os objetos diante dela eram de uma qualidade que ela nunca teria ousado esperar durante seus anos em pesquisa de campo. Sim, é verdade que foram bons e instigantes anos, até certo ponto gratificantes. Ela teve a oportunidade de viajar pelo mundo e de mergulhar em culturas diversas e fascinantes. Algumas das curiosidades que tinha desenterrado estavam em exposição em alguns museus espalhados pelo globo, mas nada que descobrira era digno o bastante para adornar, digamos, a Ala Sackler de Arte Egípcia ou a Ala Rockefeller de Arte Primitiva. "Talvez... talvez se eu tivesse perseverado um pouco mais." Ela rechaçou o pensamento. Sabia que essa vida tinha acabado agora, pelo menos durante um futuro próximo. Ela teria que se contentar em observar esses maravilhosos vislumbres do passado do ponto de vista remoto e passivo de uma observadora agradecida.

E que vislumbre maravilhoso era. Ser a sede da exposição tinha sido um feito notável para o Metropolitan, porque quase nenhum dos itens enviados de Roma tinha sido antes exibido.

Não que fosse tudo de ouro reluzente e jóias resplandecentes.

Em uma vitrine bem à sua frente agora estava um objeto aparentemente mundano. Era alguma espécie de aparelho mecânico, feito de cobre, aproximadamente do tamanho de uma velha máquina de escrever, e que parecia uma espécie de caixa. Tinha inúmeros botões na face superior, bem como engrenagens encadeadas e alavancas que se projetavam de suas laterais. Parecia fora de lugar em meio a toda essa opulência.

Tess afastou seus cabelos para o lado ao inclinar para frente para olhar mais de perto. Estava pegando seu catálogo quando, acima de seu próprio reflexo embaçado no vidro da estante, outro, de alguém que chegou por trás dela, assomou-se.

— Se você ainda estiver procurando pelo Cálice Sagrado, vou ter de desapontá-la. Não está aqui — disse a ela uma voz grave. E embora tivessem passado anos desde que a ouviu, ela a reconheceu mesmo antes de virar.

— Clive. — Ela virou-se, assimilando a visão de seu ex-colega. — Como você está? Parece ótimo. — O que não era exatamente verdade; mesmo que mal tivesse passado dos cinqüenta, Clive Edmondson parecia verdadeiramente envelhecido.

— Obrigado. E você?

— Estou bem — disse ela inclinando a cabeça. — E como andam hoje em dia os negócios no ramo da pilhagem de túmulos?

Edmondson lhe mostrou o dorso das mãos.

— As contas de manicure estão me matando. Exceto por isto, tudo exatamente na mesma. Literalmente — disse sorrindo. — Ouvi dizer que você está no Manoukian.

— Estou.

— E?

— Ah, é ótimo — disse-lhe Tess. Isso também não era verdade. Trabalhar no prestigioso Instituto Manoukian tinha sido uma sorte para ela, mas no que dizia respeito à experiência real de trabalhar lá, a situação não era tão boa assim. Mas essas coisas você guarda para si mesmo, especialmente no mundo surpreendentemente fofoqueiro e traiçoeiro que a arqueologia conseguia ser. Buscando um comentário impessoal, ela disse: — Você sabe, realmente sinto saudade de estar lá com vocês.

O tímido sorriso dele revelou a ela que ele não acreditava nisso.

— Você não está perdendo grande coisa. Ainda não chegamos às manchetes.

— Não é isso, é só que... — Ela virou-se, lançando um olhar no mar de vitrines à volta deles. — Qualquer um destes teria sido ótimo. Qualquer um. — Ela olhou para ele, subitamente melancólica. — Como é que nunca descobrimos nada tão bom assim?

— Ei, ainda tenho esperança. Foi você quem trocou os camelos por uma mesa — disse ele em tom de gracejo. — Isso sem falar nos mosquitos, na areia, no calor ou na comida, se é que você pode chamar aquilo de comida...

— Ah, meu Deus, a comida — riu Tess. — Quando chego a pensar nela, não tenho mais certeza se realmente sinto saudade.

— Você sempre poderá voltar, sabe.

Ela estremeceu. Era algo em que pensava com freqüência.

— Acho que não. De qualquer maneira, não por algum tempo.

Edmondson deu um sorriso nervoso que pareceu um tanto exagerado.

— Sempre teremos uma pá com seu nome, você sabe disso — disse ele, num tom que poderia ser qualquer coisa, exceto de esperança. Houve silêncio embaraçoso entre eles. — Escuta — acrescentou ele —, montaram um bar lá no Salão Egípcio e, pelo jeito, conseguiram arranjar alguém que sabe como fazer um coquetel decente. Deixe-me pagar um drinque.

— Vá na frente que eu o alcançarei depois — disse ela. — Estou esperando por Kim e minha mãe.

— Elas estão aqui?

— Estão.

Ele ergueu as mãos abertas.

— Uau. Três gerações de Chaykins, isso vai ser interessante.

— Você foi avisado.

— Devidamente anotado — assentiu Edmondson enquanto se aventurava na multidão. — Vejo você depois. Não desapareça.

Do lado de fora, o ar ao redor da praça estava elétrico. O *cameraman* se acotovelava para conseguir uma imagem nítida enquanto as palmas e os gritos de prazer da multidão exultante abafavam os esforços de sua repórter em fazer os comentários. Ficou ainda mais ruidoso quando a multidão identificou um homem baixo e atarracado num uniforme castanho de segurança sair de sua posição e correr para os cavaleiros que avançavam.

Do canto do olho, o *cameraman* sabia que estava acontecendo algo que não estava de acordo com o plano. As largas passadas resolutas do guarda e sua linguagem corporal indicavam claramente uma diferença de opinião.

O guarda, ao alcançar os cavalos, ergueu as mãos num gesto de parar obstruindo seu desfile. Os cavaleiros refrearam seus cavalos, que resfolegaram e bateram as patas no solo, evidentemente inquietos por serem mantidos estacionários nos degraus.

Uma discussão parecia estar em andamento. Uma discussão unilateral, observou o *cameraman*, já que os homens montados não reagiram ao sermão imoderado do guarda de nenhuma maneira discernível.

E, então, um deles finalmente fez algo.

Lentamente, explorando o momento em toda a sua teatralidade, o cavaleiro mais próximo ao guarda desembainhou a larga espada e a ergueu acima da cabeça, provocando outra onda de *flashes* e mais aplausos ainda.

Ele a manteve lá, com ambas as mãos, ainda olhando fixamente à frente. Imperturbável.

Embora tivesse um dos olhos grudados ao seu visor, o outro olho do *cameraman* estava pegando as imagens periféricas e, subitamente, percebeu que mais alguma coisa estava acontecendo. Apressadamente, focou no rosto do guarda. O que era esse olhar? *Constrangimento? Consternação?*

Então, ele percebeu o que era.

Medo.

A multidão agora estava frenética, aplaudindo e ovacionando. Instintivamente, o *cameraman* inverteu o *zoom* com um toque, ampliando a visão para incluir o homem montado.

De repente, o cavaleiro abaixou sua larga espada num grande e rápido arco, a lâmina luzindo aterrorizantemente à luz artificial dos *flashes* antes de acertar o guarda logo abaixo da orelha, o poder e a velocidade do golpe forte o bastante para cortar carne, cartilagem e osso.

A multidão que observava a cena soltou um suspiro ofegante, que se transformou em vários gritos pungentes de horror que ressoaram pela noite. O mais estridente de todos foi o grito agudo da repórter, que agarrou o braço do *cameraman*, fazendo a imagem trepidar antes que ele a empurrasse com o cotovelo para continuar gravando.

A cabeça do guarda caiu para frente e começou a descer quicando os degraus do museu, deixando atrás de si uma trilha de gotas vermelhas salpicadas. E, depois do que pareceu uma eternidade, seu corpo decapitado caiu subitamente de lado, desmoronando-se enquanto jorrava um pequeno jato de sangue.

Adolescentes, aos berros, tropeçavam e caíam em pânico para escapar da cena, enquanto outros, mais para trás e sem saber exatamente o que estava acontecendo, mas sabendo que se tratava de alguma coisa grande, os empurravam para frente. Em questão de segundos, havia um apavorante emaranhado de corpos, o ar ressoando com os gritos e berros de dor e de medo.

Os outros três cavalos estavam agora batendo os cascos, desviando-se de lado nos degraus. Então, um dos cavaleiros gritou:

— Vai, vai, vai!

O carrasco incitou sua montaria para frente, arremetendo em direção às portas escancaradas do museu. Os outros dispararam e seguiram logo atrás.

Capítulo 3

No Grande Hall, Tess ouviu os berros vindos do lado de fora e logo percebeu que havia algo muito, muito errado. Ela virou-se em tempo de ver o primeiro cavalo irromper pela porta, estilhaçando vidro e lascando madeira enquanto o Grande Hall irrompia num caos violento. A serena, requintada e imaculada reunião de pessoas se desintegrou, transformando-se num atávico bando de rosnados enquanto homens e mulheres, aos gritos e empurrões, saíam do caminho dos cavalos impetuosos.

Três dos cavaleiros passaram violentamente pela multidão, suas espadas colidiam estrondosamente contra as vitrines de exposição, pisavam em vidros quebrados, na madeira lascada e nas peças de exposição avariadas e destruídas.

Tess foi jogada para o lado enquanto muitos dos convidados tentavam desesperadamente escapar pelas portas e chegar à rua. Seus olhos moviam-se rapidamente por todo o saguão. "Kim, mamãe, onde elas estão?" Ela olhou em toda volta, mas não as viu em nenhum lugar. À sua direita, ao longe, os cavalos davam meia-volta e viravam, devastando mais vitrines em seu caminho. Os convidados foram jogados contra as estantes e paredes, seus grunhidos de dor e gritos estridentes ecoavam no vasto salão. Tess entreviu Clive Edmondson entre eles ao ser violentamente derrubado para o lado, quando um dos cavalos de súbito recuou.

Os cavalos estavam resfolegando, as narinas bufando, a espuma transbordando pelos arreios em suas bocas. Seus condutores esticavam a mão para baixo e arrebatavam objetos resplandecentes das vitrines quebradas, enfiando-os em sacos enganchados em suas selas. Nas portas, a multidão que tentava sair impossibilitava a entrada da polícia, impotente contra o peso da turba aterrorizada.

Um dos cavalos deu meia-volta, seu flanco fazendo uma estátua da Virgem Maria girar e se despedaçar no chão. Os cascos do cavalo a pisaram, esmagando as mãos da Madona em postura de reza. Arrancada de seu pedestal pelos convidados em fuga, uma linda tapeçaria foi pisoteada pelas pessoas e pelos animais. Milhares de pontos esmeradamente confeccionados ficaram em frangalhos em questão de segundos. Um estojo expositor veio abaixo, uma mitra em branco e ouro estourou através do vidro quebrado para ser chutada de lado na confusão insana. Um manto, que fazia parte do mesmo conjunto, flutuou, como um tapete mágico, até que, também, foi retalhado.

Saindo apressadamente do caminho dos cavalos, Tess olhou para baixo, para o corredor onde, a meio-caminho, ela viu o quarto cavaleiro e, adiante dele, mais ao longe, na outra extremidade do corredor, mais pessoas ainda se dispersavam para as outras partes do museu. Voltou a procurar pela mãe e pela filha. "Onde diabo elas estão? Será que estão bem?" Ela se esforçou para identificar os rostos das duas no borrão da multidão, mas ainda não havia nenhum sinal delas.

Ao ouvir um grito de comando, Tess girou-se e viu que os policiais tinham finalmente conseguido passar pela turba em fuga. Armas na mão e gritando mais alto que a confusão, eles estavam cercando um dos três homens montados que, por debaixo de seu manto, sacou uma pequena arma de aparência mórbida. Instintivamente, Tess foi ao chão e cobriu a cabeça, mas não antes de testemunhar o homem descarregar uma saraivada de balas, movendo a arma de um lado ao outro, pulverizando o salão. Uma dezena de pessoas foi ao chão, inclusive todos os policiais, o vidro quebrado e os estojos esmagados ao redor deles agora salpicados de sangue.

Ainda agachada ao chão, o coração batendo tão forte que parecia querer sair do peito, e tentando se manter o mais imóvel possível, embora alguma coisa dentro dela estivesse gritando para que ela corresse, Tess viu que, agora, dois dos outros cavaleiros também estavam brandindo armas automáticas como aquela que o companheiro assassino carregava. As balas ricocheteavam nas paredes do museu, contribuindo para o barulho e o pânico. Um dos cavalos recuou subitamente e as mãos do seu condutor se debateram, a arma numa delas lançou uma saraivada de balas contra uma parede e o teto, estilhaçando molduras ornadas de gesso que choveram nas cabeças dos convidados, que berravam agachados.

Arriscando um olhar por detrás do expositor, a mente de Tess fervilhava enquanto avaliava as rotas de fuga. Ao ver uma saída para outra galeria, três fileiras de vitrines à sua direita, Tess impeliu as pernas para frente e saiu em disparada em direção a ela.

Tinha acabado de chegar na segunda fileira quando percebeu o quarto cavaleiro rumando na direção dela. Ela abaixou-se rapidamente, lançando breves olhares enquanto o via conduzir sinuosamente sua montaria entre as fileiras de vitrines ainda ilesas, alheio e despreocupado com a confusão que seus três colegas estavam causando.

Ela quase conseguia sentir a respiração saindo do cavalo resfolegante quando o cavaleiro subitamente puxou as rédeas e parou, a menos de dois metros dela. Tess agachou bem baixinho, abraçando a vitrine como se envolvesse a própria vida, exortando seu coração assustado a se aquietar. Seus olhos voltaram-se para cima e ela divisou o cavaleiro, refletido nas vitrines ao redor, arrogante em sua cota de malha e seu manto branco, olhando fixamente para baixo, para uma vitrine em particular.

Era a que Tess estava examinando quando Clive Edmondson se aproximara dela.

Tess observou em silencioso terror quando o cavaleiro puxou a espada, empunhou-a para o alto e abaixou-a com um estrondo contra o vidro, quebrando-o em pedaços que se lançaram no chão à volta dela. Então, deslizando a espada de volta à bainha, estendeu o braço para baixo e ergueu a estranha caixa, a engenhoca de botões, engrenagens e alavancas, e a segurou por um momento.

Tess mal conseguia respirar e, ainda assim, contra todos os instintos racionais de sobrevivência que acreditava possuir, precisou desesperadamente ver o que estava acontecendo. Incapaz de resistir, inclinou-se por detrás da vitrine, um dos olhos mal ultrapassando a borda do vidro.

O homem cravou os olhos no aparelho, reverentemente, antes de proferir algumas palavras, quase que para si mesmo.

— *Veritas vos libera...*

Tess olhou fixamente, extasiada por este que parecia o mais privado dos rituais, quando outra saraivada de tiros arrancou a ela e ao cavaleiro de seu devaneio.

Ele virou subitamente o cavalo e, por um instante, os olhos dele, embora protegidos por trás da viseira de seu elmo, encontraram os de Tess. O coração dela parou enquanto continuava agachada, total e irremediavelmente paralisada. O cavalo vinha em sua direção, diretamente para ela... passou por ela roçando e, quando o fez, ela ouviu o homem gritando para os outros três cavaleiros:

— Vamos embora!

Tess se levantou e viu que o cavaleiro alto, que tinha iniciado o tiroteio, conduzia um pequeno grupo para um canto ao lado da escadaria principal. Ela reconheceu o arcebispo de Nova York, assim como o prefeito e esposa. O líder dos cavaleiros inclinou a cabeça e o homem alto forçou sua montaria por entre a confusão de convidados consternados, agarrou a mulher que lutava e a ergueu até o cavalo. Ele apertou sua arma na lateral da cabeça dela e ela ficou imóvel, a boca aberta num grito silencioso.

Impotente, furiosa e com medo, Tess viu os cavaleiros irem em direção à saída. O cavaleiro líder, o único sem uma arma, ela percebeu, era também o único sem um saco protuberante amarrado à sua sela. E enquanto os cavaleiros se afastavam passando pelas galerias do museu, Tess se levantou e correu pelos escombros em busca de sua mãe e sua jovem filha.

Os cavaleiros atravessaram violentamente as portas do museu para a luz ofuscante dos holofotes da televisão. Apesar dos soluços dos amedrontados e dos gemidos dos feridos, subitamente fêz-se silêncio e de toda a parte vieram os gritos; as vozes dos homens, principalmente da polícia, com palavras aleatórias identificáveis aqui e ali: "Cessar fogo!", "Refém!", "Não atirem!"

E, então, os quatro homens montados desciam escada abaixo e subiam a avenida, e o cavaleiro com a refém cobria protetoramente a retaguarda. Seus movimentos eram enérgicos, mas não urgentes, desdenhosos da aproximação das sirenes da polícia cortando a noite e, em momentos, eles tinham novamente desaparecido na escuridão desnorteante do Central Park.

Capítulo 4

À beira dos degraus do museu, Sean Reilly estava de pé, cuidadosamente fora da fita amarela e preta da cena do crime. Ele passou a mão sobre os curtos cabelos castanhos enquanto olhava para baixo, para o contorno do local em que tinha tombado o corpo sem cabeça. Deixou que seus olhos se movessem livremente mais para baixo, seguindo a trilha de respingos de sangue até o local onde uma marca do tamanho de uma bola de basquete indicava a posição da cabeça.

Nick Aparo aproximou-se e espiou por sobre o ombro do seu parceiro. Rosto redondo, ficando calvo e dez anos mais que os 38 de Reilly, ele tinha uma altura média, uma constituição física média, um olhar médio. Você poderia esquecer a aparência dele enquanto ainda estivesse conversando com ele, uma qualidade útil para um agente que ele tinha explorado com grande sucesso durante os anos que Reilly o conhecia. Assim como Reilly, usava sobre seu paletó carvão um corta-vento folgado azul escuro com grandes letras em branco, FBI, gravadas nas costas. Neste exato momento, sua boca estava torcida em sinal de repugnância.

— Não acho que o médico-legista terá muita dificuldade em imaginar o que aconteceu com aquele — comentou ele.

Reilly assentiu. Ele não conseguia tirar os olhos das marcas de onde a cabeça tinha tombado, a poça de sangue que escorrera dela agora escura. Por que, ele se perguntava, ser morto por um tiro ou uma facada não parecia tão ruim quanto ter a cabeça decepada? Ocorreu a ele que a execução oficial por decapitação era um procedimento padrão em algumas partes do mundo. Partes do mundo que tinham gerado muitos dos terroristas cujas intenções fizeram o país ser dominado por níveis de alerta mais elevados; terroristas cujas pistas consumiam todos os seus dias e mais algumas de suas noites.

Ele se voltou a Aparo:

— O que estão falando sobre a mulher do prefeito? — Ele sabia que ela tinha sido largada sem a menor cerimônia no meio do parque, juntamente com os cavalos.

— Ela só está abalada — respondeu Aparo. — Ficou mais machucada no ego que no traseiro.

— Ainda bem que está chegando a eleição. Seria uma vergonha ver uma bela contusão ser desperdiçada. — Reilly olhou por toda a volta, sua mente ainda tentava assimilar o choque daquilo que tinha ocorrido exatamente ali, onde ele estava. — Nada ainda dos bloqueios das estradas?

Os bloqueios nas estradas tinham sido montados em um raio de dez quadras e em todas as pontes e túneis que chegavam e saíam de Manhattan.

— Nada. Esses caras sabiam o que estavam fazendo. Não ficaram esperando por um táxi.

Reilly assentiu. Profissionais. Bem organizados.

Maravilha.

Como se, nos dias de hoje, os amadores não conseguissem fazer tanto estrago assim. Tudo de que precisariam eram duas aulas de vôo ou um carregamento de fertilizante, juntamente com uma propensão psicótica e suicida — e nem era exatamente possível dizer que havia escassez de qualquer um deles.

Ele inspecionou cuidadosamente a cena devastada em silêncio. Enquanto o fazia, sentiu brotar e crescer um sentimento de pura frustração e raiva. A aleatoriedade destes atos mortais de loucura e sua propensão exasperante de pegar todo mundo desprevenido nunca deixaram de o assombrar. Ainda assim, alguma coisa em particular nesta cena de crime parecia esquisita — até distrativa. Ele percebeu que sentia uma estranha indiferença, parado lá. De algum modo, tudo era bizarro demais para assimilar, depois dos cenários assustadores e potencialmente desastrosos que ele e seus colegas vinham tentando adivinhar nos últimos anos. Era como se ele estivesse grudado do lado de fora da grande barraca, afastado do principal evento por algum espetáculo secundário extravagante. E ainda assim, de uma maneira perturbadora e para seu grande aborrecimento, ele se sentia um tanto grato por isso.

Como agente especial responsável pela unidade de Terrorismo Nacional do escritório local, ele suspeitava que o ataque-surpresa acabaria ficando a seu cargo desde o momento que recebeu o chamado. Não que ele se importasse com o trabalho alucinante de coordenar dezenas de agentes e policiais, além dos analistas, técnicos de laboratório, psicólogos, fotógrafos e incontáveis outros. Era o que ele sempre quis fazer.

Ele sempre sentiu que poderia fazer diferença.

Não, fazer com que *soubessem* disso. E ele *faria*.

A sensação tinha se cristalizado durante seus anos na escola de direito de Notre Dame. Reilly sentia que havia muitas coisas erradas neste mundo — a morte do pai, quando ele tinha apenas dez anos, foi uma prova dolorosa disso —, e ele quis ajudar a fazer do mundo um lugar melhor, pelo menos para as outras pessoas, se não para si próprio. O sentimento tornou-se inescapável no dia em que, trabalhando em um artigo que envolvia um caso de crime racial, ele foi assistir a um comício da supremacia branca em Terre Haute. O evento tinha afetado Reilly profundamente. Ele percebeu que estava testemunhando o mal e sentiu uma necessidade premente de melhor entendê-lo se quisesse ajudar a combatê-lo.

Seu primeiro plano não funcionou tão bem quanto esperava. Numa jovial explosão de idealismo, tinha decidido tornar-se piloto da Marinha. A idéia de ajudar a livrar o mundo do mal de dentro da cabine de um Tomcat prateado parecia perfeita. Felizmente, aconteceu de ele ser exatamente o tipo de recruta que a Marinha estava procurando. Infelizmente, o pessoal da Marinha tinha outra idéia em mente. Eles tinham mais candidatos a Top Gun do que o necessário; precisavam mesmo era de advogados. Os recrutadores se empenharam em conseguir que ele ingressasse na Unidade da Procuradoria Geral e Reilly flertou com a idéia por algum tempo, mas acabou decidindo contra ela e voltou a se dedicar ao exame da ordem dos advogados de Indiana.

Um encontro casual em um sebo voltou a desviá-lo do seu caminho, desta vez para o bem. Foi lá que ele conheceu um agente aposentado do FBI, que ficou mais do que feliz em conversar com ele sobre o Bureau e encorajá-lo a se candidatar, o que ele fez assim que foi aprovado no exame da ordem. A mãe não ficou muito entusiasmada com a idéia de ele ter passado sete anos na faculdade para acabar sendo o que ela chamou de "um policial glorificado", mas Reilly sabia que era o certo para ele.

Mal tinha completado um ano do seu noviciado no escritório de Chicago, fazendo o registro diário de algum serviço de rua nos esquadrões de roubos e tráfego de drogas quando, em 26 de fevereiro de 1993, tudo mudou. Foi no dia em que uma bomba explodiu no estacionamento do World Trade Center, matando seis pessoas e ferindo mais de mil. Na verdade, os conspiradores tinham planejado derrubar uma das torres sobre a outra e, ao mesmo tempo, liberar uma nuvem de gás cianureto. Foram somente as limitações financeiras que os impediram de atingir o objetivo; eles simplesmente ficaram sem dinheiro. Não tinham latas de gás o suficiente para a bomba que, além de pobre demais para cumprir seu nefasto objetivo, foi também colocada junto a coluna errada, uma que não tinha importância crucial na estrutura do prédio.

Embora um fracasso, o ataque ainda assim foi um alarme sério para despertar as pessoas. Demonstrou que um pequeno grupo de terroristas de baixo nível e sem nenhuma sofisticação, com poucos fundos ou recursos, poderia causar um grande prejuízo. As agências de serviço secreto fizeram o possível e o impossível para realocar recursos que fizessem frente a essa nova ameaça.

E, então, menos de um ano depois de ingressar no Bureau, Reilly se viu preparando-se para trabalhar no escritório local do Bureau em Nova York. Há muito o escritório tinha a reputação de ser o pior lugar para se trabalhar por causa do alto custo de vida, dos problemas de tráfego e da necessidade de morar relativamente longe da cidade caso se quisesse qualquer coisa mais espaçosa que um armário de limpeza. Mas, dado que a cidade sempre gerava mais ação que qualquer outro lugar do país, era o posto dos sonhos da maioria dos novos (e ingênuos) agentes especiais. Reilly era um desses agentes quando foi designado para a cidade.

Ele já não era novo, nem ingênuo.

Ao olhar para todos os lados, Reilly soube que o caos à sua volta monopolizaria sua vida durante todo o futuro próximo previsível. Ele fez uma anotação mental para telefonar para o padre Bragg de manhã e avisá-lo de que não conseguiria ir para o treino de *softball*. Ele se sentiu mal com isso; odiava decepcionar os garotos, e se havia uma atividade que ele tentava não deixar que seu trabalho transgredisse, eram aqueles domingos no parque. Provavelmente, ele estaria no parque no próximo domingo, só que seria por outros motivos, menos adequados.

— Quer dar uma olhada lá dentro? — perguntou Aparo.

— É, quero — disse Reilly com indiferença, lançando um último olhar para a cena surreal ao seu redor.

Capítulo 5

Quando ele e Aparo andaram atentamente sobre os escombros espalhados, o olhar de Reilly assimilou a devastação dentro do museu.

Relíquias de valor incalculável estavam esparramadas por todos os lados, a maioria delas irremediavelmente danificadas. Lá dentro, nenhuma fita amarela e preta. O edifício inteiro era uma cena de crime. O chão do Grande Hall do museu era uma natureza morta de destruição: pedaços de mármore, estilhaços de vidro, manchas de sangue, tudo isso útil para a usina dos investigadores de cenas de crime. Qualquer um deles capaz de fornecer uma pista; mas, também, era possível que nenhum deles conseguisse oferecer uma única informação sequer.

Enquanto passava os olhos rapidamente pelos cerca de 12 investigadores forenses de aventais brancos que estavam trabalhando sistematicamente pelos escombros e que, nesta ocasião, eram acompanhados pelos agentes da ERT[1] — a Equipe de Reação às Provas do FBI —, Reilly conferia mentalmente o que eles sabiam. Quatro homens montados. Cinco cadáveres. Três policiais, um guarda e um civil. Outros quatro policiais e mais de 12 civis com ferimentos a bala, dois deles em estado crítico. Vinte e quatro cortados por estilhaços e o dobro de feridos e golpeados. E um número suficiente de casos de choque para manter as equipes de psicólogos ocupadas durante meses, em sistema de rodízio.

Do outro lado do saguão, o diretor-assistente responsável, Tom Jansson, conversava com o esquelético capitão dos detetives do 19º Distrito Policial. Eles estavam discutindo sobre jurisdição, mas era uma questão duvidosa. A conexão

[1] Iniciais inglesas de *Evidence Response Team.* (N. da T.)

com o Vaticano e a nítida possibilidade de que o que tinha acontecido envolvesse terroristas implicava que todo o comando da investigação fosse imediatamente transferido do Departamento de Polícia de Nova York para o FBI. O ponto atenuante era que, anos antes, as duas organizações tinham chegado a um entendimento. Quando ocorresse qualquer prisão, a polícia de Nova York receberia publicamente o crédito pela ação, independentemente de quem fosse responsável pelo acontecimento. O FBI só receberia sua parte dos aplausos uma vez que o caso fosse ao tribunal, ostensivamente por ajudar a garantir a condenação. Mesmo assim, os egos entravam com freqüência na história impedindo uma cooperação cordata, o que parecia ser o caso esta noite.

Aparo chamou em voz alta um homem que Reilly não reconheceu e o apresentou como o investigador Steve Buchinski.

— Steve está feliz em nos ajudar enquanto eles decidem como vão dividir as ninharias — disse Aparo, inclinando a cabeça para apontar a discussão em andamento entre os seus superiores.

— É só me falar de que você precisa — disse Buchinski. — Estou tão ansioso quanto vocês para pegar os filhos-da-puta que fizeram isto.

Esse era um bom começo, pensou Reilly agradecido, sorrindo para o policial franco e direto.

— Olhos e ouvidos nas ruas. É disso que precisamos agora — disse ele. — Vocês, rapazes, têm os homens e as redes.

— Já estamos agindo. Vou pedir reforço de mais alguns seguranças credenciados e isso não deverá ser um problema — prometeu Buchinski. O distrito policial vizinho ao 19º era o do Central Park; patrulhas montadas era algo costumeiro em seu trabalho. Reilly se perguntou por um instante se poderia haver uma ligação e fez uma anotação mental para verificar isso mais tarde.

— Poderíamos também usar alguns extras para dar seguimento às entrevistas — disse Reilly ao policial.

— É isso aí, há muitas testemunhas — acrescentou Aparo, indo em direção à Grande Escadaria. A maioria dos escritórios lá em cima estava sendo usada como salas de trabalho improvisadas.

Reilly olhou para aquele lado e avistou a agente Amelia Gaines descendo as escadas, vindo da galeria. Jansson tinha designado a atraente e ambiciosa ruiva para interrogar as testemunhas. O que fazia sentido, já que todo mundo adorava conversar com Amelia Gaines. Atrás dela vinha uma loira, que carregava uma pequena réplica dela mesma. A filha, imaginou Reilly. A menina parecia estar num sono profundo.

Reilly olhou de novo para o rosto da loira. Geralmente, a presença sedutora da Amelia tornava as outras mulheres uma pálida insignificância.

Não esta.

Mesmo em seu estado atual, algo nela era simplesmente hipnotizante. Os olhos delas cruzaram rapidamente com os deles antes de olhar para baixo, para a confusão sob os seus pés. Quem quer que fosse, estava seriamente abalada.

Reilly olhou atentamente enquanto ela ia em direção à porta, escolhendo nervosamente onde pisar por entre os escombros. Outra mulher, mais velha, mas com uma vaga semelhança física, estava logo atrás. Juntas, caminharam para fora do museu.

Reilly virou-se, voltando a se concentrar.

— A primeira triagem geral foi uma grande perda de tempo, mas ainda precisamos repassar as ações e conversar com todo mundo. Não podemos nos dar ao luxo de não fazer isso.

— Provavelmente mais perda de tempo neste caso. A coisa toda está na fita. — Buchinski apontou para uma câmera de vídeo e depois para outra. Parte do sistema de segurança do museu. — Isso sem falar nas gravações das equipes de TV lá fora.

Reilly sabia, por experiência própria, que uma segurança de alto nível se saía muito bem nos crimes de alta tecnologia, mas ninguém tinha pensado em assaltantes de baixa tecnologia montados a cavalo.

— Ótimo — assentiu. — Vou pegar a pipoca.

Capítulo 6

De sua cadeira em uma grande mesa de mogno, o cardeal Mauro Brugnone passou os olhos pelo salão de pé-direito alto que se localizava perto do coração do Vaticano, estudando seus colegas cardeais. Embora fosse o único cardeal-bispo presente — um posto acima dos outros —, Brugnone evitou deliberadamente sentar-se à cabeceira da mesa. Ele gostava de manter um ar de democracia aqui, mesmo sabendo que todos iriam tratá-lo com deferência. Ele sabia disso e o aceitava, não com orgulho, mas com pragmatismo. Comitês sem líderes nunca realizam nada.

Esta lastimável situação, contudo, não precisava de líder nem de um comitê. Era algo que o próprio Brugnone teria de resolver. Pelo menos isto ficou evidente para ele desde o momento que assistira aos filmes nos noticiários que tinham sido transmitidos em todo o mundo.

Os olhos finalmente repousaram no cardeal Pasquale Rienzi. Embora fosse o mais jovem deles e apenas um cardeal-diácono, Rienzi era o confidente mais íntimo de Brugnone. Assim como os outros sentados à mesa, Rienzi estava mudo, absorto na reportagem diante dele. Ergueu os olhos e captou o olhar de Brugnone. O jovem, pálido e sério como sempre, imediatamente tossiu, de modo suave.

— Como uma coisa como esta pôde acontecer? — perguntou um homem. — No coração da cidade de Nova York? No Metropolitan... — Ele sacudiu a cabeça em gesto de descrença.

"Quão tolamente sobrenatural", pensou Brugnone. Qualquer coisa poderia acontecer na cidade de Nova York. Não tinha a destruição do World Trade Center demonstrado isso?

— Pelo menos o arcebispo não foi ferido — declarou sobriamente um outro cardeal.

— Parece que os assaltantes escaparam. Eles ainda não sabem quem está por trás desta... abominação? — perguntou outra voz.

— É uma terra de criminosos. Lunáticos inspirados por programas de televisão amorais e videogames sádicos — respondeu outro. — As penitenciárias estão inteiramente lotadas há anos.

— Mas por que se vestir daquele jeito? Cruzes vermelhas sobre mantos brancos... Estariam eles disfarçados de templários? — perguntou o cardeal que falou primeiro.

"Aí está", pensou Brugnone.

Foi isto que tinha disparado as campainhas do seu alarme. Por que, de fato, os perpetradores estavam vestidos como cavaleiros templários? Poderia ser simplesmente uma questão de os assaltantes estarem procurando um disfarce e terem se agarrado ao que por acaso estivesse à mão? Ou o traje dos quatro homens montados tinha um significado mais profundo e, possivelmente, mais perturbador?

— O que é um codificador com rotor multiengrenagem?

Brugnone ergueu os olhos abruptamente. A pergunta fora feita pelo cardeal mais velho ali.

— Rotor multi o quê...? — perguntou Brugnone.

O homem de idade estava examinando com seus olhos míopes a circular.

— "Peça de exposição 129" — leu ele em voz alta. — "Século XVI. Um codificador com rotor multiengrenagem. Número de referência VNS 10098." Nunca ouvi falar nisso. O que é?

Brugnone fingiu estudar o documento em suas mãos, a cópia de um e-mail, que continha uma lista provisória dos itens roubados durante o ataque. Uma vez mais, ele sentiu um arrepio — o mesmo arrepio que sentira na primeira vez que o identificou na lista — e manteve seu rosto imperturbável. Sem erguer a cabeça, lançou um rápido olhar pela mesa, para os outros. Ninguém mais estava reagindo. Por que deveriam? Estava longe de ser um conhecimento comum.

Afastando o documento, recostou-se na cadeira.

— O que quer que seja — declarou ele categoricamente —, aqueles *gangsters* o levaram. — Olhando de relance para Rienzi, inclinou a cabeça ligeiramente. — Talvez você possa se incumbir de nos manter informados. Entre em contato com a polícia e peça, em nosso nome, que nos mantenha a par da investigação deles.

— O FBI — corrigiu Rienzi —, não a polícia.

Brugnone ergueu uma sobrancelha.

— O governo americano está levando isto muito a sério — afirmou Rienzi.

— E é o que deveriam fazer — falou bruscamente o cardeal mais velho, do outro lado da mesa. Brugnone ficou satisfeito em ver que o ancião pareceu ter esquecido sobre a máquina.

— De acordo — continuou Rienzi. — Eles me garantiram que tudo o que puder será feito.

Brugnone assentiu e, então, acenou para que Rienzi continuasse com a reunião, como se estivesse dizendo: "Termine com isto."

As pessoas sempre prestavam deferência a Mauro Brugnone. Provavelmente, ele sabia, porque sua aparência sugeria um homem de grande força física. Não fosse por suas vestes, ele sabia que tinha a aparência de um robusto fazendeiro calabrês de ombros largos que ele teria sido se não tivesse respondido ao chamamento da Igreja há mais de meio século. Sua aparência rústica e os modos afins que ele tinha cultivado ao longo dos anos em primeiro lugar desarmavam os outros, fazendo com que pensassem que ele era apenas um simples homem de Deus. Isto ele era, mas, devido à sua posição na Igreja, muitos faziam mais uma suposição: que ele era um manipulador e alguém dado a intrigas. Não era, mas nunca se dera ao trabalho de desfazer o engano. Às vezes, valia a pena deixar as pessoas intrigadas, mesmo que, de uma certa maneira, isso fosse por si só uma forma de manipulação.

Dez minutos depois, Rienzi fez o que ele pediu.

Quando os outros cardeais saíram em fila da sala, Brugnone deixou-a por uma outra porta e caminhou por um longo corredor até uma escada que o levou para fora do edifício, para um pátio isolado. Ele seguiu em frente por um passeio coberto, atravessou o pátio Belvedere, passou pela célebre estátua de Apolo e entrou nos edifícios que abrigavam parte da imensa biblioteca do Vaticano, o *Archivio Segreto Vaticano* — o arquivo secreto.

O arquivo não era, de fato, particularmente secreto. Em 1998, a maior parte dele foi oficialmente aberta à visitação de estudiosos e pesquisadores, que poderiam, pelo menos em teoria, acessar seu conteúdo fortemente controlado. Entre os documentos notórios que estavam sabidamente guardados em seus cem quilômetros de prateleiras estavam as atas escritas à mão do julgamento de Galileu e uma petição do rei Henrique VIII para a anulação do seu primeiro casamento.

Nunca, em tempo algum, um forasteiro recebeu a permissão de entrar no lugar para onde Brugnone estava se dirigindo.

Sem se importar em reconhecer qualquer um dos membros da equipe ou estudiosos que trabalhavam em seus salões empoeirados, ele seguiu silenciosamente o seu caminho até as profundezas do vasto e escuro repositório. Desceu por uma estreita escada circular e chegou à pequena ante-sala onde um guarda suíço postava-se ao lado de uma porta de carvalho imaculadamente entalhada. Uma rápida inclinação da cabeça do velho cardeal era o necessário para o guarda inserir uma combinação num teclado e destrancar a porta para ele. A cavilha se abriu, ecoando no vazio dos degraus de calcário. Sem qualquer outro gesto, Brugnone deslizou para dentro da cripta das câmaras mortuárias, a porta rangendo e se fechando atrás dele.

Ao confirmar que estava sozinho na câmara cavernosa, seus olhos se ajustando à fraca iluminação, ele se dirigiu à área dos registros. A cripta parecia zunir com o silêncio. Era um efeito curioso que Brugnone em outros tempos achara desconcertante até que soube que, logo além dos limites da sua audição, havia realmente um zumbido, que emanava de um sistema altamente sofisticado de controle climático que mantinha a temperatura e a umidade constantes. Ele podia sentir as veias enrijecerem no ar seco e controlado enquanto consultava um fichário. Ele realmente não gostava de estar ali embaixo, mas esta visita era inevitável.

Seus dedos estremeciam enquanto moviam-se rapidamente pelas fileiras de fichas de arquivo. O que Brugnone estava procurando não estava listado em nenhum dos vários índices e inventários conhecidos das coleções de arquivos, nem mesmo no *Schedario Garampi*, o monumental fichário de quase um milhão de fichas que listavam virtualmente tudo o que estava guardado no arquivo até o século XVIII. Mas Brugnone sabia onde procurar. Seu mentor tinha tomado as devidas providências, logo antes de sua morte.

Seus olhos caíram na ficha que procurava e ele a puxou para fora da gaveta.

Com uma sensação cada vez mais profunda de apreensão, Brugnone procurou atentamente pelas pilhas de fólios e livros. Páginas e mais páginas de documentos oficiais esfacelados presas por uma fita vermelha e consideradas a origem da expressão papelada[2] pendiam no silêncio mortal de cada estante. Seus dedos paralisaram quando ele finalmente identificou aquela que estava procurando.

Com um enorme mal-estar, ergueu um grande volume encadernado em couro, muito antigo, que colocou sobre uma grande mesa auxiliar.

Sentando-se, Brugnone folheou rapidamente as grossas páginas ricamente ilustradas, os estalidos ressoando na quietude. Mesmo neste ambiente controlado, as páginas tinham sofrido os estragos impostos pelo tempo. As páginas de pergaminho estavam desgastadas e o ferro da tinta tinha se tornado corrosivo, criando diminutos pontos que, agora, substituíam algumas das graciosas pinceladas do artista.

Brugnone sentiu seu pulso acelerar. Sabia que estava perto. Ao virar a página, sentiu a garganta fechar quando a informação que procurava apareceu diante dele.

Ele examinou a ilustração. Ela representava um complexo arranjo de engrenagens e alavancas encadeadas. Passando os olhos na sua cópia do e-mail, assentiu para si mesmo.

[2] Do original em inglês *red tape*, isto é, fita vermelha. (N. da T.)

Brugnone sentiu surgir uma dor de cabeça atrás dos olhos. Ele os esfregou e, depois, voltou a fixar o olhar no desenho diante dele. Sentia-se disfarçadamente furioso. "Que espécie de delinqüência tinha permitido que isto acontecesse?" Ele sabia que o aparelho nunca deveria ter saído do Vaticano e ficou imediatamente irritado consigo mesmo. Era raro perder tempo em declarar ou pensar no óbvio, e era uma medida da sua preocupação o fato que o fizesse agora. Preocupação não era a palavra certa. Esta descoberta tinha sido um profundo choque. Qualquer um ficaria chocado, qualquer um que conhecesse o significado do aparelho antigo. Felizmente, eram bem poucos, mesmo aqui no Vaticano, que realmente sabiam da legendária finalidade desta máquina particular.

"Nós mesmos causamos isto. Aconteceu porque fomos cuidadosos demais em não chamar a atenção para isto."

Subitamente extenuado, Brugnone se aprumou. Antes de devolver o livro ao seu lugar na estante, ele colocou aleatoriamente dentro dele a ficha do arquivo que tinha trazido consigo. Não valeria a pena que mais alguém se deparasse com esta coisa.

Brugnone suspirou, sentindo cada um dos seus setenta anos. Ele sabia que a ameaça não vinha de um acadêmico curioso nem de algum colecionador cruelmente determinado. Quem quer que estivesse por trás disto sabia exatamente o que estava procurando. E tinha de ser impedido antes que seu lucro mal conquistado revelasse seus segredos.

Capítulo 7

A 6,5 mil quilômetros de distância, outro homem tinha em mente exatamente o oposto.

Depois de fechar e trancar a porta atrás dele, apanhou a complexa máquina de onde ele a tinha colocado, na prateleira mais alta. Então, caminhou lentamente para o porão, seus movimentos cuidadosos. A máquina não era pesada, mas ele estava aflito em não derrubá-la.

Não agora.

Não depois que o destino tinha intercedido para colocá-la ao seu alcance e, certamente, não depois de tudo que fora necessário para apanhá-la.

A câmara subterrânea, embora iluminada pela luz bruxuleante de dezenas de velas, era espaçosa demais para que a luz amarela chegasse a cada recanto. Ela permanecia tão sombria quanto fria e úmida. Ele já não percebia. Passara tanto tempo ali que tinha ficado cada vez mais acostumado, sem nunca se sentir incomodado. Era o mais próximo de um lar do que qualquer outra coisa poderia ser.

Lar.

Uma memória distante.

Outra vida.

Colocando a máquina em uma mesa de madeira instável, ele foi até um canto do porão e fez uma busca em uma pilha de caixas e velhos arquivos de papelão. Colocou na mesa a de que precisava, abriu-a e retirou uma pasta de dentro dela. Da pasta, retirou várias folhas de papel grosso, que dispôs caprichosamente ao lado da máquina. Em seguida, sentou-se e olhou dos documentos para o aparelho com engrenagens e de novo para os documentos, apreciando o momento.

Murmurou para si mesmo:

— Finalmente.

A voz era tranqüila, mas estridente pelo pouco uso.

Apanhando um lápis, voltou toda a atenção para o primeiro dos documentos. Examinou a primeira linha da escrita apagada e, então, esticou a mão para os botões no estojo superior da máquina e começou o próximo, e crucial, estágio da sua odisséia pessoal.

Uma odisséia cujo resultado final ele sabia que abalaria o mundo.

Capítulo 8

Depois de finalmente sucumbir ao sono menos de cinco horas antes, Tess estava agora novamente desperta e impaciente para começar a trabalhar em algo que a estava incomodando desde aqueles poucos minutos no Metropolitan, antes que Clive Edmondson falasse com ela e todo o inferno irrompesse. E ela se dedicaria a isso, tão logo a mãe e Kim saíssem da casa.

Eileen, a mãe de Tess, fora morar com elas, num sobrado em uma rua tranqüila e arborizada em Mamaroneck, logo depois que o marido arqueólogo, Oliver Chaykin, morrera três anos antes. Mesmo tendo sido ela quem sugerira, Tess não tinha tanta certeza assim do arranjo. Mas a casa tinha três quartos e era razoavelmente espaçosa para todas elas, o que facilitava a situação. Por fim, funcionou tudo bem mesmo que, como ela por vezes reconhecia com consciência pesada, as vantagens parecessem tender mais para o seu lado. Como quando Eileen bancava a babá nas noites em que Tess queria sair, ou quando levava Kim de carro para escola e como, agora mesmo, para comer rosquinhas e ajudá-la a tirar da cabeça da garota os eventos da noite anterior, o que provavelmente faria muito bem a ela.

— Estamos indo — gritou Eileen. — Tem certeza de que não precisa de nada?

Tess foi até a entrada para vê-las sair.

— Só não deixe de guardar umas duas pra mim.

Bem nesse momento, o telefone tocou. Tess não parecia ter pressa em atender. Eileen olhou para ela.

— Vai atender essa ligação?

— Vou deixar a secretária eletrônica atender — disse Tess dando de ombros.

— Você vai ter que falar com ele, mais cedo ou mais tarde.

Tess fez uma careta.

— Bom, vou mesmo, mas mais tarde é melhor quando se trata do Doug.

Ela conseguia adivinhar o motivo para os recados que o ex-marido tinha deixado na sua secretária eletrônica. Doug Merritt era âncora de jornal na afiliada de uma rede em Los Angeles e estava inteiramente absorvido no seu trabalho. Sua mente limitada teria feito a ligação do ataque ao Metropolitan com o fato de Tess passar muito tempo lá e, sem dúvida alguma, ter contatos. Contatos que ele poderia usar para obter uma pista de informações internas sigilosas sobre aquela que tinha se transformado na maior reportagem do ano.

A última coisa de que ela precisava agora era que ele soubesse que, não apenas ela estava lá, mas que Kim estava com ela. Munição que ele não hesitaria em usar contra ela na primeira oportunidade.

"Kim."

Tess pensou novamente naquilo que a filha tinha passado na noite anterior, mesmo que da relativa proteção das toaletes do museu, e como seria necessário enfrentar a situação. O atraso na reação, e as chances eram que haveria uma, daria a ela tempo para melhor se preparar para enfrentar a questão. Não era algo que estivesse ansiosa para enfrentar. Ela se odiava por tê-la arrastado para lá, mesmo que não fosse nem um pouco razoável que ficasse se culpando.

Ela olhou para a Kim, novamente grata pelo fato de ela estar de pé bem na sua frente, inteirinha. Kim fez uma careta com a atenção.

— Mãe. Você quer parar já com isso!?

— O quê?

— Esse olhar de tristeza — protestou Kim. — Estou bem, tá legal? Não foi nada. Quero dizer, é você quem assiste a filmes aos montes.

Tess inclinou a cabeça.

— Está certo. Vejo você depois.

Ela as viu se afastarem de carro e foi até o balcão da cozinha, onde a secretária eletrônica piscava, mostrando que tinha quatro mensagens. Tess lançou um olhar mal-humorado para a máquina. "A coragem daquele miserável." Seis meses antes, Doug tinha voltado a se casar. Sua nova mulher tinha vinte e poucos anos, uma executiva júnior da rede, cirurgicamente melhorada. Esta mudança no *status* dele o levaria, Tess sabia, a mudar de postura, em busca de uma revisão dos direitos de visitação. Não que ele sentisse saudade, amasse ou mesmo se importasse particularmente por Kim; era simplesmente uma questão de ego, e de maldade. O cara era um canalha rancoroso e Tess sabia que ela teria que continuar a lutar contra as explosões ocasionais de preocupação paterna até que sua jovem e casadoira diversão engravidasse. Então, com um pouco de sorte, ele desistiria de ser mesquinho e as deixaria em paz.

Tess se serviu uma xícara de café preto e foi para o seu estúdio.

Ligando o seu *laptop*, ela apanhou o telefone e conseguiu localizar Clive Edmondson no Hospital Presbiteriano de Nova York, na rua 68 Leste. Telefonou para o hospital e foi informada de que ele não estava em estado crítico, mas ficaria lá por mais alguns dias.

Pobre Clive. Ela anotou o horário de visita.

Abriu o catálogo da má fadada exposição e o folheou até encontrar uma descrição do aparelho levado pelo quarto cavaleiro.

Chamava-se codificador com rotor multiengrenagem.

A descrição informava que era um aparelho criptográfico datado do século XVI. Antigo e interessante, talvez, mas não uma coisa que se qualificasse como algo que alguém normalmente denominaria um "tesouro" do Vaticano.

Agora, o computador já tinha passado pelo *boot* rotineiro, e ela abriu o banco de dados de pesquisa e teclou "criptografia" e "criptologia". Os links eram para os websites basicamente técnicos e que tratavam da criptografia moderna no seu aspecto relacionado aos códigos de computador e transmissões eletrônicas encriptadas. Filtrando os resultados, ela finalmente se deparou com um site que cobria a história da criptografia.

Navegando nele, encontrou uma página que mostrava algumas das primeiras ferramentas de codificação. A primeira apresentada era um dispositivo de cifras Wheatstone do século XIX. Era formado por dois anéis concêntricos, um externo com 26 letras do alfabeto mais um espaço e outro interno que tinha apenas o próprio alfabeto. Dois ponteiros, como aqueles de um relógio, eram usados para substituir letras do anel externo pelas letras codificadas do interno. A pessoa que estava recebendo a mensagem codificada precisava ter um dispositivo idêntico e precisava conhecer o ajuste dos dois ponteiros. Poucos anos depois de o Wheatstone ter se tornado popular, os franceses propuseram um criptógrafo cilíndrico, que tinha vinte discos com letras nos seus aros externos, todos organizados num eixo central, complicando ainda mais quaisquer tentativas de decifrar uma mensagem codificada.

Rolando para baixo, seus olhos caíram na foto de um aparelho que parecia vagamente semelhante àquele que ela tinha visto no museu.

Ela leu a legenda embaixo e paralisou.

Era descrito como "o Conversor", um dos primeiros codificadores com rotor e que tinha sido empregado pelo Exército dos Estados Unidos nos anos 1940.

Por um segundo, ela teve a sensação de que o coração tinha parado. Ficou olhando fixamente as palavras.

"Anos 1940 e era um dos *primeiros*?"

Intrigada, leu o artigo inteiro. Os codificadores com rotor foram uma invenção estritamente do século XX. Recostando na cadeira, Tess esfregou a testa, voltou a rolar para cima até a primeira ilustração na tela e leu novamente a sua descrição. Não era a mesma de forma alguma, mas muitíssimo parecida. E extremamente mais avançada que as cifras de roda única.

Se o governo dos EUA achava que o aparelho deles era um dos primeiros, então não era de admirar que o Vaticano estivesse ávido em exibir um de seus próprios aparelhos; um que parecia anteceder o do Exército em cerca de seiscentos anos.

Mesmo assim, isto incomodava Tess.

De todos os reluzentes troféus que poderia ter apanhado, o cavaleiro tinha concentrado sua atenção neste misterioso aparelho. Por quê? Com certeza, as pessoas colecionavam as coisas mais esquisitas, mas isto era bem extremo. Ela especulou se ele poderia ou não ter cometido um engano. Não, ela rejeitou essa hipótese — ele tinha parecido bem deliberado em sua escolha.

Não foi só isso, ele não pegou mais nada. Era tudo o que ele queria.

Ela pensou em Amelia Gaines, a mulher que mais parecia alguém saído de um comercial de xampu que uma agente do FBI. Tess estava bem certa de que os investigadores queriam fatos, não especulação, mas, mesmo assim, depois de pensar por um breve momento, foi até seu quarto, encontrou a bolsa de noite que tinha levado na noite anterior e pegou o cartão que Gaines lhe dera.

Ela colocou o cartão na mesa e levou o pensamento de volta ao momento em que o quarto cavaleiro apanhou o codificador. O modo como tinha apanhado, segurado e sussurrado alguma coisa para o aparelho.

Ele pareceu quase... *reverente*.

O que foi que ele tinha dito? Tess estivera consternada demais no Metropolitan para dar muita atenção a isso, mas, de repente, era tudo em que conseguia pensar. Concentrou-se no momento, tirando tudo o mais da consciência, revivendo a cena com o cavaleiro erguendo o codificador. E dizendo... o quê? Pense, que diabo.

Como ela dissera a Amelia Gaines, ela estava bem certa de que a primeira palavra tinha sido *Veritas*... mas depois o quê? *Veritas*? *Veritas alguma coisa*...

Veritas vos? De alguma maneira, aquilo pareceu vagamente familiar. Ela esquadrinhou a memória em busca das palavras, mas de nada adiantou. As palavras do cavaleiro tinham sido interrompidas pelo tiroteio que explodia atrás dele.

Tess decidiu que teria que se contentar com aquilo que tinha. Ela virou-se para o computador e escolheu o mais poderoso mecanismo de pesquisa da sua barra de ferramentas de links. Digitou "Veritas vos" e recebeu mais de 22 mil resultados. Não que isso realmente importasse. Bastou o primeiro de todos.

Lá estava. Desafiando-a.

"*Veritas vos liberabit*."

"A verdade o libertará."

Ela fixou os olhos nele. A verdade o libertará.

"Ótimo."

Seu magistral trabalho de detetive tinha revelado um dos chavões mais triviais e exageradamente usados do nosso tempo.

Capítulo 9

Gus Waldron emergiu da estação da rua 23 Oeste e rumou para o sul.

Ele odiava esta parte da cidade. Não era um grande fã do aburguesamento. Longe disso. Em seu próprio território, o fato de ter o tamanho de um pequeno edifício o mantinha em segurança. Aqui, seu tamanho só o fazia se destacar entre os elegantes insignificantes que passavam apressadamente pelas calçadas em seus trajes assinados por estilistas e cortes de cabelo de duzentos dólares.

Com os ombros arqueados, ele tirava uns cinco centímetros da sua altura. Mesmo assim, grande como ele era, isso não ajudava muito, como também não ajudava o casaco longo preto informe que vestia. Mas ele não podia fazer nada a respeito; precisava do casaco para esconder o que estava carregando.

Virou na rua 22, na direção oeste. Seu destino ficava a um quarteirão da Empire Diner, localizada no centro de uma pequena fileira de galerias de arte.

Ao passar por elas, notou que a maioria das galerias tinha apenas um ou talvez dois quadros nas vitrines. Alguns dos quadros sequer tinham molduras, Deus do céu, e, pelo que pôde ver, nenhum tinha uma etiqueta de preço.

"Como é que você vai saber se é bom se você nem sabe quanto o diabo do quadro custa?"

Seu destino estava agora a duas portas. Pela aparência externa, a loja de Lucien Boussard parecia uma lustrosa galeria de antiguidades de classe. Na verdade, era isso e muito mais. Falsificações e peças de origem duvidosa infectavam os poucos e genuínos objetos imaculados. Não que qualquer um de seus vizinhos suspeitasse, pois Lucien tinha estilo, sotaque e modos que se encaixavam perfeitamente.

Com muita cautela agora, os olhos alertas para qualquer coisa ou qualquer pessoa que não parecesse certo, Gus passou pela galeria, contou 25 passos, parou e deu meia-volta. Ele o fez como se fosse atravessar a rua, mas, mesmo assim, não viu nada que parecesse estar fora de lugar, voltou e entrou na galeria, com gestos rápidos e leves para um homem do seu tamanho. E por que não deveriam ser? Em trinta lutas, ele nunca tinha sido, uma vez sequer, atingido forte o bastante para ser derrubado. Exceto quando era isso que ele deveria fazer.

Dentro da galeria, ele manteve uma das mãos no bolso, em torno da culatra de uma Beretta 92FS. Não era a pistola de sua preferência, mas ele tivera alguns problemas com falhas da 45 ACP e, depois da grande noite, não seria inteligente levar a Cobray. Ele lançou um rápido olhar em tudo. Nenhum turista, nem qualquer outro cliente. Só o dono da galeria.

Gus não gostava de muitas pessoas, mas mesmo que gostasse, não teria gostado de Lucien Boussard. Ele era um pequeno canalha adulador. Rosto estreito e ombros idem, usava seus longos cabelos puxados para trás, num rabo de cavalo.

"Maldita bicha francesa."

Quando Gus entrou, Lucien ergueu os olhos por trás de uma mesinha de pés em forma de fuso, onde estava sentado trabalhando, e exibiu um falso e exultante sorriso, uma frágil tentativa de esconder o fato de que ele tinha começado naquele exato momento a suar e a se encolher. Essa era possivelmente a única caracetrística de que Gus realmente gostava em Lucien. Ele sempre estava impaciente, como se achasse que Gus pudesse a qualquer momento decidir machucá-lo. O safado seboso estava certo sobre isso.

— Gus! — saiu como "*Gueusse*", que só fazia com que ele odiasse ainda mais Lucien, a cada vez que o ouvia.

Ficando de costas para ele, Gus trancou a porta e, então, caminhou até a mesa.

— Tem alguém lá no fundo? — resmungou.

Lucien balançou rapidamente a cabeça, de um lado ao outro.

— *Mais non, mais non, voyons*, não tem ninguém aqui, a não ser eu mesmo. — Ele também tinha o hábito irritante de repetir várias vezes suas expressões francesas efeminadas. Talvez todos eles fizessem isso. — Não estava te esperando, você não disse...

— Cala a sua maldita boca — esbravejou Gus. — Tenho uma coisa para você — disse com um sorriso forçado. — Uma coisa especial.

Por debaixo do casaco, Gus puxou um saco de papel e colocou-o sobre a mesa. Ele voltou a olhar para trás, para a porta, para ter certeza de que ambos estavam fora da linha de visão de algum transeunte, e tirou um objeto do saco. Estava embrulhado em jornal. Ele começou a desembrulhá-lo, enquanto olhava para cima para o Lucien.

A boca de Lucien se abriu e os olhos, subitamente flamejantes, se abriram mais quando Gus finalmente retirou o objeto. Era uma rebuscada cruz de ouro com jóias incrustadas, de cerca de 45 centímetros de comprimento, com detalhes de tirar o fôlego.

Gus a deixou sobre o jornal aberto. Ouviu um assobio quando Lucien inspirou profundamente.

— *Mon dieu, mon dieu.* — O francês moveu pesadamente os olhos para cima, para os de Gus, e, imediatamente, o suor começou a transbordar da sua testa estreita. — Jesus, Gus. — Bem, nisso, ele tinha razão

Ele voltou a baixar os olhos e, seguindo seu exemplo, Gus olhou e viu que o jornal estava aberto numa foto do museu em página dupla.

— Isto é do...

— É — disse Gus com um sorriso afetado. — É uma coisa, não é? Única, sem igual.

A boca de Lucien estava contraindo.

— *Non mais, il est complètement taré, ce mec.* Olha aqui, Gus, não posso tocar nisto.

Não era o caso de Gus querer que Lucien a tocasse; ele simplesmente precisava que ele a vendesse. Ele tampouco poderia ficar esperando por uma guerra de lances. Nos últimos seis meses, Gus tinha passado por um período extremamente ruim nas pistas. Já estivera em aperto antes, mas nunca como este; e nunca estivera num aperto com as pessoas que estavam agora com as suas promissórias. Durante boa parte de toda a sua vida, desde o dia em que ficou mais alto e mais forte que seu velho e que deu uma surra no valentão bêbado, as pessoas tinham medo do Gus. Mas, neste exato momento, pela primeira vez desde os 14 anos, ele sabia o que significava estar com medo. Os homens que estavam com as promissórias das suas dívidas de jogo eram de uma facção diferente de qualquer outra que ele já tinha conhecido. Eles o matariam com a mesma facilidade e rapidez com que ele pisaria em uma barata.

Ironicamente, foram as pistas que também tinham lhe oferecido uma saída. Foi assim que tinha conhecido o sujeito que o colocou no serviço do museu. E agora, aqui estava ele, mesmo tendo recebido instruções claras de não tentar vender nenhuma de suas mercadorias durante pelo menos seis meses.

Ao diabo com isso. Ele precisava de dinheiro e precisava agora.

— Olha aqui, não se preocupe com de onde isto veio, tá legal? — ordenou Gus a Lucien. — Você só cuida de descobrir para onde vai e por quanto.

Lucien estava com uma cara de quem estava prestes a ter um troço.

— *Non mais*... me escuta, *Gueusse*, isto não é possível. Não é de maneira alguma possível. É quente demais colocar a mão nisto agora, seria uma loucura...

Gus pegou Lucien pela garganta e o arrastou até a mesa, que balançou precariamente. Ele aproximou seu rosto a um dedo do de Lucien.

— Não dou a mínima se esta droga for termonuclear — esbravejou. — As pessoas colecionam esta merda e você sabe onde encontrá-las.

— É cedo demais — guinchou a voz de Lucien por causa da pressão em volta do pescoço.

Gus o largou e o francês caiu de volta na cadeira.

— Não fale comigo como se eu fosse algum tipo de retardado — falou agressivamente. — Vai ser sempre cedo demais para esta droga, nunca vai ter uma hora certa. Por isso, pode muito bem ser agora. Além disso, você sabe que tem gente que vai comprar isto por causa do que é e de onde veio. Uns bastardos doentes que pagarão uma pequena fortuna para poder se masturbar com a idéia de tê-la trancada no cofre. Tudo o que você precisa fazer é me encontrar um deles, e encontrar rápido. E nem pense em tentar me enganar no preço. Você fica com dez por cento... e você não vai ficar *pê* da vida com dez por cento de uma coisa de valor inestimável, vai?

Lucien engoliu em seco, esfregando o pescoço, e, então, puxou um lenço de seda marrom e limpou o rosto. Os olhos nervosos percorriam toda a sala, a mente mudando de rumo agora. Levantou os olhos para Gus e disse:

— Vinte.

Gus olhou para ele, desconcertado.

— Lucien — ele sempre dizia algo como "*luu-xin*", só para irritá-lo —, você não vai começar a bancar o macho comigo de uma hora para outra, vai?

— Estou falando sério. Para uma coisa como esta, tem que ser vinte por cento. *Au moins*. Vou estar assumindo um grande risco com isto.

Gus estendeu de novo o braço, mas, desta vez, Lucien foi bem rápido, deslizando a cadeira para trás de maneira que seu pescoço ficou fora de alcance. Em vez disto, Gus tirou calmamente a Beretta e a colocou mais perto, comprimindo entre as pernas de Lucien.

— Não sei por que você está bufando. Realmente não estou com humor para negociar aqui, princesa. Faço uma oferta generosa para você e tudo o que você faz é tentar tirar vantagem da situação. Estou decepcionado, cara.

— Não, olha, Gus...

Gus ergueu a mão e deu de ombros.

— Não sei se você pegou a melhor parte na TV naquela noite. Lá fora. Com o guarda. Foi uma coisa. Ainda estou com a lâmina, você sabe, e, vou te contar, estou meio que entrando naquela coisa toda tipo Conan, está entendendo o que estou dizendo?

Durante um momento, enquanto deixava Lucien se preocupar com isso, Gus pensava com afinco. Sabia que, se tivesse todo o tempo do mundo, o medo que Lucien tinha dele trabalharia a seu favor. Mas ele não tinha todo o tempo do mundo. A cruz valia uma pequena fortuna, talvez até sete dígitos, mas neste exato momento ele pegaria o que conseguisse e ficaria feliz com isso. Ele tinha ganhado algum tempo com o dinheiro vivo adiantado que recebera por aceitar participar do ataque ao museu; agora, ele precisava tirar aqueles sanguessugas da sua cola.

— Vou lhe dizer o seguinte — disse ele a Lucien —, faça isto valer a pena e dou até quinze.

Ele viu um aperto nos olhos fingidos de Lucien. Ele tinha sido fisgado.

Lucien abriu uma gaveta e tirou uma pequena câmera digital. Ele olhou para Gus.

— Preciso...

Gus concordou, inclinando a cabeça.

— Fique à vontade.

Lucien tirou algumas fotos da cruz, já decerto repassando mentalmente a sua lista de clientes.

— Vou dar uns telefonemas — disse Lucien. — Me dê alguns dias.

Inútil. Gus precisava do dinheiro e da liberdade que ele lhe traria. Também precisava sair da cidade por algum tempo até que a poeira em torno do serviço do museu se assentasse. Ele precisava de todas estas coisas agora.

— Nada feito. Precisa ser rápido. Dois dias no máximo.

Uma vez mais, ele conseguiu ver que, atrás dos olhos de Lucien, sua mente trabalhava freneticamente em alguma coisa. Provavelmente tentando imaginar como conseguiria maquinar um negócio com um comprador, uma gorda gratificação pela promessa de barganhar um preço menor com o vendedor, mesmo com o vendedor já tendo concordado. O pulha trapaceiro. Gus decidiu que, daqui a alguns meses, quando a ocasião fosse certa, realmente gostaria de fazer mais uma visita a Lucien.

— Volte às seis, amanhã — disse Lucien. — Sem promessas, mas vou fazer o melhor que puder.

— Sei que você vai. — Gus apanhou a cruz, embrulhou-a com um pano que estava na mesa de Lucien e colocou-a cuidadosamente em um dos bolsos internos do seu casaco. Colocou, então, a arma no outro. — Amanhã — disse ele a Lucien e deu um sorriso forçado e mal-humorado antes de sair para a rua.

Lucien ainda tremia enquanto via o homem alto caminhar até a esquina e desaparecer de vista.

Capítulo 10

— Você sabe, eu poderia passar sem isto agora — resmungou Jansson quando Reilly se deixou cair em uma cadeira em frente ao seu chefe. Já sentados à mesa no escritório do diretor-assistente responsável, localizado na Praça Federal, estavam Aparo e Amelia Gaines, assim como Roger Blackburn, que chefiava a força-tarefa de crimes violentos/grandes criminosos, e dois dos agentes especiais responsáveis assistentes de Blackburn.

O complexo de quatro edifícios do governo na baixa Manhattan ficava a apenas poucas quadras do Marco Zero. Abrigava 25 mil funcionários do governo e era também a sede do escritório local do FBI em Nova York. Sentado lá, Reilly ficou aliviado em estar longe do barulho incessante na área principal de trabalho. De fato, a tranqüilidade relativa do escritório particular de seu chefe era praticamente a única coisa tentadora no trabalho de Jansson.

Na qualidade de diretor-assistente responsável do escritório local de Nova York, Jansson tinha arcado com uma enorme carga nos últimos anos. Todas as cinco áreas de maior importância para o Bureau — drogas e crime organizado, crimes violentos e grandes criminosos, crimes financeiros, contra-espionagem estrangeira e a mais nova ovelha negra daquele odioso rebanho, o terrorismo doméstico — estavam a todo o vapor. Jansson certamente parecia talhado para a tarefa: o homem tinha a imponente corpulência de ex-jogador de futebol americano, embora, por baixo dos cabelos grisalhos, seu rosto compacto tivesse uma expressão neutra e distante. Isto não desconcertava as pessoas que trabalhavam há muito sob o seu comando, já que elas rapidamente aprendiam que uma coisa, além dos proverbiais morte e impostos, era certa: se Jansson estivesse do seu lado, você poderia contar com ele para intimidar qualquer coisa que viesse em seu caminho. Se, entretanto, você cometesse o erro de traí-lo, sair do país seria realmente algo em que valeria a pena pensar.

Com Jansson tão perto da aposentadoria, Reilly conseguia entender por que seu chefe não gostava particularmente de ter seus últimos e poucos meses no escritório complicados por algo de tanto destaque quanto o *Ataque ao Metropolitan* — o nome dado ao novo caso. A mídia tinha, com toda a razão, se lançado à notícia. Isto não tinha sido um roubo armado comum. Fora um autêntico ataque. Os tiros de metralhadora automática tinham alcançado a lista A de Nova York. A mulher do prefeito tinha sido tomada como refém. Um homem foi executado à vista de todos; não simplesmente baleado, mas decapitado, e não num pátio murado de alguma ditadura do Oriente Médio, mas lá, em Manhattan, na Quinta Avenida.

"Na TV. Ao vivo."

O olhar de Reilly foi de Jansson à bandeira e à insígnia do Bureau na parede atrás dele e, então, de volta ao diretor-assistente quando este apoiava os cotovelos na mesa e tomava um grande fôlego.

— Vou me lembrar de falar sem falta àqueles bastardos o quanto eles foram indelicados quando nós os autuarmos — ofereceu Reilly.

— Faça isso — disse Jansson, inclinando-se para frente, seu olhar intenso passando pelos rostos de sua equipe reunida. — Não preciso lhes dizer sobre a quantidade de telefonemas que recebi sobre isto nem que vieram bem de cima. Digam-me onde estamos e para onde iremos daí.

Reilly olhou de relance para os outros e assumiu a palavra.

— Os dados preliminares das provas não nos apontam para qualquer direção particular. Aqueles caras não deixaram muita coisa para trás, além dos cartuchos e dos cavalos. O pessoal da equipe de provas está arrancando os cabelos por ter tão pouco para ir em frente.

— Desta vez — interpôs Aparo.

— De qualquer maneira, os cartuchos nos dizem que eles estavam carregando Cobrays M11/9 e Micro Uzis. Rog, vocês estão investigando isso, certo?

Blackburn limpou a garganta. Ele era uma força da natureza que tinha recentemente conseguido desmantelar a maior rede de distribuição de heroína no Harlem, o que resultou na prisão de mais de duzentas pessoas.

— Do tipo bem comum, é claro. Estamos passando por todas as etapas, mas eu não teria esperanças. Não numa coisa como esta. Não consigo imaginar que esses garotos tenham simplesmente comprado pela web.

Jansson assentiu.

— E quanto aos cavalos?

Reilly retomou.

— Até agora, nada. Castrados, cinza e castanho, bem comum. Estamos cruzando os dados com os registros de cavalos desaparecidos e indo atrás dos pontos de origem das selas, mas, de novo...

— Sem marcas nem chips?

Com mais de cinqüenta mil cavalos roubados a cada ano em todo o país, o uso de marcas de identificação nesses animais estava se tornando cada vez mais prevalente. O método mais usado era a marcação a frio, que envolvia o uso de um ferro de marcar superfrio para alterar as células produtoras de pigmento colorido, resultando no crescimento de pelos brancos no local da marca, em lugar de pêlos coloridos. O outro método, menos comum, envolvia o uso de uma agulha hipodérmica para injetar um minúsculo microchip com um número de identificação programado sob a pele do animal.

— Nada de chips — respondeu Reilly —, mas estamos pedindo uma nova varredura neles. Os chips são tão minúsculos que, a não ser que você saiba exatamente onde estão, não é fácil de achar. Some-se isso ao fato que geralmente estão escondidos em áreas menos óbvias para garantir que ainda estejam lá se e quando um cavalo roubado for recuperado. No lado positivo, eles realmente tinham as marcas de congelamento, mas receberam novas marcas em cima e agora são ilegíveis. Os rapazes do laboratório acham que talvez consigam alguma pista com a separação das diferentes camadas para revelar a marca original.

— E quanto aos trajes e as peças medievais? — Jansson virou para Amelia Gaines, que vinha acompanhando essa linha de investigação.

— Isso vai levar mais tempo — disse ela. — As origens típicas desse tipo de kit são pequenos especialistas espalhados por todo o país, principalmente quando se trata de espadas de lâmina larga que são de verdade, e não apenas acessório de festas. Acho que vamos conseguir alguma informação aqui.

— Então esses caras simplesmente desapareceram no ar, é isto? — Jansson estava claramente perdendo a paciência.

— Eles tinham de ter carros esperando por eles. Existem duas saídas para fora do parque, não longe de onde eles abandonaram os cavalos. Estamos atrás de testemunhas, mas até agora, nada — confirmou Aparo. — Quatro sujeitos, se separando, caminhando para fora do parque, naquela hora da noite. É fácil passarem despercebidos.

Jansson recostou para trás, assentindo com um gesto, a mente juntando os pedaços discrepantes de informação e colocando uma ordem nos pensamentos.

— Quem queremos que seja? Alguém já tem um favorito?

Reilly passou os olhos por toda a mesa antes de falar.

— Este aqui é mais complicado. A primeira coisa que vem à mente é uma lista de compras.

Os roubos de arte, especialmente de objetos bem conhecidos, eram freqüentemente feitos sob encomenda ou antecipadamente vendidos aos colecionadores que queriam possuí-los, mesmo que nunca pudessem permitir que fossem vistos por qualquer outra pessoa. Mas, desde o momento que tinha chegado ao museu, Reilly tinha expulsado esse pensamento para longe da sua cabeça. As listas de compras quase sempre iam para os ladrões espertos. Andar a cavalo pela Quinta Avenida não era ação de pessoas inteligentes. Nem eram as lesões corporais e muito menos a execução.

— Acho que estamos todos de acordo com isto — continuou. — Os dados preliminares dos perfis também coincidem. Existe mais por trás disto que simplesmente apanhar algumas relíquias de valor inestimável. Você quer pegar as peças, escolhe uma tranqüila e chuvosa manhã de quarta-feira, entra antes das multidões, saca os seus Uzis e pega o que quiser. Menor visibilidade, menor risco. Em vez disto, esses caras escolheram o momento de maior movimento e mais fortemente protegido para encenar seu golpe. É quase como se quisessem nos insultar, nos envergonhar. Claro, eles pegaram a presa, mas acho que também se exibiram como uma manifestação pública.

— Que tipo de manifestação? — perguntou Jansson.

Reilly deu de ombros:

— Estamos trabalhando nisso.

O diretor-assistente se dirigiu a Blackburn:

— Vocês, rapazes, concordam?

Blackburn inclinou a cabeça, concordando:

— Coloquemos da seguinte maneira. Quem quer que sejam esses caras, eles são os heróis da rua. Eles pegaram aquilo que os imbecis chapados de coca fantasiam quando estão plugados nos seus Playstations e realmente saíram e fizeram. Só espero que não comecem uma moda aqui. Mas, sim, acho que tem mais coisa acontecendo com esses caras do que uma fria eficiência.

Jansson lançou um novo olhar para Reilly:

— Então, parece que o filho é seu, afinal.

Reilly olhou para ele e assentiu, em silêncio. Filho não era exatamente a primeira palavra que surgia na sua cabeça. Parecia mais um gorila de meia tonelada e, ele pensou, era realmente todo seu.

A reunião foi interrompida pela chegada de um homem esbelto e modesto vestindo um paletó marrom de *tweed* sobre um colarinho clerical. Jansson levantou da sua cadeira e estendeu sua mão para apertar a mão do homem.

— Monsenhor, que bom que o senhor conseguiu chegar. Por favor, sente-se. Pessoal, este é o monsenhor De Angelis. Prometi ao arcebispo que o deixaríamos assistir à reunião e ajudasse de todas as formas possíveis.

Jansson passou a apresentar De Angelis aos agentes reunidos. Era muito raro permitir que gente de fora participasse de uma reunião tão delicada como esta, mas o núncio apostólico, o embaixador do Vaticano nos EUA, tinha dado uma série de telefonemas para permitir que isto acontecesse.

O homem devia ter pouco menos de cinqüenta anos, imaginou Reilly. Tinha os cabelos caprichosamente cortados que recuavam em arcos perfeitos nas têmporas, com manchas prateadas em torno das orelhas. Seus óculos de aros de aço estavam ligeiramente enodoados e seus modos foram afáveis e serenamente discretos enquanto era informado dos nomes e cargos dos agentes.

— Por favor, não interrompam por minha causa — disse ele ao se sentar.

Jansson sacudiu a cabeça ligeiramente, rejeitando o pensamento.

— As provas não apontam para nenhum lugar ainda, padre. Sem querer ter idéias preconcebidas que prejudiquem a questão, e devo enfatizar que isto é puramente uma exposição das idéias e intuições nesta altura, estamos atirando para todos os lados as nossas idéias sobre os possíveis candidatos para o ataque.

— Compreendo — respondeu De Angelis.

Jansson voltou-se para Reilly, que, embora constrangido com a idéia, continuou. Ele sabia que tinha que pôr o monsenhor a par para agilizar a reunião.

— Estávamos dizendo que isto é claramente mais que apenas um assalto a um museu. A maneira como foi realizado, o momento escolhido, tudo indica que há mais em jogo aqui que um simples golpe armado.

De Angelis apertou os lábios, absorvendo as implicações daquilo que foi dito:

— Entendo.

— O reflexo — continuou Reilly — é apontar o dedo para os fundamentalistas muçulmanos, mas, neste caso, tenho uma certeza razoável de que está muito fora do padrão.

— Por que você acha isso? — perguntou De Angelis. — Por mais lastimável que possa ser, realmente parece que eles nos odeiam. Tenho certeza de que você se lembra da comoção que existiu quando o museu em Bagdá foi saqueado. As acusações de dois pesos e duas medidas, a culpa, a raiva... Aquilo não acabou muito bem na área.

— Acredite em mim, isto não se encaixa no *modus operandi* deles; na verdade, não chega nem perto. Seus ataques são tipicamente abertos, gostam de receber crédito por suas ações e em geral são favoráveis à rota suicida. Além disto, seria repugnante para qualquer fundamentalista muçulmano vestir um traje com uma cruz nele. — Reilly olhou para De Angelis, que pareceu concordar. — Obviamente, vamos examinar isto. Precisamos. Mas eu colocaria meu dinheiro em outro bando.

— Um serviço de *bubba*. — Jansson estava usando a abreviatura politicamente incorreta para os terroristas broncos que empregam bombas.

— Muito mais provável, na minha opinião — disse Reilly dando de ombros num gesto de familiaridade. Extremistas individuais do tipo "lobo solitário" e radicais violentos criados nos Estados Unidos eram parte da sua vida diária tanto quanto os terroristas estrangeiros.

De Angelis pareceu perdido.

— *Bubba*?

— Terroristas locais, padre. Grupos com nomes ridículos como "A Ordem" ou "A Fraternidade Silenciosa", que operam basicamente sob uma ideologia de ódio chamada a Identidade Cristã, que, eu sei, é uma perversão bem estranha do termo...

O monsenhor se mexeu na cadeira, constrangido.

— Eu achava que todos eles fossem cristãos fanáticos.

— Eles são. Mas, lembre-se, é do Vaticano que estamos falando, da Igreja Católica. E esses sujeitos não são fãs de Roma, padre. As igrejas distorcidas deles, aliás, nenhuma delas é, nem remotamente, católica, não são reconhecidas pelo Vaticano. O seu pessoal realmente deixa muito claro que não quer ter nada a ver com eles, e por bom motivo. O que todos eles têm em comum, além de culpar negros, judeus e homossexuais por todos os seus problemas, é o ódio pelo governo organizado, nosso em particular, e o de vocês por associação. Eles acham que somos o grande Satã, que, curiosamente, é a mesma terminologia que Khomeini cunhou para nós e que ainda está ecoando por todo o mundo muçulmano hoje. Lembre-se, esses sujeitos colocaram bombas no edifício federal da cidade de Oklahoma. Cristãos. Americanos. E há muitos deles por toda parte. Acabamos de apanhar um sujeito na Filadélfia que estávamos procurando há muito tempo; ele faz parte de um grupo que é subproduto das Nações Arianas, a Igreja dos Filhos de Javé. Bom, esse cara foi antes ministro das

Nações Arianas para as relações islâmicas. Nesse papel, ele confessou que tentou formar alianças com extremistas muçulmanos antiamericanos depois dos ataques de 11 de Setembro.

— O inimigo do meu inimigo — ponderou De Angelis.

— Exatamente — concordou Reilly. — Estes caras têm uma visão seriamente deturpada do mundo, padre. Precisamos apenas pôr à prova e entender que declaração da missão insana eles inventaram agora.

Houve um breve silêncio na sala depois que Reilly terminou. Jansson assumiu:

— Certo, então você vai em frente com isto.

Reilly assentiu, imperturbável.

— Tá.

Jansson virou para Blackburn:

— Rog, você ainda vai investigar a perspectiva do simples roubo?

— Com certeza. Precisamos cobrir os dois ângulos até que surja algo que nos aponte para um ou outro caminho.

— Certo, ótimo. Padre — disse ele agora virando-se para De Angelis —, realmente seria útil se o senhor nos conseguisse uma lista daquilo que foi roubado, com o máximo de detalhe que conseguir. Fotografias coloridas, peso, dimensões, qualquer informação que o senhor tiver. Precisamos providenciar alguns alertas.

— É claro.

— Sobre esse ponto, padre — interpôs Reilly —, um dos cavaleiros pareceu interessado em um único objeto: isto — disse ele puxando a ampliação de uma captura de vídeo das câmeras de segurança do museu. Mostrava o quarto cavaleiro segurando o codificador. Ele a entregou ao monsenhor. — O catálogo da exposição descreve-o como um codificador com rotor multiengrenagem — disse ele e depois perguntou: — Alguma idéia de por que alguém pegaria isso, dado todo o ouro e as jóias ao redor?

De Angelis ajustou os óculos enquanto estudava a fotografia e, então, sacudiu a cabeça.

— Lamento, não sei muito sobre esta... máquina. Só consigo imaginar que tenha valor como uma curiosidade de engenharia. Tudo mundo gosta de alardear seu brilhantismo de vez em quando, mesmo, ao que parece, meus irmãos que selecionaram o que deveria ser incluído na exposição.

— Bem, talvez o senhor pudesse verificar com eles. Eles poderiam ter alguma idéia, sei lá, dos colecionadores que podem tê-los abordado antes sobre ela.

— Vou investigar.

Jansson olhou de um lado a outro. Tudo acertado com todo mundo.

— Certo, pessoal — disse, arrumando os papéis. — Vamos tirar esses malucos dos negócios.

Enquanto os outros caminhavam para fora da sala, De Angelis debruçou sobre a mesa em direção a Reilly e apertou sua mão.

— Obrigado, agente Reilly. Sinto que estamos em boas mãos.

— Nós vamos pegá-los, padre. Alguma coisa sempre acaba aparecendo.

Os olhos do monsenhor estavam fixos nos dele, estudando-o:

— Você pode me chamar Michael.

— Vou ficar com "padre", se não se importar. É um hábito meio difícil de abandonar.

De Angelis olhou surpreso:

— Você é católico?

Reilly assentiu.

— Praticante? — De Angelis abaixou os olhos, num súbito constrangimento. — Perdoe-me. Não devia ser tão inquisitivo. Suponho que alguns dos meus hábitos são igualmente difíceis de abandonar.

— Sem problema. E, sim, faço parte do rebanho.

De Angelis pareceu serenamente satisfeito.

— Sabe, sob várias perspectivas, nossos ofícios não são tão diferentes. Nós dois ajudamos as pessoas a chegar a um acordo com os seus pecados.

Reilly sorriu.

— Talvez, mas... não tenho certeza se o senhor se expõe ao mesmo calibre de pecadores que temos por aqui.

— É verdade, é preocupante... as coisas não estão bem lá fora. — Ele fez uma pausa e, então, ergueu os olhos em direção a Reilly. — É o que torna nosso trabalho ainda mais valioso.

O monsenhor viu Jansson olhando em sua direção; parecia que o estava chamando.

— Tenho plena confiança em você, agente Reilly. Tenho certeza que você os encontrará — disse o homem com colarinho clerical antes de se afastar.

Reilly ficou olhando-o partir e, então, apanhou na mesa a fita de vídeo. Enquanto voltava a enfiar no seu arquivo, lançou novamente um olhar para ele. Num canto da fotografia, que estava granulada por causa da baixa resolução das câmeras de vigilância do museu, ele conseguiu imaginar claramente uma figura agachando por trás de uma vitrine, espiando aterrorizada o cavaleiro e o aparelho. Sabia por ter assistido à fita de vídeo que era a loira que ele tinha visto saindo do museu naquela noite. Pensou na difícil experiência pela qual ela tinha passado, no quanto ela deve ter ficado aterrorizada, e sentiu-se atraído por ela. Esperava que ela estivesse bem.

Ele colocou a fotografia de volta à sua pasta. Ao sair da sala, não conseguiu deixar de pensar na palavra que Jansson tinha usado.

"Malucos."

O pensamento não era de modo algum tranqüilizador.

Tentar imaginar quais seriam os motivos quando as pessoas sãs cometiam crimes já era bem duro. Entrar nas mentes dos insanos era freqüentemente impossível.

Capítulo 11

Clive Edmondson estava pálido, mas não parecia sentir muita dor, o que surpreendeu Tess quando ela o viu deitado lá, na sua cama do hospital.

Ela sabia que um dos cavalos tinha recuado e o atingido, derrubando-o no chão, e que, no pânico que se seguiu, ele teve três costelas fraturadas. As fraturas ficavam muito próximas dos pulmões para não incomodar e, dado a idade de Clive, seu estado geral de saúde e seu apego a atividades vigorosas, os médicos do Hospital Presbiteriano de Nova York tinha decidido mantê-lo sob observação por alguns dias.

— Eles me puseram num ótimo coquetel de drogas — ele lhe contou, lançando um olhar para a bolsa com soro que estava oscilando em seu suporte. — Não sinto nadinha.

— Não exatamente o tipo de coquetel que você estava indo pegar, não é? — gracejou ela.

— Quisera eu.

Enquanto ele ria com vontade, ela olhou para ele, perguntando-se se deveria ou não trazer à baila o motivo mais premente de sua visita.

— Está a fim de conversar sobre alguma coisa?

— Claro. Desde que não envolva repassar de novo o que aconteceu. É só disso que todo mundo por aqui quer ouvir — suspirou ele. — Compreensível, imagino, mas...

— Bem, tem... a ver — admitiu Tess envergonhadamente.

Clive olhou para ela e sorriu.

— O que você tem em mente?

Tess hesitou e, então, decidiu continuar:

— Quando estávamos batendo papo no museu. Por acaso notou o que eu estava vendo?

Ele sacudiu a cabeça:

— Não.

— Era uma máquina, algum tipo de caixa com botões e alavancas saindo dela. O catálogo chama de codificador com rotor multiengrenagem.

Pensativo, sua testa franziu por um momento.

— Não, não percebi. — É claro que não perceberia. Não com ela lá. — Por quê?

— Um dos cavaleiros o pegou. Não pegou mais nada.

— E daí...?

— E daí, você não acha que é esquisito? Todas aquelas coisas de valor inestimável estavam lá e ele só pegou aquela geringonça. E não só isto, mas, quando ele a agarrou, foi como se fizesse parte de algum ritual para ele, ele pareceu inteiramente consumido pelo momento.

— Bem, está certo, ele é evidentemente um colecionador realmente ávido por máquinas antigas de codificação. Coloque a Interpol no telefone. A caixa Enigma será provavelmente a próxima da lista dele. — Ele lhe lançou um olhar torto. — As pessoas colecionam coisas piores.

— Estou falando sério — protestou. — Ele até disse uma coisa. Quando a segurou: "*Veritas vos liberabit.*"

Clive olhou para ela:

— "*Veritas vos liberabit*"?

— Acho que sim. Estou bem certa que foi isso.

Clive pensou sobre isso por um momento e, então, sorriu.

— Certo. Você não tem um colecionador incondicional de máquinas de codificação. Você tem um que estudou no Johns Hopkins. Isto deve limitar a pesquisa.

— Johns Hopkins?

— É.

— Do que você está falando? — Ela estava inteiramente perdida.

— É o lema da universidade. *Veritas vos liberabit.* A verdade o libertará. Acredite, eu sei. Estudei lá. Está até naquela música horrível, você sabe, a "Ode a Johns Hopkins". — Ele começou a cantar: — "*Let knowledge grow from more to more, and scholars versed in deepest lore...*"[3] — Clive estava olhando atentamente para Tess, divertindo-se com o olhar confuso dela.

— Você acha...? — Então, ela percebeu o olhar dele. Conhecia aquele sorrisinho de satisfação. — Você está de gozação comigo, não está?

Clive assentiu com um ar de culpa.

— Bem, ou é isto ou ele é um ex-agente da CIA contrariado. Você sabe que é a primeira coisa que você vê quando entra no prédio deles em Langley. — Fugindo da pergunta dela, ele acrescentou: — Tom Clancy. Grande fã, que mais posso dizer?...

Tess sacudiu a cabeça, irritada por ser tão crédula. Então, Clive a surpreendeu.

— Mas você não está muito longe. Encaixa.

— O que você está querendo dizer? — Ela percebeu que o rosto de Clive agora estava sério.

— O que os cavaleiros estavam usando?

— O que você quer dizer, o que eles estavam usando?

— Perguntei primeiro.

Ela não o estava acompanhando.

— Estavam em trajes medievais convencionais. Cotas de malha, mantos, capacetes.

— E...? — ele provocou. — Alguma coisa mais específica?

Ela sabia que Clive a estava atormentando. Tentou lembrar a visão aterrorizante dos cavaleiros comportando-se violentamente no museu.

— Não...?

— Mantos brancos com cruzes vermelhas. Cruzes vermelho-sangue.

Ela fez uma careta, ainda não o entendendo.

— Cruzados.

[3] Que o conhecimento cresça mais e mais e os estudiosos versados no mais profundo saber. (N. da T.)

Clive ainda não tinha acabado.

— Está ficando mais quente. Vamos, Tess. Nada de especial nas cruzes? Uma cruz vermelha no ombro esquerdo, outra no peito? Alguma coisa?

E então ela entendeu.

— Templários.

— Resposta final?

A mente dela estava em frenesi. Ainda não explicava o significado.

— Você está totalmente certo, estavam vestidos como templários. Mas isso não significa necessariamente alguma coisa. É a aparência genérica de um cruzado, não é? Pelo que sabemos, eles só copiaram a primeira imagem de um cavaleiro cruzado que, por acaso, encontraram, e as chances são que seria um templário; eles tiveram a maior cobertura.

— Também achei que sim. Não dei nenhum significado a isso, no começo. Os templários são, de longe, o grupo mais famoso, ou, melhor, infame, de cavaleiros ligados às Cruzadas. Mas, então, sua frasezinha capciosa em latim... isso muda as coisas.

Tess olhou fixamente para Clive, querendo desesperadamente saber do que é que ele estava falando. Ele ficou em silêncio. Isto a estava deixando louca.

— ...*Porque*?!

— *Veritas vos liberabit*, lembra? Acontece que é também uma inscrição num castelo em Languedoc, no sul da França. — Ele fez uma pausa: — Um castelo templário.

Capítulo 12

— Que castelo? — Tess estava sem fôlego.

— O Chateau de Blanchefort. Em Languedoc. A inscrição está lá inteiramente à vista, esculpida no lintel do pórtico acima da entrada do castelo. *Veritas vos liberabit.* A verdade o libertará. — Parece que a frase inspirou toda uma sucessão de lembranças em Edmondson.

Tess franziu as sobrancelhas. Alguma coisa a estava incomodando.

— Os templários não foram dissolvidos... — então se encolhendo pela escolha infeliz das palavras — ...dispersados nos anos 1300?

— 1314.

— Bom, então não faz sentido. O catálogo diz que o codificador é do século XVI.

Edmondson refletiu sobre isso.

— Bem, pode ser que a data deles esteja errada. O século XIV não é exatamente o momento de maior orgulho do Vaticano. Na verdade, estava longe disso. Em 1305, o papa Clemente V, um fantoche do cruel rei da França Felipe, o Belo, foi forçado a partir do Vaticano e mudar a sede da Santa Sé para Avignon, na França. Foi durante esse período que ele conspirou com o rei para derrubar os templários. A ação também não teve curta duração. Durante um período de setenta anos, conhecido como o *Papado na Babilônia*, o papado esteve sob o controle total dos franceses, até que o papa Gregório XI fez a ruptura, arrastado de volta a Roma pela mística Catarina de Siena. Se era do século XIV...

— ...as chances são que sequer era originária de Roma. — interrompeu-o Tess. —Especialmente se não for templário.

— Exatamente.

Tess hesitou:

— Você acha que dei de cara com alguma pista ou estou me agarrando a qualquer coisa em desespero de causa?

— Não, acho definitivamente que poderia ter alguma coisa aí. Mas... os templários não estão exatamente na sua área de especialização, estão?

— Só nuns dois mil anos e um continente a mais ou a menos. — Ela arreganhou os dentes. A especialidade dela era em história assíria. Os templários estavam muito fora do seu radar.

— Você precisa conversar com um aficionado em templário. Os que eu conheço que sejam cultos o bastante para ter alguma utilidade para você são Marty Falkner, William Vance e Jeb Simmons. Falkner deve estar agora nos seus oitenta e poucos anos e provavelmente será muito trabalhoso tratar com ele. O Vance eu não vejo há anos, mas sei que o Simmons está por aí...

— *Bill* Vance?

— É. Você o conhece?

William Vance tinha passado por uma das escavações do pai dela enquanto ela estava lá. Fazia uns dez anos, ela lembrou. Ela estivera trabalhando com o pai na região nordeste da Turquia, o mais perto possível do Monte Ararat que os militares permitiriam. Ela se lembrava de como, algo raro para o pai, Oliver Chaykin tratava Vance como um igual. Ela conseguia visualizá-lo com clareza. Um homem alto e bonito, talvez quinze anos mais velho que ela.

Vance tinha sido encantador, além de muito útil e estimulante para Tess. Tinha sido uma época horrível para ela. Péssimas condições no campo. Incomodamente grávida. E, ainda assim, embora ele mal a conhecesse, Vance pareceu perceber sua tristeza e desconforto e tratara-a com tanta bondade que a fazia se sentir bem quando estava péssima, atraente quando sabia que estava horrível. E nunca houve o menor indício de que tivesse um motivo oculto. Ela se sentia ligeiramente constrangida agora em pensar que tinha ficado um pouquinho decepcionada com sua atitude evidentemente platônica em relação a ela, porque ela tinha sentido uma grande atração por ele. E, mais para o final da breve estadia dele no acampamento, ela sentira que talvez, apenas talvez, ele tivesse começado a sentir o mesmo por ela, embora exatamente o quanto uma mulher grávida de sete meses poderia ser atraente fosse altamente questionável, em sua mente.

— Eu o conheci certa vez, com meu pai. — Ela fez uma pausa. — Mas eu achava que a especialidade dele fosse história fenícia.

— É, mas você sabe como é com os templários. É como um pornô arqueológico, é virtualmente um suicídio acadêmico se interessar por eles. Chegou ao ponto de ninguém querer que seja de conhecimento público que eles levam o assunto a sério. É grande demais o número de excêntricos obcecados com toda a espécie de teorias da conspiração sobre essa história. Você sabe o que Umberto Eco disse, certo?

— Não.

— "Um sinal indubitável de um lunático é que, mais cedo ou mais tarde, ele trará à baila o tema dos templários."

— Estou fazendo muita força para tomar isso como um cumprimento aqui.

— Olha, estou do seu lado nisto. Eles são eminentemente valiosos como pesquisa acadêmica. — Edmondson deu de ombros. — Mas, como eu disse, não ouço falar de Vance há anos. A última notícia que soube é que ele estava na Colômbia, mas se eu fosse você, iria atrás do Simmons. Posso colocá-la em contato com ele sem muito trabalho.

— Certo, ótimo. — Tess sorriu.

A cabeça de enfermeira apareceu pela porta.

— Exames. Cinco minutos.

— Maravilha — Clive gemeu.

— Você me dará notícias? — perguntou Tess.

— Pode apostar. E quando estiver fora daqui, que tal eu te pagar um jantar e você me contar como as coisas estão se desenrolando?

Ela se lembrou da última vez que tinha jantado com Edmondson. No Egito, depois que tinham mergulhado juntos num navio fenício naufragado nas costas de Alexandria. Ele tinha ficado embriagado tomando áraque, passou uma cantada não muito séria que ela recusou delicadamente e, então, caiu no sono no restaurante.

— Claro — disse ela, achando que tinha muito tempo para pensar numa desculpa e, então, sentiu-se culpada por seu pensamento indelicado.

Capítulo 13

Lucien Boussard andou compassadamente pela sua galeria.

Chegou até a janela e espiou para fora por trás de um relógio ormulu falso. Ficou ali por vários minutos, pensando seriamente. Parte do seu cérebro registrou que o relógio precisava de uma limpeza, e ele o levou de volta à mesa e colocou-o sobre o jornal.

Aquele com as fotos do ataque ao Metropolitan, olhando para ele.

Ele passou o dedo pelas fotografias, alisando as dobras do jornal.

"De jeito nenhum que vou me envolver nisto."

Mas ele não poderia simplesmente não fazer nada. Gus o mataria por não fazer nada com a mesma facilidade com que o mataria por fazer alguma coisa errada.

Só havia uma única saída e ele já estivera pensando sobre ela enquanto o Gus estava de pé lá, na sua galeria, ameaçando-o. Entregar o Gus, especialmente sabendo o que ele tinha feito no museu, era perigoso. Mas dada a cena da espada protagonizada por Gus do lado de fora do museu, Lucien tinha uma certeza razoável de que estaria a salvo. Não havia nenhum jeito do homenzarrão sair da prisão para se vingar dele algum dia. Se não mudassem a lei e não o condenassem à agulha, Gus enfrentaria prisão perpétua sem direito à condicional. Tinha que ser.

Igualmente importante, Lucien tinha seus próprios problemas. Tinha um policial na sua cola. Um implacável *salopard* que estava havia anos atrás dele e não dava sinais que iria embora ou mesmo afrouxaria. Tudo por causa de um maldito dogon de Máli, que acabou se revelando ser mais recente do que Lucien dissera que era e que, conseqüentemente, valia uma fração do valor pelo qual ele tinha vendido. Seu comprador septuagenário tinha, para a sorte de Lucien, morrido de um ataque do coração antes que os advogados entrassem juntos em ação. Lucien tinha conseguido se safar de uma situação bem difícil, mas o detetive Steve Buchinski não deixou a história morrer. Era quase uma cruzada pessoal. Lucien tinha tentado alimentar o oficial com algumas informações de interesse policial, mas elas não tinham sido suficientes. Nada nunca seria o bastante.

Mas isto era diferente. Entregue Gus Waldron a ele e talvez, apenas talvez, a sanguessuga deixasse a história morrer.

Ele olhou para o seu relógio. Era uma e meia.

Abrindo uma gaveta, Lucien rebuscou numa caixa de cartões até encontrar aquele que queria. Pegou o telefone e discou.

Capítulo 14

Postado ao lado de uma porta pesada de painel de um apartamento do quinto andar na Central Park West, o líder da unidade tática do FBI levantou a mão, todos os dedos bem abertos, e olhou para sua equipe. Seu número dois estendeu um braço em sinal de cautela e esperou. Do lado oposto do corredor, outro homem colocou no ombro uma escopeta de repetição. O quarto homem da equipe removeu rapidamente a trave de segurança de uma granada de atordoamento. A última dupla que completava a unidade soltou suavemente as lingüetas de segurança de suas metralhadoras Heckler & Koch MPS.

— Vai!

O agente mais próximo à porta deu uma pancada rápida e firme com o punho e gritou:

— FBI. Abra!

A reação foi instantânea. Os tiros atravessaram a porta, arremessando lascas de madeira pelo corredor.

O atirador do FBI respondeu à saudação, sacudindo sua arma numa massa de ação, atirando até fazer vários buracos, do tamanho de uma cabeça, através do painel da porta. Mesmo com os protetores auriculares que usava, Amelia Gaines sentiu as ondas de choque correndo no espaço confinado.

Mais tiros vieram de dentro, lascando os batentes da porta e perfurando as placas de gesso do corredor. O quarto homem moveu-se para frente, lançando a granada de atordoamento pela abertura feita na porta. Então, a espingarda tirou o que restava do painel central da porta e, momentos depois, os dois homens com os H&Ks estavam dentro.

Uma pausa momentânea. Um silêncio de fazer eco. Um único tiro. Outra pausa. Uma voz gritou:

— Limpo! — e outros "limpos" se seguiram. Então, uma voz casual disse:

— O.K., a festa acabou.

Amelia seguiu os outros e entrou no apartamento. Este fazia a palavra "veludo" parecer barata. Tudo ali fedia a dinheiro. Mas quando Amelia e o líder da unidade verificaram o lugar inteiramente, ficou logo aparente que este cheiro em particular era de drogas.

Os ocupantes, quatro homens, foram rapidamente identificados como traficantes de drogas colombianos. Um deles tinha um ferimento grave de tiro na parte de cima do corpo. Eles encontraram, por toda parte no apartamento, uma pequena fortuna em drogas, uma pilha de dinheiro e provas suficientes para manter o pessoal da Narcóticos feliz por meses.

A denúncia, um telefonema anônimo, tinha falado em dinheiro suficiente para queimar, armas e vários homens falando numa língua estrangeira. Tudo isso estava certo. Mas nada disso tinha qualquer relação com o ataque ao museu.

Outra decepção.

Não seria a última.

Desanimada, Amelia olhou por todo o apartamento enquanto os outros colombianos eram algemados e levados para fora. Ela comparou este lugar ao próprio apartamento. O dela era bastante bom. De bom gosto, de classe, se ela o dissesse a si mesma. Mas este era simplesmente assombroso. Tinha tudo, inclusive uma ótima vista do parque. Enquanto olhava ao redor, decidiu que a opulência exagerada não era seu estilo e não invejava nada disso. Exceto, talvez, pela vista.

Ficou parada à janela por um momento, olhando para baixo, para o parque. Dava para ver duas pessoas cavalgando ao longo de uma trilha. Mesmo a esta distância, via que as duas pessoas eram mulheres. Uma delas tinha dificuldades; o cavalo dela parecia ser fogoso ou, talvez, tivesse sido assustado pelos dois jovens patinadores deslizando ao lado.

Amelia deu mais um olhar por todo o apartamento e, então, deixou-o para que o líder da unidade tática empacotasse as coisas e dirigiu-se para o escritório para entregar seu relatório sombrio a Reilly.

Reilly estivera ocupado agendando uma sucessão de visitas discretas às mesquitas e outros pontos de encontro dos muçulmanos da cidade. Depois de uma rápida discussão preliminar com Jansson sobre a política neste aspecto da investigação, Reilly tinha decidido que todas essas visitas seriam exatamente isso. Simples visitas, por não mais de dois agentes ou policiais, um dos quais seria, sempre que possível, muçulmano. Sem o menor indício de que fossem batidas policiais. Cooperação era o que eles buscavam e, basicamente, foi cooperação o que eles receberam.

Os computadores dos escritórios do FBI na Praça Federal estiveram expelindo dados sem parar, contribuindo para a onda crescente de informações vindas do Departamento de Polícia de Nova York, Imigração e Segurança Nacional. Os bancos de dados que tinham crescido rapidamente depois de Oklahoma estavam lotados de nomes de radicais e extremistas criados no país; depois de 11 de Setembro, estavam transbordando com nomes de muçulmanos de várias nacionalidades. Reilly sabia que a maioria deles estava naquelas listas não porque as autoridades suspeitassem que fossem atos ou tendências terroristas ou criminosos, mas simplesmente por causa de sua religião. Isso o deixava inquieto; também contribuía em muito do trabalho desnecessário, peneirando os poucos possíveis dos muitos que eram inocentes de tudo, exceto de suas crenças.

Ele ainda sentia que a rota *bubba* era o caminho certo de continuar com isto, mas estava faltando uma coisa. O rancor específico, a ligação entre um grupo de fanáticos fortemente armados e a Igreja Católica Romana. Para esse fim, uma equipe de agentes devassava manifestos e bancos de dados em busca do evasivo fio comum.

Ele passou pelo chão desimpedido, absorvendo o caos ordenado de agentes trabalhando em seus telefones e computadores, antes de seguir caminho até sua mesa. Ao chegar lá, avistou Amelia Gaines vindo do outro lado da sala em sua direção.

— Tem um minuto? — Todo mundo tinha um minuto para Amelia Gaines.

— O que há?

— Você sabe aquele apartamento que desbaratamos esta manhã?

— É, ouvi falar — disse ele desanimadamente. — Ainda assim, conseguimos alguns pontos positivos com o pessoal da Narcóticos, o que não é uma coisa ruim.

Amelia encolheu os ombros num gesto de indiferença a essa idéia.

— Quando eu estava lá, olhando para fora pela janela, em direção ao parque. Duas pessoas estavam cavalgando. Uma delas estava tendo algum problema com o cavalo dela e isso me fez pensar.

Reilly aproximou uma cadeira para ela, que se sentou. Amelia sempre era uma brisa de ar fresco no Bureau, dominantemente masculino, onde o percentual de recrutas femininas só recentemente tinha subido para a vertiginosa altura de dez por cento. Os recrutadores do Bureau não faziam nenhum segredo de seu desejo de mais candidatas mulheres, mas poucas se apresentavam. De fato, uma única agente feminina já tinha chegado ao posto de agente especial responsável, que, no processo, lhe valeu o apelido de gozação Abelha Rainha.

Reilly tinha trabalhado bastante com Amelia nos últimos meses. Ela era um bem particularmente útil quando se era uma questão de lidar com suspeitos do Oriente Médio. Eles adoravam seus cachos ruivos e sua pele com sardas, e um sorriso no momento certo ou uma estratégica exibição de pele muitas vezes conseguia mais resultados que semanas de vigilância. Embora ninguém no Bureau fizesse um esforço especial para esconder a atração por ela, Amelia não tinha incitado nenhum caso de assédio sexual; não que fosse fácil imaginar alguém a vitimizando. Ela fora criada numa família militar com quatro irmãos, obtivera faixa preta no caratê aos 16 anos e era exímia atiradora. Era bem capaz de cuidar de si própria em qualquer situação.

Certa vez, menos de um ano antes, eles estavam sozinhos numa cafeteria e Reilly quase chegou a convidá-la para sair para um jantar. Ele tinha decidido contra isso, sabendo que havia uma boa chance, pelo menos na sua mente otimista, que o encontro não acabasse com o jantar. Os relacionamentos com colegas nunca eram fáceis; no Bureau, ele sabia, eles simplesmente não teriam uma chance.

— Continue — ele disse agora para ela.

— Aqueles cavaleiros no museu. Assistindo aos vídeos, fica bem óbvio que aqueles caras não estavam apenas andando nos cavalos; eles os estavam controlando habilmente. Fazendo com que subissem os degraus, por exemplo. Fácil para os dublês de Hollywood, mas, na vida real, é uma coisa bem difícil de fazer. — Ela falava como se soubesse; também parecia constrangida. Amelia viu o olhar dele e sorriu firmemente. — Eu cavalgo — ela confirmou.

Ele imediatamente percebeu que ela estava chegando a algum lugar. A conexão com os cavalos lhe deu um súbito lampejo. Ele tivera uma suspeita nas primeiras horas, quando pensara sobre como os policiais do distrito policial do Central Park usavam os cavalos, mas não tinha desenvolvido o pensamento. Se tivesse, eles poderiam estar se dedicando a isto há mais tempo.

— Você quer investigar dublês com registros policiais?

— Para começar. Mas não são apenas os cavaleiros. São os próprios cavalos. — Amelia aproximou-se um pouco. — Do que ouvi dizer e do que vimos nos vídeos, as pessoas estavam gritando e berrando e houve todo aquele tiroteio. Mesmo assim, os cavalos não entraram em pânico.

Amelia parou, olhando do outro lado, onde Aparo estava atendendo um telefone, como se não estivesse disposta a revelar seu próximo raciocínio.

Reilly sabia para onde ela estava indo e fez a desagradável conexão para ela:

— Cavalos da polícia.

— Certo.

Que diabo. Ele não gostava disto mais do que ela. Cavalos de polícia poderiam significar policiais. E ninguém gostava de considerar a possibilidade do envolvimento de outros agentes do corpo policial.

— É todo seu — disse ele. — Mas vá devagar.

Ela não teve tempo para responder. Aparo estava correndo na direção deles.

— Era o Steve. Temos alguma coisa. Parece que, desta vez, é quente.

Capítulo 15

Ao virar para a rua 22, Gus Waldron começou a se sentir agitado. Está certo, ele estava sobressaltado desde sábado à noite, mas isso era diferente. Ele reconheceu os sinais. Fazia muitas coisas por instinto. Apostar nos cavalos era uma delas. Os resultados? Asquerosos. Mas outras coisas que ele fazia instintivamente às vezes funcionavam melhor e, portanto, ele sempre prestava atenção.

Agora, ele via que havia motivo para os sobressaltos. Um carro, simples e comum. Simples demais, comum demais. Dois homens, olhando cuidadosamente para nada em particular. "Policiais. O que mais poderiam ser?"

Ele contou os passos e parou para olhar para uma vitrine. Refletido nela, viu outro carro bisbilhotando a esquina. Igualmente sem nada extraordinário e, quando arriscou um rápido relance por sobre o ombro, viu que dois homens também estavam dentro deste.

Ele estava cercado.

Gus pensou imediatamente em Lucien. Num relâmpago, ele pensou nas várias maneiras horríveis que usaria para acabar com a vida do francês desgraçado.

Ele chegou à galeria e subitamente mergulhou pela porta, precipitando rápida e violentamente e vencendo o espaço até onde um assustado Lucien estava, então, levantando-se de sua cadeira. Gus chutou a mesa para o lado, fazendo com que o grande e feio relógio e uma lata de fluido de limpeza quebrasse no chão, e deu um forte tapa na orelha do Lucien.

— Você me delatou pra polícia, não foi?

— Não, *Gueusse*...

Enquanto Gus erguia a mão para atingi-lo de novo, viu que Lucien desviou a cabeça, os olhos saindo das órbitas, e olhou em direção aos fundos da galeria.

"Então os policiais também estavam nos fundos..." Neste momento Gus percebeu que estava sentindo o cheiro de alguma coisa, talvez gasolina. A lata que ele tinha derrubado da mesa estava vazando no chão.

Agarrando a lata, Gus puxou Lucien do chão e empurrou-o para frente, em direção à porta, e chutou-o atrás dos joelhos, derrubando de novo o magricelo espertalhão. Mantendo-o no chão com a bota, colocou a ponta da lata sobre a cabeça de Lucien.

— Você devia ser mais esperto pra não mexer comigo, seu bostinha — vociferou enquanto continuava derramando o combustível.

— Por favor! — o francês falou indignado, os olhos ardendo por causa do líquido, quando, rápido demais para que o homem aterrorizado resistisse, Gus escancarou a porta, agarrou e levantou Lucien pela nuca, sacou um isqueiro, acendeu o combustível e chutou o dono da galeria para a rua.

As chamas flamejaram em azul e amarelo ao redor da cabeça e dos ombros de Lucien enquanto ele tropeçava pela calçada, seus berros se misturando aos gritos de espectadores chocados e uma súbita explosão de buzinas de carro. Gus emergiu logo atrás dele, disparando olhares rápidos para a esquerda e a direita, fixos como um falcão, para os quatro homens, dois em cada ponta do quarteirão, saindo em correria de seus carros, com as armas, e mais preocupados ainda com o homem em chamas do que com ele.

Que era exatamente do que ele precisava.

Reilly soube que tinham sido identificados assim que viu o homem sair em disparada pela rua para entrar na galeria. Gritando "Ele nos viu. Temos um sinal verde, repito, sinal verde" no microfone preso à sua manga, girou sua pistola Browning Hi-Power e saiu do carro, com Aparo emergindo do lado do passageiro.

Ele ainda estava atrás da porta do carro quando viu um homem sair em ziguezague da galeria. Reilly não tinha certeza se estava enxergando bem. A cabeça do homem parecia estar em chamas.

Enquanto Lucien andava em ziguezague pela rua, os cabelos e a camisa flamejantes, Gus seguiu-o para fora, mantendo-se perto o bastante para que os policiais não se arriscassem a atirar.

Pelo menos, era o que ele esperava.

Para fazer com que pensassem duas vezes em se aproximar, ele atirou nas duas direções. A Beretta era totalmente inútil para este tipo de ação, mas fez com que os quatro homens mergulhassem no chão em busca de proteção.

Pára-brisas estilhaçados e gritos de pânico ecoaram na rua enquanto as calçadas se esvaziavam.

Reilly o viu erguer sua pistola a tempo de se abaixar rapidamente por trás da porta do seu carro. Os tiros trovejaram na rua, duas balas trituram uma parede de tijolo atrás de Reilly, uma terceira alojou-se no farol dianteiro esquerdo do seu Chrysler numa explosão de cromo e vidro. Disparando um olhar à sua direita, Reilly identificou quatro espectadores se agachando atrás de uma Mercedes estacionada, claramente aterrorizados sem saber o que fazer. Reilly sabia que eles estavam pensando em sair em disparada, o que não seria uma boa idéia. Eles estavam mais seguros atrás do carro. Um deles olhou em sua direção. Reilly fez um gesto de subir e descer com a palma aberta, gritando: "Abaixe-se! Não se mova!" O homem nervoso, em choque, assentiu em concordância e curvou-se, ficando fora da vista.

Reilly virou, encostou-se e tentou arriscar um tiro, mas o homem que ele conhecia como "Gus" tinha se arrastado logo atrás do dono da galeria; estava perto demais dele. Reilly não conseguiu um bom ângulo para um tiro direto. Mais urgente, ele não podia fazer nada pelo dono da galeria que tinha agora caído de joelhos, seus gritos de agonia reverberando pela rua agora deserta.

Só então, Gus afastou-se do homem em chamas, atirando duas séries de tiros na direção dos outros agentes. O tempo pareceu desacelerar quando Reilly viu a oportunidade e a agarrou. Ele segurou a respiração e saltou de trás da porta do carro, segurando sua Hi-Power com as duas mãos, braços esticados, e, numa fração de segundo, alinhou o suporte frontal e a alça traseira da mira da arma e puxou o gatilho num gesto suave e contínuo, usando uma força continuamente maior. A bala saiu num estrondo do cano da Browning. Gotas vermelhas explodiram da coxa de Gus.

Reilly pôs-se de pé para correr até o homem em chamas. Gus abreviou os planos heróicos do agente quando um furgão de entregas escolheu aquele momento para entrar lentamente na rua.

Lucien estava rolando, os braços sacudindo, tentando desesperadamente apagar as chamas. Gus soube que tinha que sair correndo quando alguma coisa atingiu sua coxa esquerda, fazendo-o cambalear para o lado. Ele sentiu a área da ferida, a mão vindo para cima ensopada de sangue.

"Filho da mãe." Os policiais tinham tido sorte.

Ele então viu o furgão e, atirando para os dois grupos de policiais, usou-o como cobertura e entrou em ação. Saiu mancando pela esquina e, agora, era a vez dele de ter sorte. Um táxi tinha encostado, desembarcando um passageiro, um executivo japonês num terno claro. Gus empurrou o homem para o lado com o ombro, abriu a porta, entrou e empurrou o taxista para a rua. Lutando atrás do volante, ele engatou e, então, sentiu alguma coisa atingi-lo na lateral da cabeça. Era o taxista, interessado em reclamar seu carro, gritando numa língua ininteligível. "O maldito palerma." Gus pôs o cano da Beretta para fora da janela, apertou o gatilho e estourou uma bala no rosto vermelho e furioso do homem. Então, ele se afastou, passando a toda a velocidade pela rua.

Capítulo 16

Pisando fundo no acelerador do Chrysler preto do departamento, Reilly avançou por cima da calçada e passou pelo caminhão de entrega, percebendo, num relance, pessoas se debruçando sobre o taxista morto.

Pelo rádio, Aparo estava falando e ouvindo enquanto Buchinski providenciava reforços e bloqueios de estrada. Muito ruim que as coisas tenham sido feitas na correria. Eles deveriam ter cercado e fechado inteiramente a rua, mas, então, como dissera Buchinski, eles poderiam ter afugentado o homem antes mesmo que tivesse chegado à galeria se a rua normalmente agitada estivesse extraordinariamente silenciosa. Ele pensou na figura em chamas que tinha visto cambalear para fora da loja e no taxista lançado para trás após um tiro na cabeça. "Teria sido melhor, talvez, se só tivéssemos afugentado o suspeito."

Ele olhou pelo espelho retrovisor, perguntando-se se Buchinski estava com eles.

Não. Eles estavam sozinhos.

— Cuidado com a estrada!

Com atenção de volta com a interjeição de Aparo, Reilly desviou o Chrysler por um aglomerado de carros e caminhões que parecia formar uma chicana, a maioria deles já irritados, tocando buzina a todo volume para o táxi que tinha passado voando por eles. Agora, o táxi virou rápido para dentro de um beco. Reilly seguiu atravessando uma nuvem de entulhos, tentando, embora sem muito êxito, orientar-se.

— Onde diabos estamos? — gritou Reilly.

— Indo em direção ao rio.

Que grande ajuda foi essa.

Ao sair em arrancada pelo beco, o táxi cantou os pneus e momentos depois o Chrysler fez o mesmo.

Os carros passavam rugindo, aparentemente vindo de todas as direções. Não havia nenhum sinal do táxi.

Tinha sumido.

Reilly lançou olhares rápidos para a esquerda e para a direita, enquanto tentava evitar o tráfego congestionado.

— Lá — gritou Aparo, apontando.

Reilly disparou um olhar, puxou o freio de mão, girou para a esquerda, cantando pneu, para entrar em outro beco e lá estava o táxi. Ele pisou fundo no acelerador enquanto saltavam impetuosamente pela rua estreita, atingindo as caçambas de lixo, que lançavam faíscas no choque contra a lateral do carro.

Desta vez, quando saíram do beco e entraram numa rua cheia de carros estacionados, ele ouviu o guincho de metal contra metal quando o táxi rasgou os pára-lamas e as calotas dos outros veículos, em impactos breves, mas suficientes para desacelerar o progresso do táxi.

Outra virada para a direita e, desta vez, Reilly conseguiu ver as placas indicando o túnel Lincoln. Mais objetivamente, estavam cada vez mais perto do táxi. Do canto do olho, viu que Aparo estava com a arma no colo.

— Não arrisque — disse Reilly. — Você pode ter sorte e atingi-lo.

Fazer com que o táxi batesse àquela velocidade nesta rua poderia ser um desastre.

Então, o táxi voltou a virar, espalhando as pessoas que caminhavam tranqüilamente pela faixa de pedestre.

Reilly viu alguma coisa emergir da janela do táxi. Não poderia ser uma arma. Um homem teria que ser estúpido para dirigir e atirar ao mesmo tempo. Estúpido ou demente.

Realmente, um clarão e fumaça apareceram.

— Se segura — disse Reilly.

Girando o volante, ele deu uma guinada no Chrysler, que deu um cavalo-de-pau, localizou uma brecha onde um prédio tinha sido demolido e dirigiu até lá, atravessando com violência a cerca fechada a corrente e levantando uma nuvem de poeira.

Segundos depois, o Chrysler rodopiava no estacionamento vazio e estava de novo no rastro do táxi. Tanto quanto Reilly conseguia ver, o braço e a arma do motorista não estavam mais esticados para fora da janela.

Aparo gritou:

— Cuidado!

Uma mulher passeando com um terrier branco tropeçou, chocando-se contra um entregador que empurrava um carrinho com uma pilha de engradados de cervejas que tombou no caminho do Chrysler. Reilly girou bruscamente o volante, evitando por pouco as pessoas, mas não os engradados, um dos quais saltou por sobre o capô, despedaçando-se ruidosamente no pára-brisas que estava agora inteiramente tomado por rachaduras em forma de teia de aranha.

— Não vejo nada! — gritou Reilly. Aparo, usando a culatra da sua arma, começou a bater contra o pára-brisas que, no terceiro golpe, arrebentou-se, voando sobre o carro e girando até parar sobre o teto de um carro estacionado.

Cerrando os olhos contra o vento fustigante, Reilly viu uma placa de entrada proibida onde a rua se estreitava abruptamente. Será que o homem se arriscaria? Se desse de cara com alguma coisa, ele estaria perdido. Localizando uma abertura à direita, talvez uns cinqüenta metros antes da entrada proibida, Reilly imaginou que era para ali que o táxi iria. Ele exigiu mais potência do carro, na esperança de que pudesse forçar o outro motorista a perder a virada. O Chrysler ficou mais perto do táxi.

Ele quase conseguiu. O táxi passou guinchando pela abertura, derrapando de traseira bem à esquerda, faiscando os pneus ao colidir contra a alvenaria no canto de um prédio.

Quando Reilly seguiu na nova rua, Aparo murmurou um "que merda" quando ambos viram um garoto num skate deslizando pela pista à frente do táxi. O garoto, com fones de ouvido, estava inteiramente alheio à tempestade que se aproximava.

Instintivamente, Reilly reduziu a velocidade, mas não houve acendimento correspondente das luzes de breque do táxi, que estava indo direto para o garoto.

"Ele vai atropelá-lo. Vai matá-lo."

Reilly apertou a buzina, na tentativa de interromper o concerto particular do garoto. O táxi se aproximou. Então, o garoto olhou com indiferença à sua esquerda, viu o táxi a meio metro e desviou-se exatamente quando o veículo atravessava, esmagando o skate enquanto passava como um raio.

Ao passarem pelo garoto atordoado, Reilly percebeu que a rua à frente era relativamente tranqüila. Sem veículos em movimento. Sem pedestres. Se ele fosse tentar alguma coisa, agora era a hora de fazê-lo. "Antes que a situação fique realmente feia."

Ele pisou de novo no acelerador e alcançou o táxi. Viu fumaça saindo da roda esquerda traseira e imaginou que a batida no muro tinha amassado a carroceria contra o pneu.

Aparo percebeu o quanto estavam perto agora.

— O que você está fazendo?

Reilly investiu o Chrysler contra a traseira do táxi, a repercussão do solavanco percorrendo seu pescoço e ombros.

Bum. Uma vez.

Duas vezes.

Ele inclinou para trás, pisou fundo no acelerador e investiu contra o outro carro pela terceira vez.

Desta vez, o táxi entrou num rodopio impotente, antes de cambalear sobre a calçada, capotando e atravessando a vitrine de uma loja. Quando ele pôs o pé no freio e o Chrysler cantou os pneus até parar, Reilly olhou por cima e viu a traseira do táxi, ainda apoiado sobre a lateral, saindo daquilo que ele agora via que era uma loja de instrumentos musicais.

Quando o Chrysler parou, Reilly e Aparo saíram em disparada. Aparo já tinha a arma de fora e Reilly estava buscando a sua, mas logo percebeu que não era necessário.

O motorista tinha voado pelo pára-brisa frontal e estava deitado de rosto para baixo em meio ao vidro quebrado, cercado por instrumentos musicais vergados e torcidos. Páginas de partituras voaram até cairem sobre seu corpo inerte.

Cautelosamente, Reilly enfiou a ponta do seu sapato embaixo do corpo do motorista e virou-o de costas. Ele estava claramente inconsciente, mas estava respirando, o rosto machucado formando rios de sangue. Com o movimento, os braços do homem estenderam para o lado. Uma arma escorregou negligentemente de uma das mãos. Quando Reilly a cutucou com o pé para afastá-la, ele viu mais alguma coisa.

Por debaixo do casaco do homem projetava-se uma cruz de ouro cravejada de jóias.

Capítulo 17

Somente alguns recados aguardavam por Tess quando ela entrou no seu escritório no Instituto Arqueológico Manoukian, na esquina da Lexington com a 79. Previsivelmente, metade deles era do ex-marido, Doug; a outra metade, quase igualmente previsível, era de Leo Guiragossian, o chefe do Instituto Manoukian. Guiragossian nunca fizera nenhum segredo do fato de que tolerava Tess somente porque ter a filha de Oliver Chaykin no Instituto era muito útil quando a questão era levantar fundos. Ela sentia antipatia pelo careca asqueroso, mas precisava do emprego, e com as atuais restrições orçamentárias que suscitavam rumores de cortes de pessoal, agora não era a hora de agir do jeito que ela gostaria com relação a ele.

Ela jogou todos os recados no cesto de lixo, ignorando os olhos revirados de Lizzie Harding, a secretária recatada e maternal que ela dividia com outros três pesquisadores. Tanto Leo quanto Doug iriam querer a mesma coisa dela: os detalhes sanguinolentos dos eventos da noite de sábado. Os motivos do chefe para querer saber, além da mórbida curiosidade, eram, num certo aspecto, ligeiramente menos maçantes que aqueles de proveito próprio do Doug.

Tess mantinha seu computador e telefone posicionados de tal maneira que, com uma ligeira virada da cabeça, ela pudesse olhar para fora do escritório, para o jardim pavimentado que se situava atrás do prédio de arenito. A casa tinha sido carinhosamente restaurada anos antes de sua época pelo fundador do Instituto, um magnata armênio do ramo naval. Um imenso salgueiro-chorão dominava o jardim, sua elegante folhagem descendo em cascata de modo a proteger um banco e inúmeros pombos e pardais.

Tess voltou a atenção novamente para sua mesa e pegou o número de Jeb Simmons que Clive Edmondson tinha lhe dado. Ela discou e ouviu a secretária eletrônica. Desligou e tentou o outro número dele que ela possuía. A secretária dele no Departamento de História da Universidade Brown informou que Simmons estava fora, numa escavação no deserto de Negev por três meses, mas seria possível entrar em contato com ele se fosse importante. Tess disse que voltaria a telefonar e desligou.

Relembrando a conversa com Edmondson, Tess decidiu tentar outra linha de ação. Consultou as Páginas Amarelas online, clicou no ícone de discagem e chegou à mesa telefônica da Universidade de Colúmbia.

— Professor William Vance — disse ela à voz mecânica que respondeu.

— Um momento, por favor — disse a mulher. Depois de uma pausa momentânea, recebeu a informação: — Lamento, não vejo na lista ninguém com esse nome.

Ela esperou bastante.

— Poderia me transferir para o Departamento de História? — Um par de cliques e zumbidos e ela estava falando com uma outra mulher. Esta parecia saber sobre quem Tess estava falando.

— Claro, eu me lembro de Bill Vance. Ele nos deixou... ah, já há uns cinco ou seis anos.

Tess sentiu uma onda de esperança.

— Sabe como posso entrar em contato com ele?

— Infelizmente não sei, acredito que ele tenha se aposentado. Lamento.

Ainda assim, Tess estava esperançosa:

— Poderia me fazer um favor? — ela persistiu. — Preciso realmente conversar com ele. Sou do Instituto Manoukian e nós nos conhecemos anos atrás, em uma escavação. Talvez você pudesse perguntar por aí, ver se algum dos colegas dele no departamento saberia como entrar em contato com ele?

A mulher ficou muito feliz em ajudar. Tess lhe deu seu nome e números de contato, agradeceu e desligou com um clique. Meditou por um momento e, então, entrou na internet e fez uma pesquisa nas listas de endereços e telefones para William Vance. Começou na área de Nova York, mas não obteve nenhum resultado. Uma das desvantagens da proliferação do telefone celular é que a maioria deles não estava na lista. Ela tentou Connecticut. Também sem nenhum êxito. Ela ampliou a busca em todo o país, mas desta vez havia um número grande demais de resultados. Ela então colocou o nome dele no seu mecanismo de busca e obteve centenas de resultados, mas uma rápida passagem por eles não revelou nada que apontasse para a sua afiliação atual.

Ela ficou sentada lá, pensando por um momento. No jardim, os pombos tinham ido embora e os pardais tinham dobrado a presença e estavam brigando uns com os outros. Ela girou a cadeira, deixando que os olhos passeassem pelas prateleiras de livros. Teve uma idéia e voltou a discar para a Universidade de Colúmbia, desta vez pedindo que a ligação fosse transferida para a biblioteca. Depois de se identificar ao homem que atendeu, ela lhe disse que estava procurando por quaisquer artigos de pesquisa ou publicações que eles tivessem de autoria de Vance. Ela soletrou o nome para ele e enfatizou que estava particularmente interessada em qualquer coisa que tivesse a ver com as Cruzadas, sabendo que Vance provavelmente não teria escrito artigos que abordassem especificamente os templários.

— Certo, espere um momento — disse o bibliotecário e desapareceu. Depois de poucos momentos, ele retornou. — Acabo de buscar tudo o que temos de William Vance. — Ele leu em voz alta os títulos das matérias e artigos que Vance tinha escrito que pareciam satisfazer os requisitos de Tess.

— Alguma chance de você me enviar cópias deles?

— Nenhum problema. Mas teremos que cobrá-la por elas.

Tess lhe deu o endereço do seu escritório e se certificou que a cobrança fosse feita no nome dela. Agora não era um bom momento para contrariar os vigilantes do orçamento do Instituto. Ela desligou e se sentiu estranhamente exultante. Isto trouxe de volta memória dos campos e da animação, particularmente no início de uma escavação, quando tudo era possível.

Mas isto não era uma escavação.

"O que é que você está fazendo? Você é uma arqueóloga. Agora não é hora para bancar a detetive amadora. Telefone para o FBI, diga-lhes em que você está pensando e deixem que eles continuem daí." Tess especulou se não contar a eles em que ela estava trabalhando estaria, de alguma maneira, atrapalhando o progresso deles. Então, ela rejeitou o pensamento. Eles provavelmente ririam dela e a expulsariam do prédio. Mesmo assim. Detetives e arqueólogos. Eles não eram tão diferentes assim, eram? Os dois descobriam o que tinha acontecido no passado. Certo, dois dias atrás não era realmente um período em que os arqueólogos geralmente se concentram.

Não importava.

Ela não conseguia resistir. Estava intrigada demais com tudo isso. Ela estava lá, afinal de contas. Estava lá e tinha feito a conexão. E, acima de tudo, ela realmente sentia falta de um pouco de excitação em sua vida. Voltou a entrar na internet e mergulhou de volta na pesquisa sobre os cavaleiros templários. Olhou para cima e percebeu Lizzie, a secretária, olhando-a com curiosidade. Tess sorriu para ela. Gostava de Lizzie e, ocasionalmente, fazia confidências para ela sobre seus problemas pessoais. Mas tendo já conversado com Edmondson, ela não estava disposta a fazer confidências com mais ninguém. Não sobre isto.

Nem com qualquer outra pessoa.

Capítulo 18

Nem Reilly nem Aparo tinham se ferido, apenas algumas contusões por causa do cinto de segurança e um par de pequenas lesões provocadas pelos estilhaços do pára-brisa. Eles tinham seguido a ambulância em alta velocidade que transportava Gus Waldron pela avenida Franklin D. Roosevelt até o hospital Presbiteriano de Nova York. Assim que Waldron entrou na sala de cirurgia, uma enfermeira negra de pavio curto os convenceu a deixar que ela desse uma olhada neles. Quando eles finalmente cederam, ela limpou e colocou bandagens nos cortes, mais bruscamente do que eles gostariam, e foram liberados para partir.

De acordo com os médicos do pronto-socorro, seria improvável que o homem deles tivesse qualquer condição de conversar durante pelo menos uns dois dias, talvez mais. Os ferimentos dele eram extensos. Tudo o que poderiam fazer era esperar que ele estivesse em condições de ser interrogado e, ao mesmo tempo, esperar que os agentes e os detetives que estavam agora investigando a vida do agressor ferido conseguissem decifrar em qual buraco ele estivera metido desde o roubo.

Aparo disse a Reilly que considerava o dia terminado e iria para casa, para a esposa que, aos quarenta e tantos anos, tinha conseguido engravidar do terceiro filho deles. Reilly decidiu ficar por lá e esperar até que o agressor saísse da cirurgia antes de ir para casa. Embora estivesse tanto física quanto mentalmente exausto por causa dos eventos do dia, ele nunca tinha tanta pressa assim em voltar para a solidão do seu apartamento. Viver sozinho em uma cidade fervilhante de vida fazia isto a você.

Vagando em busca de uma xícara quente de café, Reilly entrou num elevador e viu um rosto familiar lançando um olhar fixo para ele. Não havia nenhum engano naqueles olhos verdes. Ela fez um breve e cordial sinal com a cabeça antes de se virar. Ele podia ver que ela estava preocupada com alguma coisa e olhou para outro lugar, seu olhar fixo nas portas do elevador quando elas se fecharam.

Reilly ficou surpreso por descobrir que os confins da pequena cabine de elevador tornavam enervante a proximidade dela. Quando o elevador começou a descer, ele ergueu os olhos e a viu cumprimentando-o de novo. Ele se aventurou a fazer algo que parecia ser um sorriso, um quase sorriso, e ficou surpreso de ver um olhar de reconhecimento cruzando o rosto dela.

— Você estava lá, não estava? No museu, a noite do... — ela se aventurou.

— Estava. Eu meio que cheguei depois. — Ele fez uma pausa, imaginando que estava sendo recatado demais. — Sou do FBI. — Ele odiou a maneira como isso deve ter soado, embora não houvesse uma maneira mais simples de dizê-lo.

— Ah.

Houve uma pausa incômoda antes que eles falassem ao mesmo tempo, o "Como está..." dela colidindo com o "Então você..." dele. Os dois pararam e sorriram no meio da sentença.

— Desculpe — Reilly ofereceu. — Você estava dizendo?

— Ia apenas perguntar como a investigação estava indo, mas, então, não acho que exista alguma coisa que você possa discutir livremente.

— Não, realmente. — "Isso também soou excessivamente auto-elogioso", pensou Reilly, rapidamente compensando: — Mas não quer dizer que exista muito a contar, de qualquer maneira. Por que você está aqui?

— Estava apenas visitando um amigo. Ele foi ferido naquela noite.

— Ele está bem?

— Está, vai ficar ótimo.

O elevador zuniu ao chegar ao térreo. Enquanto ele a via sair, ela se virou, parecendo estar decidindo sobre trazer à baila alguma coisa.

— Eu estava querendo entrar em contato com o seu escritório de novo. A agente Gaines me deu o cartão dela naquela noite.

— Amelia. Trabalhamos juntos. Sou Reilly. Sean Reilly. — Ele esticou a mão.

Tess a apertou e lhe disse o nome.

— Há algo em que eu possa lhe ser útil? — ele perguntou.

— Bem, é só que... ela disse para telefonar se eu pensasse em alguma coisa e, bem, tem esta coisa em que venho pensando. Na verdade, é algo com que meu amigo que está aqui estava me ajudando. Mas, então, tenho certeza de que vocês, rapazes, já investigaram isso.

— Não necessariamente. E, acredite, estamos sempre abertos a novas pistas. O que é?

— É toda aquela coisa dos templários.

Reilly evidentemente não sabia do que ela estava falando.

— Que coisa dos templários?

— Você sabe, os trajes que eles estavam vestindo, o decodificador que eles pegaram. E a frase latina que um dos cavaleiros disse quando o apanhou.

Reilly olhou para ela, perplexo:

— Você tem tempo para uma xícara de café?

Capítulo 19

A cafeteria no andar térreo do hospital estava quase vazia. Depois que eles levaram seus cafés para uma mesa, Tess ficou surpresa quando a primeira coisa que Reilly realmente perguntou se era a filha dela que estava com ela no museu.

— É, era ela — disse num sorriso. — O nome dela é Kim.

— Ela é parecida com você. — Ela ficou imediatamente decepcionada. Mesmo que ela só o tivesse visto fugazmente no Metropolitan e realmente só o tivesse conhecido minutos antes, algo nele dava a sensação de tranqüilidade. "Deus, preciso mandar calibrar os meus sensores de homens." Ela se encolheu enquanto esperava pelo inevitável elogio tradicional à moda de cantada masculina. Você não parece velha o bastante; achei que vocês eram irmãs; não importa. Mas ele voltou a surpreendê-la, quando perguntou: — Onde ela estava quando tudo aconteceu?

— Kim? Minha mãe a tinha levado ao banheiro feminino. Enquanto elas estavam lá dentro, ela ouviu o tumulto e decidiu ficar lá mesmo.

— Então, elas perderam a parte ruim.

Tess assentiu, curiosa com o interesse dele.

— Nenhuma delas viu nada.

— E quanto ao depois?

— Fui procurá-las e me certifiquei de ficarmos afastadas até que as ambulâncias tivessem ido embora — ela lhe disse, ainda sem saber para onde ele estava indo com tudo isto.

— Então ela não viu nada dos feridos nem...

— Não, só os estragos no Grande Hall.

Ele assentiu.

— Bom. Mas evidentemente ela sabe o que aconteceu.

— Ela tem nove, agente Reilly. Neste exato momento, ela é a melhor amiga de todo mundo na escola, todos querem saber como foi estar lá.

— Posso imaginar. Mesmo assim, você deve ficar de olho nela. Mesmo sem ter realmente testemunhado, uma experiência como esta pode ter efeitos posteriores, especialmente em alguém tão jovem assim. Poderão ser simples pesadelos, poderá ser mais. Fique atenta, é tudo. Nunca se sabe.

Tess ficou totalmente desconcertada com o interesse dele em Kim. Ela assentiu atordoada:

— Claro.

Reilly recostou-se:

— E quanto a você. Você estava bem no meio da coisa.

Tess ficou intrigada:

— Como você sabe disso?

— Câmeras de segurança. Eu a vi na fita. — Ele não tinha certeza se isso soaria ou não levemente pervertido. Esperava que não, mas não sabia dizer pelo olhar dela. — Você está bem?

— Estou. — Tess teve um *flashback* dos cavaleiros vandalizando o museu e disparando as armas e o quarto cavaleiro agarrando o codificador a um palmo dela, seu cavalo literalmente respirando no pescoço dela. Não era uma visão que algum dia esqueceria, nem o medo que tinha sentido dissiparia tão cedo. Ela tentou não mostrar. — Foi muito intenso, mas... de algum modo, foi tão surreal que, não sei, talvez eu tenha enfiado na seção de ficção do meu banco de memória.

— Muito bom, também. — ele hesitou. — Lamento ser intrometido, é que tenho passado por circunstâncias como esta e nem sempre é fácil enfrentá-las.

Ela olhou para ele, animando-se:

— Entendo. E realmente agradeço sua preocupação — disse ela, ligeiramente curiosa por notar que, embora geralmente ficasse na defensiva quando qualquer pessoa conversasse com ela sobre Kim, ela tinha feito uma exceção a este homem. A preocupação dele pareceu genuína.

— Então — disse ele. — O que é essa coisa toda sobre os templários?

Ela se debruçou, surpresa:

— Vocês não estão investigando nenhuma perspectiva templária?

— Não que eu saiba.

Tess sentiu-se esvaziada:

— Olha, eu sabia que não era nada.

— Só me conte em que você está pensando.

— O que você sabe sobre eles?

— Não muito — confessou.

— Bem, a boa notícia é que você não é um lunático. — Ela sorriu antes de se arrepender rapidamente do comentário, que ele não entendeu, e seguir em frente. — Certo. Vejamos... 1118. A Primeira Cruzada terminou e a Terra Santa está de volta nas mãos dos cristãos. Balduíno II é o rei de Jerusalém, as pessoas de toda a Europa estão radiantes e peregrinos chegam às multidões para ver do que se tratava todo o rebuliço. O que os peregrinos muitas vezes não sabiam era que eles estavam se aventurando num território perigoso. Depois de terem "libertado" a Terra Santa, os cavaleiros cruzados consideraram sua promessa cumprida e voltaram para as suas casas na Europa, levando com eles as riquezas saqueadas e deixando a área precariamente cercada por Estados Islâmicos hostis. Os turcos e os muçulmanos que tinham perdido parte considerável de suas terras aos exércitos cristãos não estavam dispostos a perdoar e esquecer, e muitos dos peregrinos que se dirigiam para lá nunca conseguiram chegar a Jerusalém. Foram atacados, roubados e freqüentemente mortos. Bandoleiros árabes eram uma constante ameaça aos viajantes, que meio que frustraram a finalidade da Cruzada em primeiro lugar.

Tess contou a Reilly como, num incidente isolado naquele ano, saqueadores sarracenos armaram emboscadas e mataram mais de trezentos peregrinos nas estradas perigosas entre a cidade portuária de Jafa, onde desembarcaram na costa da Palestina, e a cidade santa de Jerusalém. Quadrilhas de combatentes logo se transformaram num ornamento fora dos muros da própria cidade. E é nesse momento que os templários apareceram pela primeira vez.

Nove cavaleiros devotos liderados por Hugo de Payens chegaram ao palácio de Balduíno, em Jerusalém, e ofereceram seus humildes serviços ao rei. Eles anunciaram que tinham feito os três votos solenes de castidade, pobreza e obediência, mas tinham acrescentando um quarto: um voto perpétuo de proteger os peregrinos em sua jornada da costa até a cidade. Dada a situação, a chegada dos cavaleiros foi bem oportuna. O Estado Cruzado estava precisando desesperadamente de lutadores treinados.

O rei Balduíno ficou bem impressionado com a dedicação dos cavaleiros religiosos e lhes deu alojamentos na parte oriental de seu palácio, que se situavam no local antes ocupado pelo Templo do rei Salomão. Eles se tornaram conhecidos como *A Ordem dos Pobres Cavaleiros de Cristo e do Templo de Salomão* — ou, simplesmente, os Cavaleiros Templários.

Tess se recostou:

— O significado religioso do lugar que Balduíno deu à ordem florescente é a chave — explicou ela. Salomão tinha construído o primeiro tempo em 950 a.C. Seu pai, Davi, tinha iniciado o trabalho seguindo a ordem de Deus, construindo um templo para abrigar o Arco da Aliança, um santuário portátil que continha as tábuas de pedra esculpidas com os mandamentos que Deus dera a Moisés. O glorioso reino de Salomão chegou ao fim com a sua morte, quando as nações orientais chegaram e conquistaram as terras dos judeus. O próprio Templo foi destruído em 586 a.C. pelos caldeus invasores, que levaram os judeus de volta à Babilônia como escravos. Mais de quinhentos anos depois, o Templo foi reconstruído por Herodes, em uma tentativa de se reconciliar com seus súditos judeus e lhes demonstrar que seu rei, apesar da origem árabe, era um devoto seguidor de sua religião adotada. Seria sua realização suprema: dominando proeminentemente o vale Kidron, o novo Templo era uma construção magnífica e rebuscada, de um estilo bem mais grandioso que o seu predecessor. Seu santuário interno, protegido por duas imensas portas de ouro, abrigava o Santo dos Santos, ao qual somente o Sumo Sacerdote Judeu tinha acesso.

Depois da morte de Herodes, a rebelião dos judeus foi reavivada e, por volta de 66 d.C., os insurgentes estavam de novo no controle da Palestina.

O imperador romano Vespasiano enviou o filho Tito para sufocar a rebelião. Depois de combates violentos por mais de seis meses, Jerusalém finalmente foi derrubado pelas legiões romanas em 70 d.C.; Tito ordenou que aquela cidade, cuja população estava então totalmente aniquilada, fosse destruída. E, então, "o mais maravilhoso edifício que já se viu ou se ouvir falar", como era descrito na época pelo historiador Josefo, foi novamente perdido.

Uma segunda rebelião judia, menos de cem anos depois, também foi esmagada pelos romanos. Desta vez, todos os judeus foram banidos de Jerusalém e os santuários a Zeus e ao imperador-deus romano Adriano foram construídos no Monte do Templo. Seiscentos anos depois, o local veria a construção de outro santuário: com a ascensão do Islã e a conquista de Jerusalém pelos árabes, a localização do sítio mais santo do judaísmo estava para ser redefinida como o lugar do qual o cavalo do profeta Maomé ascendeu ao paraíso. E, então, em 691 d.C., o Domo da Rocha foi construído no local pelo califa Abd El-Malik. Continuou como um lugar santo do Islã desde então, exceto durante o período em que os cruzados controlaram a Terra Santa, quando o Domo da Rocha foi convertido em uma Igreja cristã denominada Templum Domini, o "Templo de nosso Senhor", e quando a mesquita Al-Aqsa, construída no mesmo complexo, foi transformada na sede da florescente Ordem dos Cavaleiros Templários.

A idéia heróica de nove corajosos monges defendendo com valentia os vulneráveis peregrinos conquistou rapidamente a imaginação das pessoas em toda a Europa. Muitos logo olharam para os templários com uma romântica reverência e se ofereceram como novos recrutas. Nobres de toda a Europa também contribuíram generosamente para financiá-los, cumulando-os com doações de dinheiro e terras. Um fato que foi de enorme ajuda para tudo isto era que eles tinham recebido as bênçãos papais, uma rara ocorrência que significava muitíssimo numa época em que todos os reis e todas as nações consideravam o papado a autoridade máxima na Cristandade. E, portanto, a Ordem cresceu, lentamente no início e, então, muito mais rapidamente. Eles eram intensamente treinados como combatentes e, com o crescimento de seus sucessos no campo, suas atividades se ampliaram. Da sua missão original de proteger os peregrinos, gradualmente passaram a ser considerados os defensores militares da Terra Santa.

Em menos de cem anos, os templários tornaram-se uma das organizações mais ricas e influentes da Europa, perdendo apenas para o próprio papado, possuindo grandes extensões de terra na Inglaterra, na Escócia, na França, na Espanha, em Portugal, na Alemanha e na Áustria. E com uma rede tão extensa de territórios e castelos, eles logo se firmaram como os primeiros banqueiros internacionais do mundo, providenciando recursos de crédito para realezas falidas por toda a Europa, salvaguardando os fundos dos peregrinos e efetivamente inventando o conceito do *traveler's check*. O dinheiro, naqueles dias, era apenas ouro ou prata, que simplesmente valiam o quanto pesavam. Em vez de levá-lo com eles, sob o risco de serem roubados, os peregrinos podiam depositar seu dinheiro em uma casa ou castelo templário em qualquer lugar da Europa, onde lhes seria dado uma nota codificada em troca dele. Uma vez que chegassem ao seu destino, ele iriam à casa templária local, apresentariam a nota, que seria decodificada utilizando suas práticas de criptografia rigidamente protegidas, e sacariam aquela quantia de dinheiro lá.

Tess olhou para Reilly para ter certeza de que ele ainda estava com ela:

— O que começou como uma pequena equipe de nove nobres bem intencionados, dedicados à defesa da Terra Santa contra os sarracenos, rapidamente se tornou a mais poderosa e mais secreta organização de sua época, rivalizando com o Vaticano em termos de riqueza e influência.

— Então tudo deu errado para eles, não deu? — perguntou Reilly.

— Sim. Muito errado. Os exércitos muçulmanos finalmente recapturaram a Terra Santa no século XIII e expulsaram sumariamente os cruzados, desta vez para sempre. Não havia mais as Cruzadas. Os templários foram os últimos a sair, depois de sua derrota em Acre, em 1291. Quando voltaram para a Europa, toda sua *raison d'être* tinha acabado. Não havia peregrinos a escoltar, nem Terra Santa a defender. Não tinham nenhum lar, nenhum inimigo e nenhuma casa. Não tinham tampouco muitos amigos. Todo aquele poder e riqueza tinham subido às suas cabeças, os pobres soldados de Cristo não eram mais tão pobres e tinham ficado arrogantes e gananciosos. E muitos membros da realeza, o rei da França em particular, lhes deviam muito dinheiro.

— E eles foram inteiramente esmagados.

— Esmagados e queimados — assentiu Tess. — Literalmente. — Tess tomou um gole do seu café e contou a Reilly como tinha sido iniciada uma onda de boatos sobre os templários, sem dúvida facilitada pelo segredo ritualista com que a Ordem tinha conduzido seus ritos de iniciação ao longo dos anos. Em pouco tempo, uma chocante e ultrajante ladainha de acusações de heresia foi feita contra eles.

— O que aconteceu depois?

— Sexta-feira, treze — respondeu Tess ironicamente. — A versão original.

Capítulo 20

Paris, França - Março de 1314

Lentamente, a consciência de Jacques De Molay voltou.

"Quanto tempo tinha sido desta vez? Uma hora? Duas?" O grão-mestre sabia que não era possível que tivesse passado mais tempo que isso. Umas poucas horas de inconsciência seria um luxo que eles nunca se permitiriam.

Quando a névoa desapareceu da sua mente, ele sentiu os habituais indícios de dor e, como de hábito, os expulsou. A mente era uma coisa estranha e poderosa, e, depois de todos estes anos de prisão e tortura, ele tinha aprendido a utilizá-la como uma arma. Uma arma defensiva, mas, ainda assim, uma arma com a qual ele conseguia se opor pelo menos a algumas das coisas que seus inimigos tentavam realizar.

Eles podiam esmagar seu corpo, e o tinham feito, mas seu espírito e sua mente, embora machucados, ainda lhe pertenciam.

Assim como suas crenças.

Ao abrir os olhos, viu que nada tinha mudado, embora existisse uma curiosa diferença que não tinha reconhecido de início. As paredes do porão ainda estavam cobertas com um limo verde que escorria para o tosco chão de pedras, um chão quase nivelado pelo acúmulo de poeira, sangue seco e excrementos sobre ele. Quanto da sujeira tinha vindo do seu próprio corpo? Muito dela, ele temeu. Afinal de contas, ele estava lá há... ele concentrou a mente. Seis anos? Sete? Tempo bastante para devastar seu corpo.

Ossos tinham sido quebrados, deixados que se consolidassem grosseiramente, e, então, novamente quebrados. As juntas tinham sido deslocadas e separadas, os tendões, cortados. Ele sabia que não poderia fazer nada que valesse a pena com suas mãos e braços, nem conseguia andar. Mas eles não podiam impedir o movimento da sua mente. Esta era livre para vagar, deixar estas masmorras escuras miseráveis debaixo das ruas de Paris e viajar... para qualquer lugar.

Portanto, para onde ele iria hoje? Para as extensas terras na França central? Aos contrafortes dos Alpes? Ao litoral, ou mais adiante, de volta à sua amada *Outromer*?

"Eu me pergunto", ele pensou, e não pela primeira vez, "se estou louco. Provavelmente", ele decidiu. Sofrer tudo o que os torturadores que governavam este buraco do inferno subterrâneo tinham lhe infligido, não havia nenhuma possibilidade de ele ter conseguido manter a sanidade.

Ele se concentrou um pouco mais sobre o tempo que tinha passado aqui. Agora ele sabia. Foram seis anos e meio desde a noite que os homens do rei tinham invadido o Templo de Paris.

O Templo *dele* em Paris.

Foi numa sexta-feira, ele se lembrou, 13 de outubro de 1307. Ele estava adormecido, como a maioria dos seus colegas cavaleiros, quando dezenas de *seneschals* tomaram de assalto a preceptoria à primeira luz. Os cavaleiros templários deveriam estar melhor preparados. Durante meses, ele sabia que o rei corrupto e seus lacaios tentavam descobrir um jeito de derrubar o poder dos templários. Naquela manhã, eles tinham finalmente reunido a coragem e o pretexto. Tinham também encontrado a disposição para uma luta e, embora os cavaleiros não tenham se rendido facilmente, os homens do rei tiveram a surpresa e os números a seu favor, e não demorou muito até que os cavaleiros fossem subjugados.

Eles tinham recuado impotentemente e viram quando o Templo foi saqueado. Tudo o que o grão-mestre pôde fazer foi esperar que o rei e seus asseclas não conseguissem notar o significado do produto do saque, ou que estivessem tão tomados pela cobiça pelo ouro e jóias que deixariam de perceber aqueles objetos aparentemente sem valor quando, de fato, eram de valor incomensurável. Então o silêncio caiu até que, lentamente e com surpreendente cortesia, De Molay e seus colegas cavaleiros foram conduzidos em vagões para serem transportados até o seu destino.

Agora, enquanto De Molay se lembrava daquele silêncio, ele percebeu que era isso que estava diferente no dia de hoje.

Estava silencioso.

Em geral, a masmorra era um lugar barulhento: correntes retinindo, réguas dentadas e rodas rangendo, braseiros sibilando, juntamente com os gritos intermináveis das vítimas dos torturadores.

Não hoje, porém.

Então o grão-mestre ouviu um som. Passos se aproximando. No início, ele achou que fosse Gaspar Chaix, o chefe dos torturadores, mas os passos daquele ogro não eram como estes; os deles eram pesados e ameaçadores. Não era tampouco de ninguém da sua equipe de animais carniceiros. Não, muitos homens estavam vindo, movendo-se rapidamente pelo túnel e, então, eles estavam na câmara onde De Molay estava pendurado nas correntes. Por trás dos olhos inchados injetados de sangue, ele viu meia dúzia de homens brilhantemente vestidos de pé diante dele. E em seu centro estava o próprio rei.

Esguio e imponente, o rei Felipe IV era uma cabeça mais alto que o grupo de bajuladores aglomerados em torno dele. Apesar de seu estado precário, De Molay ficou, como sempre, impressionado com a aparência do governante da França. Como poderia um homem com tal graça física ser tão inteiramente maligno? Jovem, não tendo ainda chegado aos trinta, Felipe, o Belo, tinha a tez clara e longos cabelos loiros. Ele parecia a própria pintura de um nobre e, ainda assim, por quase uma década, impelido por uma insaciável cobiça por riqueza e poder, rivalizada somente por sua vulgar prodigalidade, ele tinha causado mortes e destruições calculadas, atormentado todos aqueles que se colocavam em seu caminho ou mesmo aqueles que simplesmente o desagradaram.

Os cavaleiros templários tinham feito mais que simplesmente o desagradar.

De Molay ouviu mais passos vindo pelo túnel. Passos nervosos, hesitantes, anunciaram a chegada na câmara de uma frágil figura vestida em um manto cinza com capuz. O pé do homem escorregou e ele tropeçou desajeitadamente no chão irregular. O capuz caiu e De Molay reconheceu o papa. Fazia muito tempo desde que ele tinha visto Clemente e, nesse período, o rosto do homem tinha se alterado. Linhas profundamente delineadas viravam para baixo nos cantos da boca, como se ele sofresse de algum mal crônico, enquanto os olhos tinham se afundado em depressões escuras.

O rei e o papa. Juntos.

Isto não poderia ser bom.

O olhar do rei estava fixo em De Molay, mas, neste momento, o homem alquebrado não estava interessado nele. Seus olhos estavam cravados no homem pequenino com manto que estava de pé lá, movendo-se irrequieta e nervosamente, evitando o seu olhar. De Molay especulou sobre a reticência do papa. Seria porque o ardil do homem e sua sutil manipulação do rei tinham precipitado a queda dos cavaleiros templários? Ou seria que ele simplesmente não conseguia suportar ver os membros deploravelmente deformados, as malcheirosas úlceras abertas ou a carne não-cicatrizada de pútridos ferimentos?

O rei se aproximou.

— Nada? — perguntou rispidamente para o homem postado longe do grupo. O homem deu um passo à frente e De Molay viu que era, de fato, Gaspar Chaix, o torturador, seus olhos abatidos, a cabeça sacudindo de lado a lado.

— Nada — respondeu o homem com cabelo à escovinha.

— Para o inferno com o maldito — estourou o rei com uma voz que estava carregada com a fúria oculta que o consumia.

"Você já o fez", pensou De Molay. Ele viu Gaspar olhar para o seu lado, os olhos, debaixo das sobrancelhas grossas, mortos como as pedras que formavam o chão. O rei moveu-se para frente, examinando De Molay bem de perto, um lenço colocado contra o nariz para o proteger de um mau cheiro que o grão-mestre sabia que estava lá, mas que havia muito não sentia.

A voz sussurrante do rei cortou o ar viciado.

— Fale, maldito. Onde está o tesouro?

— Não existe nenhum tesouro — respondeu simplesmente De Molay, a voz mal audível para ele mesmo.

— Por que você tem de ser tão teimoso? — perguntou o rei numa voz áspera. — A que fim serve? Seus irmãos revelaram tudo; suas sórdidas cerimônias de iniciação, seus humildes Cavaleiros da Cruz negando a divindade de Cristo, cuspindo na Cruz, até urinando nela. Eles admitiram... *tudo*.

Lentamente, De Molay lambeu seus lábios rachados com uma língua inchada.

— Sob uma tortura como esta — ele conseguiu dizer —, eles confessariam até ter matado o próprio Deus.

Felipe aproximou-se mais alguns centímetros dele.

— A Santa Inquisição prevalecerá — disse ele com indignação. — No mínimo isto deveria ser óbvio para um homem do seu intelecto. Dê-me simplesmente o que quero e pouparei sua vida.

— Não existe nenhum tesouro — repetiu De Molay, com o tom de um homem resignado a nunca convencer aqueles que o ouviam. Há muito tempo, De Molay tinha sentido que Gaspar Chaix acreditava nele, mesmo que nunca tivesse vacilado em seus ataques brutais contra a carne de sua vítima. Ele também sabia que o papa acreditava nele, mas o chefe da Igreja não estava disposto a deixar que o rei ficasse a par de seu pequeno segredo. O rei, por outro lado, precisava das riquezas que ele sabia que os cavaleiros templários tinham acumulado durante os últimos duzentos anos, e suas necessidades dominavam a conclusão a que qualquer homem são teria chegado ao ver o homem alquebrado pendurado na parede diante dele.

— É inútil — o rei virou-se e se afastou, ainda irritado, mas agora aparentemente tão resignado quanto sua vítima. — O tesouro deve ter desaparecido misteriosamente naquela primeira noite.

De Molay olhou para o papa, cujo rosto ainda estava virado para o outro lado. "Os gestos do homem foram executados com brilhantismo", pensou ele. O grão-mestre sentiu uma satisfação perversa de sabê-lo. E alimentou ainda mais a sua determinação, pois as ações do homem astuto só confirmavam a nobreza do objetivo dos templários.

O rei olhou friamente para o torturador corpulento.

— Quantos deles ainda vivem dentro destes muros?

O corpo inteiro de De Molay enrijeceu. Pela primeira vez, ele ficaria sabendo do destino dos seus irmãos do Templo de Paris. Gaspar Chaix contou ao rei que, além do próprio grão-mestre, somente seu adjunto, Geoffroi de Charnay, tinha sobrevivido.

O velho templário fechou os olhos, a consciência inundada numa selva de imagens horripilantes. "Tudo se acabou", pensou ele. "E, contudo, chegamos tão perto. Se ao menos..." Se ao menos tivesse chegado uma notícia, todos esses anos passados, do *Templo do Falcão*, de Aimard e seus homens.

Mas nenhuma tinha chegado.

O *Templo do Falcão* — e sua preciosa carga — tinha simplesmente desaparecido.

O rei virou-se e deu um último olhar para o homem alquebrado.

— Termine com isso — ordenou ele.

O torturador aproximou-se arrastando.

— Quando, sua Majestade?

— Amanhã de manhã — disse o rei, a perspectiva alegrando perversamente o seu espírito.

Ouvindo as palavras, De Molay sentiu espalhar-se por ele algo que não tinha reconhecido no início. Era uma sensação que não experimentava havia muitos anos.

Alívio.

Com seus olhos caídos, ele lançou um olhar para o papa e viu seu prazer reprimido.

— E quanto às possessões deles? — perguntou o papa, sua voz trêmula. Nesta altura, De Molay sabia, tudo o que restaria seria qualquer coisa que não pôde ser vendida para liquidar as dívidas do rei. — Os livros, os documentos, os artefatos. Eles pertencem à Igreja.

— Então, leve-os. — O rei fez um gesto de desdém antes de lançar um último olhar enfezado para De Molay e sair enfurecido da câmara, seu séqüito seguindo apressadamente os seus passos.

Por um brevíssimo instante, os olhos do papa e os de De Molay se encontraram antes que Clemente pudesse virar-se e sair apressado da câmara. Nesse breve espaço de tempo, De Molay tinha lido a mente do papa, confirmando o que era o homem baixo: um oportunista maquinador que tinha manipulado o rei ganancioso para os seus próprios fins. Para os fins da Igreja.

Um oportunista maquinador que o tinha derrotado.

Mas De Molay não poderia lhe dar a satisfação de acreditar nisso. Ele aproveitou a oportunidade e se recuperou, juntando todas as forças e canalizando-as num olhar de confiante provocação que ele emitiu para a sua nêmesis. Por um breve segundo, um olhar de temor cruzou as feições desgastadas do papa antes dele recompor seu rosto num olhar severo e colocar o capuz.

Os lábios rachados do grão-mestre se ondularam naquilo que em tempos passados teria sido um sorriso. Ele soube que tinha conseguido plantar uma dúvida na mente do homem baixo.

Uma espécie de vitória.

O papa não dormiria bem esta noite.

"Você pode ter vencido esta batalha", pensou De Molay. "Mas nossa guerra está longe de ter acabado." E, com esse pensamento, fechou os olhos e aguardou a morte que se aproximava.

Capítulo 21

Reilly fez o melhor que pôde para evitar parecer em conflito. Por mais que estivesse gostando de estar sentado lá com Tess, ele não conseguia enxergar a relevância de tudo o que ela tinha acabado de lhe contar. Um bando de cavaleiros altruístas que cresceu e se transformou numa superpotência medieval somente para, no final, ter as suas asas cortadas e acabar desaparecendo ignominiosamente nos anais da história. O que isso tinha a ver com um bando de ladrões armados vandalizando um museu setecentos anos depois?

— Você acha que os homens no museu estavam vestindo trajes de templário? — perguntou ele.

— Acho. Os templários usavam trajes simples, bem diferentes das vestimentas vistosas dos outros cavaleiros naquela época. Lembre-se, eles eram monges religiosos, com um compromisso com a pobreza. Os mantos brancos simbolizaram a pureza da vida que se esperava deles, e as cruzes vermelhas, a cor do sangue, anunciavam suas relações especiais com a Igreja.

— Certo, mas se você me pedisse para eu me vestir como um cavaleiro, provavelmente eu viria com algo que pareceria muito com aquilo, sem pensar conscientemente nos templários. É uma aparência bem icônica, não é?

Tess assentiu.

— Olha, por si só, concordo, não é conclusivo. Mas, então, há o codificador.

— É o objeto que o quarto cavaleiro pegou. Aquele ao lado do qual você estava.

Tess aproximou-se um pouco mais, parecendo agora mais determinada.

— É. Eu pesquisei. É muito mais avançado do que qualquer coisa que tenha aparecido em centenas de anos. Quero dizer, esta coisa é revolucionária. E os templários eram conhecidos como mestres da criptografia. Os códigos eram a espinha dorsal de todo o seu sistema bancário. Quando viajavam para a Terra Santa, os peregrinos depositavam o dinheiro com eles, os recibos que eles recebiam eram escritos em código, que só poderiam ser decifrados pelos templários. Dessa maneira, ninguém poderia forjar uma nota de depósito e enganá-los. Eles foram pioneiros neste campo e, de alguma maneira, este codificador se encaixa em seus métodos secretos sofisticados.

— Mas por que um codificador templário faria parte dos tesouros do Vaticano?

— Porque o Vaticano e o rei da França conspiraram juntos para derrubar a Ordem. Ambos estavam atrás da riqueza deles. É fácil imaginar que aquilo que os templários tivessem em suas preceptorias iria acabar ou no Louvre ou no Vaticano.

Reilly olhou desconfiado.

— Você mencionou alguma coisa sobre uma frase em latim?

Tess visivelmente se recompôs.

— Foi isso que me fez dar a partida. O quarto cavaleiro, aquele que pegou o codificador. Quando ele o teve em suas mãos, foi como se esse fosse o grande momento religioso para ele. Como se estivesse em transe. E, ao segurá-lo, disse uma coisa em latim. Acho que foi: "*Veritas vos liberabit.*" — Ela esperou para ver se Reilly sabia o que significava. Seu olhar interrogativo mostrou que não sabia. — Significa "a verdade o libertará". Pesquisei e, embora seja um ditado muito usado, também é uma inscrição em um castelo templário no sul da França.

Tess pôde ver que ele estava refletindo sobre o que ela tinha acabado de dizer, mas não tinha certeza de como ler seus pensamentos. Ela segurou nervosamente a xícara, engolindo o último gole do café que, agora, já estava frio e, então, decidiu ir em frente.

— Sei que provavelmente não parece muito, mas isso é só até você começar a entender o nível de interesse que os templários inspiram nas pessoas. Suas origens, atividades e crenças, somadas às suas mortes violentas, são todas envoltas em mistério. Eles têm muitos adeptos. Você não acreditaria na quantidade de livros e materiais que encontrei sobre eles, e eu só mexi na informação geral. É simplesmente fenomenal. E a idéia é a seguinte. O que geralmente desencadeia a conjectura é que sua fabulosa riqueza nunca foi recuperada.

— Imaginei que fosse esse o motivo para o rei da França os ter reunido — observou Reilly.

— É atrás dela que ele estava. Mas ele nunca a encontrou. Ninguém nunca a encontrou. Nenhum ouro, nenhuma jóia. Nada. Ainda assim, os templários eram conhecidos por possuírem um fenomenal tesouro escondido. Um historiador afirma que os templários teriam descoberto 148 toneladas de ouro e prata em Jerusalém e seus arredores na primeira vez que chegaram lá, mesmo antes de as doações de toda a Europa terem começado a chegar em abundância.

— E ninguém sabe o que aconteceu com isso?

— Existem argumentos amplamente aceitos de que, na noite anterior àquela em que todos os templários foram presos, 24 cavaleiros saíram cavalgando da preceptoria de Paris com várias carroças carregadas de caixotes e escaparam até o porto atlântico de La Rochelle. Supostamente, eles teriam zarpado a bordo de 18 galés, que nunca mais foram vistas.

Reilly refletiu sobre as informações.

— Então você está dizendo que os atacantes do museu estavam realmente atrás do codificador, para de algum modo ajudá-los a encontrar o tesouro dos templários?

— Pode ser. A questão é: qual era esse tesouro? Seria em moedas de ouro e pedras preciosas ou seria alguma outra coisa, algo mais esotérico, algo que — ela hesitou — exige um salto ligeiramente maior de fé. — Ela esperou para ver como ele reagiria à informação.

Reilly deu um sorriso forçado reconfortante.

— Ainda estou aqui, não estou?

Ela debruçou para frente e abaixou a voz inconscientemente.

— Muitas destas teorias afirmam que os templários faziam parte de uma conspiração antiga para descobrir e proteger algum conhecimento misterioso. Poderiam ser muitas coisas. Dizem que eles seriam os guardiões de relíquias santas; tem um historiador francês que até acha que eles tinham a cabeça embalsamada de Jesus, mas uma teoria com a qual venho me deparando e que pareceu ter mais substância que as outras foi a que tinha a ver com o Santo Graal, que, como você provavelmente sabe, não é necessariamente uma taça de verdade ou alguma espécie de "cálice" do qual Jesus supostamente bebeu na última refeição, mas poderia muito bem ser uma referência metafórica a um segredo referente aos verdadeiros eventos que cercaram a morte Dele e a sobrevivência de Sua linhagem sangüínea até os tempos medievais.

— Linhagem sangüínea de Jesus?

Por mais herético que possa parecer, esta linha de pensamento, e é uma linha bem popular, acredite, afirma que Jesus e Maria Madalena tiveram uma criança, talvez, provavelmente, mais de uma, que foi criada em segredo e escondida dos romanos, e que a linhagem sangüínea de Jesus tem sido um mistério muito bem guardado nos últimos dois mil anos, com todos os tipos de sociedades misteriosas protegendo os Seus descendentes e passando seu segredo para um seleto grupo de "illuminati". Da Vinci, Isaac Newton, Victor Hugo, praticamente quase todos os nomes ilustres ao longo dos séculos, todos supostamente fizeram parte desta conspiração secreta dos protetores da linhagem sangüínea sagrada. — Tess fez uma pausa para ver a reação de Reilly. — Sei que parece absurdo, mas é uma história popular, muitas pessoas têm trabalhado em pesquisas sobre este assunto, e não estamos tampouco falando apenas dos best-sellers de ficção, estamos também falando de estudiosos e acadêmicos sérios.

Ela estudou Reilly, especulando o que ele deveria estar pensando. "Se eu o tivesse fisgado com a questão do tesouro, sem dúvida teria estragado tudo agora." Recostando para trás, ela teve que admitir que parecia cada vez mais absurdo agora, ouvindo a si própria verbalizando em voz alta.

Reilly pareceu pensar por um momento e, então, um pequeno sorriso cruzou seus lábios.

— Linhagem sangüínea de Jesus, hein? Se Ele de fato teve um ou dois descendentes, e supondo que estes tivessem seus próprios filhos, e assim por diante... depois de dois mil anos, que é, o quê?, algo como setenta ou oitenta gerações depois; é exponencial, haveria milhares deles, o planeta estaria formigando com Seus descendentes, não estaria? — Ele riu. — As pessoas realmente levam essa coisa a sério?

— Sem dúvida alguma. O tesouro perdido dos templários é um dos maiores mistérios sem solução de todos os tempos. É fácil ver por que as pessoas se sentem seduzidas por ele. A própria premissa tem um ótimo gancho: nove cavaleiros aparecem em Jerusalém, clamando que querem defender milhares de peregrinos. Apenas nove deles. Parece bem ambicioso para qualquer padrão, exceto *Sete homens e um destino*, você não acha? Ao ouvir isto, o rei Balduíno lhes concede uma fatia de primeira qualidade das terras de Jerusalém, o Monte do Templo, o local do segundo Templo de Salomão que foi destruído pelas legiões de Tito em 70 d.C., seu tesouro saqueado e levado de volta à Roma. E, então, aqui está a grande interrogação: e se os sacerdotes do Templo esconderam alguma coisa lá quando souberam que os romanos estavam prestes a atacar, algo que os romanos não encontraram.

— Mas os templários sim.

Ela assentiu.

— O perfeito alimento para os mitos. Permanece enterrado lá por mil anos e, então, eles o desenterram. Depois, há o chamado "Manuscrito de Cobre" que encontraram em Qumran.

— Os manuscritos do Mar Morto fazem parte disto também?

"Vá mais devagar, Tess." Mas ela não conseguiu se conter e continuou em frente.

— Um dos manuscritos menciona especificamente grandes quantidades de ouro e outros objetos de valor enterrados sob o próprio Templo, supostamente em 24 reservas secretas. Mas também menciona um tesouro de um tipo não especificado. O que era? Não sabemos. Poderia ser qualquer coisa.

— Certo, então onde a figura do Sudário de Turim se encaixa nisto tudo? — murmurou Reilly.

Por um momento fugaz, um olhar irritado cruzou seus feições delicadas antes de ela recompor o rosto num sorriso gracioso.

— Você não está acreditando em nada disto, está?

Reilly ergueu as mãos, parecendo ligeiramente arrependido.

— Não, olha, me desculpe. Por favor, continue.

Tess colocou em ordem os seus pensamentos.

— É concedido a estes nove cavaleiros comuns uma parte de um palácio real, com estábulos que eram aparentemente grandes o bastante para acomodar dois mil cavalos. Por que Balduíno foi tão generoso com eles?

— Não sei, talvez ele fosse um pensador avançado. Talvez tivesse sido inspirado pela dedicação deles.

— Mas aí é que está — ela argumentou, sem se intimidar. — Eles não tinham feito nada ainda. Foi concedida a eles essa enorme base de onde começar a trabalhar e o que fazem os nossos nove magníficos? Eles saem e realizam toda espécie de feitos heróicos e dão um jeito de garantir que os peregrinos cheguem aos seus destinos, como deveriam? Não. Eles gastam seus primeiros nove anos no templo. Eles não deixam o lugar. Não saem de lá, não pegam nenhum novo recruta. Ficam simplesmente trancados lá. *Durante nove anos.*

— Eles se tornaram agorafóbicos ou...

— Ou era uma grande fraude. A teoria mais aceita e, pessoalmente, acho que faz sentido, é que eles estavam escavando. Procurando por alguma coisa enterrada lá.

— Alguma coisa que os sacerdotes esconderam dos legionários de Tito mil anos antes.

Ela sentiu que estava finalmente o convencendo e seus olhos estavam flamejantes de convicção.

— Exatamente. O fato é que eles permaneceram discretos durante nove anos e, então, subitamente, eles surgiram em cena e começaram a crescer em estatura e riqueza num ritmo vertiginoso, com o Vaticano os apoiando entusiasticamente. Talvez eles tenham encontrado alguma coisa lá, alguma coisa enterrada debaixo do Templo que tornou tudo possível. Algo que fez o Vaticano fazer o máximo possível para mantê-los felizes, e a prova de Jesus ter sido pai de um ou dois filhos certamente justificaria a conta.

Uma sombra cobriu o rosto de Reilly.

— Espera aí, você acha que eles estavam chantageando o Vaticano? Achei que eles eram soldados de Cristo. Não faria mais sentido imaginar que eles encontram algo que realmente agradou o Vaticano e o papa decidiu recompensá-los pela sua descoberta?

Ela apertou o rosto.

— Se fosse esse o caso, não teriam eles anunciado para o mundo? — Ela recuou, parecendo também um pouco perdida. — É, eu sei, ainda está faltando uma peça deste quebra-cabeças. Eles realmente continuaram a lutar pelo Cristianismo por duzentos anos. Mas você precisa admitir, é bem intrigante. — Ela fez uma pausa, estudando-o. — Então, você acha que tem alguma coisa aqui?

Reilly pesou as informações que ela expôs tão avidamente para ele.

Não importa o quanto a história parecesse ridícula, ele não poderia simplesmente rejeitar tudo. O ataque no Metropolitan era claramente sintomático de alguma coisa assustadoramente distorcida; havia mais por trás da sua encenação extremada que um simples golpe, todo mundo concordava pelo menos com isto. Ele sabia como os extremistas radicais se agarravam à mitologia, a alguma crença central, e como a tornavam deles; como essa mitologia era gradualmente deturpada e distorcida até que seus devotos tivessem perdido inteiramente o contato com a realidade e de repente agissem decontrolados. Poderia ser esta a ligação que ele estava procurando? As lendas templárias certamente pareciam abundantes em distorção. Estaria alguém por aí tão apaixonado pelo terrível destino dos templários que se identificou com eles até o ponto de se vestir como eles, vingar-se do Vaticano em nome deles e, talvez, até tentar recuperar seu lendário tesouro?

Os olhos de Reilly se fixaram nela.

— Se acho que os templários eram os guardiões de algum grande segredo, bom ou mau, referente aos primeiros dias da Igreja? Não tenho a menor idéia. — Tess desviou o olhar, tentando sufocar quaisquer sinais visíveis de desânimo, quando Reilly recostou e continuou. — Se eu acho que exista uma possível ligação entre os templários e o que aconteceu no Metropolitan? — Ele deixou que a pergunta pairasse no ar por um momento, inclinando a cabeça quase imperceptivelmente antes de um ligeiro sorriso cruzar os lábios. — Acho, indiscutivelmente, que vale a pena investigar.

Capítulo 22

Gus Waldron indiscutivelmente não estava em um dos seus melhores dias.

Ele lembrou que tinha acordado um pouco antes. Quanto tempo, não sabia dizer. Horas, minutos — e, então, sua mente voltou a vagar. Agora ele estava de volta, um pouco mais alerta.

Ele sabia que não estava em boa forma. Teve um sobressalto quando se lembrou do acidente. Parecia que seu corpo tinha sido mais golpeado que uma costela de vitela no Cipriani's. E os bipes irritantes e incessantes dos monitores ao seu redor também não estavam ajudando.

Sabia que estava em um hospital — os bipes e o barulho do ambiente eram indícios claros disso. Tinha que confiar nos seus ouvidos, já que não conseguia ver nenhuma maldita coisa. Os olhos ardiam como o inferno. Quando tentou se mover, não conseguiu. Tinha algo ao redor de seu peito. "Eles me prenderam com correias na cama." Mas não muito forte. Então, a correia estava lá por motivos hospitalares, não por motivos policiais. Bom. As mãos moveram sobre o rosto, sentindo as bandagens e encontrando outras coisas. Eles tinham enfiado um monte de tubos nele.

Não havia nenhum motivo para lutar contra isso, não agora. Ele precisava saber o quanto estava ferido e precisaria ter os olhos de volta se quisesse sair de lá. Portanto, ele só tentaria fazer um acordo com os policiais depois que soubesse qual era o placar. Mas o que tinha a oferecer? Precisava de alguma coisa grande, porque eles não gostariam do fato dele ter decepado a cabeça daquele maldito guarda. Ele realmente não deveria ter feito aquilo. Mas é que, indo até lá montado a cavalo, vestido como um maldito Príncipe Valente, ele tinha começado a se perguntar qual seria a sensação de dar um golpe de espada em algum cara. E a sensação tinha sido muito boa; não havia como negá-la.

O que poderia fazer era trair Branko Petrovic. Ele já estava fulo com aquele pulha por não lhe dizer o nome do sujeito que *o* tinha contratado, desviando a conversa para falar como era legal essa idéia de células cegas. Agora ele via por quê. Ele tinha sido contratado por Petrovic, que tinha sido contratado por um outro alguém, que tinha sido contratado por algum outro imbecil. Quem poderia dizer quantas malditas células cegas existiriam antes de chegar até o cara que os policiais queriam agarrar?

Os sons do hospital aumentaram ligeiramente por um momento e, então, voltaram a diminuir. A porta deve ter sido aberta e fechada. Ele ouviu passos, raspando no chão, enquanto alguém se aproximava do seu leito. Então, quem quer que fosse ergueu a mão de Gus, as pontas dos dedos apoiadas no lado interno do seu pulso. Algum médico ou enfermeira tomando seu pulso. Não, um médico. Os dedos pareceram mais rudes, mais fortes do que seriam os de uma enfermeira. Pelo menos do tipo de enfermeira que ele imaginava em suas fantasias.

Ele precisava saber o quanto estava ferido.

— Quem é? Doutor?

Quem quer que estivesse lá não respondeu. Agora os dedos estavam erguendo as bandagens que envolviam a sua cabeça, acima das orelhas.

Gus abriu a boca para fazer uma pergunta, mas, ao fazê-lo, sentiu uma mão forte ser apertada contra sua boca e imediatamente veio um soco violentamente doloroso no seu pescoço. Seu corpo inteiro sacudiu.

A mão cobriu sua boca firmemente, transformando os gritos de Gus num gemido abafado. Houve uma sensação quente se espalhando dentro do pescoço, ao redor da garganta. Então, lentamente, a mão que pressionava para baixo a sua boca afrouxou seu aperto.

A voz de um homem, bem afável, sussurrou perto do seu ouvido. Ele conseguia sentir a respiração quente.

— Os médicos não permitirão que ninguém o interrogue por algum tempo. Mas não posso esperar tanto assim. Preciso saber quem o contratou.

"Que diabo...?"

Gus tentou sentar-se, mas a correia segurava seu corpo e uma mão fazia pressão contra a sua cabeça e o mantinha no lugar.

— Responda a pergunta — disse a voz.

Quem era esse? Não podia ser um policial. Algum cabeça de merda tentando se intrometer para pegar uma fatia do material que ele tinha apanhado do museu? Mas, então, por que perguntar quem o tinha contratado?

— Responda. — A voz ainda estava bem tranqüila, porém mais ríspida agora.

— Vá à merda — disse Gus.

Exceto que ele não o disse. Não realmente. A boca formou as palavras e ele as ouviu na cabeça. Mas não saiu nenhum som.

"Pra onde diabo foi a minha voz?"

— Ah — a voz sussurrou. — É o efeito da lidocaína. Só uma dose pequena. O suficiente para entorpecer as suas cordas vocais. É irritante porque você não consegue falar. O ponto positivo disso é que, bem, você também não pode gritar.

"Gritar?"

Os dedos que pareceram ser tão suaves no pulso aterrissaram no quadril esquerdo, bem no lugar em que a bala do policial tinha acertado. Ficaram lá por um momento antes de, de repente, ganhar vida e pressionar lá dentro. Forte.

A dor incendiou todo o seu corpo, como se estivesse sendo marcado a ferro quente por dentro, e ele berrou.

Silenciosamente.

A escuridão ameaçou esmagar seu cérebro antes que a dor diminuísse ligeiramente e a saliva se acumulasse no fundo da garganta. Ele achou que estava prestes a vomitar. Então, as mãos do homem voltaram a tocá-lo e ele se encolheu, só que, desta vez, o toque foi suave.

— Você é destro ou canhoto? — perguntou a voz afável.

Gus agora estava suando profusamente. "Destro ou canhoto? Que raios de diferença isso faz?" Ele ergueu sua mão direita debilmente e logo sentiu que algo estava sendo colocado entre seus dedos. Um lápis.

— Só escreva os nomes para mim — disse a voz para ele, guiando o lápis até o que pareceu ser um bloco de anotações.

Os olhos fechados pela bandagem e sem sua voz, Gus sentiu-se inteiramente isolado do mundo e sozinho, mais do que já tinha algum dia imaginado.

"Onde está todo mundo? Onde estão os médicos, as enfermeiras, os malditos policiais, Deus do céu?"

Os dedos agarraram a carne ao redor da sua ferida e voltaram a apertá-la, desta vez com mais força e por mais tempo. Uma dor excruciante atravessou todo o seu corpo. Cada nervo pareceu se inflamar quando ele fez força contra a correia, berrando em silenciosa agonia.

— Isto não precisa levar a noite inteira — declarou o homem calmamente. — Basta me dar os nomes.

Só havia um único nome que ele poderia escrever. E ele o fez.

— Branko... Petrovic? — o homem perguntou suavemente.

Gus assentiu apressadamente.

— E os outros?

Gus sacudiu a cabeça o melhor que pôde. "Isso é tudo que sei, que diabo."

Os dedos de novo.

Apertando, mais forte, mais fundo. Espremendo.

A dor.

Os gritos silenciosos.

"Jesus Cristo." Gus perdeu a noção de tempo. Conseguiu escrever o nome de um lugar onde Branko trabalhava. A não ser isto, tudo o que ele poderia fazer era sacudir a cabeça e a boca. "Não."

Várias e várias vezes seguidas.

Finalmente, graças a Deus, ele sentiu o lápis ser afastado dele. Finalmente o homem acreditou que ele estava dizendo a verdade.

Agora, Gus ouvia pequenos sons que não reconheceu e, então, sentiu de novo os dedos do homem erguerem a borda da bandagem no mesmo lugar. Ele se encolheu, mas desta vez mal sentiu a picada da agulha.

— Isto é um pouco de analgésico para você — sussurrou o homem. — Vai aliviar a dor que está sentindo e o ajudará a dormir.

Gus sentiu uma lenta e crescente onda de misteriosa fadiga fluir pela sua cabeça e começar a descer pelo corpo e, com isto, chegou o alívio de que a provação, a dor, tinham acabado. Então, uma percepção aterrorizante tomou conta dele: que do sono no qual ele estava irremediavelmente mergulhando ele nunca despertaria.

Desesperado agora, ele tentou se mexer, mas não conseguiu e, depois de um momento, teve a sensação de que não queria mais se mexer. Ele relaxou. Para onde quer que estivesse indo, tinha que ser simplesmente um lugar melhor que o esgoto no qual ele tinha passado toda a sua miserável vida.

Capítulo 23

Reilly saiu da cama, vestiu uma camiseta e olhou para fora pela janela do seu apartamento, no quarto andar. Lá fora, as ruas estavam mortalmente silenciosas. A cidade que nunca dorme parecia se aplicar somente a ele.

Muitas vezes ele não dormia bem, por vários motivos. Um deles era simplesmente a incapacidade de relaxar e esquecer. Era um problema que ele tinha com uma freqüência cada vez maior nos últimos anos, esse negócio de ficar pensando incessantemente nas pistas e nos dados ligados a qualquer que fosse o caso em que estivesse trabalhando. Ele realmente não tinha dificuldade em cair no sono. Uma pura exaustão geralmente cuidava disso. Mas, então, ele chegava naquele pavoroso limiar às quatro da manhã e, de repente, se via inteiramente acordado, o cérebro a todo vapor, classificando e analisando, procurando pelo pedaço de informação que faltava e que poderia salvar vidas.

Às vezes, a carga de trabalho era intensa o bastante para monopolizar seus pensamentos. Ocasionalmente, contudo, sua mente fazia uma transição sem interrupções para as questões pessoais, perdendo-se no território ainda mais sombrio que o submundo das suas investigações, e ataques desagradáveis de ansiedade se insinuariam até a superfície e assumiriam o controle.

Muito disso estava relacionado com o que tinha acontecido com seu pai, como ele atirara em si próprio quando Reilly estava com dez anos, como o garoto tinha voltado da escola para casa e entrado no estúdio naquele dia e tinha encontrado lá o pai, sentado na poltrona favorita como sempre o fazia, exceto que, desta vez, estava faltando a parte de trás da sua cabeça.

De qualquer maneira, o que se seguia era sempre um par de horas extremamente frustrantes para ele. Cansado demais para sair da cama e usar o tempo para fazer alguma coisa útil, mas ligado demais para conseguir voltar a dormir, ele simplesmente ficava deitado ali, no escuro, sua mente levando-o para todos os tipos de lugares desolados. E ele esperaria. O sono geralmente chegava misericordiosamente por volta das seis, sendo pequeno o consolo recebido já que ele teria que estar novamente de pé em uma hora para trabalhar.

Naquela noite, o despertar das quatro da manhã veio como cortesia de um telefonema do oficial de serviço. Ele o informou de que o homem que ele tinha perseguido pelas ruas da baixa Manhattan tinha morrido. O agente de plantão mencionou alguma coisa sobre hemorragia interna e insuficiência cardíaca e as tentativas fracassadas de reanimar o homem morto. Reilly tinha passado as duas horas seguintes, como de costume, revisando o caso no qual tinha agora perdido a única e mais promissora pista, já que ele não achava que Lucien Broussard seria capaz de lhes informar muita coisa, se e quando ele fosse realmente capaz de falar de novo. Mas pensar no assunto logo se misturou com outros pensamentos que ficaram girando na sua cabeça desde que saíra do hospital mais cedo naquela noite. Pensamentos relacionados principalmente a Tess Chaykin.

Olhando para fora, pela janela, ele pensou sobre como a primeira coisa que tinha percebido nela quando se sentaram na cafeteria foi que ela não estava usando uma aliança ou, na verdade, qualquer tipo de anel. Notar detalhes como esse tinha um papel importante na sua vida profissional. Era uma atenção instintiva aos pormenores que veio com os anos no serviço.

Só que isto não era trabalho e Tess não era uma suspeita.

— O nome dele era Gus Waldron.

Reilly ouviu atentamente, segurando uma caneca quente de café, enquanto Aparo percorria rapidamente o registro policial com olhos experientes, deixando de lado as futilidades e indo diretamente ao que interessava para o bem da equipe central de agentes federais reunidos.

— Sem dúvida alguma um pilar da comunidade de quem todos sentirão muita falta — Aparo continuou. — Boxeador profissional, ligas menores, homem violento que entrava e saía dos ringues, expulso das lutas em três estados.

Indiciado quatro vezes por assalto e roubo armado, tanto aqui quanto em Jersey. Dois períodos em Rikers... — ele ergueu os olhos e disse significativamente — ...inclusive um cruzeiro em *Vernon Bain*. — O Vernon C. Bain, batizado em homenagem a um diretor de presídio de quem todos gostavam e que morreu em um acidente de carro, era uma detenção de oitocentas vagas que abrigava internos de segurança média a máxima. — Suspeito de dois homicídios, ambos por pancadaria. Sem indiciamentos aqui. Jogador compulsivo. Passou por uma série de derrotas metade da sua vida. — Aparo ergueu os olhos. — É mais ou menos isto.

— Parece um cara que estava sempre precisando de uma grana rápida — observou Jansson. — Com quem ele costumava ficar?

Aparo apanhou uma página e percorreu a lista dos associados conhecidos de Waldron.

— Josh Schlattmann, morto no ano passado... Reza Fardousi, um monte de lixo de 130 quilos, duvido que exista algum cavalo no país que consiga carregá-lo. — Seus olhos percorreram os nomes, editando aqueles sem a menor chance. — Lonnie Morris, um traficante pé-de-chinelo, atualmente em condicional e vivendo e trabalhando com, se é que se pode acreditar nisto, a avó, que tem uma floricultura no Queens. — Então Aparo olhou de novo para cima, desta vez com uma expressão no rosto que Reilly sabia que significava problema. — Branko Petrovic — disse ele consternado. — Um ex-policial. E escuta só. Era da divisão montada do Departamento de Polícia de Nova York. — Ele ergueu o olhar na direção deles. — Aposentado. E não por opção, se é que vocês me entendem.

Amelia Gaines disparou um olhar de cumplicidade para Reilly e, então, fez voluntariamente a pergunta.

— O que ele fez?

— Furto. Pilhou a lata de "biscoitos" do distrito policial depois de uma apreensão de drogas — disse Aparo. — Ao que parece, não passou nenhum dia preso. Expulso, perda dos direitos à aposentadoria.

Reilly fechou a cara, não exatamente contente com a perspectiva.

— Vamos conversar com ele. Descobrir como ele ganha a vida atualmente.

Capítulo 24

Não importava o quanto ele tentasse, Branko Petrovic não conseguia manter a cabeça no seu trabalho. Não que o serviço nos estábulos precisasse de sua atenção exclusiva. Na maioria dos dias, ele dava água e comida para os cavalos e recolhia com a pá os excrementos de modo automático, mantendo firme e em forma o seu corpo atarracado. O cérebro ficava livre para trabalhar os enfoques, calcular as chances, fazer os planos. Geralmente era isso.

Hoje era diferente.

Tinha sido sua a idéia de contratar Gus Waldron. Tinham lhe pedido que encontrasse alguém grande e duro que soubesse cavalgar e, portanto, ele tinha pensado no Gus. Bom, está certo que ele sabia que, às vezes, Gus podia ser um homem violento, mas não imaginava que ele fosse decepar a cabeça de alguém com uma espada. "Cristo, nem mesmo os malditos colombianos faziam coisas estúpidas e arriscadas como essa." De qualquer forma, não em público.

Tinha algo de errado. Ele tinha tentado falar com o Gus pelo telefone naquela manhã e não tinha recebido resposta. Colocou o dedo numa velha cicatriz na testa, sentindo a dor que sempre voltava quando as coisas davam errado. Não faça nada que chame a atenção, é o que tinham lhe dito, ordenado até, e foi isso que ele disse ao Gus. Que merda de utilidade isso teve. Neste exato momento, atrair a atenção era a menor de suas preocupações.

Um pânico repentino o dominou. Ele tinha de dar o fora de Dodge enquanto ainda podia.

Ele saiu correndo pelos estábulos e abriu uma das estrebarias, onde uma saltitante égua de dois anos de idade agitou o rabo para ele. Num canto, estava um tubo com tampa cheio de alimento animal. Abrindo-o, meteu as mãos, revolvendo as pelotas, e tirou um saco. Ele o pesou momentaneamente e depois retirou uma reluzente estatueta de ouro de um cavalo empinado, vistosamente incrustada com diamantes e rubis. Ele a olhou fixamente por um momento e, então, remexeu mais e desenterrou um pingente de esmeralda engastado em prata. O conteúdo do saco significava nada menos que uma mudança de vida. Cuidadosamente comercializadas com receptadores de objetos roubados, desde que ele não se apressasse e fizesse com cuidado, ele sabia que as peças com as pedras preciosas eram suficientes para comprar a casa no Golfo que ele sempre tinha prometido a si mesmo e que, desde que tinha sido expulso da polícia, parecia que nunca iria acontecer — e muitas coisas mais.

Fechando o portão da potranca, ele desceu pela passagem entre as estrebarias e estava quase à porta quando ouviu um dos cavalos relinchar e bater as patas inquieto, alarmado. Outro cavalo seguiu o exemplo e, depois, mais outro. Virando-se, olhou pela passagem, não vendo nada, mas ouvindo a algazarra, já que todos os cavalos do bloco das estrebarias tinham agora se juntado ao coro.

Então ele viu.

Um cordão de fumaça, saindo de uma estrebaria vazia na ponta mais distante.

O extintor mais próximo estava a meio caminho da passagem e, ao chegar até lá, ele largou o saco, puxou o cilindro para fora do seu apoio e foi em direção à estrebaria vazia. Agora, a fumaça era mais que simples cordões. Puxando o portão para abri-lo, ele viu que o fogo estava num monte de palha em um dos cantos. Ele retirou o pino e pressionou a alavanca, apagando rapidamente o fogo, quando subitamente lhe ocorreu que ele só tinha acabado de trabalhar naquela estrebaria menos de uma hora antes. Não havia nenhum monte, somente o tapete de palha que ele mesmo tinha espalhado com o ancinho.

Apressadamente, Branko saiu da estrebaria, agora em estado de vigilância. Não havia razão para ficar ouvindo. Tentar ouvir qualquer barulho além dos frenéticos relinchos dos cavalos — alguns deles também se arremessavam violentamente para as laterais e portões de suas estrebarias — era impossível.

Ele começou a voltar pela passagem e viu, então, mais fumaça, desta vez na outra ponta do bloco. "Diacho." Tinha alguém lá dentro com ele. Ele se lembrou então do saco. Tinha que ir pegá-lo. Os planos de toda a sua vida dependiam dele.

Largando o extintor, correu para pegar o saco, agarrou-o e, então, parou.

"Os cavalos."

Ele não poderia simplesmente correr; tinha que fazer algo a respeito deles.

Batendo e deixando aberto o ferrolho da estrebaria mais próxima, ele recuou num pulo quando o cavalo passou se chocando com o portão. Então, o ferrolho seguinte. Outro cavalo saiu em disparada como uma bala, seus cascos ensurdecedores no espaço fechado. Só havia outros três cavalos a soltar quando um braço firme como ferro o prendeu pelo pescoço.

— Não lute — disse uma voz silenciosamente, lábios colados ao ouvido de Branko. — Não quero ter que deixá-lo aleijado.

Branko paralisou. O aperto era firme, profissional. Ele não duvidou por um momento sequer que o homem estivesse falando mortalmente a sério.

Ele foi rapidamente arrastado de volta para a porta do estábulo, onde sentiu a outra mão do homem no seu punho, depois um metal frio contra a sua pele e, num movimento mais rápido do que ele conseguiria nos melhores dias na polícia, sua mão foi algemada na enorme porta deslizante do estábulo. O homem passou os braços ao redor do seu pescoço, repetiu o procedimento e, agora, Branko estava de braços abertos no vão da porta.

Os três cavalos ainda presos em suas cocheiras estavam agora relinchando e dando pinotes violentamente, dando coices nas partições de madeira à medida que as chamas se aproximavam.

O homem agachou-se debaixo do braço direito de Branko e, ao se levantar, pegou a mão de Branko na sua e, rapidamente e sem esforço, quebrou o polegar do outro.

Branko gritou de dor, atacando-o violentamente com ambas as pernas, mas o homem desviou-se para o lado agilmente.

— O que você quer? — gritou o ex-policial.

— Nomes — disse o homem, a voz quase perdida debaixo do clamor dos cavalos. — E bem rápido. Não temos tanto tempo assim.

— Que nomes?

Branko viu um súbito acesso de raiva atravessar o rosto do homem enquanto esticou o braço e agarrou sua mão esquerda. Ele não estava atrás de um dedo desta vez. Ele agarrou o braço e, com uma súbita torção de uma intensidade perversa, estalou o pulso de Branko. A dor excruciante percorreu todo o seu corpo, fazendo com que perdesse os sentidos momentaneamente, seu uivo ecoando mais que o furor dos cavalos frenéticos.

Ele olhou para cima e viu o homem imperturbavelmente de pé, olhando-o através da fumaça que se adensava.

— Nomes de amigos. Amigos com quem você visita os museus.

Branko tossiu, olhando desesperadamente por sobre o ombro do homem para o lugar onde as chamas agora estavam estalando à medida que as cercas de madeira pegavam fogo. Ele não conseguiria se livrar desta.

— Gus — soltou freneticamente. — Gus e Mitch. É tudo que sei.

— Mitch do quê?

Branko não conseguiu dizer as palavras rápido o bastante.

— Adeson. Mitch Adeson. É tudo que sei, juro por Deus.

— Mitch Adeson.

— É isso. É como foi feito. É como uma cadeia de comando, células cegas, sabe como é?

O homem o estudou cuidadosamente e, então, assentiu.

— Sei.

“Graças a Deus, o maldito pervertido acredita em mim.”

— Agora, me tira destas malditas algemas — ele suplicou. — Vamos lá!

— Onde posso encontrar este Mitch Adeson? — o homem perguntou. Ele ouviu atentamente quando Branko resmungou o que sabia e depois inclinou a cabeça e disse: — Havia um quarto homem com você. Descreva-o para mim.

— Não vi o rosto dele, ele estava usando uma máscara de esqui e nunca tirou a maldita coisa. Ficou com ela sob a armadura e o resto daquela porcaria.

O homem assentiu de novo.

— Certo — murmurou. Então, virou-se e se afastou.

— Ei! Ei! — Branko gritou para ele.

Mas o homem não se virou. Continuou para a outra ponta, parando apenas para apanhar o saco com as relíquias roubadas do museu.

— Você não pode me deixar aqui — implorou Branko.

Então percebeu o que o homem estava fazendo. Estava soltando o último dos cavalos.

Branko gritou quando a potranca tomada pelo pânico liderou os outros dois cavalos para fora de suas estrebarias. E, então, eles dispararam na direção dele num galope precipitado, os olhos bem abertos, as narinas bufando, as chamas atrás deles fazendo com que parecesse que eles estavam vindo da boca do inferno em sua direção.

E ele estava acorrentado de um lado a outro da única rota de fuga deles.

Capítulo 25

— Então, fale-me mais sobre essa garota.

Reilly resmungou. Desde o momento que tinha mencionado sua conversa com Tess para o parceiro, ele soube que esta era uma conversa que ele tinha que enfrentar.

— Essa garota? — perguntou deliberadamente sem expressão.

Ele e Aparo iam para o leste, passando pelas ruas asfixiadas do Queens. Exceto pela cor, o Pontiac que lhes tinha sido designado era um clone do Chrysler que tinham destruído para apanhar Gus Waldron. Aparo fez uma careta ao aproximar o carro, cautelosamente, de um caminhão estacionado com o radiador soltando vapor, o motorista chutando inutilmente um dos pneus dianteiros.

— Desculpe. Sra. Chaykin.

Reilly fez o melhor que pôde para não parecer perplexo.

— Não tenho nada para contar.

— Vamos lá. — Aparo conhecia o parceiro melhor que ninguém; não que tivesse tantos concorrentes. Reilly não era alguém que deixasse as pessoas se aproximassem.

— O que você quer de mim?

— Ela o abordou. De repente, vindo de lugar nenhum. Simplesmente, ela se lembrou de você do museu, de um rápido olhar durante todo o tempo que gastou para atravessar o salão, depois de tudo aquilo por que ela tinha passado naquela noite?

— O que posso dizer? — Reilly manteve seus olhos firmes na estrada. — A mulher tem uma memória fotográfica.

— Memória fotográfica, uma ova — disse Aparo num tom malicioso. — Esta belezinha está dando em cima.

Reilly revirou os olhos.

— Ela não está dando em cima. Está apenas... curiosa.

— Quer dizer então que ela tem uma memória fotográfica e uma mente inquisitiva. E é uma gostosona. Mas você não notou nada disso. Não! Você só estava pensando no caso.

Reilly deu de ombros.

— Certo, talvez eu tenha percebido um pouco.

— Graças a Deus. Ele respira. Está vivo — ele disse em tom de gozação saído diretamente de um velho filme do Frankenstein. — Você sabe que ela está solteira, certo?

— Meio que percebi. — Reilly tinha tentado não dar muita importância para isso. Mais cedo, naquela manhã, ele tinha lido a declaração de Tess a Amelia Gaines no museu, logo antes de ele ter pedido a um analista de pesquisa que procurasse por qualquer referência aos cavaleiros templários nos volumosos arquivos que eles mantinham sobre grupos terroristas em todo o país.

Aparo olhou-o com cuidado. Conhecia-o tão bem que era capaz de saber em que ele estava pensando a cinqüenta passos. E adorava alfinetá-lo.

— Sei não, mas se uma belezinha como aquela me passasse uma cantada, eu pularia em cima dela num piscar de olhos.

— Você é casado.

— Sou, bem, posso sonhar, não posso?

Eles tinham saído agora da 405, a auto-estrada de Long Island, e logo estariam fora de Queens. O endereço no arquivo do Petrovic estava desatualizado, mas seu antigo senhorio disse que sabia onde ele trabalhava. Os estábulos ficavam em algum lugar perto daqui e Reilly conferiu um mapa de ruas, deu as instruções a Aparo e, então, sabendo que o parceiro jamais deixaria o assunto morrer, retomou o fio da conversa com relutância.

— Além disto, ela não passou uma cantada — protestou ele.

— Claro que não. Ela é apenas uma cidadã preocupada, tomando conta de todos nós. — Ele sacudiu a cabeça. — Não entendo. Você é solteiro. Não é feio de doer. Que eu saiba, você não tem cheiros ofensivos. E, mesmo assim... Olha, nós, os casados, precisamos de colegas como você, precisamos viver indiretamente através de vocês e, bem, você está realmente deixando o pessoal na mão.

Reilly não poderia argumentar contra isso. Fazia muito tempo desde que tinha gasto algum tempo expressivo com uma mulher e, mesmo que não sonhasse em expor isto ao parceiro, ele não poderia começar a negar a atração que tinha sentido por Tess. Mas ele sabia que, assim como Amelia Gaines, Tess Chaykin não pareceu ser o tipo de mulher que aceitaria docemente ser tratada com casualidade, o que era bom também, dado que ele também não era exatamente o tipo casual. E é exatamente aí que se situa o paradoxo no centro de sua solidão. Se uma mulher não o cativasse inteiramente, ele não se interessava. E, se ela tivesse alguma qualidade especial que o fizesse ir em frente, o que tinha acontecido ao seu pai logo se tornaria um problema para ele; seus temores inevitavelmente se manifestariam em algum momento e negariam ao relacionamento qualquer chance de florescer.

"Você precisa esquecer. Não precisa acontecer também com você."

Olhando para frente agora, Reilly percebeu alguma fumaça e, com ela, as luzes das sirenes de dois carros de bombeiro. Ele olhou para Aparo. O parceiro apanhou o farol giroscópio e o pregou no teto enquanto Reilly ligava a sirene e metia o pé no acelerador. Eles logo costuraram no tráfego, abrindo caminho pela barreira de carros e caminhões enfileirados.

Quando viraram para entrar no estacionamento do estábulo, Reilly viu que, além dos carros de bombeiro, havia dois carros branco-e-preto e uma ambulância. Ao estacionar de modo a deixar a saída inteiramente livre, eles saíram do carro e caminharam até a cena, exibindo os distintivos enquanto avançavam. Um dos uniformizados começou a ir em direção a eles, os braços inteiramente abertos e, então, viu os distintivos e deixou que passassem.

Embora o fogo estivesse quase inteiramente controlado, o cheiro de madeira queimada pairava pesadamente no ar. Três ou quatro pessoas, aparentemente funcionários do estábulo, andavam para cá e para lá envolvidos pela fumaça, tentando controlar os cavalos aterrorizados em meio à selva de mangueiras de incêndio que serpenteavam pelo chão. Um homem, numa capa de chuva carvão, estava de pé com uma expressão sombria no rosto, vendo-os se aproximarem.

Reilly apresentou a si próprio e ao Aparo. O policial, um sargento chamado Milligan, não pareceu impressionado.

— Não me diga — disse ele sarcasticamente —, simplesmente aconteceu de você estar por perto.

Reilly apontou para os estábulos carbonizados.

— Branko Petrovic — simplesmente declarou.

Milligan deu de ombros e levou-os até o estábulo, onde dois paramédicos estavam debruçados sobre um corpo. Ao lado, estava uma maca.

Reilly lançou um olhar para ela e, então para Milligan, que entendeu a mensagem: isto tinha de ser tratado como uma cena de crime com uma morte suspeita.

— O que sabemos? — perguntou ele.

Milligan debruçou sobre o corpo carbonizado e encolhido em meio a estilhaços de madeira.

— Diga-me, você. Achei que seria fácil.

Reilly olhou por sobre o ombro de Milligan. Era difícil diferenciar entre carne escurecida pela fumaça e sangue misturado com fuligem e água das mangueiras de incêndio. Outro detalhe horripilante contribuía para o cenário macabro: o braço esquerdo do homem estava ali, ao lado do corpo, não mais ligado ao tronco. Reilly franziu as sobrancelhas. O que quer que fosse, a confusão que já tinha sido Branko Petrovic mal era identificável como humana.

— Como você pode ter tanta certeza de que é ele? — perguntou ele.

Milligan esticou o braço para baixo, apontando o lado da testa do homem morto. Reilly viu uma fenda que claramente, mesmo entre todas as outras escoriações, não era recente.

— Ele foi cortado por um cavalo, anos atrás. Na polícia. Costumava ter orgulho dele, de sobreviver a um coice na cabeça.

Ao se agachar para olhar mais de perto, Reilly percebeu um dos paramédicos, uma garota de cabelos escuros nos seus vinte anos. Ela parecia ansiosa para se intrometer. Reilly cruzou com os olhos dela por um momento.

— Você tem alguma evidência para nós?

Ela sorriu e segurou para cima o pulso esquerdo de Petrovic.

— Não conte para o médico forense que fui precipitada neste caso, mas alguém não gostava deste sujeito. O outro pulso dele queimou inteiramente, mas você está vendo este aqui? — ela estava apontando para o braço desmembrado. — As contusões nele ainda são visíveis. Ele estava amarrado. — Ela apontou para o vão da porta. — Eu diria que ele teve cada mão amarrada a cada lado. Como se tivesse sido crucificado no vão da porta.

Aparo fez uma careta ao imaginar a cena.

— Você quer dizer que alguém deixou que os cavalos saíssem em disparada em cima dele?

— Ou através dele — acrescentou Reilly.

Ela assentiu. Reilly agradeceu a ela e ao seu parceiro antes de se afastar com Milligan e Aparo.

— Por que vocês estavam investigando o Petrovic? — perguntou Milligan.

Reilly estudava os cavalos.

— Antes de chegarmos aí, você tinha algum motivo para pensar que alguém poderia querê-lo morto?

Milligan inclinou a cabeça em direção ao bloco de estábulos ardendo lentamente.

— Não particularmente. Quero dizer, você sabe como é nestes lugares. Os caras espertos gostam de seus cavalos, e dado o passado de Petrovic... Mas, não, nada específico. Qual o seu lado?

Ele ouviu atentamente enquanto Reilly o colocava a par sobre a ligação entre Gus Waldron e Branko Petrovic, e sobre a ligação deles com o ataque ao Metropolitan.

— Pedirei que a investigação receba prioridade — disse Milligan a Reilly. — Convocar o pessoal do laboratório de criminologia, pedir ao chefe dos bombeiros para fazer hoje mesmo os testes de incêndio premeditado, passar a autópsia para o primeiro da fila.

Quando Reilly e Aparo chegaram ao carro, uma chuva fina tinha começado a cair.

— Alguém está amarrando as pontas soltas — disse Aparo.

— Parece que sim. Vamos precisar pedir ao médico forense que olhe com mais atenção o Waldron.

— Se for disso que se trata esta coisa, precisamos encontrar os outros dois cavaleiros antes que quem esteja fazendo isto consiga pegá-los.

Reilly ergueu o olhar para o céu que escurecia antes de virar para o parceiro.

— Dois cavaleiros, ou apenas um — ele contrapôs —, se o último dos quatro for quem está fazendo a matança.

Capítulo 26

Com os olhos ardendo por causa do esforço de muitas horas estudando cuidadosamente os manuscritos antigos, ele tirou os óculos e esfregou os olhos suavemente com uma toalha úmida.

Há quanto tempo tinha sido? Era de manhã? Noite? Ele tinha perdido toda a noção de tempo desde que voltou para cá, depois de sua pilhagem a cavalo no Museu de Arte Metropolitano.

Naturalmente, a mídia, aquele bando de criaturas disfuncionais semi-analfabetas, estava provavelmente se referindo àquilo como um roubo ou um golpe. Nenhum deles, nem ninguém em postos superiores, jamais entenderia que seu modo de raciocinar sobre isso era um exercício de pesquisa prática. Mas era isso que era. E não estava muito distante o tempo em que o mundo inteiro conheceria o incidente de sábado à noite pelo o que realmente foi: o primeiro gesto de algo que iria irrevogavelmente alterar como muitos deles olhavam para o mundo. Um gesto que, um dia, em breve, removerá as vendas dos seus olhos e abrirá suas mentes insignificantes para algo muito além de sua frágil imaginação.

"E eu estou quase lá. Não falta muito agora."

Virando-se, ele olhou para a parede atrás dele, na qual estava pendurado um calendário. Embora a hora do dia não tivesse importância, as datas sempre tinham significado.

Uma dessas datas estava marcada com um círculo vermelho.

Olhando novamente de relance para os resultados do seu trabalho com o codificador com rotor multiengrenagem, ele voltou a ler uma das passagens que tinha lhe dado trabalho desde o momento em que a tinha decifrado.

"Bem enigmático", ele ponderou. Então sorriu, percebendo que, inconscientemente, tinha usado a palavra exata. Não bastava que este manuscrito tivesse sido colocado em código; antes de codificar, esta passagem particular teve de ser primeiro projetada como um enigma.

Ele sentiu uma onda de admiração pelo homem que tinha escrito este documento.

Então, franziu as sobrancelhas. Tinha de resolvê-lo rapidamente. Até onde ele sabia, suas pistas tinham sido minuciosamente dissimuladas, mas ele não seria tolo a ponto de subestimar o inimigo. Infelizmente, para decifrar o enigma, ele precisava de uma biblioteca. Isso significava que teria de sair da segurança de sua casa e se aventurar em campo aberto.

Pensou por um momento e, então, decidiu com razoável certeza que era de noite. E faria uma visita à biblioteca. Com cuidado. Só para o caso de alguém ter feito uma conexão e alertado aqueles que lá trabalhavam que notificassem sobre pessoas procurando por materiais de determinada natureza.

Então, sorriu para si mesmo. "Agora você está sendo paranóico." Eles não são tão espertos assim.

Depois da biblioteca, ele voltaria para cá, se Deus quiser, com a solução nas mãos, e então terminaria de decifrar as passagens restantes.

Ele voltou a olhar de relance o calendário com a data marcada com um círculo.

Uma data estava marcada indelevelmente na sua memória, para sempre.

Uma data que ele nunca poderia esquecer.

Ele tinha um pequeno, mas importante e doloroso, dever a cumprir. Depois disto, se tudo estivesse bem, e com o manuscrito inteiramente decifrado, ele cumpriria o destino que tinha sido injustamente imputado a ele.

Capítulo 27

O monsenhor De Angelis sentou-se na dura cadeira de ratã do seu quarto, no último andar do austero albergue da rua Oliver, onde a diocese tinha tomado as providências para acomodá-lo durante sua estada em Nova York. Não era inteiramente ruim. O albergue tinha sido praticamente alugado para ele, ficando a apenas poucas quadras a leste da Praça Federal. E, de seus andares mais altos, a vista da Ponte do Brooklyn não poderia deixar de inspirar as visões romanceadas da cidade nos corações dos puristas que normalmente ocupavam esses cômodos. Mas a visão era um desperdício para ele.

Ele não estava exatamente num estado de espírito purista neste momento.

Conferiu a hora e, de seu celular, ligou para Roma. O cardeal Rienzi respondeu, discutiu um pouco sobre perturbar o cardeal Brugnone e, então, aquiesceu, como De Angelis sabia que ele o faria.

— Diga-me que você tem uma boa notícia, Michael — disse Brugnone, limpando a garganta.

— O pessoal do FBI está fazendo progressos. Alguns dos objetos roubados foram recuperados.

— Isto é animador.

— Sim, é. O Bureau e a polícia de Nova York estão mantendo a palavra e dedicando muitos dos seus recursos para este caso.

— E quanto aos assaltantes? Prenderam alguns dos outros?

— Não, sua Eminência — respondeu De Angelis. — O homem que eles tinham em custódia faleceu antes que conseguissem interrogá-lo. Um segundo membro da quadrilha também morreu, num incêndio. Falei ainda hoje com o agente que supervisiona o caso. Estão esperando pelos resultados dos exames forenses, mas ele acredita que o homem possa ter sido assassinado.

— Assassinado. Que terrível — disse Brugnone num suspiro —, e que trágico. A cobiça deles está consumindo-os. Estão brigando pelos produtos da pilhagem.

O monsenhor deu de ombros.

— É o que parece.

Brugnone fez uma pausa.

— Naturalmente, existe uma outra possibilidade, Michael.

— Isto me ocorreu.

— Nosso homem poderia estar limpando a sua casa.

De Angelis inclinou imperceptivelmente a cabeça, para si mesmo.

— Suspeito que seja esse o caso.

— Isso não é bom. Uma vez que ele for o único que resta, será ainda mais difícil encontrá-lo.

— Todo mundo comete erros, sua Eminência. E quando ele o fizer, vou garantir que não o percamos.

De Angelis pôde ouvir o cardeal se mexendo inquietamente em seu assento.

— Não me sinto à vontade com estes desenvolvimentos. Não há nada que você possa fazer para agilizar as coisas?

— Não sem o que o FBI consideraria uma interferência injustificada. — Brugnone ficou em silêncio por um momento e, então, disse:

— Bem, por ora, não os aborreça. Mas você deve garantir que sejamos mantidos inteiramente informados da investigação.

— Farei o melhor que puder.

A voz de Brugnone assumiu um tom mais funesto.

— Você entende o quanto isto é importante, Michael. É imperativo que recuperemos tudo antes que qualquer dano irreparável seja feito.

De Angelis sabia exatamente o que significava a ênfase do cardeal na palavra "tudo".

— É claro, sua eminência — disse ele. — Entendo perfeitamente.

Depois de desligar, De Angelis continuou sentado por alguns minutos, pensando. Então, ajoelhou-se ao lado da cama para rezar; não por uma intervenção divina, mas para que uma fraqueza pessoal não permitisse que ele falhasse.

Havia coisas demais em jogo.

Capítulo 28

Quando os impressos de Colúmbia chegaram ao escritório de Tess naquela tarde, eles pareceram decepcionantemente finos. Uma rápida folheada confirmou a decepção. Tess não conseguiu encontrar nada que tivesse utilidade. Segundo o que Clive Edmondson tinha lhe contado, ela não estava esperando nada sobre os cavaleiros templários. Não era a área de especialização oficial de William Vance. Ele tinha se concentrado basicamente na história fenícia até o século II a.C. A ligação, porém, era natural e pareceu promissora: os grandes portos fenícios de Sidon e Tiro tornaram-se, mil anos depois, redutos templários monumentais. Era como se fosse necessário retirar a camada de história dos cruzados e templários para ter um vislumbre da vida fenícia.

Além do mais, em nenhum dos seus artigos publicados que foram enviados a ela existia qualquer menção dos temas da criptografia e criptologia.

Ela se sentiu abatida. Todas as leituras e pesquisas que tinha feito na biblioteca, e agora os artigos de Vance — nada disso tinha ajudado a ficar mais perto de decifrar tudo isto.

Ela decidiu fazer uma última vistoria na internet, e as mesmas centenas de resultados apareceram de novo quando ela digitou o nome de Vance no mecanismo de pesquisa. Desta vez, contudo, ela decidiu dedicar um tempo e estudá-los com mais cuidado.

Ela tinha passado por uma dúzia de sites quando se deparou com um que só mencionava Vance de passagem e num tom descaradamente irônico. O artigo, a transcrição de uma palestra dada por um historiador francês da Universidade de Nantes, quase dez anos antes, era uma revisão sarcástica daquilo que seu autor considerava idéias sem valor que estavam, em sua opinião, enlameando as águas dos acadêmicos mais sérios.

A menção a Vance estava no último terço de sua apresentação. Nela, o historiador mencionava de passagem como ele tinha até ouvido falar da ridícula noção de Vance de que Hugo de Payens poderia ter sido um cátaro, simplesmente porque a árvore genealógica do homem indicava que ele era originariamente de Languedoc.

Tess releu a passagem. "O fundador dos templários, um cátaro?" Era uma sugestão absurda. O templarismo e o catarismo não poderiam ser mais contraditórios. Por duzentos anos, os templários tinham sido defensores resolutos da Igreja. O catarismo, por outro lado, era um movimento gnóstico.

Ainda assim, havia algo de intrigante na sugestão.

O catarismo teve origem no meio do século X, tomando seu nome do grego *katharos*, que significa "os puros". Baseava-se na noção de que o mundo era mal e que as almas renasceriam continuamente — podendo, até, passar pelos animais, motivo pelo qual os cátaros eram vegetarianos — até que escapassem do mundo material e atingissem um paraíso espiritual.

Tudo em que os cátaros acreditavam era um anátema para a Igreja. Eram dualistas que acreditavam que, além de um Deus misericordioso e bom, tinha de existir um Deus igualmente poderoso, mas mal, para explicar os horrores que flagelavam o mundo. O Deus benevolente criou os céus e a alma humana; o Deus mal aprisiona essa alma no corpo humano. Aos olhos do Vaticano, os cátaros tinham, num gesto de sacrilégio, elevado o Satã a um igual a Deus. De acordo com esta crença, os cátaros consideravam maléficos todos os bens materiais, o que os levou a rejeitar os adornos de riqueza e de poder que tinham inegavelmente corrompido a Igreja Católica Romana medieval.

Mais preocupante para a Igreja, eles eram também gnósticos. O gnosticismo — que, como *katharos*, deriva de uma palavra grega, *gnosis*, que significa conhecimento superior, ou visão interior — é a crença de que o homem pode entrar em contato direto e íntimo com Deus sem a necessidade de um sacerdote ou uma igreja. A crença no contato pessoal direto com Deus libertava os cátaros de toda a proibição moral ou obrigações religiosas. Além de não terem qualquer utilidade para as pródigas igrejas e as cerimônias opressivas, eles também não tinham qualquer utilidade para os padres. As cerimônias religiosas eram simplesmente realizadas nas casas, ou nos campos. E como se isso não bastasse, as mulheres eram tratadas como iguais e era permitido que se tornassem *parfaits*, a coisa mais próxima a um padre que a fé cátara possuía; já que a forma física era irrelevante para eles, a alma residente em um corpo humano poderia ser facilmente homem ou mulher, independentemente da aparência externa.

À medida que a crença pegou e se espalhou pelo sul da França e pelo norte da Itália, o Vaticano ficou cada vez mais preocupado e, no final, decidiu que esta heresia não poderia mais ser tolerada. Ela ameaçava não apenas a Igreja Católica; ameaçava também a base do sistema feudal na Europa, já que os cátaros acreditavam que os juramentos eram um pecado, dado que ligavam a pessoa ao mundo material — e, portanto, do mal. Isto minava seriamente o conceito de promessas de aliança entre os servos e seus senhores. O papa não teve nenhuma dificuldade em recrutar o apoio da nobreza francesa para sufocar esta ameaça. Em 1209, um exército de cruzados invadiu Languedoc e, durante os 35 anos seguintes, agiu e massacrou mais de trinta mil homens, mulheres e crianças. Dizem que houve um grande derramamento de sangue nas igrejas, onde alguns dos aldeões em fuga tinham procurado abrigo, e que quando um dos soldados do papa reclamou sobre não saber se estava matando hereges ou fiéis cristãos, ele simplesmente recebeu a ordem: "Mate-os a todos; Deus conhece os seus."

"Simplesmente não faz sentido", pensava Tess. Os templários foram para a Terra Santa para escoltar os peregrinos — os peregrinos cristãos. Eram os soldados de ataque do Vaticano, seus mais leais defensores. Os cátaros, por outro lado, eram inimigos da Igreja.

Tess ficou surpresa de saber que alguém com a erudição de Vance apresentasse uma proposição tão impetuosa assim, especialmente quando se baseava na frágil premissa da procedência de um único homem. Ela se perguntou se estaria seguindo a pista errada, mas ela realmente precisava, Tess sabia, era conversar com ele pessoalmente. Independentemente de tal passo em falso acadêmico, se existisse uma conexão entre os templários e o roubo, ele provavelmente a identificaria num lampejo.

Ela voltou a ligar para a Universidade de Colúmbia e logo foi transferida para o Departamento de História. Depois de relembrar a secretária de sua conversa anterior, ela lhe perguntou se tivera alguma sorte em encontrar alguém no departamento que soubesse como entrar em contato com William Vance. A mulher disse que tinha perguntado a alguns professores que deram aula lá na mesma época que Vance, mas eles tinham perdido contato com ele depois que ele foi embora.

— Entendo — disse Tess melancolicamente. Não sabia a quem mais recorrer.

A mulher percebeu seu desânimo.

— Sei que você precisa entrar em contato com ele, mas pode ser que ele não queira ser encontrado. Às vezes, as pessoas não querem ser lembradas, você sabe... de épocas dolorosas.

Tess teve a atenção despertada.

— Épocas dolorosas?

— É claro. E depois do que ele passou... foi tudo tão triste. Ele a amava muito, você sabe.

A mente de Tess estava à toda, tentando imaginar se tinha deixado escapar alguma coisa.

— Desculpe, não tenho certeza se sei a quem você está se referindo. O professor Vance perdeu alguém?

— Ah, achei que você soubesse. Foi a esposa. Ela ficou doente e morreu.

Isto era novidade para ela. Nenhum dos sites que ela tinha visitado mencionava, mas, também, eram simplesmente acadêmicos e não entravam em questões pessoais.

— Quando isto aconteceu?

— Já faz alguns anos agora, cinco ou seis anos atrás? Vejamos... Lembro-me que foi na primavera. O professou tirou um período sabático naquele verão e nunca mais voltou.

Tess agradeceu à mulher e desligou. Ela se perguntou se deveria esquecer sobre Vance e se concentrar em entrar em contato com Simmons. Ainda assim, ficou intrigada. Entrou na internet de novo e clicou no site do jornal *The New York Times*. Selecionou a função de busca avançada e ficou aliviada em descobrir que o arquivo remontava a 1996. Digitou "William Vance", marcou a seção de obituário e obteve um resultado.

A curta matéria anunciava a morte de sua mulher, Martha. Só mencionava complicações depois de uma breve enfermidade, mas não fornecia outros detalhes. Casualmente, Tess notou onde o enterro teria ocorrido: no cemitério Green-Wood, no Brooklyn. Ela se perguntou se Vance pagava a conservação do túmulo. Em caso positivo, era provável que o cemitério tivesse um registro de seu endereço atual.

Ela pensou em telefonar ao cemitério, mas depois desistiu. De qualquer maneira, eles provavelmente não liberariam tal informação. Com relutância, encontrou o cartão que Reilly lhe dera e telefonou para o escritório dele. Quando lhe disseram que ele estava em uma reunião, Tess hesitou sobre dizer alguma coisa ao agente que atendeu e decidiu que esperaria para falar pessoalmente com Reilly.

Ao olhar de volta à tela, os olhos caíram no obituário e, de repente, uma onda de excitação a atingiu.

A secretária estava certa sobre a morte de Martha Vance ter ocorrido na primavera.

No dia seguinte faria exatamente cinco anos que tinha acontecido.

Capítulo 29

— A autópsia confirma que Waldron também foi assassinado — declarou Reilly enquanto passava o olhar pelos outros sentados à mesa na sala de apresentação do Bureau. A única pessoa presente de fora era o monsenhor De Angelis. — Descobrimos traços de lidocaína em seu sangue. É um anestésico e não foi administrado por ninguém que estivesse cuidando dele no hospital. A alta dose desencadeou sua insuficiência cardíaca. A parte interessante é que havia também marcas em seu pescoço. A droga foi usada para entorpecer as cordas vocais, para que ele não pudesse pedir ajuda.

O monsenhor se enrijeceu um pouco com o relatório de Reilly, parecendo igualmente estarrecido. Estavam lá também os principais personagens na investigação *Ataque ao Metropolitan*: Jansson, Buchinski, Amelia Gaines, Aparo, Blackburn e dois de seus assistentes, bem como um jovem especializado em tecnologia que estava operando os comandos de áudio/vídeo. O relatório não era particularmente tranqüilizador.

— Também encontramos equipamento de marcação a frio nos estábulos — continuou Reilly —, que Petrovic poderia ter usado para disfarçar as marcas nos cavalos que usaram no ataque. E tudo isto pode significar duas coisas. Ou quem está por trás disto está limpando as pegadas dos seus soldados ou alguém do bando decidiu ficar com tudo para ele mesmo. De qualquer maneira, conseguimos um, e potencialmente dois, outros homens a cavalo que parecem possíveis alvos. E quem quer que esteja fazendo isto não é exatamente um indolente.

De Angelis se dirigiu a Reilly.

— Você não recuperou nenhuma das nossas peças que faltam nos estábulos?

— Infelizmente não, padre. Eles estão sendo assassinados por causa delas.

De Angelis tirou seus óculos e limpou as lentes com a manga.

— E quanto àqueles grupos extremistas nos quais vocês estavam interessados. Teve alguma sorte nas suas investigações nessa área?

— Ainda não. Estamos examinando dois deles em particular, grupos que recentemente expressaram raiva contra a Igreja pela maneira como ela os tem criticado. Os dois são do meio-oeste e, portanto, nossos escritórios locais lá estão cuidando disso. Eles ainda não têm uma ligação conclusiva, apenas muitas ameaças.

De Angelis recolocou seus óculos, franzindo as sobrancelhas. Sua inquietação era evidente, mas ele tentou não exibi-la.

— Suponho que precisamos apenas esperar e ver.

Reilly olhou para todos da mesa. Sabia que não estavam fazendo nenhum grande progresso em chegar ao centro do caso. Até agora, estavam reagindo aos eventos, em vez de iniciá-los.

— Quer mencionar aquela coisa dos templários? — perguntou Aparo.

De Angelis virou para Aparo, cujo olhar o encaminhou para Reilly.

— Templários?

Reilly não esperava que o parceiro mencionasse o assunto. Tentou minimizar o máximo possível a importância da questão.

— É só um fio que estamos seguindo.

O olhar interrogativo de De Angelis o atiçou.

— Uma das testemunhas no Metropolitan, uma arqueóloga... ela achou que poderia existir uma ligação entre os templários e o ataque.

— Por causa das cruzes vermelhas nos mantos dos cavaleiros?

"Pelo menos não é um ponto tão fora da curva", pensou Reilly.

— É, isso e outros detalhes. O cavaleiro que pegou o codificador disse algo em latim que é aparentemente uma inscrição em um castelo templário na França.

De Angelis estudou Reilly com um quê de sorriso desconcertado.

— E, esta arqueóloga, ela acha que o ataque no museu foi trabalho de uma ordem religiosa que parou de existir há mais de seiscentos anos?

Reilly sentiu todos os olhos na sala fulminando-o.

— Não exatamente. É simplesmente que, dado a história e o *status* de culto deles, é concebível que os templários pudessem ser a inspiração para um bando de religiosos fanáticos que os idolatram e que podem estar encenando alguma espécie de vingança ou fantasia de renascimento.

De Angelis meneou a cabeça para si mesmo, pensativo. Pareceu bem decepcionado quando se levantou e juntou seus papéis.

— Sim, bem, isso soa bem promissor. Tomara que você continue a ter sorte em sua investigação, agente Reilly. Cavalheiros, agente Gaines — disse ele ao olhar para Jansson antes de sair silenciosamente da sala, deixando Reilly com a incômoda sensação de que o estigma de lunáticos dos templários não se aplicava somente aos acadêmicos.

Capítulo 30

Mitch Adeson sabia que, se tivesse que ficar enfurnado nesta pocilga por muito mais tempo, iria enlouquecer. Mas seria igualmente uma loucura continuar na própria casa, e as ruas lá fora provavelmente eram mais perigosas. Pelo menos aqui, no apartamento do pai, no Queens, ele estava seguro.

"Primeiro Gus, depois Branko." Mitch era esperto, mas, mesmo que fosse tão burro quanto Gus Waldron, ele teria concluído que alguém tinha uma lista e que era uma corrida que não apenas ele estava nela, como era o próximo da fila.

Estava na hora de se mudar para pastagens mais seguras.

Ele olhou, do outro lado da sala, para seu pai surdo, que estava fazendo o que sempre fazia: olhos fixos na confusa imagem da TV, sintonizada como sempre numa interminável sucessão de *talk-shows* idiotas contra os quais ele constantemente vociferava insultos.

Mitch gostaria de ter feito uma checagem do cara que o tinha contratado. Ele tinha especulado se seria aquele o homem a quem procurar e, então, decidiu que não poderia ser. Ele tinha se virado relativamente bem num cavalo, mas não era alguém que poderia ter matado Branko, e certamente não poderia ter encarado a montanha que era Gus Waldron, desafiando-o para uma luta. Tinha que ser alguém mais em cima na cadeia alimentar. E, para chegar a quem quer que fosse e antecipar-se a ele, Mitch sabia que teria que passar pelo sujeito que o tinha abordado originalmente, aquele que lhe falou pela primeira vez sobre este plano maluco. O único problema era que ele não sabia nenhum jeito de entrar em contato com ele. Sequer sabia o nome do homem.

Ele ouviu o pai soltar gases. "Cristo", pensou ele, "simplesmente não posso ficar sentado aqui. Preciso fazer algo."

À luz do dia ou não, ele tinha que agir. Disse ao pai que estaria de volta em poucas horas. O velho o ignorou, mas, então, quando Mitch colocou o casaco e cruzou a porta, ele grunhiu:

— Cerveja e cigarros.

Não estava muito longe de ser a maior sentença que seu pai tinha falado com ele desde as primeiras horas da manhã de domingo, quando ele tinha ido diretamente do Central Park para lá, depois que eles tinham se livrado das armaduras e seguido caminhos diferentes. Tinha sido sua a tarefa de esconder os acessórios num pequeno furgão estacionado em uma garagem trancada a duas quadras de onde ele morava. O aluguel de um ano foi pago adiantado e, até lá, ele não se aproximaria dali.

Ele saiu do apartamento e desceu as escadas onde, depois de ir devagar para ver se tinha algo suspeito, saiu para a rua que escurecia e foi em direção ao metrô.

Chovia no momento em que Mitch andava cautelosamente pelo beco nos fundos do imundo prédio de sete andares em Astoria onde ficava seu apartamento. Ele tinha um saco de papel com um engradado de seis Coors e um pacote de Winstons para o seu velho sob o braço e estava ensopado. Ele não pretendia ir perto de onde morava por algum tempo, mas tinha decidido que teria que se arriscar para pegar um pouco da sua parte se quisesse encenar um desaparecimento.

Ele ficou imóvel no beco por alguns minutos antes de esticar para cima o braço e puxar a viga mestra do escape de incêndio. Ele sempre a mantinha lubrificada, por precaução, e foi agradavelmente silenciosa enquanto descia deslizando. Ele subiu apressadamente, lançando olhares nervosos para o beco abaixo. Do lado de fora da janela de seu quarto, ele deixou o saco de papel na escada e colocou os dedos na fenda entre o escape e a parede, afrouxando a faixa de aço que ele guardava ali. Momentos depois, ele tinha forçado o trinco da janela e estava subindo para dentro.

Ele não acendeu a luz, em vez disso tateou seu caminho pela sala familiar. Arrastou um velho pano grosseiro de lã da prateleira do armário e, então, tateou até a parte do fundo e retirou quatro caixas de cartuchos que ele tinha empilhado na bolsa. Foi então ao banheiro e pescou uma bolsa de náilon do tanque de água. Nela estava um grande pacote embrulhado num impermeável, que ele abriu e do qual retirou a Kimber .45 e a pequena Bersa 9 mm. Ele os verificou, carregou a Bersa, que acomodou no seu cinto, e colocou a Kimber junto com os cartuchos. Apanhou algumas roupas e um dos pares favoritos de botas de trabalho. Isso bastaria.

Saiu pela janela do quarto, fechou-a atrás dele, transferiu o impermeável para o seu ombro e esticou o braço para baixo para pegar o saco de papel.

Tinha sumido.

Por um instante, Mitch paralisou e, então, com cuidado, tirou a arma. Olhou fixamente para baixo, no beco. Não via nenhum movimento. Num tempo como este, nem mesmo os gatos estavam fazendo a ronda e, desta altura, os ratos eram invisíveis.

Quem tinha apanhado o saco? Crianças? Tinha que ser. Se alguém estivesse atrás dele, não iria ficar zoando à toa com meia dúzia de cervejas e um pacote de cigarro, mas ele não estava com vontade de testar teorias. Decidiu subir até o telhado, de onde poderia atravessar para o outro prédio e procurar um caminho para descer até a rua cem metros adiante. Já o tinha feito antes, mas não com os telhados molhados pela chuva.

Começou a subir lenta e silenciosamente até atingir o telhado. Estava contornando o poço de ventilação quando o pé escorregou em um dos cerca de 12 andaimes tubulares de aço deixados lá por alguma equipe de manutenção descuidada. Isto o fez voar para frente para aterrissar, rosto para baixo, numa poça de água de chuva. Colocando-se apressadamente de pé, correu até o parapeito da altura da coxa. Chegando lá, dobrou uma perna para cima e então sentiu uma dor aguda quando alguém subitamente o chutou atrás do joelho na sua outra perna, que prontamente cedeu.

Ele mergulhou em busca da arma, mas o homem agarrou seu braço e o torceu. A arma voou da sua mão e ele a ouviu cair tinindo pelo telhado inclinado. Empurrou a garra com toda a força, sentiu-se se desprender do homem e experimentou um momento de exultação antes de se desequilibrar e ir para a outra ponta do parapeito.

Enquanto os dedos buscavam agarrar desesperadamente qualquer coisa que estivesse ao alcance, ele conseguiu se segurar ao áspero revestimento de pedra com as duas mãos. Então seu agressor agarrou seus braços, logo acima dos pulsos, segurando e impedindo que ele escorregasse e caísse numa morte certa. Mitch olhou para cima, viu o rosto do homem e não o reconheceu.

O que quer que o sujeito quisesse, decidiu, ele poderia de bom grado ter.

— Me puxe pra cima — disse ofegante. — Me puxe pra cima!

O homem, lentamente, fez o que ele tinha pedido, até que Mitch estava estatelado, rosto para baixo, metade dentro e metade fora da cobertura. Ele sentiu o homem soltar um dos seus braços, depois viu alguma coisa refletindo luz. Por um instante, Mitch achou que era uma faca e, então, percebeu o que era: uma agulha hipodérmica.

Não sabia que diabo isto significava e tentou se contorcer para se libertar, mas antes que conseguisse se mexer, sentiu uma súbita dor aguda nos músculos retesados, que ia do ombro até o crânio.

O homem tinha acabado de espetar a agulha em seu pescoço.

Capítulo 31

Enquanto olhava atentamente para a impressão da captura de vídeo à sua frente, na privacidade do seu quarto, De Angelis passou o dedo na estatueta de cavalo empinado feito de ouro e incrustado de diamantes e rubis.

Intimamente, ele achava que a antiguidade era bem vulgar. Sabia que era um presente da Igreja ortodoxa russa ao Santo Padre na ocasião de uma audiência papal em fins do século XIX e que também tinha um valor inestimável. Vulgar e feio, mas, mesmo assim, de valor inestimável.

Ele estudou a imagem mais detalhadamente. Era aquela que Reilly lhe tinha dado no seu primeiro encontro, quando o agente tinha indagado sobre a importância do codificador multiengrenagem. A visão ainda fazia seu coração bater mais rápido. Mesmo esta impressão granulada conseguia reacender nele a pura euforia que sentiu quando testemunhou pela primeira vez o momento na gravação das câmaras de vigilância que lhe tinham mostrado na Praça Federal.

Cavaleiros em armaduras brilhantes saqueando um museu de Manhattan no século XXI.

"Quanta audácia", pensou ele. "Verdadeiramente impressionante."

A foto mostrava o homem montado, que De Angelis sabia muito bem ser o quarto cavaleiro, segurando o codificador. Ele olhou fixamente o capacete do homem, tentando atravessar tinta e papel e penetrar nos pensamentos do homem a cavalo. A imagem era uma visão três quartos, tirada do lado esquerdo posterior. Estantes expositoras despedaçadas jaziam ao redor do cavaleiro. E no canto superior esquerdo da foto, espiando detrás de uma estante, estava o rosto de uma mulher.

"Uma arqueóloga que ouviu por acaso o quarto cavaleiro dizer alguma coisa em latim", pensou De Angelis. Ela estivera perto o bastante para ouvi-lo e, olhando fixamente para a foto, sabia que tinha de ser ela.

Ele concentrou-se no rosto dela: retesada com medo, paralisada. Certamente aterrorizada.

Tinha de ser ela.

Ele colocou a foto e o cavalo de jóia na sua cama, ao lado do pingente, que agora apanhava. Era feito de rubis e encrustrado em prata, um presente de Nizan de Hyderabad. Digno do resgate de um príncipe, que é o que tinha sido certa vez. Ao girá-lo, ele lançou um olhar mal-humorado para o beco sem saída a que tinha chegado.

Sua presa tinha ocultado bem os seus rastros; ele não teria esperado menos de um homem de tal ousadia. Os lacaios do líder da gangue, os delinqüentes desesperados que De Angelis tinha encontrado, interrogado e matado com tanta desenvoltura tinham se revelado inúteis.

O próprio homem ainda o eludia.

Ele precisava de um enfoque novo. Uma espécie de intervenção divina.

E agora isto. Um aborrecimento.

Uma distração.

Ele voltou a olhar o rosto dela. Apanhou o celular e apertou uma tecla de discagem rápida. Dois curtos toques depois, uma voz áspera e rouca respondeu.

— Quem fala?

— Para quantas pessoas exatamente você deu este número? — O monsenhor disparou de volta laconicamente.

O homem suspirou.

— Bom ouvi-lo, senhor.

De Angelis sabia que o homem estaria agora apagando uma ponta de cigarro enquanto procurava instintivamente um novo para repor. Ele sempre tinha achado o hábito repugnante, mas os outros talentos do homem mais que compensavam.

— Preciso de sua ajuda numa coisa. — Ao dizê-lo, fez uma careta. Tivera a esperança de não precisar envolver mais ninguém. Ele novamente cravou os olhos no rosto de Tess. — Preciso que você acesse o banco de dados do FBI sobre o *Ataque ao Metropolitan* — e, então, acrescentou —, discretamente.

A resposta do homem veio rápido.

— Sem problema. É um dos benefícios extras da guerra contra o terror. Estamos todos no modo generoso, de compartilhamento. Só me diga de que o senhor precisa.

Capítulo 32

Desviando-se de uma das muitas ruas tortuosas do cemitério, Tess estava agora caminhando por uma estrada de seixos.

Era pouco mais de oito da manhã. Os bulbos primaveris estavam em flor por todas as sepulturas, e a grama caprichosamente aparada à sua volta estava molhada da chuva da noite anterior. A pequena elevação na temperatura do ar tinha gerado uma névoa em espiral que cobria as lápides e as árvores.

Nos céus, uma solitária caturrita passava voando, quebrando o cenário sereno com um pio inquietante. Apesar da elevação da temperatura e da proteção do seu casaco, Tess tremeu um pouco ao se aprofundar no cemitério. Caminhar por um cemitério era incômodo nos melhores momentos, e estar aqui hoje a fez pensar no pai e em quanto tempo fazia desde que tinha visitado seu túmulo.

Ela parou e consultou o mapa que tinha imprimido no quiosque na imensa entrada gótica. Ela achava que estava indo na direção certa, mas, agora, já não tinha tanta certeza assim. O cemitério se estendia por mais de quatrocentos acres e era fácil de se perder, especialmente porque ela não estava de carro. Ela tinha tomado o trem R do Centro até a estação na rua 25 no Brooklyn, caminhado uma quadra na direção leste e entrado no cemitério pelo seu portão principal.

Ela olhou em todas as direções, tentando se orientar, e se perguntou se vir tinha sido uma idéia tão boa, afinal de contas. Era praticamente uma situação sem chances de vitória. Se Vance estivesse lá, ela estaria se intrometendo em um momento altamente particular. E, se não estivesse, então sua ida ao cemitério teria sido uma perda de tempo.

Ela enterrou as dúvidas no fundo da mente e continuou caminhando. Estava agora naquela que era obviamente uma parte mais antiga do cemitério. Ao passar por um rebuscado jazigo encimado por um anjo reclinado de granito, ela ouviu um som sair de um dos lados. Sobressaltada, ela perscrutou a névoa. Não conseguiu ver nada, exceto as formas escuras cambiantes das árvores. Inquieta agora, caminhou num passo ligeiramente mais enérgico, percebendo que estava mergulhando cada vez mais fundo nos recessos do cemitério.

Consultando o mapa rapidamente, ela viu que deveria estar perto agora. Convencida da atual localização, decidiu cortar caminho por uma curta colina e se apressou pela grama escorregadia. Tropeçou num murete de pedra recoberto de limo, seus dedos agarrando uma plaqueta de indicação desgastada, para evitar cair.

E, então, ela o viu.

Estava a cerca de quarenta metros, sozinho, solenemente de pé em frente a uma pequena lápide. Um buquê de cravos, de cor vermelho-escuro e creme, jazia diante dela. A cabeça dele estava arqueada. Um solitário Volvo cinza estava estacionado no passeio próximo.

Tess esperou um momento antes de se decidir abordá-lo. Caminhou na direção dele lenta e calmamente e olhou de relance a lápide, lendo as palavras "Vance" e "Martha" nela. Ele ainda não tinha se virado quando ela chegou a três metros dele, mesmo sendo eles os únicos na área.

— Professor Vance — disse ela com hesitação.

Ele ficou rígido por um momento antes de virar-se lentamente para encará-la.

Ela estava diante de um homem mudado.

Seus cabelos eram grossos e grisalhos, o rosto descarnado. Embora ainda fosse esguio e alto, a compleição atlética tinha se perdido, exibindo até uma postura ligeiramente curvada. As mãos estavam nos bolsos do casaco e ele vestia um sobretudo escuro, a gola virada para cima. Tess percebeu que estava puído nos punhos e tinha algumas manchas nele. Na verdade, ela ficou constrangida ao perceber, a aparência geral dele era bem maltrapilha. O que quer que ele fizesse agora, era claramente vários degraus abaixo da posição que ele desfrutara no passado. Tivesse ela cruzado com ele na rua hoje, uma década depois da última vez que o viu, ela duvidava que o reconhecesse, mas, aqui, nestas circunstâncias, não teve qualquer dúvida.

Ele olhou para ela, sua expressão, cautelosa.

— Sinto muitíssimo pela intrusão — gaguejou —, espero que me perdoe. Sei que este é um momento extremamente pessoal para você e, acredite, se houvesse qualquer outra maneira de entrar em contato com você... — Ela parou, percebendo que o rosto dele pareceu se iluminar bem ligeiramente com o que pareceu reconhecimento.

— Tess. Tess Chaykin. Filha do Oliver. — Ela inspirou profundamente e soltou um discreto suspiro de alívio. Quando o rosto dele relaxou, seus olhos cinza penetrantes brilharam, e ela viu os indícios da força carismática que ele tinha sido na última vez que se encontraram, todos esses anos atrás. Claramente, não havia nada de errado com a sua memória, porque ele disse: — Agora sei por que você parece diferente. Você estava grávida quando nos conhecemos. Lembro-me de pensar que aquele deserto turco não era um bom lugar para você então.

— Isso mesmo. — Ela relaxou. — Tenho uma filha. Kim.

— Ela deve estar... — Ele estava calculando há quanto tempo tinha sido.

— Ela está com nove — ela ofereceu prestativamente e, então, seus olhos se desviaram em constrangimento. — Desculpe, eu... eu realmente não deveria estar aqui.

Ela sentiu uma repentina necessidade de recuar e escapulir, quando percebeu que o sorriso dele desaparecia lentamente. Todo o rosto pareceu escurecer quando ele olhou em direção à lápide. Sua voz suave, ele disse:

— Minha filha Annie completaria cinco anos hoje.

— Filha? — Tess olhou para ele, desconcertada, e virou-se para a lápide. Era elegante em sua simplicidade, branca, com a inscrição em alto-relevo que tinha, talvez, cinco centímetros de altura:

Martha e Annie

Vance

Que seus sorrisos iluminem

Um melhor mundo que este

No início, ela não entendeu. Então, de repente, ocorreu a ela.

A mulher deve ter morrido no parto.

Tess sentiu seu rosto ruborizar, profundamente envergonhada agora com sua falta de consideração em perseguir este homem até o túmulo da esposa e da filha. Ela olhou para Vance e viu que ele estava olhando para ela, a tristeza gravando linhas profundas no seu rosto. Seu coração esmoreceu.

— Sinto muito — murmurou —, eu não sabia.

— Já tínhamos escolhido os nomes, você vê. Matthew se tivesse sido um menino, e Annie, é claro. Nós os escolhemos na noite em que nos casamos.

— O que... como elas... — Ela não conseguir terminar a pergunta.

— Aconteceu pouco depois da metade da gravidez dela. Ela estivera sob observação rigorosa desde o início. Ela era, bem, ambos éramos, um tanto velhos para ter nosso primeiro filho. E a família dela tinha uma história de hipertensão. De qualquer maneira, ela desenvolveu uma coisa chamada pré-eclâmpsia. Não se sabe por que ela acontece. Segundo me disserem, era bem comum, mas pode ser devastador. Que foi no caso da Martha. — Ele parou e tomou um fôlego profundo, desviando o olhar. Era, sem dúvida alguma, doloroso falar sobre isso, e Tess quis que ele parasse, quis que a terra se abrisse e a engolisse e evitasse que ele revivesse tudo por causa de sua presença egoísta. Mas era tarde demais. — Os médicos disseram que não havia nada que pudessem fazer — continuou ele pesarosamente. — Eles nos disseram que Martha teria de fazer um aborto. Annie era jovem demais para ter qualquer esperança de sobreviver numa incubadora, e as chances de a própria Martha sobreviver à gravidez estavam ficando menores a cada dia que passava.

— O aborto não...

O olhar dele voltou-se para dentro.

— Normalmente, não teria sido sequer uma opção para nós. Mas isto era diferente. A vida de Martha estava em risco. Portanto, fizemos o que sempre fazíamos. — Sua expressão endureceu perceptivelmente. — Perguntamos ao padre da nossa paróquia, padre McKay, o que deveríamos fazer.

Tess se encolheu ao adivinhar o que tinha acontecido.

O rosto de Vance se retesou.

— A posição dele, a posição da Igreja, era bem clara. Disse que seria assassinato. Não simplesmente qualquer assassinato, você endende, porém o mais hediondo de todos os assassinatos. Um crime execrável. Ah, ele foi bem eloqüente sobre isto. Disse que estaríamos violando a palavra escrita de Deus. "Não matarás." Disse que era sobre uma vida humana que estávamos falando. Estaríamos matando um ser humano bem no início de sua vida, a vítima mais inocente possível de um assassinato. Uma vítima que não entende, uma vítima que não pode argumentar, que não pode suplicar por sua vida. Ele nos perguntou o que faríamos se ouvíssemos seu choro, se víssemos suas lágrimas. E, se isto não bastasse, seu argumento final encerrou a questão. "Se você tivesse um bebê com um ano de idade, você o mataria, você o sacrificaria para salvar sua própria vida? Não. É claro que não. E se tivesse um mês de idade? E se tivesse apenas um dia: Quando o relógio começa realmente a tiquetaquear para uma vida?" — Ele fez uma pausa, sacudindo a cabeça com a memória. — Demos atenção ao conselho dele. Nada de aborto. Colocamos nossa fé em Deus. — Vance olhou para o túmulo, uma mistura de pesar e raiva visivelmente rodopiando nas suas veias. — Martha se agüentou até entrar em convulsão. Morreu de hemorragia cerebral. E Annie, bem... seus pulmõezinhos nunca tiveram uma chance de respirar nosso ar imundo.

— Sinto muitíssimo. — Tess mal conseguir falar. Mas realmente não importava. Vance pareceu estar num mundo apenas seu. Quando ela olhou dentro dos olhos deles, viu que qualquer tristeza agora tinha sido esmagada por uma fúria que vinha bem do fundo e que estava se rebelando.

— Fomos tolos em colocar nossas vidas nas mãos daqueles charlatões ignorantes, arrogantes. Nunca voltará a acontecer. Para ninguém. Vou garantir isso. — Ele olhou intensamente no vazio que os cercava. — O mundo mudou muito em mil anos. A vida não é sobre a vontade de Deus nem sobre a malignidade do demônio. É sobre fato científico. E está na hora de as pessoas entenderem isso.

E nesse instante, Tess soube.

Seu sangue congelou quando isso ocorreu a ela com certeza absoluta.

“Ele era o homem no museu. William Vance era o quarto cavaleiro.”

Correram pela sua mente as imagens do pânico no museu, os cavaleiros arremetendo, o tiroteio, o tumulto e os gritos.

— *Veritas vos liberabit.* — As palavras simplesmente irromperam da sua boca.

Ele a olhou, seus olhos cinza fuzilando-a com fúria e percepção.

— Exatamente.

Ela tinha que fugir, mas as pernas tinham virado chumbo. Ficou inteiramente rígida e, nesse momento, pensou em Reilly.

— Desculpe, eu não deveria ter vindo aqui — foi tudo o que conseguiu dizer. Ela pensou novamente no museu, sobre o fato de pessoas terem morrido por causa daquilo que este homem tinha feito. Olhou por toda a volta, na esperança de ver outras pessoas em luto ou qualquer um dos turistas ou observadores de pássaros que freqüentavam o cemitério, mas era cedo demais para isso. Eles estavam sozinhos.

— Estou contente que você tenha vindo. Realmente gosto da companhia e, de todas as pessoas, você deveria apreciar o que estou tentando fazer.

— Por favor, eu... estava apenas tentando... — Ela conseguiu que suas pernas voltassem à vida e, hesitantemente, deu poucos passos para trás, lançando olhares nervosos para todos os lados, tentando desesperadamente imaginar uma rota de fuga. E, naquele momento, seu celular tocou.

Seus olhos ficaram arregalados quando ela olhou para Vance e, ainda recuando aos tropeços, com Vance avançando lentamente na direção dela, ela esticou uma das mãos enquanto a outra mergulhou na bolsa para pegar o telefone, que ainda estava tocando.

— Por favor — ela suplicou.

— Não — disse ele. E foi aí que ela percebeu que ele estava segurando algum tipo de arma. Parecia uma arma de brinquedo, com listras amarelas em seu cano curto quadrado. E antes que ela conseguisse se mover ou gritar, os dedos agarrando o celular na bolsa, ela o viu puxar o gatilho e dois dardos vieram voando pelo ar. Atingiram o seu peito e ela sentiu ondas de queimação de dor insuportável.

Instantaneamente suas pernas dobraram; então, ela ficou paralisada, indefesa.

Caindo ao chão.

Rodopiando para a inconsciência.

Por detrás de uma árvore próxima, um homem alto, cuja roupa escura exalava o mau cheiro de cigarros velhos, sentiu uma onda de adrenalina quando viu Tess ser atingida e cair ao chão. Cuspindo um pedaço de goma de mascar de nicotina, ele sacou seu celular e apertou um botão de discagem rápida, sua outra mão buscando rapidamente o Heckler & Koch USP compacto no coldre nas costas.

De Angelis foi rápido em responder.

— O que está acontecendo?

— Ainda estou no cemitério. A garota... — Joe Plunkett fez uma pausa, vigiando-a enquanto ela jazia lá, na grama molhada. — Ela se encontrou com algum cara e ele acaba de acertá-la com um *taser*.[4]

— O quê?

— Estou lhe dizendo que ela está profundamente adormecida. O que deseja que eu faça? Quer que eu o elimine? — A mente dele já estava bolando um plano de ação. O *taser* não seria uma ameaça. Ele não tinha certeza se o homem de cabelos grisalhos de pé acima da garota tinha alguma outra arma com ele, mas isso não importaria de qualquer maneira; ele seria capaz de o dominar antes que o homem tivesse chance de reagir, especialmente porque o velho parecia estar aqui sozinho.

Plunkett esperou pela ordem. O coração já estava se preparando para a corrida e ele praticamente conseguiu ouvir a mente de De Angelis trabalhando violentamente. Então, o monsenhor falou com uma voz calma, dominada.

— Não. Não faça nada. Ela já não importa mais. Ele é a sua prioridade. Fique com ele e trate de não perdê-lo. Estou a caminho.

[4] Arma que imobiliza a pessoa ao aplicar uma descarga elétrica. (N. do E.)

Capítulo 33

Um vendaval pavoroso soprou até Reilly enquanto ele ouvia, o ouvido grudado ao telefone.

— Tess? Tess! — Suas chamadas ficaram sem resposta e, então, a ligação foi abruptamente cortada.

Ele imediatamente apertou o botão de rediscagem, mas depois de quatro toques, a voz gravada dela surgiu e pediu que deixasse uma mensagem. Outra rediscagem produziu o mesmo resultado.

“Tem alguma coisa errada. Tem alguma coisa muito errada.”

Ele vira que Tess telefonara, mas não tinha deixado uma mensagem e já tinha saído do escritório na hora em que ele tentou retornar a ligação. De qualquer maneira, ele não tinha certeza de até onde queria se aprofundar na teoria dela sobre os templários. Ele tinha se sentido pouco à vontade, quase envergonhado, de tê-lo mencionado na reunião com o restante da equipe e o monsenhor. Ainda assim, ele tinha telefonado para o escritório dela de manhã bem cedo e falado com Lizzie Harding, sua secretária, que lhe dissera que Tess não tinha ido naquela manhã.

— Ela telefonou para dizer que poderia chegar atrasada — foi como ela colocou.

— Atrasada quanto?

— Ela não disse.

Quando pediu o número do celular dela, ele foi informado de que eles não forneciam informações pessoais, mas ele decidiu que já estava na hora de ele ter o número, e a postura do Instituto foi rapidamente revertida quando explicou que era do FBI.

Depois de três toques, o celular tinha sido atendido, mas ela não tinha dito nada. Ele só tinha ouvido um barulho embaralhado, como quando alguém liga acidentalmente o celular dentro da bolsa ou de um bolso; mas, então, ele a tinha ouvido dizer "Por favor", num tom que era perturbador. Parecia que ela estava apavorada. Como alguém que está suplicando. E, então, houve uma sucessão de barulhos que ele estava se esforçando para entender: um estalido agudo, depois dois pequenos baques, o que pareceu um grito breve e abafado de dor e um baque bem mais barulhento. Ele tinha gritado "Tess" de novo no telefone, mas não obteve resposta e, então, a linha ficou muda.

Olhando fixamente o telefone agora, seu coração estava batendo forte. Realmente não gostou da maneira que aquele "Por favor" tinha soado.

Alguma coisa estava definitiva e horrivelmente errada.

Com a cabeça à toda, ele voltou a discar para o Instituto e sua ligação foi transferida até Lizzie.

— É o agente Reilly de novo. Preciso saber onde Tess... — ele rapidamente se corrigiu — ... onde a sra. Chaykin está. É urgente.

— Não sei onde ela está. Ela não disse para onde estava indo. Tudo o que disse foi que iria chegar atrasada.

— Preciso dar uma olhada na agenda e verificar o e-mail dela. Ela mantém um calendário eletrônico, talvez um programa que esteja sincronizado com o *palm* dela? Tem que haver alguma coisa lá.

— Me dê só um minuto — disse ela, soando irritada.

Reilly via seu parceiro agora olhando para ele com preocupação.

— O que está acontecendo? — perguntou Aparo.

Reilly colocou uma das mãos sobre o bocal e escreveu o número de celular da Tess para Aparo com a outra.

— É Tess. Alguma coisa aconteceu. Consiga uma localização do celular dela.

Do outro lado do East River, um Volvo cinza subia pela via expressa Brooklyn-Queens em direção à Ponte do Brooklyn.

Três carros atrás do Volvo e mantendo uma distância discreta estava um Ford *sedan* cinza-chumbo, dirigido por um homem que tinha o hábito asqueroso de atirar para o ar, pela janela do carro, bitucas de cigarro ainda acesas.

À sua esquerda e do outro lado do rio, os cones do Lower East Side acenavam.

Como tinha adivinhado, o Volvo logo estava na ponte e rumava para Manhattan.

Capítulo 34

Mesmo antes de abrir os olhos, Tess ficou ciente do cheiro de incenso. Quando realmente os abriu, viu o que pareciam ser centenas de velas, suas chamas amarelas lançando uma luz suave incandescente ao redor do quarto em que ela estava.

Ela estava deitada em algum tipo de tapete, um *kilim* antigo. Pareceu aos dedos áspero e gasto. Subitamente, a lembrança de seu encontro com Bill Vance voltou de uma só vez e ela sentiu um calafrio de medo. Mas ele não estava lá. Ela estava sozinha.

Sentando-se, sentiu-se atordoada, mas forçou-se a se firmar vacilantemente sobre os pés. Sentiu uma dor aguda no peito e outra no lado esquerdo. Ela olhou para baixo, reconhecendo tudo ao redor, tentando lembrar o que tinha acontecido.

"Ele atirou em mim. Não posso acreditar que ele realmente atirou em mim. Mas não estou morta...?"

Ela examinou suas roupas, procurando pelos pontos de entrada reveladores, perguntando-se por que ainda estava respirando. Então notou os dois pontos onde tinha sido atingida, os dois lugares onde suas roupas estavam furadas, as bordas dos buracos ligeiramente desgastadas e queimadas. Então tudo voltou lentamente para ela, a imagem de Vance e a arma que ele estava segurando. Percebeu que ele não pretendia matá-la, apenas incapacitá-la, e que a arma com que tinha atirado nela deveria ser algum tipo de arma de atordoamento.

Não que isso fosse um pensamento particularmente reconfortante.

Olhando para todos os lados com os olhos ainda enevoados, imaginou que estivesse em um porão. Paredes nuas, chão pavimentado, teto arqueado baixo que continuava em pilares rebuscados. Sem janelas. Sem portas. Num canto estava uma escada de maneira que ia para cima em direção a uma escuridão não alcançada pela luz das velas, a maioria delas sobre massas informes de parafina derretida.

Ela lentamente percebeu que o lugar era mais que um porão. Alguém vivia ali. Contra uma das paredes estava um catre, com uma velha caixa de madeira fazendo as vezes de uma mesa de cabeceira. Estava abarrotada de livros e papéis. Na ponta oposta do espaço estava uma mesa longa. Na frente dela, ligeiramente inclinada, como se tivesse vivido muitos anos de serviço, estava uma grande cadeira giratória de escritório. A mesa tinha mais pilhas de livros e documentos em cada extremidade e lá, posicionado centralmente e cercado por mais velas, postava-se o codificador do Metropolitan.

Mesmo na escuridão da câmara iluminada por velas, ele brilhava com uma presença sobrenatural. Parecia estar em melhor condição do que ela se lembrava.

Tess identificou sua bolsa sobre a mesa, sua carteira aberta ao lado dela e, subitamente, lembrou-se do seu celular. Vagamente, lembrou ouvir seu toque antes de perder os sentidos. Recordou da sensação de tentar pegar o telefone enquanto ainda estava tocando e tinha certeza de que tinha conseguido apertar um botão, estabelecendo a conexão. Deu um passo para pegar a bolsa, mas, antes que conseguisse pegá-la, um barulho repentino a fez dar meia-volta. Ela percebeu que vinha do alto dos degraus: uma porta se abrindo e depois fechando com um som metálico. Então os passos estavam descendo os degraus e apareceu um par de pernas, de um homem. Ele vestia um sobretudo longo.

Apressadamente, ela deu um passo para trás quando ele entrou no campo de visão. Vance estava olhando para o lado dela e sorriu calorosamente e, por um instante, ela se perguntou se teria imaginado o que ele fizera para a nocautear.

Ele foi em direção a ela, carregando uma grande garrafa plástica de água.

— Sinto muitíssimo, Tess — disse ele, pedindo desculpas. — Mas não tive muita escolha. — Pegando um copo entre os livros da mesa, ele serviu um pouco de água e entregou a ela. Em seguida, procurou nos bolsos até encontrar uma tira metálica de comprimidos. — Aqui. São analgésicos potentes. Tome um e beba o máximo de água que conseguir. Ajudará com a dor de cabeça.

Ela olhou de relance e reconheceu a marca. A cartela parecia intocada.

— É só Voltaren. Pegue aqui, tome. Você vai se sentir melhor.

Ela hesitou por um momento, então tirou um comprimido da embalagem metálica e engoliu-o com um gole de água. Ele voltou a encher seu copo e ela também o tomou avidamente. Ainda atordoada com o que lhe tinha acontecido, ela cravou os olhos em Vance, os olhos lutando para focalizar à luz das velas.

— Onde estamos? Que lugar é este?

O rosto dele assumiu uma aparência entristecida, quase confusa.

— Acho que você poderia dizer que é um lar.

— Lar? Você não vive aqui de verdade, vive? — Ele não respondeu. Tess achava difícil encontrar um sentido para aquilo que estava acontecendo. — O que você quer de mim?

Vance estava examinando-a atentamente.

— Você veio procurar por mim.

— Vim procurar por você para que me ajudasse a entender uma coisa — ela retorquiu zangada. — Não esperava que você atirasse em mim e me seqüestrasse assim.

— Acalme-se, Tess. Ninguém foi seqüestrado.

— Ah, é? Então suponho que sou livre para partir.

Vance olhou para longe, pensativo. Então, virou o rosto para ela. — Você pode não querer sair. Assim que tiver ouvido meu lado da história.

— Acredite em mim, eu sairia daqui mais rápido ainda.

— Bem... talvez você tenha razão. — Ele pareceu perdido, envergonhado até. —Talvez seja um pouco mais complicado que isso.

Tess sentiu a raiva nela abrir espaço para a cautela. "O que é que você está fazendo? Não o antagonize. Você não vê que ele está perdido? Ele é instável. Está disposto a decapitar pessoas. Só fique calma." Ela não sabia para onde olhar ou o que dizer. Dando novamente uma olhada para o codificador, Tess viu uma abertura na parede contra a qual a mesa se apoiava. Era pequena, quadrada e com persiana. Sentiu uma onda de esperança, que sumiu tão rapidamente quanto percebeu que ele não teria deixado uma rota de fuga a descoberto. "Ele pode estar perturbado, mas não é estúpido."

Seus olhos foram novamente atraídos para o codificador. É disso que tudo se tratava. Sentiu que precisava saber mais. Ela fez força para se acalmar e, então, perguntou:

— É templário, não é?

— É... E pensar que estive na biblioteca do Vaticano várias vezes e o tempo todo ele deve ter estado lá, em algum cofre, juntando poeira. Não acho que eles sequer perceberam que o tinham.

— E, depois de todos estes anos, ainda funciona?

— Precisou de um pouco de limpeza e lubrificação, mas, sim, ainda funciona. Perfeitamente. Os templários eram artesãos meticulosos.

Tess estudou o aparelho. Percebeu que, na mesa ao lado, havia várias folhas de papel. Documentos antigos, como folhas de um manuscrito. Ela olhou para Vance, que a olhava atentamente. Pareceu-lhe que ele quase estava se divertindo com a confusão dela.

— Por que você está fazendo isto? — ela finalmente perguntou. — Por que precisava dele tanto assim?

— Tudo começou na França, há uns bons anos. — Ele lançou um olhar melancólico para os documentos antigos que estavam ao lado do codificador, sua mente vagueando. — Na verdade, foi pouco depois que Martha e Annie morreram — disse ele sombriamente. — Eu tinha saído da universidade, estava... confuso e com raiva. Tinha que me afastar de tudo aquilo. Terminei no sul da França, em Languedoc. Eu já tinha estado lá antes, em caminhadas com Martha. É muito bonito lá. É muito fácil de imaginar como dever ter sido naquele tempo. Eles têm uma história bem rica, embora muito dela seja bem sangrenta... De qualquer maneira, enquanto estive lá, deparei-me com uma história que simplesmente continuou comigo. Uma história que tinha ocorrido centenas de anos antes. Era sobre um jovem monge que foi chamado ao leito de morte de um velho agonizante, para lhe passar os últimos sacramentos e ouvir sua confissão. Acreditava-se que o velho tinha sido um dos últimos templários sobreviventes. O monge foi até lá, mesmo o homem não fazendo parte de sua congregação e não tendo ele pedido, na verdade tinha até se recusado, no início, a vê-lo. Finalmente, ele abrandou e, segundo a lenda, quando o monge saiu, estava pálido por causa do choque. Não apenas o rosto, mas até seus cabelos tinham ficado brancos. Dizem que ele nunca voltou a sorrir depois daquele dia. E, anos depois, logo antes de finalmente morrer, ele deixou a verdade escapulir. Acontece que o templário tinha lhe contado a sua história e tinha lhe mostrado alguns documentos. Alguma coisa tinha literalmente provocado um choque nele e sugado a sua vida. E foi isso. Não consegui me livrar dessa história, não consegui afastar a imagem dos cabelos do monge ficando brancos, apenas por ter passado poucos minutos com um homem agonizante. Daquele ponto em diante, descobrir o que era esse manuscrito, ou onde poderia estar, tornou-se...

"Uma obsessão", pensou Tess.

— ...uma espécie de missão. — Vance sorriu levemente, conjurando imagens de bibliotecas distantes enclausuradas. — Não sei quantos arquivos empoeirados vasculhei, em museus, igrejas e monastérios de toda a França, até nos Pirineus no norte da Espanha. — Ele fez uma pausa, depois esticou a mão e a pousou nos papéis que estavam ao lado do codificador. — E, então, um dia, descobri uma coisa. Num castelo templário.

"Um castelo com uma inscrição em seu portão." Tess se sentiu exaltada. Pensou nas palavras latinas que tinha ouvido-o dizer, sobre o ditado latino que Clive lhe tinha contado que estava inscrito no lintel no Château de Blanchefort, e deu uma outra olhada nos papéis. Ela via que eram documentos antigos, escritos à mão.

— Você encontrou o manuscrito verdadeiro? — perguntou ela, surpresa ao sentir parte da excitação que sabia que Vance deveria ter sentido. Então um lampejo a atingiu. — Mas eles estavam codificados. É por isto que você precisava do codificador.

Ele assentiu lentamente, confirmando sua conjectura.

— É. Foi tão frustrante. Durante anos, eu sabia que estava com alguma coisa importante, sabia que tinha os documentos certos, mas não conseguia lê-los. Códigos de simples substituição ou saltos não funcionaram, mas eu também sabia que existiam códigos mais inteligentes. Desenterrei referências crípticas aos aparelhos de codificação templários, mas não consegui encontrar nenhuma das máquinas em nenhum lugar. Realmente parecia um caso perdido. Todas as possessões deles tinham sido destruídas quando foram cercados em 1307. E, então, o destino interveio e trouxe esta pequena jóia das entranhas do Vaticano, onde deve ter estado imóvel durante todos esses anos, escondido há muito tempo e praticamente esquecido.

— E agora você pode lê-los.

Ele deu tapinhas nas folhas.

— Como o jornal da manhã.

Tess olhou para os documentos. Ela se repreendeu pela sensação de violenta excitação que estava percorrendo todo o seu corpo e teve que lembrar a si mesma que vidas tinham sido perdidas e que, possivelmente, este homem estava bem transtornado e, tendo em vista os eventos recentes, era indubitavelmente perigoso. A descoberta na qual ele estava trabalhando era potencialmente grande, maior que qualquer coisa que ela já tivera a chance de descobrir, mas estava impregnada de sangue inocente e ela não poderia se permitir esquecer tal fato. Havia também uma obscuridade, algo profundamente inquietante nessa história que ela não poderia desconsiderar.

Ela estudou Vance, que novamente pareceu perdido em seus próprios pensamentos.

— O que você espera encontrar?

— Uma coisa que foi perdida há muito tempo. — Seus olhos estavam apertados e intensos. — Algo que endireitará as coisas.

"Algo pelo qual vale a pena matar", ela quis acrescentar, mas decidiu contra isso. Em vez disto, ela lembrou daquilo que tinha lido, sobre a sugestão de Vance de que o fundador dos templários era um cátaro. Vance tinha acabado de lhe contar que tinha encontrado a carta em Languedoc — que ele tinha sugerido, naquilo que foi considerado uma grande afronta pelo historiador francês cujo artigo ela lera, que era o local de origem da família de Hugo de Payens. Ela quis saber mais sobre isso, mas, antes que conseguisse falar, ouviu um barulho desafinado vindo de cima, como um tijolo arranhando um chão de pedra.

Abruptamente, Vance ficou de pé num salto.

— Fique aqui — ele ordenou.

Os olhos dela viraram rapidamente para cima, para o teto, procurando por sua origem.

— O que é?

— Fique aqui — insistiu ele enquanto movia-se com urgência. Ele foi atrás da mesa e puxou para fora o *taser* que usara nela e, então, decidiu contra e o descartou. Ele então remexeu minuciosamente uma bolsa e tirou dela outra arma, uma pistola mais tradicional. Desajeitadamente carregou uma bala enquanto se apressava em direção aos degraus.

Ele os subiu energicamente e, quando suas pernas estavam fora de visão, ela ouviu o ruído metálico quando ele fechou e trancou a porta atrás dele.

Capítulo 35

De Angelis se amaldiçoou no instante em que seu pé deslocou ligeiramente o pedaço carbonizado de madeira do lugar e perturbou a estabilidade dos escombros à sua volta. Não era fácil mover-se furtivamente pela igreja incendiada; vigas chamuscadas e pedaços do teto desmoronado se alastravam pelo espaço escuro e úmido a seu redor.

Ele ficara inicialmente surpreso ao descobrir que tinha sido nesta ruína que Plunkett seguira Tess e seu seqüestrador de cabelos grisalhos. Movendo-se sorrateiramente pelos restos fantasmagóricos e silenciosos da igreja da Ascensão, ele agora percebia que era um lugar perfeito para alguém que quisesse trabalhar sem ser perturbado; alguém cuja dedicação ia além de simples questões como conforto pessoal. Mais uma confirmação, não que precisasse disso, de que o homem que ele perseguia sabia exatamente o que tinha roubado no Metropolitan naquela noite.

De Angelis entrara pela porta lateral da igreja. Menos de quarenta minutos antes, Plunkett tinha observado Tess Chaykin, de olhos vendados, ser amparada para sair da traseira do Volvo cinza e levada pela mesma entrada por seu seqüestrador. Ela mal parecia consciente e precisou do auxílio do homem para dar poucos passos e passar pelo vão da porta, seu braço em torno do ombro dele.

A pequena igreja ficava na rua 114 Oeste, entre duas fileiras de prédios de arenito, com um beco estreito ao longo de toda a sua fachada oriental, lugar onde o Volvo e o *sedan* estavam agora estacionados. Tinha sofrido um grande incêndio num passado recente e, evidentemente, sua reconstrução não estava ainda nos planos: um grande painel frontal exibia o progresso da campanha de levantamento de fundos para a reconstrução na forma de um termômetro de 1,80m de altura que apresentava uma escala com as centenas de milhares de dólares necessários para devolver a igreja à sua antiga glória. O termômetro marcava apenas um terço da quantia total.

O monsenhor avançou por uma passagem estreita e entrou na nave. Fileiras de colunas a dividiam em duas naves laterais e uma seção central salpicada com montes de bancos parcialmente queimados. Em toda à sua volta, o estuque queimado caíra das paredes, expondo a alvenaria de tijolos escurecida e esburacada. Debaixo do teto, os poucos arcos de gesso que ainda se estendiam das paredes exteriores até as colunas estavam irreconhecíveis, carbonizados e deformados pelas chamas. Só restava um anel oco onde a janela de vitral tinha permanecido orgulhosamente de pé na entrada da igreja, seu largo vão agora obstruído.

Ele tinha se arrastado ao longo da borda da nave, passado pelas portas de bronze derretido do altar, subido cuidadosamente os degraus e chegado ao santuário. Os restos chamuscados de um grande púlpito em dossel se assomaram à sua direita. Por toda sua volta, a igreja estava silenciosa, apenas com o barulho ocasional da rua, que entrava por uma das várias cavidades em seu casco exposto. Ele conjecturou que quem tivesse apanhado a garota deveria estar usando os cômodos dos fundos. Com Plunkett vigiando lá fora, ele agora deslizava silenciosamente pelos restos do altar, entrando pela passagem atrás do santuário e enroscando lentamente um silenciador no bico da sua pistola Sig Sauer.

Foi quando seu pé tocou suavemente os escombros.

O barulho ecoou ao seu redor, no corredor escurecido. Ele paralisou, ouvindo cuidadosamente, alerta a qualquer distúrbio que pudesse ter desencadeado. Entrecerrando os olhos, mal conseguiu divisar uma porta na extremidade da passagem quando, subitamente, por detrás dela, ouviu um baque abafado e, depois, passos contidos se aproximando. Agilmente, De Angelis deu um passo para o lado, abraçou a parede e ergueu a pistola. Os passos se aproximaram do saguão, a maçaneta da porta trepidou, mas, em vez de a porta se abrir para fora, em sua direção, ela se abriu para dentro, e tudo o que ele viu foi um espaço escuro. Era ele quem estava iluminado.

Tarde demais e perigoso demais para recuar, o que não era, de qualquer maneira, de sua natureza. Ele se arremessou para frente na escuridão.

Agarrando a arma com dedos firmes, Vance olhou fixamente pelo vão da porta para o homem que tinha invadido seu santuário. Não o reconheceu. Vislumbrou o que achou ser um colarinho clerical. Isto o fez hesitar.

Então, o homem pulou para frente e Vance tentou apressadamente usar sua arma, mas, antes que conseguisse puxar o gatilho, o estranho estava sobre ele, derrubando-o ao chão, a pistola deslizando de sua mão. O corredor era estreito e baixo, e Vance usou a parede para se impulsionar para cima, mas o homem era muito mais forte e ele foi novamente ao chão. Desta vez, ergueu o joelho bruscamente e ouviu um grunhido satisfatório de dor. Outra arma, a do seu agressor, chocou-se ruidosamente no chão. No entanto, uma vez mais, seu agressor se recuperou rapidamente, girou e deu um murro forte em sua cabeça.

O golpe machucou Vance, mas não o atordoou. Mais importante, fez com que ficasse furioso. Duas vezes em um mesmo dia, primeiro por Tess Chaykin, agora por este estranho, seu empreendimento estava sendo ameaçado. Usou novamente o joelho, depois o punho e, então, uma série de socos. Seus golpes foram instintivos, deflagrados por sua ira. Nada e ninguém tinham o direito de se colocar entre ele e sua meta.

O intruso bloqueou seus golpes com perícia e os rechaçou, mas, ao fazê-lo, tropeçou sobre algumas tábuas de madeira. Vance, enxergando uma oportunidade, deu um chute, atingindo ferozmente o joelho do homem. Arrebatando sua arma, ele a apontou e apertou o gatilho. O estranho foi mais rápido, lançando-se para o lado quando as balas voaram. Pelo grito tenso que se seguiu, Vance achou que alguma poderia ter acertado o alvo desejado, mas não podia ter certeza. O homem ainda se movia, cambaleando para trás, para o santuário.

Vance hesitou por um momento apenas.

Deveria ele seguir, descobrir quem era o homem e acabar com ele? Então, ouviu algum barulho vindo do outro canto da igreja. O homem não estava sozinho.

Decidiu que era melhor fugir. Voltou correndo para o alçapão que protegia seu porão, dando meia-volta.

Capítulo 36

Tess ouviu um tiro forte, que foi seguido por aquilo que pareceu um grito de raiva. Alguém tinha sido ferido. Em seguida, os passos corriam de volta para o alçapão. Não tinha certeza se era Vance ou outra pessoa, mas ela não estava disposta a ficar parada lá, simplesmente, e esperar para descobrir.

Mergulhou pela câmara, pegou a bolsa na mesa e o celular. Na luz fraca e tênue das velas, a tela do celular iluminou-se como uma lanterna, só para informá-la de que não havia sinal no porão. Na verdade, não importava; ela não sabia de cor o número do FBI e, embora discar para 911 fosse uma opção, tinha certeza de que levaria tempo demais para explicar o que estava acontecendo. Além disto, não fazia a menor idéia de onde estava.

"Socorro, estou num porão em algum lugar da cidade. Acho. Perfeito!"

Ainda atordoada e com o coração martelando forte nos ouvidos, lançou olhares nervosos por toda a câmara e, então, lembrou da abertura com persiana que tinha visto perto da mesa. Num impulso, limpou parte da bagunça de cima da mesa, subiu nela e empurrou pesadamente as tábuas de madeira que cobriam a cavidade, tentando afrouxá-las. Elas não cederam. Deu pancadas impotentemente, mas elas permaneceram firmes. Então, ouviu um som quando a porta do porão se abriu. Virando-se, viu as pernas que começavam a descer. Reconheceu os sapatos. Era Vance.

Seus olhos varreram rapidamente o quarto e se fixaram no *taser* que Vance deixara de lado. Estava lá, no canto da mesa, mais próximo dela, atrás de uma pilha de livros. Ela agarrou e apontou para ele, as mãos tremendo quando o rosto emergiu da escuridão, os olhos dele calmamente cravados nos dela.

— Fique longe de mim! — gritou para ele.

— Tess, por favor — ele respondeu com um gesto urgente, tranqüilizador —, nós precisamos sair daqui.

— Nós? Do que você está falando? Só fique longe de mim.

Ele ainda andava na direção dela.

— Tess, solte a arma.

Entrando em pânico, ela puxou o gatilho — mas nada aconteceu. Ele estava agora a menos de três metros. Ela virou a arma, olhando-a fixamente, seus olhos faziam força para descobrir se tinha esquecido de alguma coisa. Ele se movia mais rápido agora, na direção dela. Mexendo a esmo na arma, em desespero, ela finalmente descobriu a pequena trave de segurança e a ergueu. Uma pequena luz vermelha brilhou na parte de trás da arma. Ela a ergueu novamente e viu que tinha também, de algum jeito, ativado seu *laser*, que emitia uma pequena marca vermelha no peito de Vance. O ponto dançava para esquerda e direita, refletindo suas mãos trêmulas. Ele estava agora muito perto. Com o pulso acelerado, ela fechou os olhos e puxou o gatilho, que dava a sensação de um botão revestido de borracha, em vez do aço frio de um gatilho de revólver como ela imaginava. O *taser* ganhou vida com um estouro barulhento, e Tess deu um grito agudo quando os dois dardos metálicos e suas rebarbas de aço inoxidável saíram explodindo da parte frontal, criando rastros de delicados fios atrás deles.

O primeiro dardo atingiu Vance no peito, o segundo penetrou na sua coxa esquerda. Cinqüenta mil volts de eletricidade o atingiram durante cinco segundos, suplantando seu sistema nervoso central e desencadeando contrações involuntárias em seus músculos. Ele teve contrações espasmódicas e curvou-se para cima quando os espasmos abrasadores irromperam por todo o corpo e suas pernas sucumbiram. Ele desmoronou, impotente, o rosto contorcido de dor.

Tess ficou momentaneamente confusa com a nuvem de diminutos discos que explodiram para fora do cartucho quando ela disparou a arma, mas os gemidos de Vance, deitado e contorcendo-se de dor, logo a levaram de volta à situação angustiante em que se encontrava. Ela pensou em passar por cima dele e se dirigir às escadas, mas não estava muito disposta a se aproximar dele. Também não tinha certeza de quem Vance tinha enfrentado lá em cima e estava apavorada demais para descobrir. Voltou sua atenção para a abertura com venezianas, chutou e empurrou os painéis até o último deles se afrouxar. Ela o tirou, usou-o como um pé-de-cabra para soltar os outros e olhou pelo buraco que tinha aberto.

Mais adiante se estendia um túnel escuro.

Com nenhum outro lugar para ir, ela começou a subir pela abertura, depois olhou para trás, viu que Vance ainda se contorcia de dor e viu o codificador e as folhas do manuscrito repousando lá, ao seu alcance.

Eles estavam acenando para ela, sedutores demais para resistir.

Surpreendendo a si mesma, voltou e agarrou a pilha de documentos, enfiando-os na bolsa. Algo mais chamou sua atenção: sua carteira, no meio da pilha de bagunça que ela tinha rapidamente jogado da mesa. Deu um passo para recuperá-la quando, do canto do olho, viu Vance se agitar. Hesitou por um nanossegundo antes de decidir que, na situação em que se encontrava, já tinha se arriscado o suficiente e que deveria sair de lá naquele momento. Ela se virou e voltou a subir com dificuldade para dentro do túnel, avançando apressadamente para a escuridão.

Bem agachada, a cabeça roçando o teto do túnel, ela tinha percorrido talvez trinta metros quando o caminho se abriu para um poço mais largo e mais alto. Teve um súbito e desconcertante *flashback* de uma antiga catacumba mexicana que visitara quando estudante. O ar era ainda mais úmido aqui, e, olhando para baixo, ela viu o motivo. Uma estreita corrente de água negra descia pelo centro. Tess tropeçou por sua borda, os pés deslizavam pelas pedras úmidas e desgastadas. A água penetrantemente fria girava sobre seus sapatos. Então, o fluxo terminou, a água descia em cascata talvez por mais 12 a 15 metros para outro túnel, ainda maior.

Olhando para trás, Tess ouviu atentamente. Era apenas água que ouvia ou era alguma outra coisa? Então, um grito angustiante ecoou na escuridão.

— Tess!

A voz de Vance vinha de trás. Ele estava novamente de pé e atrás dela.

Tomando fôlego, ela se abaixou sobre a saliência até que seus braços estivessem inteiramente esticados, a água vertendo numa das mangas de seu casaco, encharcando suas roupas e seu corpo. Agora, graças a Deus, os dedos estendidos dos sapatos tocaram o chão sólido e ela os relaxou. Virando-se, notou que, desta vez, a corrente de água era mais profunda e mais larga. Um barro imundo flutuava em sua superfície, da qual exalava um odor tão fétido que ela percebeu que estava num esgoto. Depois de algumas tentativas de caminhar pela borda, desistiu. A curva era íngreme demais, a superfície, escorregadia demais. Em vez disto, tentando esquecer o que aquela água gordurosa transportava, ela desceu no meio, a água agora quase nos seus joelhos.

Do canto dos olhos, ela subitamente vislumbrou movimento e cor e virou a cabeça. Pequenas partículas de luz avermelhada brilharam na escuridão, movendo-se, e ela ouviu um barulho de tropel.

Ratos passeavam apressadamente pelas bordas do esgoto.

— Tess!

A voz de Vance trovejou pelo túnel úmido, sacudindo as paredes, parecendo vir de todos os lados ao mesmo tempo.

Mais alguns metros e ela percebeu que, à sua frente, a escuridão não era tão intensa. Movendo-se desajeitadamente, continuou andando o mais rápido que ousava. De maneira alguma, ela se arriscaria a cair com o rosto na água. Quando, por fim, atingiu a fonte de luz, percebeu que vinha de cima. De uma grade da calçada. Ela conseguia ouvir as pessoas lá em cima. Aproximando-se mais, podia realmente vê-las, caminhando a cerca de seis metros acima dela.

Ela sentiu uma onda de esperança e começou a gritar.

— Socorro! Ajudem-me! Aqui embaixo! Socorro!

Mas ninguém pareceu ouvi-la e, se ouviu, simplesmente ignorou seus gritos. "É claro que estão me ignorando. O que você esperava? Esta é a cidade de Nova York. Levar a sério gritos vindos dos esgotos era a última coisa que qualquer um por aqui faria."

Tess percebeu que seus gritos ecoavam pelo túnel à frente e atrás dela. Ela ouviu. Alguns sons se aproximavam. Burburinhos e fortes batidas na água. Ela não estava disposta a ficar lá e esperar que ele a alcançasse. Partiu de novo, agora inteiramente desatenta à água e à imundície, e chegou quase que imediatamente a uma bifurcação no túnel.

Um corredor era mais largo, porém mais escuro e parecia mais úmido. Mais fácil de se esconder? Talvez. Ela escolheu esse. Mal tinha andado seis metros e parecia que tinha feito a escolha errada. Lá, em frente a ela, estava uma parede branca de tijolos.

Era um beco sem saída.

Capítulo 37

Depois de ter repelido o intruso na cripta, Vance planejara usar os túneis como rota de fuga do porão, levando com ele o codificador e o manuscrito parcialmente decifrado. Mas tudo o que ele tinha agora, firmemente presa em seus braços, era a máquina complicada. Os papéis tinham sumido. Ele sentiu uma fúria cruel o envolver e gritou o nome dela, seu berro irritado ressoando pelas paredes úmidas que o engoliam.

Ele não tinha nenhum motivo para brigar com Tess Chaykin. Lembrou-se que já tinha gostado dela antes, na época em que ainda era capaz de gostar das pessoas, e não deveria ter nenhum motivo para odiá-la agora. Na verdade, tinha até passado pela sua cabeça convidá-la a participar de sua... cruzada.

Mas ela roubara os documentos, *seus* documentos, e isto o enfureceu.

Alçando o codificador numa posição mais cômoda, continuou atrás de Tess. Se ele não a alcançasse logo, ela poderia dar de cara com uma ou outra das várias portinholas de fuga deste labirinto tortuoso.

Ele não poderia deixar que isto acontecesse.

Novamente, ele sentiu sua raiva aumentar, mas a repeliu. Não podia se arriscar a se mover ou agir temerariamente.

Não agora.

E, especialmente, não aqui em baixo.

Tess virara no beco sem saída e planejava voltar pelo caminho que seguira quando viu uma porta de ferro em uma parede lateral. Segurou sua maçaneta enferrujada e puxou. Não estava trancada, mas estava emperrada. Com um esforço desesperado, forçou e a abriu; viu uma escada em espiral para baixo. Mais profundo e mais escuro, este não parecia ser um caminho inteligente, mas ela não tinha muitas escolhas.

Tateando e sentindo os degraus angulados antes de colocar seu peso sobre eles, Tess se pôs a descer a escada e se descobriu em um novo túnel. "Quantos túneis existem aqui embaixo, pelo amor de Deus?" Pelo menos, este era maior que o anterior e, melhor ainda, estava seco. Por ora. O que quer que fosse, pelo menos não era um esgoto.

Ela não sabia que caminho seguir. Decidiu ir para a esquerda. Adiante, viu uma luz fraca. Luz amarela, que se movia. "Mais velas?"

Com hesitação, ela se moveu para frente, pela borda.

A luz se apagou.

Tess paralisou. Percebeu, então, que não tinha se apagado; alguém estava na frente dela.

Ainda havia barulhos atrás dela. Quem quer que estivesse de pé lá adiante não poderia ser Vance. Ou poderia? Talvez ele soubesse se localizar nestes túneis. Ele tinha dito que morava aqui. Ainda assim, ela se obrigou a avançar e podia ver agora não uma, mas duas figuras a poucos metros. Ela não achou que alguma delas fosse Vance. Se homens ou mulheres, porém, ela não tinha a menor idéia, mas, aqui embaixo, era provável que nenhuma delas fosse uma boa notícia.

— Ei, garota — uma voz rouca falou. — Está perdida?

Decidindo instantaneamente que hesitar poderia ser ruim para a sua saúde, Tess apressou o passo, desengonçado na escuridão quase total.

— Parece que é seu dia de sorte, cara — disse outra voz, mais aguda.

Não soaram particularmente amigáveis.

Tess continuou andando. Atrás dela veio um barulho ainda mais alto. Seu coração pulou. Ela estava perto das duas figuras agora. Seus rostos ainda estavam escondidos pela escuridão. Na fraca luz de velas atrás deles, ela conseguiu divisar um monte de caixas de papelão, rolos do que pareciam ser tapetes, feixes de panos.

Tess pensou rápido.

— Os policiais estão vindo — disse Tess quando se dirigiu a eles.

— Que diabo eles querem? — um deles resmungou.

Quando Tess abriu caminho passando pelos dois homens, um deles esticou o braço e agarrou seu casaco.

— Ei, vem cá, boneca...

Instintivamente, Tess girou, batendo a parte de dentro do seu punho cerrado na lateral da cabeça do homem. Ele cambaleou para trás com um grito de surpresa. Aquele com a voz aguda estava prestes a tentar a sorte, mas deve ter visto alguma coisa nos olhos de Tess, cintilando na luz amarela, e recuou.

Tess se virou e se afastou, aumentando o máximo possível a distância entre ela e os dois vagabundos. Ela correu, agora cansada, ofegante, o desolamento do submundo infernal começando a esmagá-la.

Chegou até mais uma bifurcação no túnel. Não tinha a menor idéia sobre qual caminho seguir. Desta vez, foi para a direita. Titubeando por mais alguns metros, ela viu uma saliência na parede, uma grade que se abriu quando ela a empurrou. Outra escada que descia. Ela precisava ir para cima, não para baixo. Mas tinha que fugir de Vance e decidiu seguir por ela, esperando que ele não a seguisse.

Agora ela estava em um túnel muito maior, também seco, com paredes retas. Era muito mais escuro e ela avançava com cautela, tateando a mão pela parede como um guia. Ela não ouvia mais os passos de Vance, nem seus gritos. Respirou. Ótimo. E agora? Então, depois do que foi provavelmente menos de um minuto, mas que lhe pareceu uma eternidade, ela ouviu um som vindo de trás. Não de ratos desta vez, nem de um perseguidor humano. O que ouviu foi o ruído de um trem.

"Droga. Estou no metrô."

Uma luz fraca tremulante oscilava nas paredes à medida que o trem estridente se aproximava; a luz iluminou os trilhos no chão. Ela correu, tentando desesperadamente manter os olhos no trilho ativo, esperando não atingi-lo. O trem se aproximava velozmente, seus estrondos rítmicos balançando as paredes do túnel. O trem quase a alcançava quando ela viu, realçada por seus faróis dianteiros, uma exígua cavidade na parede e se jogou contra ela. Enquanto se espremia dentro do espaço curvo, o trem passou a toda velocidade, a apenas um palmo de seu corpo trêmulo. O coração batendo rápido, os braços cobrindo o rosto em posição de defesa, os olhos bem fechados, mas ainda cientes da luz estroboscópica enquanto ele passava como um raio, ela esperou. O ar quente de fuligem avançou contra ela, cobrindo cada centímetro de seu corpo, insinuando-se em sua boca e narina. Ela se apoiou mais firmemente ainda contra a parede. O barulho era ensurdecedor, dominava todos os seus outros sentidos. Ela manteve os olhos fechados e, quando as luzes finalmente passaram por ela, um guincho lúgubre cortou o ar quando os freios agarraram as rodas soltando faíscas. Com as batidas do coração ainda latejando nos ouvidos, ela sentiu uma onda de alívio.

"Uma estação. Devo estar perto de uma estação."

Tess recorreu às suas últimas reservas de energia, venceu aos tropeços os últimos e desesperados metros e, quando o trem voltou a se mover, saiu para a luz brilhante e subiu pesadamente para a plataforma. Os últimos passageiros estavam desaparecendo pelas escadas acima e, se alguém a viu, não reagiu.

Durante um momento, Tess permaneceu lá, sozinha, apoiada sobre as mãos e joelhos na borda da plataforma, o coração ainda batendo rápido de medo e exaustão. Então, molhada, imunda e ainda tremendo, ela se esforçou para ficar de pé.

Exausta e com as pernas bambas, vacilantes, ela seguiu os outros para cima, para a civilização.

Capítulo 38

Embrulhada em um cobertor e com as mãos envolvendo uma enorme caneca de café quente, Tess sentou-se no carro de Reilly, do outro lado da rua da estação de metrô na rua 103, e tremeu. O frio tinha penetrado por toda a roupa encharcada. Da cintura para baixo, ela estava congelada e, no restante, não se sentia nem um pouco melhor.

Ele se ofereceu para levá-la a um hospital ou direto para casa, mas Tess insistira que não estava ferida e que ainda não precisava ir para casa. Achava que, antes disto, precisava colocá-lo a par de suas descobertas.

Enquanto observava as equipes de policiais entrarem na estação, ela lhe contou sobre seu confronto com Vance. Sobre como Clive lhe sugerira que consultasse o professor, como ela tinha de fato conhecido Vance anos antes, como se arriscara no cemitério, esperando que ele pudesse ajudá-la a descobrir a ligação com o que acontecera no Metropolitan. Ela repassou o que Vance tinha dito sobre a morte da mulher no parto, sobre como ele culpava o padre deles por isto e sobre como ele dissera que queria "endireitar as coisas", o que pareceu intrigar Reilly. Ela lhe contou a história sobre o templário agonizante e o monge cujos cabelos tinham se tornado brancos e explicou como Vance tinha atirado nela, como ela se descobriu num porão; como eles foram interrompidos por alguém, a troca de tiros que tinha ouvido e, finalmente, como escapara.

Enquanto conversavam, ela visualizou os grupos de busca revistando os vários túneis, procurando por Vance naquele pesadelo subterrâneo, embora soubesse que as chances eram que ele tivesse ido embora há muito. Pensar de novo nos túneis a fez estremecer. Não era um lugar que ela estava ávida por revisitar e esperava que não lhe pedissem que o fizesse. Nunca em sua vida tinha ficado tão apavorada. Pelo menos, não desde o ataque ao Metropolitan, que tinha sido menos de uma semana antes. Ela estava numa embrulhada, bem desagradável por sinal.

Quando terminou, Reilly sacudia a cabeça.

— O que foi? — perguntou ela.

Ele estava apenas olhando para ela, em silêncio.

— Por que está me olhando desse jeito? — insistiu ela.

— Porque você é louca, sabia?

Ela suspirou fatigada.

— Por quê?

— Fala sério, Tess. Você não deveria correr para lá e para cá seguindo pistas e tentando resolver esta coisa por contra própria. Que diabo, você nem mesmo deveria estar tentando resolvê-la, e ponto-final. Esse é o meu trabalho.

Tess conseguiu dar um sorriso forçado.

— Sua preocupação é que eu vá fazer com que vocês todos fiquem mal, é isto?

Reilly não iria aceitar nada disso.

— Estou falando sério. Você poderia ter sido gravemente ferida. Ou pior. Você não está entendendo, está? Pessoas morreram por causa desta coisa. Não é uma piada.

Tess enrijeceu visivelmente.

— Achei que estava me encontrando com um professor de história para um pouco de conversa acadêmica jogada fora em torno de uma xícara de café. Não esperava que ele me atingisse com a sua... o seu... — Deu um branco na sua cabeça.

— *Taser.*

"Seja lá o que for."

— Seu *taser*, me enfiasse atrás do carro e me perseguisse pelos esgotos infestados de ratos. Ele é um professor de história, pelo amor de Deus. Eles deveriam ter modos afáveis, serem introvertidos que fumam cachimbos, não...

— Psicopatas?

Tess torceu a rosto e olhou para longe. De alguma forma, ela não achava o termo adequado, apesar de tudo o que tinha acontecido.

— Não tenho certeza se eu iria tão longe assim, mas... sem dúvida alguma, ele não está em boa condição. — Ela sentia um quê de empatia pelo professor, o que a desconcertou, e se ouviu dizendo: — Ele precisa de ajuda.

Reilly a estudou, parando por um momento.

— Certo, precisaremos fazer um interrogatório apropriado, em profundidade, assim que você estiver tranqüila, mas, agora, preciso garantir que descubramos para onde ele a levou. Você não tem a menor idéia de onde estava sendo mantida, onde fica o porão?

Tess balançou a cabeça.

— Não, já disse. Quando voltei a mim dentro do carro, eu estava com os olhos vendados, e, ao sair de lá, foi apenas um grande e escuro labirinto de túneis. Mas não pode ser longe daqui. Quero dizer, percorri o caminho a pé.

— Quantas quadras, se você tivesse que adivinhar.

— Não sei... cinco?

— Certo. Vamos pegar alguns mapas e ver se conseguimos encontrar este seu calabouço.

Reilly estava para sair andando quando Tess estendeu o braço e o parou.

— Tem mais uma coisa, algo que eu não lhe contei.

— Por que não estou surpreso? — ele a repreendeu. — O que é?

Tess colocou a mão na bolsa e tirou o rolo de folhas que tinha apanhado da mesa de Vance. Ela os estendeu para Reilly e, agora, na luz, conseguiu vê-los adequadamente pela primeira vez. Os documentos, antigos manuscritos em pergaminho, eram belos, apesar de não terem nenhuma ilustração; estavam apenas simples e estranhamente amontoados, de uma borda a outra, com um fluxo contínuo de letras impecavelmente desenhadas. Não havia quebras nem espaços entre as palavras, nem parágrafos.

Reilly examinou atentamente as folhas num assombroso silêncio e, então, voltou-se para ela. Ela deu um sorriso largo e forçado, iluminando o rosto manchado com a fuligem dos túneis.

— São de Vance — ela disse. — Os manuscritos templários, de Languedoc. Mas o negócio é o seguinte. Reconheço latim e nada disto faz sentido. É algaravia. É por isso que ele precisa do codificador. Esse material é a chave para explicar de que se trata.

A expressão dele ficou inteiramente anuviada.

— Mas estas páginas são inúteis sem o codificador.

Tess teve um brilho de satisfação no olho.

— É verdade, mas... o codificador também é supérfluo sem elas.

Foi um momento do qual sempre gostaria de se lembrar: ver Reilly inteiramente chocado e sem fala. Ela sabia que ele tinha que estar contente, mas também sabia que não poder exibir essa alegria provavelmente estava matando-o. A última coisa que ele queria fazer era encorajar a imprudência dela. Em vez disto, simplesmente cravou os olhos nela antes de sair do carro e chamar um dos outros agentes para pedir que os documentos fossem imediatamente fotografados. Momentos depois, um agente chegou correndo com uma câmera grande e Reilly entregou-lhe as folhas.

Tess ficou olhando quando o fotógrafo os espalhou na carroceria do carro e se pôs a trabalhar. Virou-se, então, e viu Reilly pegar um pequeno rádio bidirecional e ser atualizado da situação nos túneis. Havia algo de atraente na urgência com que ele realizava seu trabalho. Quando ela o via murmurando cripticamente no rádio, ele deu uma olhada para ela, que achou ter flagrado um pequeno sorriso.

— Preciso descer lá — ele lhe disse depois que desligou. — Encontraram dois dos seus amigos.

— E quanto ao Vance?

— Nenhum sinal dele. — Era evidente que não estava satisfeito com isso. — Vou arranjar alguém para levá-la para casa.

— Sem pressa — ela lhe disse. O que não era verdade. Ela estava desesperada para se livrar das roupas imundas e molhadas e ficar debaixo do chuveiro durante horas, mas não antes que o fotógrafo tivesse terminado. Ela estava mais desesperada ainda para dar uma olhada nos documentos que tinham começado tudo isto.

Reilly se afastou, deixando-a no seu carro. Ela o viu conversar com dois dos agentes, antes de todos irem em direção à entrada da estação.

Abruptamente, seus pensamentos foram interrompidos pelo seu celular. O identificador de chamadas exibia o número de sua casa.

— Tess, querida, sou eu. — Era Eileen.

— Mãe. Desculpe, eu deveria ter telefonado para você.

— Telefonado para mim? Por quê? Tem alguma coisa errada?

Tess respirou aliviada. Não havia nenhum motivo para a mãe se preocupar com ela. O FBI teria tido o cuidado de não a alarmar se tivesse telefonado para descobrir onde Tess estava.

— Claro que não. O que é?

— Estava apenas me perguntando a que horas você estaria em casa. O seu amigo já está aqui.

Tess sentiu um súbito calafrio subir por sua espinha.

— Meu amigo?

— É — falou alegremente. — É um homem muito adorável. Olha, dê uma palavrinha com ele, querida. E não demore muito. Convidei-o para o jantar. — Tess ouviu o telefone trocar de mãos e, então, uma voz recentemente familiar apareceu.

— Tess, querida. É o Bill. Bill Vance.

Capítulo 39

Tess ficou paralisada, um nó do tamanho de um punho fechado formou-se em sua garganta. Ele estava lá, na sua casa. Com a mãe. E... *Kim?*

Ela se afastou da porta do carro, agarrando firmemente o telefone.

— O que você está...

— Achei que você já estaria aqui — interpôs-se ele calmamente. — Não entendi errado a hora, entendi? Seu recado disse que era bem urgente.

Recado? A cabeça de Tess estava a toda. "Ele está na minha casa e está jogando." Uma raiva cresceu dentro dela.

— Se você as ferir, juro que...

— Não, não, não — ele interrompeu —, nenhum problema. Mas realmente não posso ficar muito tempo. Por mais que me agrade a idéia de aceitar o adorável convite da sua mãe e jantar com todas vocês, preciso voltar para Connecticut. Você disse que tinha alguma coisa para mim. Algo que queria que eu desse uma olhada.

Claro. Os documentos. Ele quer de volta seus documentos. Ela percebeu que ele não queria causar nenhum sofrimento para sua mãe ou para Kim. Ele estava bancando um amigo e agia como tal. A mãe não saberia que tinha alguma coisa errada. "Ótimo. Vamos deixar desse jeito."

— Tess? — perguntou ele com uma serenidade perturbadora. — Você ainda está aí?

— Estou. Você quer que eu leve os documentos para você.

— Isto seria ótimo.

Sua mente voou para sua carteira, lá entre a confusão no chão do porão de Vance, e se repreendeu por não tê-la recuperado. Olhou nervosamente para fora da janela do carro. Apenas o fotógrafo estava perto, ainda tirando fotografias dos documentos. Sentindo um aperto no peito, Tess respirou profundamente e se afastou do fotógrafo.

— Estou a caminho. Por favor, não faça nada...

— É claro que não — disse ele rindo. — Vou esperar por você, então. Tem mais alguém que vá se juntar a nós?

Tess torceu a cara.

— Não.

— Perfeito. — Ele parou por um momento. Tess se perguntou o que ele estaria fazendo. Será ótimo ficar mais um pouco e conhecê-las melhor — ele continuou. — Kim é uma garotinha tão maravilhosa.

Portanto, ela estava lá, afinal. "Aquele bastardo. Ele perdeu a filha e agora está ameaçando a minha."

— Vou sozinha, não se preocupe — disse Tess com firmeza.

— Não demore muito.

Ela ouviu o telefone ser desligado e, por um momento, continuou a segurar o celular no ouvido, repassando novamente a conversa, tentando chegar a alguma conclusão sobre o que estava acontecendo.

Ela tinha uma grande decisão a tomar. "Conto a Reilly?" Ela sabia a resposta: é claro. Qualquer pessoa que já tivesse assistido a um seriado da TV sabia que, independentemente do que um seqüestrador dissesse, você deveria telefonar para a polícia. Você sempre chamava os policiais. Mas aquilo era ficção e isto era a vida real. Tratava-se de sua família nas mãos de um homem destruído. Por mais que quisesse contar a Reilly, ela não quis se arriscar a desencadear alguma espécie de situação com reféns. Não com o estado de espírito em que Vance se encontrava.

Agarrando-se desesperadamente a uma esperança, ela tentou se convencer de que ele não as machucaria. Ele não a tinha machucado, tinha? Até pediu desculpas pelo que fizera a ela. Mas, agora, ela o traíra e tinha os documentos dele, aqueles que eram cruciais para sua missão. Os documentos, como Reilly colocou corretamente, por causa dos quais pessoas tinham morrido.

Ela não poderia se arriscar. A família não estava a salvo.

Novamente deu uma outra olhada furtiva para o fotógrafo. Ele tinha acabado. Ainda segurando o celular no ouvido, aproximou-se dele.

— Isso mesmo — disse ela em voz alta, no telefone mudo. — Ele acabou de fotografá-los. — Ela acenou para o fotógrafo, lançando um sorriso. — Claro, eu os levarei imediatamente — continuou. — Vá em frente e comece a preparar o equipamento.

Fechando o telefone, ela se dirigiu ao fotógrafo.

— Tem certeza de que sairão bem?

A pergunta dela o surpreendeu.

— Espero que sim. É para isso que sou pago.

Ela enrolou os documentos enquanto ele, por reflexo, afastou-se deles.

— Preciso correr com isto para o laboratório. — Sempre havia um laboratório envolvido. Ela só esperava que soasse remotamente verossímil. Olhou para a câmera e acrescentou: — O Reilly quer essas fotos reveladas rápido. Poderia fazer isto para ele?

— Claro, sem problema... já que são digitais — disse imperturbavelmente.

Tess fez careta pelo seu erro enquanto caminhava, com o máximo de determinação que conseguia, de volta ao carro de Reilly, resistindo ao impulso de correr. Quando chegou até a porta do motorista, olhou para dentro e viu que a chave ainda estava lá, onde tinha visto Reilly deixar. Entrou e girou a ignição.

Ela examinou os rostos na cena, procurando por Reilly, esperando não vê-lo. Ele não estava por perto, nem o seu parceiro. Tirou o carro da vaga em fila dupla e, lentamente, navegou entre os outros *sedans* e carros de polícia, avançando pouco a pouco, sorrindo acanhadamente para os dois policiais que a ajudaram a passar, esperando que o puro terror dentro dela não estivesse chegando à superfície.

Uma vez que ficou livre, ela se afastou, espiando pelo espelho retrovisor e, momentos depois, estava acelerando pela rua, indo em direção a Westchester.

Capítulo 40

Ao estacionar na entrada de garagem, do lado de fora de sua casa, Tess calculou mal a freada e bateu forte antes de cantar os pneus até parar.

Sentada lá, paralisada de medo, ela olhou para as mãos. Estavam tremendo, e sua respiração estava curta e rápida. Lutou para se recompor. Tinha que ficar calma nesta situação. "Por favor, Tess. Controle-se." Se conseguisse pelo menos sair-se bem nisso, talvez, apenas talvez, ela e Vance poderiam conseguir, cada um, o que queriam.

Ela saiu do carro e, de repente, arrependeu-se por não ter contado a Reilly sobre o que tinha acontecido. Ela ainda poderia vir para cá, enquanto ele organizaria... o quê? Uma equipe da SWAT, homens com armas e megafones cercando toda a casa, gritando "Saia com as mãos para o alto"? Horas de tensas negociações em torno de reféns, antes do inevitável e altamente arriscado — por mais que minuciosamente planejado — ataque? Sua imaginação estava se saindo melhor do que ela. Ela tentou ficar concentrada na realidade ao seu redor. Não, talvez sua escolha tenha sido a certa, afinal de contas.

De qualquer maneira, agora era tarde demais.

Ela estava lá.

Caminhando até a porta, ela subitamente hesitou. Conseguia imaginar o que tinha acontecido. Vance teria tocado a campainha, falado com Eileen. Umas poucas palavras sobre Oliver Chaykin, sobre Tess, e Eileen teria ficado inteiramente desarmada e, provavelmente, encantada também.

Se pelo menos ela tivesse contado para Reilly.

Deslizando a chave na fechadura, ela abriu a porta e entrou na sala de estar. A cena que a aguardava era surreal. Vance estava lá, sentado com a sua mãe no sofá, batendo papo amigavelmente, sorvendo uma xícara de chá. Tess conseguia ouvir a música vindo do quarto da Kim. A filha estava no andar de cima.

A boca de Eileen caiu quando viu o estado desgrenhado da filha. Ela pulou do seu assento.

— Oh, meu Deus, Tess, o que aconteceu com você?

— Você está bem? — Vance se levantou, parecendo genuinamente surpreso.

"Ele tinha a coragem de perguntar isso." Tess olhou fixamente para ele, fazendo o máximo possível para manter sob controle a sua raiva, que, agora, já esmagara quaisquer sentimentos de medo que tinha.

— Estou ótima. — Ela conseguiu encontrar um sorriso. — Houve um vazamento na rua em frente ao escritório e o caminhão passou bem em cima da poça justamente quando eu estava de pé lá e, bem... Vocês não vão querer saber.

Eileen pegou o braço da filha.

— Você precisa se trocar, querida, ou vai pegar um resfriado. — Ela se dirigiu a Vance. — Você vai nos desculpar, não vai, Bill?

Tess olhou fixamente para Vance. Ele estava simplesmente de pé lá, irradiando afeto e preocupação.

— Na verdade, infelizmente eu realmente já devo ir. — Seus olhos fulminaram os de Tess. — Se quiser me dar aqueles documentos, vou embora. Além disso, tenho certeza de que a última coisa que você quer neste exato momento é um convidado na casa.

Tess ficou parada lá, com olhos fixos nele. O silêncio foi ensurdecedor. Eileen olhou para Vance, depois para Tess, que sabia que a mãe estava, sem dúvida alguma, sentindo um quê de incômodo na sala. Ela rapidamente saiu da situação e sorriu para Vance.

— Claro. Tenho-os bem aqui. — Ela colocou a mão na bolsa, tirou os manuscritos e os entregou a ele. Ele esticou o braço para pegá-los e, por poucos segundos, ambos estavam segurando-os.

— Obrigado. Começarei a trabalhar neles assim que puder.

Tess forçou outro sorriso.

— Isso seria ótimo.

Vance virou-se para Eileen e tomou a mão dela entre as suas.

— Foi um prazer.

Eileen relaxou e ruborizou, o rosto radiante pela gentileza. Tess sentiu-se imensamente aliviada de Eileen ter sido poupada da verdade sobre quem Vance realmente era. Pelo menos por ora. Ela virou-se de volta para Vance. Não conseguiu ler seu olhar. Ele a estava estudando.

— Preciso ir andando. — Ele acenou para Tess. — Mais uma vez, obrigado.

— Não há de quê.

Ele parou na porta e dirigiu-se a Tess.

— Eu a verei em breve. — E, com isso, saiu pela porta.

Tess se afastou de Eileen e ficou parada à porta, vendo-o sair dirigindo. Eileen se juntou a ela.

— Ele é um homem tão gentil. Por que não me disse que você o conhecia? Ele me contou que trabalhou com Oliver.

— Vamos entrar, mãe — disse Tess numa voz baixa enquanto fechava silenciosamente a porta. Suas mãos ainda tremiam.

Capítulo 41

No longo espelho de seu banheiro, Tess finalmente se viu. Ela nunca estivera tão suja, desalinhada ou pálida. Mesmo com os tremores da tensão ainda pulsando por suas pernas, ela resistiu ao impulso de se sentar. Depois de tudo que tinha acontecido hoje, ela sabia que, se de fato se sentasse, provavelmente não conseguiria levantar-se de novo durante algum tempo. Também sabia que o dia ainda não tinha acabado. Reilly estava a caminho. Ele tinha telefonado pouco depois que Vance saiu e estava correndo para lá. Mesmo que ele soasse calmo, ela sabia que ele estava furioso com ela. Ela teria que dar explicações sérias.

De novo.

Só que, desta vez, seria um pouco mais difícil. Ela teria de contar a Reilly por que não confiou nele o bastante para pedir sua ajuda.

Ela olhou fixamente para a estranha no espelho. A loira confiante e vigorosa tinha sumido. Em seu lugar estava uma ruína, tanto física quanto mentalmente. Dúvidas perseguiam sua mente. Ela pensou de novo nos eventos do dia, questionando cada gesto seu e se odiando por ter colocado a mãe e a filha em perigo.

"Não é um jogo, Tess. Você tem que parar de fazer isto. Tem que parar agora."

Ao se despir, sentiu o início das lágrimas. Tinha resistido a elas quando foi abraçar Kim depois que Vance partira. Tinha resistido às lágrimas nervosas de riso quando Kim a empurrou para trás, dizendo: "Eca, mãe, você está cheirando mal. Precisa muito de um chuveiro." Resistiu a elas ao telefone com Reilly, ao mesmo tempo que se certificava que a mãe e Kim não ouvissem, por acaso, a conversa com ele. Pensando nisso, ela não conseguiu lembrar a última vez em que tinha chorado, mas, agora, não conseguia evitar. Sentiu-se horrível, tremendo tanto de medo quanto nos piores cenários hipotéticos que imaginou.

Além de se enxaguar para se livrar da sujeira e do cheiro, ela usou o tempo no chuveiro para tomar algumas decisões. Entre elas estava a que ela devia a Kim e a Eileen mais alguma coisa.

"Segurança."

Uma idéia lhe ocorreu.

Vestindo somente um roupão de banho e com os cabelos ainda pingando, Tess descobriu Eileen na cozinha.

— Estive pensando sobre os nossos planos de ficar com a tia Hazel neste verão — disse Tess sem qualquer preâmbulo. Hazel era a irmã da mãe. Vivia num pequeno sítio bem perto de Prescott, no Arizona, sozinha, exceto por algumas dezenas de animais de espécies variadas.

— O que é que tem?

Tess continuou falando sem sequer piscar.

— Acho que deveríamos ir para lá agora, para a Páscoa.

— Por que diabos... — A mãe parou e, então disse: — Tess, o que é que você não está me contando?

— Nada — mentiu Tess, lembrando do outro homem que tinha procurado por Vance no porão, do disparo da arma de fogo e do grito angustiado dele.

— Mas...

Mais uma vez, Tess interrompeu a mãe.

— Todas nós precisamos de um descanso. Olha, eu também irei, certo? Precisarei de alguns dias para cuidar dos meus compromissos e combinar tudo com o escritório. Mas quero que você e Kim viajem amanhã.

— Amanhã?

— Por que não? Você estava morrendo de vontade de ir e Kim pode simplesmente começar suas férias de Páscoa alguns dias antes. Vou reservar algumas passagens de avião, vai ser mais fácil assim, não pegaremos a correria da Páscoa — insistiu Tess.

— Tess. — O tom da mãe era zangado e firme. — De que se trata tudo isto?

Tess sorriu nervosamente com a contrariedade da mãe. Ela pediria desculpas mais tarde.

— É importante, mãe — disse ela serenamente.

Eileen a estudou. Sempre fora capaz de ler os pensamentos da filha, e hoje não era exceção.

— O que está acontecendo? Você está em perigo? Quero uma resposta honesta, agora. Está?

Ela não poderia mentir sobre isto.

— Acho que não. O que sei é que, no Arizona — disse ela evasivamente — não haverá absolutamente nada com que se preocupar. — A mãe fez cara feia.

Não era obviamente a resposta que estava esperando. — Bem, então venha conosco amanhã.

— Não posso. — Seu olhar e seu tom não deixaram espaço para discussão.

Eileen respirou profundamente, estudando-a.

— Tess...

— Não posso, mãe.

Eileen assentiu, infeliz.

— Mas você irá nos encontrar lá. Você me prometa.

— Prometo. Estarei com vocês em uns dois dias.

De uma só vez, ela teve uma enorme sensação de alívio. Então a campainha tocou.

— Você deveria ter me contado, Tess. Você deveria ter me contado. — Reilly estava lívido. — Poderíamos tê-lo apanhado depois que tivesse saído da casa, poderíamos ter colocado pessoas para segui-lo, poderíamos ter cuidado disto de várias maneiras. — Ele balançou a cabeça. — Poderíamos tê-lo apanhado e colocado um fim nesta coisa.

Eles conversaram no quintal dos fundos, longe de Eileen e de Kim. Ela tinha lhe pedido para ser discreto e não aparecer com armas disparando, garantindo a ele que todas elas estavam a salvo. Com Aparo mantendo vigilância na frente da casa e esperando que o carro de patrulha do distrito policial local aparecesse, Reilly rapidamente confirmou que a situação estava, como ela lhe dissera, sob controle, e que o perigo tinha de fato passado.

Ela vestia um roupão de banho branco, os cabelos longos mais escuros por estarem molhados, as pernas nuas debaixo do roupão. Sentada sob uma grande árvore de malva e apesar da frustração e da raiva que ela via que tinha causado a Reilly, ela se sentia estranhamente calma. A presença dele tinha muito a ver com isto. Duas vezes no mesmo dia, ela se sentira ameaçada como nunca havia se sentido antes e duas vezes ele estivera presente por ela.

Ela olhou para longe, colocando em ordem os pensamentos e deixando que a própria agitação dele se aquietasse um pouco, antes de erguer os olhos para ele.

— Sinto muito, sinto muitíssimo... Eu simplesmente não sabia o que mais fazer. Acho que não estava pensando direito. Tive todas aquelas visões de equipes da SWAT e negociadores de reféns e...

— ...e você entrou em pânico. Entendo isso, é perfeitamente normal. Quero dizer, o sujeito estava ameaçando sua filha, sua mãe, mas mesmo assim... — Ele suspirou, de frustração, balançando de novo a cabeça.

— Eu sei. Você tem razão. Desculpe.

Ele olhou para ela.

Ele odiava o fato de que ela e a filha tinham estado em perigo. E também sabia que não poderia culpá-la. Ela não era uma agente do FBI; era arqueóloga e mãe. Ele não poderia esperar que ela pensasse do mesmo jeito que ele e reagisse fria e racionalmente a uma situação tão extrema assim. Não quando a filha dela estivesse envolvida. Não depois do dia que tivera.

Depois de um longo momento, ele falou:

— Olha, você fez o que achou que era melhor para a sua família, e ninguém pode culpá-la por isso. Eu provavelmente teria feito a mesma coisa. O principal é que todas vocês estão seguras. Isto é tudo que realmente importa.

O rosto da Tess se iluminou. Ela inclinou a cabeça, com um pouco de culpa, lembrando de novo de Vance, de pé lá na sua sala de estar.

— Mesmo assim... devolvi a ele os documentos.

— Ainda temos as cópias.

— Contanto que o seu fotógrafo não tenha esquecido de carregar a câmera.

Reilly conseguiu dar um sorriso relutante.

— Acho que estamos bem neste aspecto. — Ele olhou para o relógio. — Vou livrá-la da minha presença, tenho certeza que você quer descansar um pouco. Mandarei um carro de patrulha vigiar a casa. E não deixe de trancar tudo depois que eu sair.

— Vou ficar bem. — Subitamente, ela ficou ciente de o quanto ela era vulnerável. De o quanto todos eram. — Não tenho mais nada de que ele precise.

— Tem certeza disso? — Ele só estava brincando um pouco.

— Palavra de escoteiro.

Ele realmente sabia como fazê-la relaxar.

— Certo. Se você estiver disposta — disse ele —, eu realmente gostaria de que fosse à cidade de manhã. Acho que seria realmente útil repassar tudo de novo em detalhes com os outros da equipe, para ter todos os fatos e organizá-los.

— Sem problema. Só me deixe colocar minha mãe e Kim num avião, antes.

— Bom. Vejo-a amanhã. — Os olhos dela encontraram-se com os dele.

— Certo. — Ela se levantou para acompanhá-lo de volta até a casa.

Ele tinha dado alguns passos quando parou e voltou-se para ela.

— Você sabe que há uma coisa que não tive chance de perguntar lá na cidade.

— E o que é?

— Por que você os pegou? — Ele fez uma pausa. — Os documentos. Quero dizer, você devia estar desesperada para sair de lá... e, mesmo assim, você deixou esse pensamento de lado por tempo suficiente para agarrar os papéis.

Ela não tinha certeza do que se passara na sua cabeça. Tudo pareceu enevoado.

— Não sei — conseguiu dizer. — Eles estavam simplesmente lá.

— Sei, mas mesmo assim... Acho que estou surpreso, é tudo. Eu teria pensado que a única coisa na sua mente teria sido sair de lá o mais rápido possível.

Tess desviou o olhar. Sabia aonde ele queria chegar.

— Você vai conseguir deixar esta coisa para trás e esquecer — ele insistiu —, ou vou ter que trancá-la para a sua própria segurança? — Ele estava falando muito sério. — Quanto isto é importante para você, Tess?

Ela deu um meio-sorriso.

— Esta coisa, é.... existe algo nele. Aquele manuscrito, toda a sua história... Sinto que preciso estar lá, preciso descobrir do que se trata realmente. Você precisa entender uma coisa — ela insistiu —, a arqueologia é... não é a mais generosa das carreiras. Nem todo mundo consegue um Tutancâmon ou uma Tróia. Por 14 anos, estive lá no campo, escavando e usando a pá nos recantos mais desolados e infestados por mosquitos deste planeta, e todo o tempo continuei com a esperança de que conseguiria acertar em alguma coisa como esta, não apenas pequenas e obscuras peças de cerâmica ou um mosaico parcialmente preservado, mas alguma coisa grande, entende? É o sonho de todo arqueólogo. A coisa genuína, para os livros de história, algo que eu poderia levar a Kim para ver no Metropolitan um dia, apontar orgulhosamente e dizer: "Eu descobri isto." — Ela fez uma pausa, estudando a reação dele. — Isto deve ser mais que apenas um caso de rotina para você, não é?

Ele assimilou o que ela disse antes de dar um tom mais leve à conversa.

— Ah, nós pegamos malucos montados a cavalos destruindo museus toda semana. É isso que odeio neste trabalho. A rotina. É de matar. — Seu rosto ficou sério de novo. — Tess, você continua esquecendo de uma coisa aqui. Isto não é apenas algum desafio acadêmico, não se trata apenas do manuscrito e do que ele significa... é uma investigação de homicídio múltiplo.

— Eu sei.

— Vamos colocá-los atrás das grades antes. Depois, você pode tentar descobrir o que eles estavam procurando. Vá lá amanhã. Descreva tudo o que sabe e, então, deixe-nos continuar a partir daí. Se precisarmos de ajuda, você será a primeira a saber. E, sei lá, se você quiser algum tipo de acordo de exclusividade caso alguma coisa...

— Não, não é isto. É só que... — ela percebeu que nada que dissesse o faria mudar de opinião.

— Você vai ter que esquecer isso, Tess. Por favor. Preciso que você esqueça isso.

Ela ficou comovida pelo jeito que ele o disse.

— Você fará isto? — ele continuou. — Realmente, não é um jogo do qual eu queira que você participe agora.

— Vou tentar — ela assentiu.

Ele a estudou, depois deixou escapar uma pequena gargalhada e balançou a cabeça.

Ambos sabiam que ela não tinha escolha.

Ela estava inteiramente envolvida, em cada detalhe, sem reservas.

Capítulo 42

Remexendo-se na cadeira da severa sala de conferências envidraçada com vista para a Praça Federal, De Angelis estudou Tess Chaykin cuidadosamente. Uma senhora muito esperta, pensou ele. Isto era óbvio. Mais preocupante era que ela parecia destemida também. Era uma combinação intrigante, mas potencialmente perigosa. Contudo, um lance corretamente jogado também poderia se revelar bem útil. Ela parecia saber quais perguntas formular e que pistas seguir.

Olhando de relance para os outros em torno da mesa, De Angelis ouviu atentamente ao relato dela do seqüestro e de sua fuga subseqüente. Discretamente, ele massageou suavemente o lugar onde a bala de Vance tinha raspado em sua perna. Picava como uma ferroada ardente, particularmente quando ele caminhava, mas os analgésicos que ele tomava amorteciam a sensação até um ponto em que ele esperava que não fosse perceptível nenhum indício de claudicação.

As palavras dela o fizeram reviver o confronto com Vance na cripta escura. Sentiu raiva crescer dentro dele. E se repreendeu pela maneira como tinha permitido que Vance escapasse. Um frágil e torturado professor de história. "Indesculpável." Ele não deixaria que acontecesse de novo. Pensando nisso, ocorreu-lhe que se ele fosse bem-sucedido contra Vance, poderia ter de lidar também com ela, o que teria sido uma grande confusão. Ele não possuía nada contra ela, pelo menos até agora. Desde que os motivos dela não se revelassem antagônicos à sua missão.

Ele precisava compreendê-la melhor. "Por que ela está fazendo isto? Atrás do que ela realmente estaria." Perguntou-se. Ele teria que estudar o passado dela e, mais importante, sua postura dela em relação a determinadas questões de suprema importância.

Quando ela terminou sua história, De Angelis percebeu mais uma coisa. Era o jeito que Reilly olhava para ela. Havia alguma coisa aí, conjecturou. Interessante. O agente claramente a via como mais que uma ajuda à investigação. Não surpreendente por parte de Reilly, mas era correspondido?

Ele definitivamente precisava manter vigilância estrita sobre ela.

Quando Tess terminou, Reilly assumiu, chamando a atenção para uma imagem das ruínas da igreja em seu laptop. Ela apareceu em um grande painel plano em frente à mesa de conferências.

— É onde ele a mantia — Reilly disse a ela. — A igreja da Ascensão.

Tess olhou surpresa.

— Está inteiramente queimada.

— É, ainda estão trabalhando no levantamento de fundos para reconstruí-la.

— O cheiro, a umidade... sem dúvida alguma encaixa, mas... — Ela pareceu desconcertada. — Ele estava vivendo no porão de uma igreja incendiada. — Fez uma pausa, tentando correlacionar a fotografia à sua frente com a recordação de Vance e daquilo que ele dissera. Ela olhou para Reilly. — Mas ele odiava a Igreja.

— Esta igreja não era uma igreja qualquer. Sofreu um incêndio cinco anos atrás. Os investigadores de incêndio criminoso não descobriram nada de suspeito na época, mesmo tendo o padre da paróquia morrido nas chamas.

Ela puxou da memória, evocando o nome do padre que Vance tinha mencionado.

— Padre McKay?

— Sim.

Reilly olhou para ela. Era óbvio que tinham chegado à mesma conclusão.

— O padre que Vance culpou pela morte da esposa. — A imaginação dela estava galopando para frente agora, e as imagens que suscitava eram horrorosas.

— E as datas batem. O incêndio aconteceu três semanas após o enterro. — Ele voltou-se para Jansson. — Vamos ter que reabrir aquele caso.

Jansson assentiu. Reilly voltou-se para Tess, que pareceu perdida nos pensamentos.

— O que é?

— Não sei — disse ela, como se emergindo de um nevoeiro. — É simplesmente difícil pensar nele em termos tão contraditórios. Ele é este professor erudito, encantador por um lado e, então, o oposto, alguém que é capaz de tamanha violência...

Aparo interveio.

— Infelizmente, não é raro. É como o vizinho amigável e tranqüilo com partes de corpo no freezer. Geralmente são muito mais perigosos que os sujeitos que arrebentam bares todas as noites.

Reilly voltou a assumir.

— Precisamos entender o que ele está buscando ou atrás do que ele acha que está. Tess, você foi a primeira a enxergar a ligação entre Vance e os templários, se puder nos explicar passo a passo o que você sabe até agora, talvez possamos calcular o próximo passo dele.

— Por onde você quer que eu comece?

Reilly deu de ombros.

— Pelo começo?

— É uma longa história.

— Bem, mantenha-nos a três mil metros. Qualquer coisa que parecer interessante, entraremos em maior detalhe.

Ela colocou seus pensamentos em ordem antes de começar.

Ela lhes falou sobre a origem dos templários, sobre os nove cavaleiros surgindo em Jerusalém; sobre seus nove anos em reclusão no Templo, as teorias sobre eles desenterrarem alguma coisa naquele período; sobre sua subseqüente ascensão, um tanto inexplicável, ao poder; sobre suas vitórias em batalha e sua derrota final, em Acre. Ela os levou, passo a passo, pelo retorno dos templários à Europa, seu poder e sua arrogância, e como isso enraiveceu o rei da França e seu papa submisso, e sobre sua derrubada definitiva.

— Com o apoio de seu lacaio, o papa Clemente V, o rei inicia uma onda de perseguições, cerca os templários, acusa-os de heresia. Em poucos anos, eles são inteiramente exterminados. A maioria enfrentou mortes extremamente dolorosas.

Aparo pareceu confuso.

— Espera aí, heresia? Como eles poderiam justificar? Eu achei que esses caras eram os defensores da Cruz, os escolhidos do papa.

— Estamos falando de épocas extremamente religiosas — continuou Tess. — O demônio estava bem vivo nas mentes das pessoas à época. — Ela fez uma pausa e percorreu os olhos por toda a mesa. O silêncio a atiçou. — Houve alegações de que, quando os cavaleiros eram recebidos na ordem, eles o faziam cuspindo e até urinando na Cruz e negando Jesus Cristo. E não foi só disso de que eles foram acusados. Houve também afirmações de que eles adoravam um demônio estranho chamado Bafomé e que eram dados à sodomia. Basicamente, as alegações habituais de adoração oculta a que o Vaticano recorria sempre que queria se livrar de qualquer competição nas apostas religiosas.

Ela deu um rápido olhar para De Angelis. Ele manteve sua expressão benignamente interessada, mas nada disse.

— Durante o curso desses anos finais — continuou Tess —, eles confessaram muitas dessas acusações, mas suas confissões os convenceram tanto quanto aquelas obtidas durante a Inquisição espanhola. A ameaça de um ferro em brasa basta para fazer qualquer um admitir qualquer coisa. Especialmente quando, em toda à sua volta, a ameaça está sendo feita a seus amigos.

De Angelis tirou os óculos e os limpou com a manga do paletó, depois os recolocou e assentiu sombriamente para Tess. Estava muito claro onde estavam as simpatias dela.

Tess colocou os papéis de volta à pasta.

— Centenas de cavaleiros templários em toda a França foram cercados e submetidos a esta farsa. Já que não havia nenhuma retaliação, dezenas de bispos e abades se juntaram aos prováveis vencedores e bem rápido os cavaleiros templários bateram em retirada.

Aparo ergueu as mãos num gesto de pedir calma.

— Certo, espere, volte um pouco. Você disse que quase funcionou. O que o rei e o papa tinham se disposto a fazer. Que parte não funcionou?

— Eles nunca encontraram as riquezas que os templários sabidamente possuíam. — Ela lhes contou sobre os relatos de porta-jóias de ouros e pedras preciosas escondidos em grutas ou lagos por toda a Europa, e sobre os navios dos templários que fugiram do porto de La Rochelle na noite anterior à fatídica sexta-feira, treze.

— É disto que tudo isto se trata? — disse Jansson, segurando sua cópia do manuscrito codificado. — Um tesouro perdido?

— Bom ver um pouco da boa e velha ganância voltando à cena — Aparo bufou. — É uma mudança em relação aos excêntricos malucos mal-orientados que estamos acostumados a caçar.

De Angelis inclinou-se para frente, limpando a garganta e olhando de relance para Jansson.

— O tesouro deles nunca foi recuperado, isto é amplamente aceito.

Jansson tamborilou os dedos sobre os papéis.

— Então, este manuscrito poderia ser uma espécie de mapa do tesouro que Vance agora é capaz de ler.

— Isso não faz sentido — interpôs Tess, de repente se sentindo fora do seu lugar quando os rostos ao redor da mesa viraram para encará-la. Ela se dirigiu a Reilly, antes de continuar, apoiada por aquilo que interpretou como um olhar de apoio. — Se Vance estivesse atrás de dinheiro, poderia ter levado muito mais do Metropolitan.

— É verdade — respondeu Aparo —, mas o material em exibição seria virtualmente impossível de vender. E, daquilo que você nos contou, o tesouro dos templários tem que valer muito mais do que aquilo que estava em exposição, além de poder ser vendido livremente sem o medo de um processo judicial já que não terá sido roubado, apenas achado.

Os agentes estavam inclinando a cabeça para concordar, mas De Angelis percebeu que Tess pareceu em dúvida, embora parecesse cautelosa em expressar seus pensamentos.

— A senhora não parece estar muito convencida, sra. Chaykin.

Ela fez uma careta de constrangimento.

— É evidente que Vance queria o codificador para conseguir ler o manuscrito que descobriu.

— A chave para a localização do tesouro — confirmou Jansson, meio que questionando.

— Provavelmente — disse ela, voltando-se para ele. — Mas depende de como você define tesouro.

— O que mais poderia ser? — De Angelis esperava para ver se ela tinha conseguido alguma insinuação de Vance.

Ela sacudiu a cabeça.

— Não tenho certeza.

"Isso era bom se ela estivesse contando a verdade", pensou De Angelis.

Ele esperava que sim.

Mas, então, ela frustrou essa esperança e continuou.

— Vance parecia estar atrás de alguma outra coisa que não apenas o dinheiro. É como se ele estivesse possuído, é um homem numa missão. — Ela lhes descreveu passo a passo as teorias mais esotéricas do tesouro dos templários, inclusive a de que eles fizeram parte de alguma conspiração para proteger a linhagem sangüínea de Jesus. Ela lançou um rápido olhar para De Angelis enquanto dizia isto. Ele fitava-a atônico, sem deixar transparecer nada.

Assim que ela acabou, ele atacou.

— Colocando de lado toda a conjectura interessante — disse ele enquanto a fulminava com um sorriso ligeiramente condescendente —, a senhora está dizendo que ele é um homem atrás de vingança, um homem numa espécie de cruzada pessoal.

— Estou.

— Bem — continuou De Angelis com a maneira calma e tranqüilizadora de um professor universitário conhecedor do mundo —, dinheiro, especialmente muito dinheiro, também pode ser um instrumento fenomenal. Cruzadas, seja no século XII seja hoje, custam muito dinheiro, não custam? — Seu olhar deu a volta pela mesa.

Tess não respondeu.

A pergunta pairou no ar por um breve momento até que Reilly interveio.

— O que não entendo é o seguinte. Sabemos que Vance culpa o padre e, por inferência, a Igreja pela morte da esposa.

— Da esposa e da filha — Tess o corrigiu.

— Certo. E agora ele tem em mãos este manuscrito que ele diz ter sido, sei lá eu, assustador o bastante para tornar brancos os cabelos de um padre minutos depois que tomou conhecimento dele. E parece que todos nós concordamos que este manuscrito, escrito em código, é um documento dos templários, certo?

— Aonde você quer chegar? — interveio Jansson.

— Eu achava que os templários e a Igreja estavam do mesmo lado. Isto é, no meu entendimento, esses caras eram os defensores da Igreja. Travaram guerras sangrentas em nome do Vaticano por mais de duzentos anos. Consigo imaginar seus descendentes sendo enjeitados pela Igreja por aquilo que lhes aconteceu, mas as teorias sobre as quais você está falando — disse ele enquanto olhava para a Tess — são sobre alguma suposta descoberta que eles fizeram duzentos anos antes de serem perseguidos. Por que eles teriam em posse algo, desde o primeiro dia, que preocuparia a Igreja?

— Poderia ajudar a explicar por que eles foram queimados nas estacas — ofereceu Amelia Gaines.

— Duzentos anos depois? E tem outra coisa — continuou Reilly, dirigindo-se a Tess agora —, esses sujeitos passaram da defesa para a profanação da Cruz. Por que fariam isso? Suas cerimônias de iniciação simplesmente não fazem nenhum sentido.

— Bem, é disso que eles foram acusados — disse Tess. — Não significa que tenham realmente feito essas coisas. Era uma acusação convencional na época. O rei usou exatamente as mesmas acusações uns anos antes para se livrar do papa anterior, Bonifácio VIII.

— Certo, mas ainda não faz nenhum sentido — continuou Reilly. — Por que eles gastariam todo aquele tempo lutando pela Igreja se estavam escondendo algum segredo que o Vaticano não queria que fosse exposto?

De Angelis finalmente voltou a participar da discussão no seu habitual tom doce.

— Se me derem licença... Acho que se vocês forem nutrir tal fantasia, poderiam muito também considerar outra possibilidade que ainda não foi discutida.

O grupo reunido virou para olhá-lo de frente. Ele fez uma pausa, deixando que a expectativa crescesse antes de continuar serenamente.

— Toda a conjectura sobre a linhagem sangüínea de nosso Senhor surge em intervalos de poucos anos e nunca deixa de gerar interesse, quer seja no reino da ficção ou nos saguões da academia. O Santo Graal, o San Graal ou o Sang Real, chamem como quiserem. Mas, como a sra. Chaykin explicou de uma maneira bem articulada — ele destacou, inclinando a cabeça graciosamente para ela —, muito do que aconteceu aos templários pode ser simplesmente explicado por aquele que é o mais básico dos traços humanos, isto é — virando-se agora para olhar para Aparo —, a ganância. Não apenas eles ficaram poderosos demais, mas sem a defesa da Terra Santa para mantê-los ocupados, eles estavam agora de volta à Europa, basicamente à França, e estavam armados, eram poderosos e muito, muito, muito ricos. O rei da França sentiu-se ameaçado, e com todo o direito. Estava falido e devendo muito a eles, cobiçou desesperadamente a riqueza deles. De acordo com todos relatos, ele era um homem repugnante; eu estaria inclinado a concordar com a sra. Chaykin sobre toda a questão da prisão deles. Eu não acreditaria muito nas acusações a eles. Eram indubitavelmente inocentes, verdadeiros crentes e soldados de Cristo até a morte. Mas as acusações deram ao rei a desculpa para se livrar deles e, ao fazê-lo, refestelou-se com dois coelhos numa cajadada só. Livrou-se dos rivais e pôs a mão no tesouro deles. Ou, pelo menos, tentou, dado que nunca foi encontrado.

— É de um tesouro físico que estamos falando agora, não de alguma espécie de "conhecimento" esotérico? — perguntou Jansson.

— Bem, gosto de pensar que sim, mas, então, nunca fui abençoado com uma grande imaginação, embora realmente compreenda o atrativo de todas as teorias da conspiração vistosas e alternativas. Mas o físico e o esotérico poderiam estar relacionados de uma outra maneira. Veja, muito do interesse nos templários origina-se do fato que ninguém consegue explicar inequivocamente como eles conseguiram se tornar tão ricos e tão poderosos em tão curto tempo. Acredito que seja simplesmente o resultado da abundância de doações que receberam, já que sua missão recebeu grande publicidade. Mas, então, quem é que sabe? Talvez tenham descoberto algum segredo enterrado que os tornou incrivelmente ricos em tempo recorde. Mas o que era? Estaria relacionado com os míticos descendentes de Cristo, provas de que nosso Senhor foi pai de um ou dois filhos mil anos antes... — disse num ligeiro tom de gracejo —, ou teria sido algo bem menos controverso, mas potencialmente muito mais lucrativa? — Ele esperou, para ter certeza de que todos ainda estavam seguindo sua linha de raciocínio. — Estou falando dos segredos da alquimia, sobre a fórmula para transformar metais comuns — anunciou ele calmamente — em ouro.

Capítulo 43

Os rostos ao redor da mesa ficaram paralisados em silêncio quando De Angelis contou, passo a passo, uma breve história da ciência misteriosa.

As evidências históricas apoiavam sua proposição. A alquimia foi, de fato, introduzida na Europa durante as Cruzadas. Os trabalhos mais antigos de alquimia se originaram no Oriente Médio e foram escritos em árabe, muito antes de terem sido traduzidos para o latim.

— Os experimentos dos alquimistas se baseavam na teoria de terra, ar, fogo e água, de Aristóteles. Eles acreditavam que tudo era feito a partir da combinação desses elementos. Também acreditavam que, com a dosagem e o método corretos, cada um destes elementos poderia ser transmutado em qualquer um dos outros. A água poderia ser facilmente transformada em ar pela fervura, e assim por diante. E já que se julgava que tudo no planeta era constituído de uma combinação de terra, água, ar e fogo, em teoria pelo menos, acreditava-se que fosse possível transmutar qualquer material inicial em qualquer outro que se desejasse criar. E no topo das listas dos desejáveis estava, naturalmente, o ouro.

O monsenhor explicou como a alquimia também funcionava em um nível fisiológico. Os quatro elementos de Aristóteles igualmente se manifestavam nos quatro humores: fleugma, sangue, bile e bile negra. Num ser humano saudável, acreditava-se que os humores encontravam-se em equilíbrio. Imaginava-se que a doença surgia da deficiência ou do excesso de um dos humores. A alquimia evoluiu além da busca por uma receita que transformaria chumbo em ouro. Prometia revelar os segredos das transformações fisiológicas, da doença para a saúde ou da velhice para a juventude. Além do mais, muitos alquimistas também empregaram a busca por esta fórmula como uma metáfora para a busca da perfeição moral, acreditando que o que conseguisse ser realizado na natureza também poderia ser realizado no coração e na mente. Em seu aspecto espiritual, acreditava-se que a Pedra Filosofal que eles buscavam era capaz de provocar uma conversão espiritual, bem como física. A alquimia prometia tudo a quem desvendasse seus segredos: riqueza, longevidade e, até, imortalidade.

No século XII, contudo, a alquimia era também misteriosa e aterradora para aqueles que nunca a tinham experimentado. Os alquimistas usavam instrumentos estranhos e encantamentos místicos; empregavam simbolismo críptico e cores sugestivas em sua arte. Os trabalhos de Aristóteles foram proibidos. Na época, acreditava-se que qualquer ciência, como era então chamada, era um desafio à autoridade da Igreja; uma ciência que prometesse purificação espiritual era uma ameaça direta à Igreja.

— O que — continuou De Angelis — poderia ser uma outra explicação para o Vaticano permitir que a perseguição aos templários continuasse sem refutação. O momento oportuno, a localização, a origem de tudo isso, tudo se encaixa. — O monsenhor olhou de um lado ao outro da mesa. — Agora, não me entendam mal — disse, emitindo um sorriso reconfortante. — Não estou dizendo que tal fórmula existe, embora, para mim, com certeza não seja nada além de um exercício de imaginação do que quaisquer outras teorias fantasiosas do grande segredo dos templários que foram discutidas em torno desta mesa e em outros lugares. O que simplesmente estou dizendo é que um homem que perdeu o contato com a realidade poderia facilmente acreditar que tal fórmula existe.

Tess olhou rapidamente para Reilly e hesitou antes de virar-se para encarar De Angelis.

— Por que Vance iria querer fazer ouro?

— A senhora esquece, o homem não está pensando com uma mente muito clara. A senhora mesma o disse, sra. Chaykin. Basta apenas olhar para o que aconteceu no Metropolitan para perceber isso. Aquele não foi um plano idealizado por um homem são. Portanto, uma vez que mantenhamos na mente que o homem não está se comportando racionalmente, qualquer teoria é possível.

Poderia ser um meio para chegar a um fim. O financiamento lhe permitiria realizar qualquer objetivo demente que ele mesmo tinha definido. — Ele encolheu os ombros. — Este homem, Vance... ele está indubitavelmente delirante e está nas garras de alguma caça ao tesouro disparatada. Tenho a sensação de que estamos com um louco em nossas mãos, e o que quer que seja aquilo que ele está perseguindo, mais cedo ou mais tarde, ele perceberá que está caçando um fantasma. Fico apavorado só de pensar como ele irá reagir quando isso acontecer.

Um silêncio desconcertante desceu sobre a mesa quando os poucos reunidos meditaram sobre aquele grave pensamento.

Jansson inclinou-se para frente:

— Independente do que ele pense buscar, não parece se importar com quantos corpos mortos serão necessários para consegui-lo, e nós precisamos impedi-lo. Mas me parece que a única coisa que temos com que trabalhar agora são esses malditos papéis. — Ele estava segurando uma cópia do manuscrito. — Se conseguíssemos lê-lo, isto poderia nos informar o próximo passo dele. — Ele virou para Reilly. — O que a Agência de Segurança Nacional está dizendo?

— Não parece bom. Falei com Terry Kendricks antes de vir para cá e ele não está otimista.

— Por que não?

— Eles sabem que é uma cifra básica de substituição polialfabética. Nada muito sofisticado. Os militares a usaram por décadas, mas a quebra do código está relacionada com a freqüência de ocorrência, sobre padrões; você detecta palavras repetidas, deduz o que são, e isto lhe dá algo com que trabalhar até finalmente conseguir descobrir a chave mnemônica e, a partir daí, trabalhar de trás para frente. Neste caso, eles simplesmente não têm material suficiente para trabalhar. Se o documento fosse mais longo ou se tivessem outros documentos escritos no mesmo código, eles seriam capazes de deduzir a chave com grande facilidade. Mas seis páginas é pouco para continuar.

O rosto de Jansson se contraiu.

— Não acredito nisto. Vários bilhões de dólares de fundos e eles ainda não conseguem desvendar uma coisa que um bando de monges inventou setecentos anos atrás? — Ele encolheu os ombros, respirando com os lábios apertados por um longo momento. — Tudo bem. Então, vamos esquecer do maldito manuscrito e nos concentrar em alguma outra pista. Precisamos repassar tudo que temos e descobrir uma nova tática.

De Angelis olhava atentamente para Tess. Ela não disse nada. Olhou-o de relance, e alguma coisa nos olhos dela disse a De Angelis que ele não a convencera e que ela tinha intuído que tudo isto era mais que apenas o financiamento de uma vingança pessoal.

"Sim, de fato." Refletiu De Angelis. "Esta mulher é decididamente perigosa. Mas, por ora, sua utilidade potencial supera o perigo que representa."

Restava saber, contudo, exatamente por quanto tempo.

Capítulo 44

— Que estação é esta?

Tess tinha concordado em aceitar a carona de Reilly e, sentada no carro com ele agora, ouvindo uma música de levantar o ânimo, o pôr-do-sol, espreitando por detrás de um aglomerado de nuvens cor de grafite, pintava o horizonte de um rosa escuro, ela estava contente de ter aceitado a oferta dele.

Ela se sentiu relaxada e segura. Mais que isto, estava achando que gostava de ficar perto dele. Havia alguma coisa em sua dureza, sua determinação incisiva, sua... honestidade. Era simples de ver. Ela sabia que podia confiar nele, que era mais do que poderia ser dito da maioria dos homens com que tinha cruzado, o ex-marido sendo um exemplo particularmente estelar dessa casta subhumana. Com sua casa vazia, agora que Kim e a mãe tinham ido para o Arizona, ela estava ansiosa por um banho quente e uma taça de vinho tinto; uma pílula também seria convocada para garantir uma boa noite de sono.

— É um CD. A última música foi do *Caliente*, de Willie e Lobo. Esta é de Pat Metheny. É um da minha coletânea. — Ele balançou ligeiramente a cabeça. — Uma coisa que um cara nunca deveria confessar.

— Por que não?

Ele abriu um largo sorriso.

— Está de gozação comigo? Gravar CDs? Fala sério. É um sinal garantido de tempo livre demais.

— Ah, não sei de nada disso. Poderia também ser o sinal de alguém que é bem particular e sabe exatamente do que gosta.

Ele assentiu.

— Gosto dessa interpretação.

— Tive a sensação de que você gostaria. — Ela sorriu e olhou para frente por um momento, mergulhando na sutil combinação da guitarra elétrica e das complexas orquestrações que eram a marca registrada do grupo. — É bom.

— É mesmo?

— É muito bom e... inspirado. Além disto, já estamos há dez minutos nisso e meus ouvidos não ficaram embotados, o que é uma boa mudança em relação à carnificina a que Kim normalmente os submete.

— Ruim assim, hein?

— Não me faça começar. E a letra, meu Deus... Achei que eu era uma mãe moderninha, mas algumas dessas "canções", se é que você pode chegar sequer a chamá-las assim...

Reilly fez um careta.

— No que é que o mundo está se transformando?

— Ei, você não é exatamente, tampouco, o rei do *hip-hop*.

— O Steely Dan conta?

— Acho que não.

Ele deu um olhar desanimado de gozação.

— Estraga-prazer.

Tess olhou para frente.

— Estou dizendo, existe uma "nova fronteira" lá — ela ficou com um rosto inexpressivo, examinando-o de canto de olho, esperando, e depois sorriu abertamente quando viu que deu certo com ele, gostando de pegá-lo fora de guarda com o título da faixa de Donald Fagen. Ele lhe deu um pequeno aceno impressionado e seus olhares se cruzaram. Ela sentiu o rosto aquecer ligeiramente quando o celular decidiu ganhar vida.

Aborrecida com a intrusão, ela o pescou dentro da bolsa e o olhou. A tela não exibia o número de quem estava chamando. Ela decidiu responder e se arrependeu imediatamente.

— Ei. Sou eu. Doug.

Se, normalmente, ela não estava ávida para conversar com o ex-marido, este era um momento particularmente indesejável. Evitando os olhos de Reilly, ela diminuiu o tom da voz.

— O que você quer? — perguntou insipidamente.

— Sei que você estava no Metropolitan naquela noite e queria saber se aconteceu alguma coisa...

Aí estava. Com Doug, sempre havia um ponto de vista. Ela o cortou.

— Não posso falar sobre isto, está bem — ela mentiu. — O FBI pediu especificamente que não conversasse com a imprensa.

— Você estava? Isto é ótimo. — "Ótimo? Por que isso era ótimo?" — Não pediram isso para ninguém mais — ele se entusiasmou. — Então por que isso, hein? O que você sabe que eles não sabem?

A mentira tinha saído pela culatra.

— Esqueça, Doug.

— Não seja assim. — O encanto meloso mostrou sua má intenção. — Sou eu, lembre-se.

Como se ela pudesse esquecer.

— Não — ela repetiu.

— Tess, me dá uma chance.

— Vou desligar agora.

— Por favor, querida...

Ela fechou o telefone com um estalo, enfiou-o na bolsa com uma força muito maior que a necessária, depois suspirou fortemente e olhou fixamente para frente.

Depois de uns minutos, ela se forçou a relaxar os músculos do pescoço e dos ombros e, sem olhar para o Reilly, disse:

— Desculpe. Meu ex-marido.

— Imaginei. Uma coisinha que aprendi em Quantico.

Ela conseguiu dar uma risada:

— Você não deixa passar nada, deixa?

Ele olhou para ela:

— Geralmente não. A menos que seja sobre os templários e, neste caso, existe esta arqueóloga realmente enervante que sempre parece estar dois passos adiante do restante de nós, os leigos.

Ela sorriu.

— Não pare por minha causa.

Ele a olhou novamente e viu que ela estava devolvendo o olhar. Ele a fitou um momento mais que antes.

Estava sem dúvida feliz de ela ter aceitado a oferta de levá-la para casa.

As luzes da estrada estavam acesas à hora que chegaram à rua dela, e a visão de sua casa bastava para trazer de volta todos os medos e preocupações dos dois últimos dias, num repente.

"Vance esteve aqui", pensou ela encolhendo os ombros. "Esteve na minha casa."

Eles passaram pelo carro de patrulha policial estacionado um pouco antes da casa dela. Reilly lançou um pequeno aceno para o policial sentado dentro do carro, que acenou de volta, reconhecendo Tess do informe que tinha recebido.

Quando chegaram à casa dela, Reilly estacionou na entrada de carros e desligou o motor. Ela deu um rápido olhar para a casa e se sentiu pouco à vontade. Ela se perguntou se deveria ou não pedir que ele entrasse por um momento antes que as palavras saíssem da sua boca.

— Você quer entrar?

Ele hesitou e, então, disse:

— Claro. — Não havia nenhum tom de flerte. — Seria bom dar uma rápida olhada em tudo.

Na porta da frente, ele estendeu a mão, pedindo a chave, e entrou antes.

Estava anormalmente silencioso e Tess o seguiu até a sala de estar, ligando automaticamente todas as luzes, depois a televisão, abaixando o som. O aparelho estava sintonizado na WB, o canal predileto de Kim. Tess não se deu ao trabalho de trocar.

Reilly olhou para ela, um tanto surpreso.

— Faço isto quando estou sozinha — explicou ela. — Cria a ilusão de companhia.

— Você ficará bem. — Seu tom era reconfortante. — Vou verificar os quartos — ele continuou antes de hesitar e, então, acrescentou: — Tudo bem com isto?

A hesitação deve ser porque ele estaria entrando no quarto dela, ela imaginou. Ficou agradecida com a preocupação e satisfeita com a sensibilidade.

— Claro.

Ele assentiu e, quando saiu da sala, Tess se afundou na poltrona, puxou o telefone e discou para a casa da tia em Prescott, no Arizona. Hazel atendeu depois de três toques. Ela tinha acabado de chegar em casa, após ter apanhado Kim e Eileen no aeroporto de Fênix e as levado para jantar fora. As duas, disse Hazel, estavam ótimas. Tess falou rapidamente com a mãe, enquanto Hazel foi buscar Kim, que estava nos estábulos, olhando os cavalos. Eileen soou muito menos preocupada do que anteriormente. Tess imaginou que isso se devia a uma combinação de ser acalmada pela irmã afável e despreocupada e a distância que a viagem de um dia tinha colocado entre ela e Nova York. Quando Kim chegou, estava toda animada com a perspectiva de cavalgar no dia seguinte e pareceu não estar sentido nenhuma saudade da mãe.

Quando ela dizia boa noite e desligava o telefone, Reilly voltou para a sala. Pareceu tão cansado quanto ela.

— Tudo limpo, como esperado. Realmente acho que você não tem mais nada com que se preocupar.

— Tenho certeza que está certo. De qualquer maneira, obrigada por verificar.

— Sem problema. — Ele lançou um último olhar e assentiu para ela, parecendo hesitar por um brevíssimo momento. Tess aproveitou a deixa.

— Tenho certeza que um drinque faria bem para nós dois — disse ela enquanto se levantava e o conduzia para a cozinha. — Que tal uma cerveja ou, quem sabe, uma taça de vinho?

— Não — disse ele sorrindo. — Obrigado de qualquer maneira.

— Ah, esqueci, você está em serviço, certo? Café, então?

— Não é isso. É só que... — ele pareceu reticente em continuar.

— O quê?

Ele fez uma pausa antes de dizer:

— É a Quaresma.

— Quaresma? Sério?

— Sério.

— E imagino que você não está fazendo isso como uma desculpa para perder peso, está?

Ele só sacudiu a cabeça.

— Quarenta dias sem álcool. Uau. — Ela ruborizou. — Certo, isto não soou muito bem, soou? Não quero que você fique com a idéia errada, não é que esteja pronta para o AA ou algo assim.

— Tarde demais. A imagem já ficou gravada a ferro.

— Ótimo. — Ela foi até a geladeira e se serviu uma taça de vinho branco. — É engraçado, é que não achava que ainda existisse alguém que fizesse isso. Especialmente não nesta cidade.

— Na verdade, é um lugar óbvio para viver uma... uma vida espiritual.

— Você está me gozando, certo? Nova York?

— Não. É o lugar perfeito para isto. Pense nisto. Não é o caso de não existirem desafios morais ou éticos suficiente a enfrentar aqui. As diferenças entre certo e errado, entre bem e mal, são bem nítidas nesta cidade. Você precisa fazer uma escolha.

Tess ainda estava processando esta revelação.

— Então, o quanto você é religioso? Se é que você não se importa em responder.

— Não, tudo bem.

Ela fez uma careta.

— Só me diga que você não faz caminhadas até algum campo de vacas no meio do nada porque alguém lá acha ter visto a Virgem aparecer entre as nuvens ou algo assim?

— Não, não recentemente, de qualquer modo. Imagino que você não seja uma pessoa particularmente religiosa.

— Bem... digamos apenas que eu precisaria ver alguma coisa um pouco mais conclusiva antes que você conseguisse me arrastar com dificuldade até o outro lado do país por alguma coisa como essa.

— Alguma coisa um pouco mais conclusiva... Você está dizendo que precisaria de um sinal. Um milagre irrefutável, substanciado?

— Algo assim.

Ele não disse nada. Apenas sorriu.

— O que foi?

— Olha, a coisa sobre os milagres é... se você tiver fé, não precisa deles, e se você duvidar, bem, então nenhum milagre nunca será o bastante.

— Ah, consigo pensar em algumas situações que me convenceriam muito bem.

— Pode ser que existam. Talvez você simplesmente não esteja ciente delas.

O que realmente a desconcertou.

— Certo, pare. Você é um agente do FBI, carrega um distintivo, e está me dizendo que realmente acredita em milagres?

Ele encolheu os ombros e, então, disse:

— Vamos dizer que você esteja andando pela rua e, quando está prestes a atravessá-la, de repente, por nenhum motivo particular, ali mesmo quando está para dar um passo para fora da calçada, você pára. E, exatamente nesse momento, naquela fração de segundo em que você pára, um ônibus ou um caminhão passe zunindo por você, a um palmo do seu rosto, exatamente onde você estaria se não tivesse parado. Você não sabe por quê, mas algo a fez parar. Algo salvou a sua vida. E, sabe de uma coisa? Você teria provavelmente dito a alguém: "É um milagre que eu ainda esteja viva." Para mim, é exatamente isto que é. Um milagre.

— Você chama de milagre. Eu chamo de acaso.

— A fé é fácil quando você está de frente a um milagre. O teste verdadeiro de qualquer fé é quando não existe sinal algum.

Ela ainda estava desconcertada, não esperava este lado dele. Não tinha certeza do que sentia a respeito, embora não estivesse predisposta a ser uma grande fã da linha de pensamento dele.

— Você está falando sério.

— Sem dúvida alguma.

Ela o estudou enquanto remoia a questão.

— Certo, conte-me — ela disse então. — Como a fé, quero dizer, uma fé verdadeira e real como a sua, como isto se encaixa com ser um investigador?

— O que você quer dizer?

Ela suspeitou que ele já sabia o que ela queria dizer; que ele já tinha enfrentado isto antes.

— Um investigador não pode acreditar em nada ou ninguém. Não pode tomar nada como certo. Você lida com fatos, com provas. Além de uma dúvida razoável e tudo o mais.

— Sim. — Ele não parecia nem um pouco desconcertado com a pergunta dela.

— Então, como você concilia isto com a sua fé?

— Minha fé é em Deus, não no homem.

— Vem cá. Não pode ser tão simples assim.

— Na verdade — disse ele com uma calma desconcertante —, é.

Ela sacudiu a cabeça, um vago sorriso de súplica iluminando o seu rosto.

— Sabe, gosto de pensar que consigo avaliar muito bem as pessoas, mas me enganei inteiramente com você. Não achei que você seria... você sabe, um crente. É assim que foi criado?

— Não, meus pais não eram particularmente religiosos. Meio que aconteceu depois.

Ela deu um tempo para ele entrar em detalhes. Não entrou. De repente, sentiu-se constrangida.

— Olha, sinto muito, isto é, obviamente, altamente pessoal e aqui estou eu, sem tato, bombardeando-o com todas estas perguntas.

— Não é nenhum problema, sério. É só que... bem, meu pai morreu quando eu era muito novo e passei por um período muito duro. A única pessoa que esteve presente foi o padre da minha paróquia. Ele me ajudou a encontrar uma maneira de passar por tudo e, depois disso, acho que meio que ficou comigo. É tudo.

Independentemente do que ele disse, ela sentiu que ele não queria entrar em mais detalhes, o que ela entendia.

— Está bem.

— E quanto a você? Deduzo que você não teve uma criação particularmente religiosa?

— Realmente, não. Não sei, imagino que a atmosfera na casa era acadêmica, arqueológica, científica, e tudo isso dificultou que eu equacionasse aquilo que via ao meu redor com o conceito de divindade. E, então, descobri que Einstein não acreditava em nada disso também e pensei, bem, se não é bom o bastante para o cara mais esperto do planeta...

— Está tudo bem — ele disse inexpressivamente. — Alguns dos meus melhores amigos são ateus.

Ela lançou um rápido olhar para ele, viu que ele estava rindo, e disse:

— Bom saber — mesmo se ele não estivesse exatamente correto. Ela se considerava mais agnóstica que atéia. — A maioria das pessoas que conheço parece equacionar isso com ser um tanto moralmente vazia... pra não dizer falida e desacreditada.

Ela o levou de volta à sala de estar e, ao chegarem lá, os olhos deles foram atraídos pela TV, que mostrava um episódio de *Smallville*, o seriado sobre a adolescência do Super-Homem. Olhando fixamente na tela, ele mudou inteiramente de assunto, dizendo:

— Preciso lhe perguntar uma coisa. Sobre Vance.

— Claro. O que tem ele?

— Sabe, o tempo todo que você falava sobre o que aconteceu com ele, no cemitério, no porão, tudo aquilo... não tive muita certeza sobre o que sentiu por ele.

O rosto dela anuviou.

— Quando o conheci, anos atrás, ele era realmente um ótimo sujeito, normal, você sabe. Mas, então, o que aconteceu com a mulher e a filha não-nascida, quero dizer, é muito horrível.

Reilly pareceu um pouco constrangido.

— Você fica triste por ele.

Ela se lembrou de sentir aquela confusa empatia por ele antes.

— De uma certa maneira... sim.

— Mesmo depois do ataque, a decapitação, os tiroteios... a ameaça a Kim e sua mãe?

Tess sentiu-se desagradavelmente exposta. Ele a tornava ciente das emoções perturbadoras e conflitantes que ela não entendia inteiramente.

— Sei que soa louco, mas é estranho... é como se, num certo nível, ficasse. O modo como ele falou, o modo como as mudanças de humor dele o fizeram agir de maneira diferente. Ele precisa de tratamento, não de ser caçado. Precisa de ajuda.

— Temos que apanhá-lo antes. Olha, Tess, só preciso lembrá-la de que, independentemente daquilo pelo que ele esteja passando, o sujeito é perigoso.

Tess lembrou-se do olhar calmo no rosto de Vance quando ele estava sentado lá, batendo um papo com a sua mãe. Algo nele, algo na percepção que ela tinha sobre ele, estava mudando.

— É esquisito, mas... Não tenho certeza se não foram ameaças vazias.

— Acredite em mim nisto. Há coisas de que você não sabe.

Ela levantou a cabeça inquisitivamente. Achou que estava em vantagem.

— Que coisas?

— Outras mortes. O homem é perigoso, e ponto-final. Certo?

Seu tom enfático não deixava muito espaço para dúvidas, o que a confundia agora.

— O que você quer dizer, outras mortes? Quem?

Por um momento, ele não respondeu. Não porque não quisesse. Algo o distraía. Ele pareceu estar num ligeiro atordoamento, como se olhasse adiante dela. Tess ficou subitamente ciente de que ele não estava mais prestando nenhuma atenção nela. Virou-se, seguindo o olhar dele. Ele parecia hipnotizado pela TV. Na tela, o jovem Clark Kent estava prestes a salvar o dia mais uma vez.

Tess sorriu maliciosamente:

— O que é, perdeu esse episódio ou alguma coisa assim?

Mas ele já estava andando em direção à porta.

— Preciso ir.

— Ir? Aonde?

— Só preciso ir. — E, em segundos, ele tinha saído, a porta de fora batendo atrás dele ao fechar, deixando-a para trás, olhando incredulamente para o adolescente que era capaz de ver através de paredes sólidas e saltar sobre prédios altos com um único impulso.

O que realmente não explicava absolutamente nada.

Capítulo 45

O tráfego noturno ainda estava pesado quando o Pontiac de Reilly seguiu seu caminho para o sul pela via expressa Van Wyck. Jatos reluzentes, de fuselagem larga, silvavam no alto numa procissão aparentemente interminável de manobras de aterrissagem. O aeroporto estava agora a menos de um quilômetro e meio.

Aparo, portando uma espingarda, esfregou os olhos quando olhou para fora, o frio ar primaveril soprando impetuosamente por ele através da janela aberta do carro.

— Fala de novo, qual era mesmo aquele nome?

Reilly estava ocupado vasculhando a barreira de placas que passava por ele, de todos os ângulos possíveis. Seus olhos finalmente repousaram naquela que estava procurando. Ele apontou para ela.

— É isso.

O parceiro também a viu. A placa verde à sua direita apontava o caminho para o edifício de cargas nº 7 do aeroporto. Debaixo da placa principal e perdida entre os logotipos menores das companhias aéreas estava aquela na qual Reilly estava particularmente interessado.

Serviços de Cargas da Alitalia.

Pouco depois dos ataques terroristas de 11 de Setembro, o Congresso tinha sancionado a Lei de Segurança de Aviação e Transportes. De acordo com esta lei, a responsabilidade pela inspeção de pessoas e propriedades transportadas pelas companhias aéreas foi transferida para uma agência recém-criada, a Administração de Segurança dos Transportes, a AST. Qualquer pessoa e qualquer coisa que entrassem nos Estados Unidos agora passariam por verificações mais rigorosas. Aparelhos de tomografia computadorizada que detectavam materiais explosivos no passageiro e verificavam as bagagens eram utilizados em todo o país. Os próprios passageiros também passavam rapidamente pelo raio X, até que a prática foi suspensa depois de uma comoção causada não pelos temores de uma exposição insalubre à radiação, mas sim pelo simples fato de que nada, por mais privado que fosse, escapava dos *scanners* Rapiscan: eles mostravam tudo.

Uma área de particular interesse para a AST era a de cargas internacionais; era uma ameaça com potencial ainda maior para a segurança nacional, embora fosse menos divulgada. Dezenas de milhares de contêineres, plataformas de movimentação de cargas e engradados chegavam aos Estados Unidos todos os dias, vindos de todos os cantos do mundo. E, portanto, nesta nova era de medidas mais rígidas de segurança, as novas diretrizes de varredura não se limitavam à bagagem dos passageiros. Também cobriam os carregamentos que entravam no país por ar, terra ou mar, com sistemas de raios X em larga escala, agora empregados realmente em todas as portas de entrada.

E, neste exato momento, sentado na sala de operações do terminal de cargas da companhia aérea italiana no JFK, Reilly era particularmente grato por isto.

Um técnico de dados verificava eficientemente as imagens em seu monitor.

— Melhor se acomodarem, rapazes. É um carregamento bem grande.

Reilly acomodou-se na cadeira desgastada.

— A caixa em que estamos interessados deve ser bem diferente. Você pode passar rápido por elas e eu lhe direi quando conseguirmos uma candidata.

— Você é quem manda. — O homem assentiu enquanto começava a rolar pelo seu banco de dados.

As imagens se desenrolavam na tela, visões de raios X de lado e de cima de engradados de diversos tamanhos. Dentro deles, era possível decifrar claramente as imagens esqueléticas dos objetos que os curadores do Vaticano tinham despachado para a exposição no Metropolitan. Reilly, ainda chateado consigo mesmo por não ter pensando nisto antes, fixou sua concentração no monitor, assim como o fez Aparo. Seus batimentos cardíacos se aceleraram quando os fantasmas azuis e cinzas das pomposas molduras, crucifixos e estatuetas apareceram em cascata diante deles. A resolução era surpreendentemente boa, muito melhor do que ele tinha previsto: conseguia até decifrar pequenos detalhes como jóias incrustadas ou molduras.

E, então, do dilúvio das imagens vertiginosas, ele apareceu.

— Pare. — Uma torrente de excitação passou por Reilly.

Lá, na clareza de alta resolução, despido de sua carcaça de proteção e exibindo sua gloriosa intimidade, estava o codificador.

Capítulo 46

Tess parou seu trem de pensamentos no segundo em que entrou na sala de reuniões.

Ela ficara muito feliz por ter notícia de Reilly depois de três dias de um silêncio frustrante, três dias durante os quais estava cada vez mais difícil se esquivar dos pedidos insistentes da mãe para que se juntasse a elas no Arizona. Também começara a se sentir inquieta; percebeu que a investigação tinha assumido o controle de sua vida e que, independentemente do que Reilly tinha aconselhado, isto não era algo do que ela conseguisse se afastar.

E, agora, vendo o que estava na mesa de conferências, qualquer desejo de se afastar disto estava morto e enterrado.

Lá, feito de um sólido plástico transparente, estava uma réplica exata do codificador com rotor multiengrenagem.

Ela mal conseguia colocar para fora as palavras.

— Como...?

Ela ergueu o olhar para Reilly, em total assombro. Obviamente, ele tinha planejado dessa maneira; seu telefonema, pedindo que fosse até lá, na Praça Federal, não tinha mencionado nada mais que um simples "repassar umas duas coisas com você".

Subitamente ficou ciente de todos os outros rostos na sala. Jansson, Aparo, Gaines, alguns outros que ela não reconheceu, e o monsenhor. Voltou a olhar para Reilly.

Ele apenas lançou um rápido e comedido sorriso.

— Achei que você poderia gostar de estar aqui para isto. — Ele apontou para um dos homens que ela não encontrara antes. O homem estava distribuindo folhas impressas grampeadas para todos na sala. — Este é Terry Kendricks. Ele o construiu.

— Bem, minha equipe e eu — interpôs Kendricks rapidamente, sorrindo efusivamente para a Tess. —Bom te conhecer.

Tess não conseguia afastar os olhos da máquina. Leu com atenção o texto impresso, que confirmou suas esperanças. Ergueu os olhos para Kendricks.

— Funciona?

— Ah, sim. Tudo se encaixou perfeitamente. Em latim, é claro. Pelo menos, é o que me disse a equipe de lingüistas que o traduziu.

Tess ainda não tinha entendido. Dirigiu-se para Reilly, implorando.

— Mas... Como?

— Um raio X é tirado de tudo que passa pela alfândega — explicou ele. — Mesmo quando é um empréstimo da Santa Sé.

Tess teve que se sentar. Os joelhos pareciam prestes a desmoronar debaixo dela. Com mãos ligeiramente trêmulas, ela estudou o documento que ele lhe entregara. Avidamente, concentrou-se nas palavras nitidamente impressas.

Era uma carta, datada de maio de 1291.

— É a época da queda de Acre — ela exclamou. — A última cidade que os cruzados controlaram.

Ela voltou sua atenção de volta à carta e começou a ler, sentindo a emoção de se conectar diretamente ao longo dos séculos com homens cujas proezas tinham se transformado em matéria-prima para lendas.

"É com imensa tristeza", começava a carta, "que informo que Acre não se encontra mais sob nossa proteção. Partimos da cidade quando a noite caiu, nossos corações pesados enquanto a assistíamos ser queimada..."

Capítulo 47

Mediterrâneo oriental — maio de 1291

Eles tinham navegado para o norte, ao longo da costa, por toda a noite e, ao raiar do dia, a galé virou para o oeste e rumou para Chipre e a segurança de sua preceptoria lá.

Depois do arrebatamento devastador daquelas últimas horas em Acre, Martin tinha descido para tentar descansar, mas o movimento do navio e as imagens do Mestre agonizante e da apressada fuga fincadas na sua mente dificultavam. Ao voltar para o convés à primeira luz, ficou chocado com o que viu. À frente deles, listras brilhantes de relâmpagos quebravam a escuridão de uma frente de tempestade que se aproximava rapidamente, e o surdo estrondo dos trovões podia ser ouvido acima do lamento do vento no cordame. Atrás deles, ao leste, uma faixa de nuvens roxas zangadas ocultava o sol nascente, cujos raios apunhalavam para cima numa desesperada tentativa de iluminar o céu implacável.

"Como é possível", pensou Martin. "Duas tempestades: uma à nossa frente, a outra nos caçando." Uma rápida palavra com Hugo confirmou que o comandante do navio nunca tinha visto nada assim antes.

Eles estavam encurralados.

A velocidade dos ventos acelerou e, com isto, vieram súbitos jorros de chuva fria, urticante. O navio de vela estava sendo violentamente fustigado contra sua verga, os tripulantes lutavam para manter sob controle as braçadeiras de fixação, o mastro gemia em protesto. Os cavalos no porão relinchavam e davam patadas nervosas contra as pranchas. Martin assistiu ao comandante do navio enquanto consultava febrilmente sua carta e marcava a presente posição antes de ordenar ao supervisor que apressasse o ritmo dos escravos da galé, gritando novos rumos para o timoneiro num esforço desesperado de escapar das tempestades.

Martin juntou-se a Aimard no castelo de proa. O velho cavaleiro também assistia à aproximação das tempestades com crescente preocupação.

— É como se o próprio Deus quisesse que o mar nos engolisse — disse ele a Martin, os olhos marcados pela inquietação profunda. Não demorou muito e a tempestade explodiu ao redor deles com uma ferocidade selvagem. O céu escureceu e tornou-se um preto impenetrável, transformando o dia em noite e o vento em um verdadeiro vendaval. Ao redor de todo o navio, a superfície lisa da água subitamente desatou em ondas espumosas enormes que corriam em direção ao barco, danificando sua popa a estibordo. Os relâmpagos explodiam em série com estampidos de trovão de romper os tímpanos e as chuvas fortes golpeavam o navio numa espessa cortina de água que o separava do mundo exterior.

Hugo ordenou que um homem fosse ao topo do mastro para perscrutar o horizonte em busca de terra à vista. Martin viu quando o homem relutante enfrentou com bravura a chuva torrencial e escalou com dificuldade até o cesto de gávea. O navio seguiu adiante enquanto as enormes ondas continuavam a martelá-lo, algumas delas erguendo-se acima da popa antes de se chocarem violentamente no convés. Os remos ganharam vida própria, alguns deles estalando contra o casco, outros batendo ruidosa e brutalmente nos escravos acorrentados que lutavam com eles, ferindo vários e incitando Hugo a pedir que os remos fossem puxados para dentro.

A embarcação era impotentemente sacudida pelas ondas montanhosas durante horas até que, acima da balbúrdia ensurdecedora, Martin ouviu um estalido de rachadura quando as tampas da escotilha da proa partiram e se abriram, e a água azul escura entrou em abundância nos porões. Quase imediatamente, a embarcação estava oscilando perigosamente quando, de cima, veio o som retesado de madeira sendo partida e rasgada. O mastro tinha rachado, e Martin olhou para o alto a tempo de vê-lo cair estrondosamente sobre três membros da tripulação e, ao mesmo tempo, catapultar o desafortunado observador que estava no cesto da gávea para o mar agitado.

Sem velas nem remos, a galé estava à mercê da tempestade e das correntes, puxada e empurrada sem direção pelo mar revolto. Por três dias e três noites, a tempestade não afrouxou, o *Templo do Falcão* curvando-se à sua vontade violenta, de alguma forma conseguindo manter-se à tona e inteiro. Então, no quarto dia, com os ventos ainda não amainando, uma voz solitária gritou: "Terra à vista! Terra à vista!" Martin olhou atentamente e viu um homem apontando bem à frente, mas não conseguiu ver nada além do mar que se levantava. Foi então que ele divisou: uma massa escura distante no horizonte, mal discernível.

E, então, aconteceu.

Cruelmente, e com terra à vista, a embarcação começou a se fragmentar. As pranchas planas especiais para caravelas tinham suportado um castigo feroz, e ela agora estava desistindo. Gemidos ensurdecedores foram seguidos por aquilo que pareceram explosões à medida que todo o casco partia em pedaços. O pânico se espalhou rapidamente entre os remadores acorrentados, enquanto os cavalos, na parte inferior, empinavam e relinchavam furiosamente.

— Os escravos — rugiu Hugo. — Soltem-os das correntes antes que se afoguem! — Seus homens correram caoticamente para libertá-los das correntes, mas a liberdade deles teve vida curta quando as explosões de água retumbaram no porão e os varreram para longe.

Hugo não poderia mais impedir o inevitável.

— Coloquem o escaler ao mar — gritou ele —, e abandonem o navio. — Martin correu para ajudar a garantir seu único meio de sobreviver e viu Aimard emergir, carregando uma volumosa bolsa de couro, e rumar para a direção oposta, para o castelo da proa. Martin gritou para ele exatamente quando outra onda gigantesca chegou e Aimard foi lançado indefeso para o outro lado da ponte, batendo violentamente contra a mesa da carta náutica, cujo canto atravessou a lateral de seu peito. Ele berrou de dor, mas quando apertou os dentes e se segurou para ficar de pé, uma mão o agarrou contra as suas costelas.

Aimard repeliu a ajuda de Martin e não soltou a bolsa, mesmo estando evidente que o volume e o peso dela contribuíam muito para seu desconforto.

Por pouco não conseguiram subir no escaler, que estava agora estava no mesmo nível do convés da galé. O último vislumbre que Martin de Carmaux teve do *Templo do Falcão* veio como uma embarcação castigada que tinha sido, finalmente, consumida pelo mar em fúria. A enorme viga de madeira que acabava na figura de proa estalou como um galho diante do espantoso poder da tempestade, o som produzido foi esmagado pelo demoníaco guincho do vento e pelos hediondos gritos dos cavalos, que se afogavam. Olhando para os outros oito homens no escaler, Martin viu seu terror refletido em seus desolados olhares fixos à medida que, pedaço por pedaço, o navio desaparecia debaixo das ondas montanhosas.

Foram tanto as ondas quanto os ventos que os impeliram, sacudindo o escaler como se fosse feito de papel. Mas o comandante do navio logo fez seis dos nove sobreviventes manejarem os remos e amortecerem as oscilações mais violentas. Enquanto remava, Martin só olhava para frente, sem nada compreender, a fadiga e o desespero arrastando-o e abatendo-o. Tinham sido enxotados da Terra Santa e, agora, o *Templo do Falcão* estava perdido. Ele se perguntou por quanto tempo sobreviveriam mesmo que chegassem à terra firme. Onde quer que estivessem, estavam longe demais de casa, profundamente embrenhados no território inimigo e praticamente sem equipamentos para se defender contra o mais pobre dos inimigos.

O escaler continuou em frente durante o que pareceram horas, antes que a altura das ondas diminuísse, e, por fim, viram a terra que o vigia tinha avistado. Em pouco tempo, eles estavam arrastando o escaler pela arrebentação e para a segurança de uma praia de areia. A tempestade ainda uivava e a chuva fria ainda os atormentava, mas, pelo menos, eles tinham terra debaixo dos pés.

Depois de cortar o fundo do escaler com suas espadas, eles o empurraram de volta para o mar, que ainda estava revolto apesar da passagem do olho da tempestade. Qualquer um que estivesse vagando pelo litoral não deveria ficar ciente da presença deles. Hugo lhes disse que já estavam em direção norte quando a tempestade os tinha atingido e que acreditava que o *Templo do Falcão* tinha sido varrido para as cercanias da ilha de Chipre e, então, impelido para o norte. Agindo com base no conhecimento e perícia do marinheiro, Aimard tomou a decisão de evitar a praia exposta e marchar para o continente antes de rumar para o oeste em busca de um porto.

As baixas colinas logo lhes deram alguma proteção contra o vento e, mais importante, dos olhos de qualquer habitante. Não que isto parecesse ser um perigo; eles não tinham visto ninguém, ouvido nada, exceto os sons da tempestade. Até os animais selvagens estavam ausentes, intimidados, sem dúvida, pelo tempo violento. Durante a longa e exaustiva marcha, Martin pôde ver que o estado de Aimard estava piorando. O golpe em sua caixa torácica tinha sido forte, e começara a cobrar seu preço. Aparentemente impérvio à dor que passava por todo o corpo, Aimard seguia adiante com bravura, sempre se agarrando à volumosa bolsa ao mesmo tempo em que apertava seu peito dolorido.

Na primeira vez que se depararam com uma cidade, houve um momentâneo acesso de medo de que pudessem ter de lutar em seu estado atual. Não apenas estavam feridos e exaustos, como também eram poucos. Esse temor foi atenuado pela esperança de que pudessem encontrar comida ali. Tanto o medo quando a esperança se revelaram infundados. A cidade estava deserta, as casas, vazias. Em seu centro estavam os restos de uma igreja. Suas paredes estavam intactas, mas o teto era um esqueleto carbonizado de vigas queimadas, mantidas no ar sobre altas colunas de pedra. Era difícil dizer há quanto tempo esta profanação tinha ocorrido. Certamente mais que algumas semanas ou mesmo meses; anos, talvez.

Do outro lado da igreja, galhos folhosos de um imenso e velho salgueiro caíam sobre um poço.

Cautelosamente, os sobreviventes se deixaram cair ao chão e descansaram. De todos eles, Aimard de Villiers estava no pior estado. Martin tirava para ele um pouco de água do poço, quando ouviu um som, o repique gentilmente melódico dos sinos. Os homens feridos correram em busca de proteção e olharam quando um pequeno rebanho de cabras atravessou a rua estreita. Em pouco tempo, elas estavam se juntando ao redor da borda do poço, procurando em vão por comida, algumas arrastando os galhos do salgueiro e mordiscando-os. Um pastor de cabras apareceu, um velho encurvado e coxo, acompanhado de um menino.

Lançando um rápido olhar para Aimard, que deu um breve aceno de aquiescência, Martin assumiu o comando. Com sinais de mão, ele mandou seu pequeno bando se postar em forma de leque para manter a vigilância enquanto ele e Hugo se aproximaram do velho, que imediatamente caiu de joelhos, implorando que não o matassem e que poupassem seu neto. Assim como alguns de seus irmãos, Martin e Aimard falavam um pouco de árabe. Mesmo assim, levou certo tempo para acalmar o velho e lhe garantir que sua vida estava segura. Levou mais tempo ainda para explicar por que eles queriam comprar uma cabra e não simplesmente pegá-la pela força. Não que eles tivessem dinheiro, ou objetos de valor de qualquer espécie, mas eles conseguiram reunir entre eles alguns retalhos de roupas que, embora não chegassem ao valor da cabra, pelo menos seria uma espécie de barganha. Enquanto o pastor e seu jovem ajudante puxaram água do poço para os animais, os cavaleiros mataram a cabra e, com uma pederneira, acenderam um fogo e assaram a carcaça. E convidaram o pastor e o menino a compartilharem a refeição.

Esse ato de bondade provavelmente salvou suas vidas.

O velho, de quem ficaram sabendo o nome da cidade, Fonsalis, ficou grato por estar vivo. No final da tarde, ele reiniciou suas andanças com seu rebanho e o ajudante. Bem alimentados e fortalecidos, os cavaleiros e a tripulação descansaram uma vez mais, confortáveis com o conhecimento de que poderiam retomar sua jornada de manhã.

Mas seu descanso durou pouco.

O cavaleiro em vigia foi o primeiro a ouvir o som e alertou Martin. Alguém estava correndo, vindo na direção deles. Era o neto do pastor. Sem fôlego e visivelmente apavorado, ele os informou que um bando de mamelucos vinha naquela direção. O velho já os vira antes, tinha sido roubado por eles e sabia que voltavam para cá pela água.

Eles não tinham outra escolha senão lutar contra eles.

Com o apoio de Aimard, Martin rapidamente formulou uma emboscada. Bem separados entre si, os homens estabeleceriam uma espaçada formação em V, os braços abertos de frente para o inimigo que se aproximava, à ponta no poço.

Eles recuperaram pedaços de ferro forjado da igreja em ruínas para complementar seu magro suprimento de armas e desenrolaram a corda da borda do poço. Hugo e um dos marinheiros esticaram-na até suas posições, nas extremidades abertas do V. Colocaram barro sobre a corda onde ela cruzava o caminho dos homens montados que se aproximavam, e todos assumiram seus lugares. Assim que teve certeza de que não tinham se esquecido de nada que pudesse trair seu plano, Martin deslizou para trás do poço, ficou bem agachado e esperou.

Eles não tiveram que esperar muito. Ouviram os mamelucos muito antes que os vissem, o riso alto deles no ar parado. Evidentemente, as ações deles nesta região tinham lhes dado um indubitável senso de invulnerabilidade. Os mamelucos eram temidos com toda a razão. Cerca de cinqüenta anos antes, muitos milhares de jovens desta região tinham sido vendidos como servos para o sultão do Egito. O soberano, que nunca imaginara qual seria o resultado de sua ação, formou estes jovens na sua Guarda Nacional e os chamou de mamelucos, palavra árabe que significa "posse". Poucos anos depois, os mamelucos instigaram uma revolução e logo tinham o controle do Egito. Tornaram-se ainda mais temidos que os homens que os tinham originalmente vendido para serem cativos.

Vestidos de armadura e escarcelas de couro e ferro, cada homem montado a cavalo carregava uma longa espada embainhada e uma adaga na cintura. Sobre as maçãs do arção da sela de cada um de seus cavalos estava colocado um grande escudo circular metálico, e as flâmulas que pendiam vivamente de suas lanças se agitavam no ar poeirento ao seu redor.

Martin os contou. A estimativa do menino tinha sido precisa. Havia 28 guerreiros. Ele sabia que ou todos os mamelucos teriam que morrer ou o destino deles estaria selado. Caso um deles escapasse, muitos mais voltariam.

Quando o último dos mamelucos tinha passado a posição assumida por Hugo e seu companheiro, Martin ouviu o líder do bando chegar ao poço e desmontar. Com um salto, Martin saiu repentinamente de trás do poço, como se disparado de um canhão, e rapidamente cortou e derrubou dois homens com movimentos amplos e selvagens de sua espada larga. Mais homens estavam desmontando quando o restante dos sobreviventes saiu rapidamente de seus esconderijos, berrando gritos de guerra, dando golpes violentos nos homens montados pegos de surpresa com qualquer que fosse a arma que eles segurassem. A surpresa foi total, seu efeito, devastador.

Os homens que permaneceram montados deram meia-volta em seus cavalos e os incitaram a galopar, voltando pelo caminho que tinham vindo. Quando emparelharam com Hugo, o comandante do navio suspendeu a corda, esticando-a firmemente. Os homens montados nem chegaram a vê-la. Os primeiros cavalos caíram, e os outros colidiram contra eles, arremessando os montadores indefesos pelo ar. Os cavaleiros já corriam em direção aos homens e, não demorou muito, nenhum mameluco tinha permanecido vivo no pequeno campo de batalha.

Mas foi uma pequena vitória. Na grande confusão, dois marinheiros e dois cavaleiros estavam mortos. Cinco homens, inclusive o ferido Aimard, permaneceram.

Mas agora eles tinham cavalos e armas.

Naquela noite, depois de enterrarem seus mortos, os sobreviventes dormiram ao lado das paredes da igreja em ruínas, fazendo turnos de vigia. Martin, entretanto, não conseguiu dormir. Sua mente ainda estava em confusão, e ele tinha entrado num estado de extrema atenção aos sons e aos movimentos.

Ouviu um farfalhar vindo de dentro da igreja, onde Aimard tinha sido colocado para descansar. Sabia que o velho estava com muita dor e ouvia-o tossir sangue várias vezes. Levantou-se e entrou pelo portão carbonizado da igreja. Aimard não estava no lugar onde o deixara. Martin vasculhou a escuridão e avistou o velho cavaleiro sentado, as chamas de um pequeno fogo abaixando e bruxuleando quando fios de vento formavam espirais ao passar pelo teto danificado. Aproximando-se, ele viu que Aimard estava ocupado escrevendo alguma coisa. Era uma carta. Ao seu lado estava um estranho aparelho com engrenagens, que Martin nunca tinha visto antes.

Aimard ergueu a cabeça e seus olhos brilharam para Martin à luz do fogo.

— Preciso de sua ajuda com isto — disse ele, a voz rosca e áspera.

Martin aproximou-se com hesitação, sentindo os músculos enrijecerem.

— O que posso fazer por você? — perguntou.

— Parece que minha força me desertou — disse Aimard tossindo. — Venha. — Ele apoiou-se para se levantar do chão e, erguendo a bolsa de couro com grande dor, levou Martin mais para dentro da igreja, numa área onde o chão era pavimentado com pedras, algumas delas marcadas com nomes e datas. Martin percebeu que eram lápides de sepulturas.

— Esta aqui — disse Aimard ao parar sobre uma pedra que trazia a palavra Romiti. Martin fitou-o com um ar de interrogação, sem ter certeza do que era esperado dele. Aimard conseguiu dar um sorriso. — Preciso que você a abra. — Sem nenhuma outra explicação, Martin pegou a espada e a usou para arrancar a laje. — Mantenha-a aberta para mim — pediu Aimard enquanto se apoiava nos joelhos e deslizava a bolsa de couro na abertura escura. Assim que terminou, ele assentiu para o jovem cavaleiro. — Isto servirá. — Martin abaixou cuidadosamente a laje. Aimard a examinou, certificando-se de que a intrusão não era perceptível, depois se levantou e caminhou vagarosamente de volta para o seu pequeno acampamento e se abaixou dolorosamente ao chão.

Martin olhou na escuridão, sua cabeça era um redemoinho de pensamentos confusos. No primeiro momento que Aimard de Villiers o encorajara a entrar na Ordem, ele tinha se sentido honrado e entusiasmado. Durante os três primeiros anos, essa honra se revelou justificada — os cavaleiros templários eram realmente um grupo nobre de homens extremamente valentes, dedicados a Deus, à humanidade, à Igreja. Mas agora que a Terra Santa estava perdida, o que seria deles? Ele não tinha mais uma visão clara de seus objetivos.

Outras coisas que o aborreciam estavam agora vindo à tona. No decorrer dos anos, ele tinha se conscientizado das preocupações tácitas dentro da Ordem. Sabia, dos fragmentos de conversas acidentalmente ouvidas, que havia atritos entre a Ordem e a Igreja. Onde achava que deveriam existir elos íntimos e confiança, ele captou discordância e suspeitas. Tanto assim que a Igreja não tinha cooperado com os recentes pedidos de homens adicionais. Pela recusa da Igreja em ajudar, o destino da guarnição em Acre tinha sido selado. Teria a Igreja deliberadamente colocado o Templo em perigo?

Ele expulsou o pensamento. Certamente que não.

Então houve as reuniões secretas que Guilherme de Beaujeau tinha mantido com poucos membros de cargos elevados da Ordem. Reuniões das quais eles voltaram taciturnos e com expressões graves no rosto. Membros em cargos elevados, como Aimard de Villiers, cuja franqueza e honestidade estavam entre as qualidades que granjeavam tanta afeição de Martin. Havia o baú ornamentado, as palavras crípticas entre Aimard e o grão-mestre logo antes de terem embarcado no *Templo do Falcão*. E, agora, isto.

Ele não era alguém de confiança?

— Martin.

Assustado, ele se virou para encarar Aimard, cujo rosto estava contorcido de dor, o tom diminuido a um grunhido gutural.

— Sei em que você deve estar pensando. Mas, acredite em mim, quando eu lhe contar... Existem coisas que você deve saber, coisas de que precisa saber, se quisermos que nossa Ordem sobreviva. Guilherme me confiou o conhecimento e a tarefa, mas... — ele parou, tossindo, e então limpou a boca antes de reiniciar, lentamente. — Minha jornada termina aqui, ambos sabemos disto. — Ele ergueu uma mão para interromper os protestos de Martin. — Devo confiar este conhecimento a você. Você precisa completar a tarefa que mal comecei.

Martin sentiu uma onda de culpa por seus pensamentos injustos.

— Sente-se aqui comigo — disse Aimard. Depois de alguns momentos tomando fôlego, o homem mais velho começou. — Durante muitos anos, um segredo é conhecido apenas por um pequeno número de nossa Ordem. No começo, era sabido por apenas nove homens. Nunca um número maior que esse deteve tal conhecimento. Situa-se no coração da nossa Ordem e é a fonte do medo e inveja da Igreja.

Aimard falou durante toda a noite. No início, Martin não acreditou, depois teve uma crescente sensação de choque, até de indignação, mas dado que era Aimard que estava lhe contando, sabia de coração que esta história não poderia ser uma fantasia. Só poderia ser a verdade.

À medida que Aimard seguia adiante, sua voz frágil e trêmula, Martin começou, de repente, a se dar conta. Sua raiva se transformou em estupefação e, então, em uma sensação quase esmagadora de nobreza do objetivo. Aimard era como um pai para ele, e a sincera dedicação do cavaleiro mais velho tinha um grande peso aos olhos de Martin. Gradual, mas seguramente, tudo estava se infiltrando nele, cada palavra de Aimard gravando-se firmemente na sua alma.

Ainda estavam conversando quando o sol nasceu. Quando Aimard terminou, Martin ficou em silêncio por um tempo. Então perguntou:

— O que você quer de mim?

— Escrevi uma carta — contou-lhe Aimard. — Uma carta que deve ser levada ao grão-mestre do Templo de Paris. Ninguém mais deverá vê-la. — Ele entregou a carta a Martin, que não conseguiu lê-la. Aimard apontou para o aparelho com engrenagens ao seu lado. — Está em código... para o caso de cair em mãos hostis.

Aimard fez uma pausa para olhar para fora, em direção aos outros.

— Estamos em território inimigo e só restam quatro de vocês — disse ele. — Permaneçam juntos por quanto tempo for necessário e depois se separem em grupos de dois. Sigam a Paris por diferentes rotas. Fiz uma cópia da carta. Uma para cada dupla. Suscite nos outros a importância da missão de vocês, mas, suplico-lhe, não revele a verdade que lhe contei a menos que esteja convencido de que sua própria morte é iminente.

Martin estudou seu velho amigo cuidadosamente e, então, perguntou:

— E se todos nós morrermos durante a jornada? O que acontecerá à nossa Ordem?

— Existem outros — Aimard lhe contou. — Alguns em Paris, alguns em outros lugares. A verdade nunca será perdida. — Ele fez uma pausa, tomando fôlego. — Parte do que está nas cartas só é conhecido por mim, embora acho que Hugo deva ter adivinhado. Mas ele não fará perguntas. Ele pode não ser um irmão, mas é um homem de lealdade inabalável. Você pode depositar sua confiança nele, assim como deposito a minha em você. — Levando a mão em um bolso de sua jaqueta, Aimard retirou dois pacotes, cada um embrulhado em tecido impermeável. — Pegue-as agora. E entregue uma para a outra dupla.

— Para Hugo?

Aimard sacudiu a cabeça.

— Não. Ele não é membro da nossa Ordem e pode chegar a um ponto em que o grão-mestre do Templo de Paris só dará ouvidos a um irmão verdadeiro. Na verdade, acho que Hugo deve ser aquele a viajar com você.

Martin assentiu pensativamente e, então, perguntou:

— E quanto a você?

Aimard tossiu e passou a mão na barba, e Martin viu mais sangue na sua saliva.

— Até agora, tivemos sorte, mas outros perigos surgirão em seu caminho, sem dúvida — disse Aimard. — Sua jornada não pode ser atrasada pelos doentes e feridos. Não mais tarde e certamente não agora. Como eu disse, este é o fim de minha jornada.

— Não podemos deixá-lo aqui — protestou Martin.

Encolhendo-se de dor, Aimard tocou suas costelas com os dedos.

— Depois do acidente no navio — disse ele —, tenho sorte de ter chegado tão longe assim. Pegue as cartas e vá. De alguma forma, você deve chegar a Paris. Há muito sobre os seus ombros.

Martin de Carmaux assentiu e, então, esticando o braço, estreitou firmemente entre seus braços seu amigo e mentor. Então levantou-se e se afastou para onde os outros e suas montarias aguardavam.

Ele falou brevemente com eles e todos se viraram para olhar para Aimard de Villiers, que manteve seus olhos por apenas um momento antes de se levantar penosamente e caminhar vacilantemente até o poço. O aparelho com engrenagens estava em suas mãos. Martin viu em silêncio extasiado quando seu velho amigo o despedaçou contra a parede de pedra e, pedaço por pedaço, derrubou seus fragmentos quebrados no poço.

— Que Deus esteja contigo — disse Martin suavemente. — E com todos nós.

Tomando as rédeas de um dos cavalos, subiu com um giro na sela estranha. Logo, a linha de quatro homens montados estava em fila ao longo das ruínas do vilarejo, suas montarias de reserva seguindo atrás, antes de começarem a rumar para noroeste, incertos de seu destino, sem saber dos perigos que poderiam aparecer diante deles na longa jornada para a França.

Capítulo 48

A mente de Tess ainda vagava pelas terras mamelucas quando a voz de Jansson interrompeu seu passeio medieval e a trouxe de volta à realidade.

— Temos que supor que, a esta altura, Vance também já tenha traduzido isto — declarou rispidamente.

Reilly assentiu sem hesitação.

— Com certeza.

Ela lembrou-se de onde estava e, ainda agarrando os impressos, estudou os rostos ao seu redor. Eles não pareciam tão cativados pelo momento sublime quanto ela. Era diferente para ela. Esta revelação extraordinária e pessoal das vidas, atos, pensamentos e mortes desses homens legendários a tocavam profundamente. Por outro lado, era também a confirmação de tudo em que seus instintos vinham insistindo desde a noite do ataque. Seu corpo inteiro formigava de expectativa. Isto poderia ser a sua Tróia, o seu Tutancâmon. Ela se perguntava se algum dos que estavam ali sentados teria ficado realmente eletrizado com aquilo que o impresso em suas mãos insinuava ou se estavam simplesmente interessados em como a carta poderia ajudá-los a resolver um caso particularmente vexatório.

A expressão de Jansson não deixava nenhuma dúvida de qual era o caso.

— Certo, então ainda não sabemos do que estamos falando aqui — continuou ele —, além do fato de que, o que quer que seja, é pequeno o bastante para ser carregado numa bolsa tiracolo, mas pelo menos sabemos para onde ele está indo. Fonsalis. — Jansson lançou para Hendricks um olhar interrogativo.

— Lamento — respondeu Hendricks sombriamente. — Não posso ajudar nessa questão. Tenho um punhado de caras trabalhando nisso, mas, até agora, estão dando de cara com um muro. Ainda não encontramos nenhum registro dela em nenhum lugar.

Jansson torceu o rosto, claramente aborrecido.

— Nada?

— Não. Ainda não. Estamos falando aqui da Europa do século XIII. Naquela época, eles não tinham exatamente o MapQuest. A elaboração de mapas era um exercício bem cru e primitivo e, assim sendo, sobreviveram poucos mapas do período, para não falar nada dos textos escritos. Estamos trabalhando com todos os escritos que temos daquela época em diante: cartas, revistas, esse tipo de coisa. Vai levar algum tempo.

Tess observou Jansson se afundar na cadeira e passar a mão na nuca. Seu rosto anuviou. O homem claramente não recebeu muito bem a notícia de ser impedido por algo que tivesse a ver com dados concretos, que podem ser pesquisados.

— Portanto, é possível que Vance também ainda não tenha decifrado — ofereceu Aparo.

Tess hesitou antes de intervir.

— Eu não contaria com isso. É a sua área de especialização. As referências a algum lugar como esse podem não aparecer nos trabalhos amplamente publicados que vocês têm no banco de dados. É mais provável que sejam encontradas em algum manuscrito obscuro da época, o tipo de livro raro que somente alguém como Vance saberia onde encontrar.

Jansson a estudou, aparentemente refletindo sobre isso por um momento. Sentado ao seu lado estava De Angelis. O olhar dele estava cravado nela. Ela não conseguiu ler o que se passava na mente dele, contudo. Com certeza, de todas as pessoas da sala, ele tinha que saber apreciar o valor daquilo que eles tinham acabado de ter o privilégio de participar. Mas ele não demonstrara qualquer sinal de admiração e não dissera palavra alguma durante toda a reunião.

— Certo, precisamos decifrar isto se quisermos apanhar este sujeito — grunhiu Jansson. Ele se dirigiu a De Angelis. — Padre, o seu pessoal provavelmente poderia ser de grande ajuda aqui.

— Sem dúvida alguma. Tomarei as providências para garantir que os nossos melhores estudiosos trabalhem nisto. Temos uma biblioteca imensa. É só uma questão de tempo, tenho certeza.

— Tempo que podemos não ter. — Jansson dirigiu-se a Reilly. — Indiscutivelmente, o cara entrará em ação, se é que já não saiu do país.

— Vou providenciar para que o pessoal da Alfândega e Proteção das Fronteiras dê prioridade máxima para isto. Onde quer que seja, tem que ser em algum lugar do Mediterrâneo oriental, certo? — Ele se dirigiu à Tess. — Podemos restringir as possibilidades dos lugares para onde ele está se dirigindo?

Tess limpou a garganta, pensando sobre a questão.

— Poderia ser em qualquer lugar. Eles foram desviados do curso tão radicalmente... Vocês teriam um mapa da área?

— Claro. — Hendricks se debruçou, puxou o teclado para si e digitou algumas palavras-chave. Um mapa-múndi logo surgiu na enorme tela de plasma à frente deles. Ele digitou mais algumas teclas e a tela mudou, dando um zoom várias vezes no mapa até exibir a região oriental do Mediterrâneo.

Tess levantou-se e caminhou até o mapa.

— De acordo com esta carta, eles partiram de Acre, que é bem aqui, onde hoje é Israel, logo ao norte de Haifa, e navegaram em direção a Chipre. Eles teriam navegado para o norte antes de cruzar para o oeste, mas uma tempestade os atingiu antes que conseguissem chegar a qualquer lugar perto disso... — Ela estudou um pouco mais o mapa, mas não conseguiu evitar que sua mente vagasse um pouco, conjurando imagens de sua perigosa jornada que pareceram tão reais que, por um momento, sentiu que realmente estivera lá com eles. Ela ordenou seus pensamentos, concentrando-se na tarefa à mão. — Tudo depende de para que lado a tempestade os levou. Se ela os empurrou para o leste da ilha, e, neste caso, eles poderiam ter sido lançados para qualquer lugar ao longo da costa síria ou para a região sudoeste da costa turca ao longo daqui... — Ela traçou a rota com o dedo. — Ou se eles passaram a oeste de Chipre e, neste caso, estaríamos falando desta área aqui, a costa sudoeste da Turquia, do Golfo de Antália até Rodes.

— É uma área-alvo bem grande — observou Jansson, exasperado.

— As paisagens ao longo de toda essa linha costeira são basicamente iguais — disse Tess. — Não há nada na carta que sugira uma área ou a outra. Mas não consigo imaginar que eles estivessem longe assim da costa se eles a conseguiram avistar no meio de uma enorme tempestade.

Reilly assentiu, estudando o mapa.

— Podemos começar a alertar nosso pessoal na Turquia e na Síria.

O rosto de Jansson franziu em aparente confusão.

— Então no que é que este Vance está pensando? O que eles enterraram ainda estará lá, esperando por ele? A carta parece ter finalmente conseguido chegar à França. Como ele sabe se os templários não enviaram as pessoas de volta para recuperá-la?

Tess voltou a pensar na história de Vance. "Dizem que ele nunca voltou a sorrir."

— A chave é o momento. Vance disse que o velho que mostrou o manuscrito ao padre, lembrem-se, aquele cujos cabelos ficaram brancos ao tomar conhecimento, ele disse que *o velho era um dos últimos templários sobreviventes.* De Molay e os outros foram queimados na estaca em 1314. O templário agonizante deve ter vindo obrigatoriamente depois disso. E isso significa mais de vinte anos depois do naufrágio. Chuto que Vance tem a esperança de que, se eles não conseguiram recuperá-la até então, não tinha sobrado mais ninguém para fazê-lo depois disso.

A sala ficou em silêncio. Era muita informação para assimilar, especialmente para os outros na sala que não eram tão instruídos quanto ela em interpretar o sentido do passado distante. Hendricks, que provavelmente estava mais perto dela em apreciar o valor histórico daquilo que eles estavam considerando aqui, falou claramente.

— Vamos rodar algumas simulações da rota da embarcação. Fatorar ventos sazonais, correntes, esse tipo de coisa. Ver se algum detalhe no texto tem alguma correspondência com a geografia da terra, pôr à prova e conseguir alguma notícia sobre o seu paradeiro.

— Poderia ser uma boa idéia fazer uma checagem cruzada com todos os naufrágios encontrados na área. Quem sabe, um deles poderia ser este *Templo do Falcão*. — A linguagem corporal de Jansson indicou que a reunião estava terminada. Ele se voltou para De Angelis. — O senhor nos manterá informados?

— Assim que souber de qualquer informação. — O monsenhor estava calmo e impassível como sempre.

Reilly acompanhou Tess até o saguão pelos elevadores. Ninguém mais estava lá esperando. Ela estava para apertar o botão de descer quando se virou para encará-lo com um curioso olhar em seu rosto.

— Fiquei meio surpresa de você pedir que eu viesse para isto. Depois de todo aquele discurso de "você tem que deixar isto para trás" no outro dia.

Reilly fez uma careta, massageando a sobrancelha. Tinha sido uma longa tarde.

— É, e provavelmente vou me chutar por trazê-la para dentro disto. — O rosto ficou mais sério. — Para ser inteiramente franco, eu estava dividido sobre esta questão.

— Bem, fico contente que a opção menos enfadonha ganhou a parada.

Lá e naquele momento, ele decidiu que realmente gostava daquele sorriso travesso. Tudo nela o seduzia. Ele voltou a pensar na euforia que tomou conta de todo o seu rosto quando ela viu a réplica do codificador na sala de conferências. Foi intoxicante; esta mulher ainda conseguia encontrar um intenso, genuíno e destemido prazer na vida, algo que parecia escapar à maioria das pessoas e que tinha certamente escapado dele tanto quanto conseguia se lembrar.

— Olha, Tess, sei o quanto isto deve ser grande para você, mas...

Ela imediatamente interveio na breve pausa.

— E quanto a você? O que significa para você?

Ele se encolheu; não estava costumado a ser sondado sobre seus motivos. Não quando estava trabalhando em um caso. Isto era um dado. Pelo menos, geralmente era.

— O que você quer dizer?

— Quero dizer, prender Vance é tudo o que você quer disto?

Ele achou que a resposta era simples.

— Por ora, não posso me dar ao luxo de pensar adiante disso.

Ela estava exaltada.

— Não acredito nisso por um segundo sequer. Fala sério, Sean — ela pressionou. — Você não pode me dizer que não está intrigado com isto. Eles escreveram uma mensagem codificada, pelo amor de Deus. Sobre algo de que dependia todo o futuro deles. Foram queimados na estaca por isso, exterminados, erradicados. Você não está nem um pouco curioso para saber o que está enterrado naquela sepultura?

Reilly estava achando difícil resistir ao entusiasmo que irradiava dela.

— Vamos primeiro pegá-lo. Muitas pessoas já morreram por causa disto.

— Mais do que você imagina. Se você incluir todos os templários que morreram naquela época.

De algum modo, o comentário fez com ele entendesse tudo com maior clareza, de uma maneira que ele não tinha considerado antes. Pela primeira vez, estava entendendo a magnitude daquilo com que estavam lidando. Mas ele sabia que o quadro geral teria de esperar. Sua prioridade tinha que ser o fechamento do arquivo do caso *Ataque ao Metropolitan.*

— Olha, é por isto que não queria que você continuasse a se envolver nisto. Teve um impacto grande demais sobre você e isto me preocupa.

— Mesmo assim, você me chamou.

Aí estava. De novo aquele sorriso travesso.

— É... bem... realmente temos a impressão de que poderíamos usar a sua ajuda agora. Com um pouco de sorte, talvez o apanhemos quando ele estiver cruzando alguma fronteira, mas, enquanto isto, seria bom ter alguns de nossos agentes esperando por ele em *Fonsalis,* onde quer que seja.

Tess apertou o botão de descer.

— Vou pôr o meu chapéu de pensar.

Ele olhou para ela, de pé lá, o canto da boca ligeiramente curvado para cima, os olhos verdes cintilando travessamente. Ele sacudiu a cabeça imperceptivelmente e não conseguiu evitar um pequeno riso.

— Não sabia que você chegava a tirar em algum momento.

— Ah, sabe-se que isso acontece. — Ela olhou para ele, recatadamente. — Em raras ocasiões.

Dois tons discretos soaram quando a porta do elevador abriu. A cabine estava vazia. Ele a olhou entrar.

— Vai ser cuidadosa?

Ela se virou, mantendo a porta aberta.

— Não; pretendo ser completa, desenfreada e indesculpavelmente imprudente.

Ele não teve tempo de responder já que a porta do elevador fechou e ela desapareceu de vista. Ele ficou lá por um momento, a imagem do rosto radiante dela gravada na sua mente, antes do familiar "plim" da chegada de um elevador o ter trazido de volta à crua realidade.

A curva no canto da boca ainda estava lá quando Tess saiu do edifício. Ela sabia que indiscutivelmente alguma coisa estava acontecendo entre ela e Reilly, e ela gostava do que sentia. Ela não dançava essa música já há algum tempo, e os primeiros estágios dela, assim como em seu trabalho, sempre tinham sido os mais agradáveis — pelo menos, na sua experiência. "Confie em mim para encontrar um paralelo entre arqueologia e homens." Ela fez uma cara feia ao se dar conta de que, como na arqueologia, a súbita onda de expectativas bem no início de um relacionamento, o mistério, o otimismo e a esperança nunca cumpriam inteiramente a sua promessa.

Talvez desta vez seja diferente, nas duas frentes.

"Ah, certo."

Enquanto caminhava no ar revigorante da primavera, a única idéia que ela não conseguiu engolir foi a sugestão de De Angelis de que o segredo oculto tinha a ver com a alquimia. Essa noção continuava a persegui-la e, quanto mais a considerava, menos crível parecia. Ainda assim, o enviado do Vaticano tinha parecido muito confiante de que era isso. Uma fórmula para transformar chumbo em ouro. Quem não faria o máximo para escondê-la de olhos gananciosos? Mesmo assim, alguma coisa não se encaixava.

O mais intrigante de tudo era que Aimard achara que a tempestade tinha sido uma demonstração da vontade de Deus. Que ele estivesse desejoso de que o mar engolisse o que eles estivessem transportando e enterrá-lo para sempre. Por que ele pensaria assim? E, então, havia a questão do tamanho. Um relicário. Um único baú pequeno. O que poderia possivelmente guardar para que homens morressem ou se matassem por ele?

"Fonsalis."

Ela tinha que desvendar onde era se quisesse permanecer no jogo.

Previu algumas noites sem sono. E trataria de se certificar de que seu passaporte estava em ordem.

Sabia que teria de enfrentar um telefonema difícil com a mãe, no qual lhe contaria que seriam mais que apenas uns dias antes que fosse se encontrar com elas no Arizona.

De Angelis tinha voltado por um curto período ao seu quarto no albergue. Preocupado com os problemas potenciais, ele se sentou na beirada da cama dura e telefonou para Roma. Falou diretamente com um colega há muito removido do círculo do cardeal Mauro. Decididamente, este não era o momento de se deparar com questões inquisitivas.

Ciente de que a vantagem que ele teve, quando estava seguindo a pista dos quatro cavaleiros já tinha sido há muito tempo perdida e igualmente consciente de que estar perto da investigação que estava afundando já não servia mais a nenhum propósito útil, ele sabia que logo teria de seguir seu próprio caminho. Deu ordens que garantiriam que tudo estivesse devidamente preparado para que, quando de fato escolhesse a atitude a tomar, ele pudesse fazê-lo com agilidade.

Feito isto, ele puxou um maço de fotografias de sua pasta, espalhou-as sobre a cama e as examinou, uma a uma. Tess entrando e saindo da Praça Federal. Saindo e voltando para casa em Mamaroneck. Seu escritório no Instituto Manoukian. Fotos de pequena e de média distâncias e *closes*. Mesmo em duas dimensões granuladas, ela passava a confiança e a determinação que exibia na vida real. Ela também revelara ser imaginativa e ansiosa. Ao contrário do FBI, ela tinha rapidamente se livrado das limitações do pensamento de que o caso era mero roubo.

Sua formação acadêmica, suas relações com Vance antes de seu ataque contra ela, tudo ajudava a tornar-se uma aliada útil e uma oponente perigosa.

Ele tocou numa das fotos, tamborilando com o dedo no centro de sua testa. "Garota esperta. Muito, muito esperta." Se alguém fosse desvendar esta coisa, ele apostaria que seria ela. Mas ele também sabia que ela não seria alguém que compartilharia a sua descoberta.

Teria de ser arrancada dela.

Capítulo 49

Tess tinha perdido a noção de tempo, mas pelas xícaras de café acumuladas na mesa e pela quantidade de cafeína, que corria impetuosamente pelas suas veias, sabia que certamente muitas horas tinham se passado desde que tinha se logado no seu computador no Instituto Manoukian.

O escritório estava vazio. Lá fora, pombos e pardais já tinham ido embora há muito e o jardim estava banhado na escuridão. Outra longa e frustrante noite se avizinhava.

Os últimos dois dias foram obscuros. Ela ficara na Biblioteca Butler da Universidade de Colúmbia até ser expulsa de lá quando eles fecharam, às onze. Tinha conseguido chegar em casa pouco depois da meia-noite, com uma pilha de livros, e ficara trabalhando neles. Finalmente sucumbiu ao sono quando o sol estava surgindo na janela de seu quarto, para ser cruelmente sacudida de volta à consciência noventa minutos depois, pelo alarme do seu rádio-relógio.

Agora, com os olhos injetados de sono e à mesa do escritório, ela ainda vasculhava uma montanha de livros, alguns que tinha trazido com ela, outros da vasta coleção do Instituto. Ocasionalmente, alguma coisa se destacava e ela disparava animadamente uma pesquisa na internet, abençoando o Google pelas horas que lhe estava poupando e amaldiçoando o mecanismo de pesquisa sempre que não entregava as respostas.

Até agora, as maldições estavam ganhando fácil.

Ela se virou para o outro lado da mesa, olhando pela janela, esfregando os olhos cansados. As sombras no jardim se misturavam confusamente entre si. Descobriu que não conseguia se concentrar direito; os olhos estavam se rebelando. Não se importava. Uma pausa seria bem-vinda. Ela não conseguia se lembrar da última vez que tinha lido tanto assim num período tão curto. E uma palavra estava marcada a ferro nas suas retinas, mesmo que ainda tivesse de descobrir qualquer referência a ela:

Fonsalis.

Olhando fixamente para o céu noturno, seus olhos foram atraídos para o grande salgueiro se assomando sobre o jardim. Permanecia ali, seus ramos em mechas oscilando num vai-e-vem na ligeira brisa noturna, desenhando uma silhueta contra as insinuações das luzes da rua que eram rebatidas do muro de tijolo muito alto atrás dele.

Ela olhou para o banco vazio sob a árvore. Parecia tão fora de lugar, aqui no coração da cidade; tão silencioso e idílico. Ela quis sair, enroscar-se nele e dormir por dias.

Foi quando uma imagem cruzou a sua mente como um relâmpago.

Uma imagem confusa.

Ela pensou na placa de bronze colocada num pequeno poste na base do salgueiro. Uma placa que tinha lido uma centena de vezes.

A árvore tinha sido importada com uma enorme fanfarra mais de cinqüenta anos antes pelo benfeitor armênio do Instituto. Ele o despachara para cá de seu vilarejo ancestral, em memória de seu pai que, juntamente com outros duzentos intelectuais armênios e líderes da comunidade, tinham sido assassinados nos primeiros dias do genocídio de 1915. O ministro do Interior da Turquia, daquela época, alardeou que daria ao povo armênio "um soco tão tremendo que ele não será capaz de se levantar por cinqüenta anos". Suas palavras tinham se revelado tragicamente proféticas; a nação da Armênia sofreu uma tragédia atrás da outra, uma era negra da qual só agora começava a emergir.

A árvore tinha sido oportunamente escolhida por seu simbolismo choroso. Era comum encontrar salgueiros-chorões nos cemitérios desde a Europa até a China. A associação datava do Velho Testamento que dizia que, depois do casamento de Davi com Betsabá, dois anjos apareceram diante dele e o convenceram de seu pecado, depois do que ele se jogou ao chão e lá ficou, chorando lágrimas amargas de penitência por quarenta dias e quarenta noites. Dizem que, naqueles quarenta dias, ele teria chorado tantas lágrimas quantas a raça humana inteira derramaria por conta de seus pecados, desde aquele dia até o Dia do Julgamento. As duas correntes de lágrimas fluíram para o jardim, onde duas árvores então nasceram: a árvore de olíbano, destilando constantemente lágrimas de tristeza, e o salgueiro-chorão, seus ramos pendendo com pesar.

A mente de Tess correu até o texto na placa de bronze. Ela conseguia visualizar a inscrição nela. Lembrava que a placa descrevia a árvore como pertencente ao gênero mais amplo conhecido como *Vitisalix*.

Lembrou-se também que a placa ainda mencionava a classificação taxonômica mais específica do salgueiro-chorão.

Salix Babylonica.

Estava bem diante de seu nariz.

Capítulo 50

Na manhã seguinte, Reilly e Aparo trabalhavam nos telefones de suas mesas na Praça Federal. Reilly era atualizado por Kendricks. As notícias não eram boas. Os cérebros da Agência de Segurança Nacional ainda estavam atordoados com a referência *Fonsalis.* Kendricks avisou-o de que o progresso vindo de lá seria muito mais lento. Telefonemas a colegas peritos em todo o mundo não tinham conseguido elucidá-los, e as pesquisas eletrônicas em bancos de dados relevantes já tinham sido há muito exauridas. Os analistas agora trabalhavam nos tomos de literatura à moda tradicional, lendo todos eles, procurando por qualquer referência à localização do túmulo.

Reilly não esperava em suspense.

Do outro lado da sua mesa, Aparo lançou-lhe um aceno desalentador antes de terminar sua própria conversa. Reilly sabia dizer que, qualquer que fosse a má notícia, seu parceiro parecia ter, no mínimo, alguma urgência naquilo. Aparo logo o confirmou. O telefonema era de Buchinski. O corpo de um homem tinha sido encontrado naquela manhã num beco atrás de um prédio de apartamentos em Astoria, no Queens. A relevância da descoberta era que o homem morto tinha traços de lidocaína nele. Também tinha marcas reveladoras de picadas no pescoço. O nome da vítima era Mitch Adeson.

Reilly sentiu uma inquietação cada vez mais profunda de que o caso estava escapulindo deles.

— Como ele morreu?

— Caiu do telhado. Caiu, pulou, foi empurrado, faça a sua escolha.

Reilly encostou-se para trás, esfregando os olhos, abatido.

— Três de quatro. Resta um. A pergunta é: ele vai aparecer com uma marca de agulha no pescoço... ou ele já está a meio caminho da Europa?

Ao lançar um rápido olhar por toda a sala, ele percebeu o monsenhor emergir das portas duplas que levavam ao saguão do elevador. O fato de ele estar ali, em pessoa, só poderia significar que ele não tinha nenhuma informação nova a relatar.

O olhar sombrio em seu rosto ao se sentar com Reilly só o confirmou.

— Temo que meus colegas em Roma ainda não tiveram sucesso. Ainda estão procurando, mas... — ele não pareceu otimista. — Suponho que...? — Ele não precisou continuar.

— É, só obtivemos resultados negativos aqui também, padre.

— Ah, bem. — Então, ele conseguiu dar um sorriso esperançoso. — Se nem nossos eruditos nem seus especialistas foram capazes de descobrir até agora... talvez ele também esteja com muita dificuldade de decifrar.

Bem no fundo, Reilly sabia que isto era apenas algo que ele gostaria muito de que fosse verdade. Fotos de Vance tinham sido enviadas para as maiores bibliotecas de Washington a Boston e, até agora, nenhuma delas tinha notificado nada. Ou Vance já sabia para onde estava indo ou tinha seus próprios recursos, aos quais o FBI não teria acesso. De qualquer maneira, não era um bom augúrio.

O monsenhor ficou silencioso por um momento e, então, disse:

— A sra. Chaykin. Ela parece ser bem... imaginativa.

Reilly não conseguiu reprimir um sorriso forçado e cansado.

— Ah, tenho certeza de que ela está quebrando a cabeça procurando por isso agora mesmo, enquanto conversamos.

Isto pareceu confirmar a suposição de De Angelis.

— Teve notícias dela?

— Ainda não.

De Angelis assentiu em silêncio. Reilly sabia que alguma coisa estava importunando o homem, que ele estava se contendo.

— O que é, padre?

O monsenhor olhou ligeiramente constrangido.

— Não tenho certeza. Só estou um pouco preocupado, é tudo.

— Com o quê?

O padre mordeu os lábios.

— Tem certeza de que ela telefonaria? Se tivesse descoberto?

Vindo de De Angelis, isto surpreendeu Reilly. Ele não confiava nela? Inclinou-se para frente.

— O que o faz dizer isto?

— Bem, ela parece ser bem determinada, afinal é o seu campo. E uma descoberta como esta... carreiras foram feitas por muito menos. Se, por um momento, me colocasse no lugar dela, eu me perguntaria quais seriam as minhas prioridades. Capturar este Vance... ou descobrir algo pelo qual qualquer arqueólogo daria o braço direito? Eu informaria às autoridades e me arriscaria a perder o crédito e a glória... ou iria atrás disto sozinho? — Seu tom era suave, mas irresistivelmente confiante. — Ela me dá a impressão de ser uma senhora bem ambiciosa, e a ambição... pode muitas vezes levar uma pessoa a escolher o caminho, digamos, menos magnânimo.

As palavras de De Angelis ficaram com Reilly até muito depois da partida do padre.

Ela telefonaria? Não tinha sequer passado pela sua cabeça que ela não telefonaria. Mas, então, e se o enviado do Vaticano estivesse certo? Que incentivo ela tinha para telefonar? Se ela tivesse de fato decifrado e dado sua localização para o FBI, os agentes seriam enviados para interceptar Vance, as agências policiais locais seriam convocadas a entrar em ação e a situação rapidamente sairia de seu controle; haveria pouco espaço, ou consideração, para a sua busca. A prioridade, no que dizia respeito às autoridades, era agarrar um fugitivo. A descoberta arqueológica tinha pouca importância.

Ainda assim, ela não seria tão imprudente... ou seria? "O que ela vai fazer, voar para lá sozinha?"

Uma súbita e violenta onda de medo passou por ele. "Não, isso é loucura."

Apanhou o telefone e discou o número da casa dela. Não houve nenhuma resposta. Deixou tocar até que a secretária eletrônica atendesse e, então, desligou sem deixar mensagem. Rapidamente tentou o celular. Tocou cinco vezes antes de encaminhá-lo para o serviço de mensagens.

Com uma inquietação rapidamente crescente, Reilly desligou e chamou o telefonista interno. Em segundos, sua ligação foi transferida ao policial estacionado do lado de fora da casa de Tess.

— Você a viu hoje?

A resposta do policial foi imperturbavelmente confiante.

— Não, não desde que chegou tarde na noite passada.

Seus alarmes internos tocavam estridentemente. Alguma coisa estava muito, muito errada.

— Preciso que você vá até a porta da frente e se certifique de que ela está bem. Vou aguardar.

O policial deu a impressão de que já estava saindo do carro.

— Você manda.

Reilly esperou, com ansiedade, à medida que os segundos passavam. Visualizou o policial atravessando a rua, vendo o caminho pelo jardim da frente, subindo os três degraus de pedra e tocando a campainha. Ela levaria mais alguns segundos para descer se estivesse no andar de cima. Mais ou menos agora, ela estaria abrindo a porta da frente.

Nada.

Sua agonia cresceu assustadoramente à medida que os segundos se arrastavam. Então, a voz do policial estalou de volta através do seu fone.

— Ela não está respondendo a porta. Tive que olhar nos fundos e nada foi mexido, não há nenhum sinal de entrada forçada, mas não parece que ela esteja por aqui.

Reilly já estava rapidamente entrando em ação.

— Certo, ouça-me — ele disparou enquanto fazia gestos de urgência para Aparo —, preciso que você entre lá agora mesmo e me confirme que a casa está vazia. Arrombe, se precisar.

Aparo estava se levantando de sua cadeira.

— O que está acontecendo?

Reilly já estava pegando outro telefone.

— Ligue para Alfândega e Fronteiras. — Cobrindo o telefone com a mão, ele olhou para o parceiro, frustração e raiva em seus olhos. — Acho que Tess pode estar fazendo uma corrida.

Capítulo 51

De pé na fila do *check-in* da Turkish Airlines no JFK, Tess olhou fixamente para a tela do seu celular. A tela não mostrou quem chamava e ela decidiu não responder. Sabia que a chamada provavelmente era de alguma mesa telefônica de roteamento e nenhuma das pessoas que estariam telefonando era bem-vinda naquele momento. Não era o Leo do Instituto; a estas alturas, Lizzie já teria transmitido a críptica e confusa explicação para a sua ausência. Nem Doug, telefonando de Los Angeles — sem apreensões lá. Mas Reilly... era esse que estava entalado em sua garganta. Ela odiava fazer isto com ele. Tinha sido uma das decisões mais difíceis que já tivera que tomar, mas agora resolvera seguir em frente com isto, não poderia se dar ao luxo de conversar com ele. Não ainda.

Não enquanto ainda estivesse no país.

Guardando o telefone de volta no bolso da jaqueta, ela finalmente chegou à mesa e embarcou no árduo procedimento de *check-in*. Assim que terminou, seguiu as placas até a sala de embarque e tomou um tão necessário café, passando pela banca de jornais, onde comprou alguns livros que estava pensando em ler quando tivesse tempo; se ela conseguiria ou não refrear sua imaginação galopante o suficiente para se concentrar em uma ficção leve, levando em conta tudo o que estava acontecendo, era uma outra questão.

Passou pelas checagens de passageiros e chegou à sala de embarque, onde se afundou numa cadeira.

Ela não conseguia acreditar que estava realmente fazendo isto. Sentada lá, sem mais nada a fazer, exceto esperar a chamada do vôo, sua mente finalmente teve chance de desacelerar, voltar atrás e considerar com mais cuidado os eventos recentes. O que não era necessariamente uma boa coisa. As últimas 24 horas, desde o segundo que se aproximara das evidências até o momento real que tinha feito a descoberta, tinham sido um nevoeiro induzido pela adrenalina. Agora, sozinha e esperando o vôo noturno, ela se sentiu presa a uma ladainha de medos e apreensões que vieram bem do fundo da alma até a superfície.

"O que você está pensando? Ir lá, até o interior da Turquia — sozinha? E se você der de cara com Vance lá? E quanto a todos os outros asquerosos com quem você poderia se deparar? Não é exatamente o país mais seguro do mundo. Uma mulher americana, sozinha no interior da Turquia. Você é louca?"

O ataque de pânico sobre seu bem-estar físico logo deu lugar a algo que a perturbava ainda mais.

Reilly.

Tinha mentido para ele. De novo. Uma mentira de omissão, talvez, mas, de qualquer maneira, uma omissão bem séria. Isto era diferente de fugir de carro com o manuscrito e não alertá-lo sobre Vance estar à espera dela em casa. Ela sabia que algo estava acontecendo entre eles, algo de que gostava e que adoraria alimentar, mesmo sentindo que havia alguma coisa que o refreava e que não conseguia identificar com muita precisão. Ela se perguntava se tinha arruinado com qualquer chance que eles tinham de ficar juntos. Naquela vez, ela achou que tinha se saído impunemente; havia circunstâncias atenuantes e ele era bem compreensivo — na verdade, ele tinha se comportado maravilhosamente. E, agora, aqui estava ela, estragando tudo de novo.

"Quanto isto significa para você, Tess?"

Ela saiu bruscamente de seu devaneio agitado quando percebeu que o brilho da iluminação fluorescente tinha sido interrompido e sentiu a presença de alguém de pé, bloqueando-a. Abriu os olhos.

Era Reilly. Estava de pé lá, assomando-se sobre ela, e não parecia emocionado. Extremamente furioso estaria provavelmente mais perto da verdade.

Reilly quebrou o silêncio eloqüente.

— O que você pensa que está fazendo?

Ela não tinha certeza sobre como responder a isso. Neste momento, uma voz nasal ecoou vindo do sistema amplificador acima, anunciando a abertura do portão de embarque. Os passageiros ao redor deles se levantaram de seus assentos e formaram um par de filas confusas que convergiam nos balcões do portão, dando a ela uma bem-vinda pausa.

Reilly olhou para eles e exerceu visivelmente seu autocontrole antes de se deixar cair ao lado dela.

— Quando estava planejando me contar?

Ela tomou um fôlego.

— Assim que chegasse lá — disse ela acanhadamente.

— O quê, você ia me mandar um cartão postal? Que diabo, Tess. É como se nada do que eu disse tivesse significado alguma coisa para você.

— Olha, estou...

Ele sacudiu a cabeça, erguendo as duas mãos e interrompendo-a.

— Sei, você sente muito, isto significa muito para você, uma coisa que só acontece uma vez na vida, um momento de definição da carreira... Já passamos por isto antes, Tess. Você parece inclinada a se deixar matar.

Ela suspirou, frustrada, refletindo sobre as palavras dele.

— Não posso apenas me recostar e deixar que isto escorregue entre os meus dedos.

Reilly pressionou, lançando olhares rápidos por toda a volta e abaixando a voz.

— Os outros três cavaleiros daquela noite estão mortos, está bem? E não foi bonito. Não morreram exatamente durante o sono.

Tess avançou.

— Você acha que Vance os matou?

— Ou foi ele ou foi alguém envolvido com ele. De qualquer maneira, quem estiver fazendo isso ainda está solto por aí e a parte de matar não parece aborrecê-lo de forma alguma. Vê aonde estou chegando?

— E se Vance ainda não tiver decifrado?

— Acho que você teria recebido uma nova visita. Meu chute é: ele sabe.

Ela deixou escapar um grande suspiro.

— Então o que fazemos agora?

Reilly a estudou, certamente se fazendo a mesma pergunta.

— Você tem certeza que decifrou certo?

Ela assentiu:

— Tenho.

— Mas você não vai me contar onde é?

Ela sacudiu a cabeça.

— Prefiro não contar. Apesar de estar quase certa de que você pode me obrigar, certo? — Acima da cabeça, a voz nasal fez um novo anúncio, convidando os últimos passageiros a embarcar na aeronave. Tess dirigiu-se a Reilly. — É o meu vôo.

Ele observou enquanto os últimos passageiros passavam pelo portão.

— Tem certeza de que ainda quer fazer isto?

Ela respondeu um aceno nervoso.

— Tenho.

— Vamos cuidar disto. Você receberá crédito total por qualquer descoberta, vou garantir isto. Só deixe que nós o tiremos do caminho antes.

Ela olhou no fundo dos olhos dele.

— Não se trata apenas do crédito. É... é o que faço... — ela olhou atentamente no rosto dele, procurando pelos sinais de empatia, pelos indícios que ele estaria pensando. — Além disto, poderia estar fora das suas mãos. Descobertas internacionais... a coisa pode ficar bem territorial e bem confusa. — Ela conseguiu dar um sorriso vacilante. — Então, posso ir agora, ou você vai me prender ou alguma coisa assim?

O queixo dele enrijeceu.

— Estou pensando nisso. — O rosto não revelava nenhum indício de que pudesse estar fazendo piada. Longe disso.

— Sob que acusação?

— Não sei. Vou descobrir alguma coisa. Talvez plantar uns papelotes de coca em você. — Ele fingiu, dando tapinhas nos bolsos. — Sei que tenho um pouco aqui, em algum lugar.

O rosto dela relaxou.

A expressão dele ficou mortalmente séria.

— O que posso dizer para fazê-la mudar de idéia?

Ela adorou a sensação que teve ao ouvi-lo perguntar isso. "Talvez eu ainda não tenha estragado isto inteiramente." Ela se levantou.

— Vou ficar bem. — Não que acreditasse nisto.

Ele levantou-se e, por um breve momento, ficaram apenas parados ali. Ela esperou que ele dissesse mais alguma coisa, mas ele não falou. Uma pequena parte dela até esperava que ele a agarrasse e a impedisse de partir. Mas ele também não fez isso. Ela olhou para o portão e, então, virou-se para vê-lo de frente de novo.

— Eu o verei em breve.

Ele não respondeu.

Ela se afastou e chegou até a mulher excessivamente alegre que operava o *scanner* do bilhete de embarque. Tess tirou o seu passaporte e, quando o entregava a ela, olhou para trás, para onde tinha deixado Reilly. Ele ainda estava parado lá, vendo-a partir. Ela conseguiu um meio-sorriso tenso antes de se virar e caminhar pelo corredor branco.

Os quatro motores turbofan ganharam vida enquanto a tripulação do vôo, passando de uma ponta a outra dos corredores, fazia seus preparativos finais para a decolagem. Tess tinha recebido um assento de janela para o vôo de dez horas e ficou aliviada em descobrir um assento vago ao lado dela. Enquanto assistia ao pessoal de solo tirar o último equipamento de serviço em torno da aeronave, Tess sentiu uma estranha mistura de exaltação e presságio. Não podia evitar sua excitação com a jornada à frente e, ainda assim, a notícia de Reilly sobre os cavaleiros mortos a desconcertou. Ela bloqueou a imagem perturbadora que a mente evocava para se convencer de que, desde que ela tomasse algumas precauções básicas, estaria segura.

Assim o esperava.

Estava esticando o braço para pegar a revista de bordo quando percebeu uma certa comoção vindo da frente da aeronave. Seu corpo inteiro ficou rígido quando percebeu que era por causa de Reilly, que avançava pelo corredor em sua direção.

"Diabo. Ele tinha mudado de idéia. Está vindo para me tirar do avião."

Olhando para ele assombrada, sentiu uma onda de raiva. Quando ele chegou à fileira dela, ela se encostou contra a janela.

— Não faça isto, tá legal? Não me tire deste avião. Você não tem nenhum direito. Vou ficar bem... Quero dizer, vem cá, você tem um pessoal lá, certo? Eles podem ficar de olho em mim. Posso fazer isto.

O rosto dele estava impassível.

— Eu sei. — Então se acomodou no assento ao lado dela.

Tess cravou os olhos nele, atordoada. Sua boca estava tendo dificuldade em formar palavras coerentes.

Com total naturalidade, ele pegou a revista das mãos dela enquanto afivelava o cinto.

— E aí — perguntou ele —, eles têm algum filme decente passando?

Capítulo 52

O homem sentado seis fileiras atrás de Tess estava longe de se sentir à vontade. Odiava voar. Isto não tinha nada a ver com um medo irracional, nem ele sofria de forma alguma de claustrofobia. Ele simplesmente não conseguia agüentar ficar confinado por horas numa lata de metal onde não era permitido fumar. "Dez horas." E isso sem contar o tempo gasto no terminal onde era igualmente proibido.

País dos Nicorettes.[5]

Ele tivera sorte. Ao receber a tarefa de ficar de olho em Tess, teve que se virar em um local remoto e desconfortável para vigiá-la por causa da vigilância policial na casa dela. Se ele estivesse um pouco mais perto, contudo, é provável que a tivesse perdido na sua escapadela pelos fundos da casa, atravessando os fundos das casas vizinhas e, então, de volta à rua e ao táxi que a aguardava apenas alguns metros de onde ele estava estacionado.

Ele tinha alertado De Angelis e a seguido até o aeroporto. Do lugar em que estava sentado no saguão de embarque, ele pôde observar Tess e Reilly com facilidade, sem qualquer risco de detecção. Nenhum dos dois estava ciente de sua existência. Ele telefonara duas vezes para De Angelis de seu celular. Na primeira vez, contou-lhe que Tess tinha recebido permissão de embarcar na aeronave. Na segunda, pouco depois, desta vez do seu assento dentro do avião, ele mal teve tempo de informar ao monsenhor sobre Reilly ter aparecido antes que sua conversa fosse cortada por uma insistente comissária de bordo que o obrigou a desligar o celular.

[5] Nome genérico dado aos paliativos no tratamento do tabagismo. (N. do E.)

Inclinando-se para fora no corredor, ele estudou seus dois alvos enquanto girava um pequeno disco não maior que uma moeda de 25 centavos entre seus dedos. Ele tinha percebido que Reilly não trouxera nenhuma bagagem de mão à bordo. Realmente não importava. Tess, que tinha uma bolsa no compartimento acima da cabeça, era seu alvo principal. Enquanto os estudava, sabia que não precisava apressar as coisas. Seria um longo vôo, e a maioria das pessoas, inclusive seus alvos, dormiria em algum momento. Ele teria de ser paciente e aguardar pela oportunidade certa para plantar seu dispositivo de rastreamento. Pelo menos, ele refletiu, proporcionaria um pouco de distração nesta jornada maçante em todos os outros aspectos.

Ele se mexeu desconfortavelmente no assento, fechando a cara quando a comissária de bordo passou por ele e seguiu pelo corredor, verificando e garantindo que todos os cintos de segurança estavam afivelados. Ele odiava a rigidez de todo o trabalho. Tinha a sensação de estar de volta à sexta série. "Não pode fumar, não pode telefonar. Não pode chamá-las de aeromoças. O que viria a seguir: cupons de permissão para usar o banheiro?"

Ele olhou para fora da janela e enfiou mais duas gomas de Nicorette na boca.

De Angelis estava chegando ao aeroporto de Teterboro, em Nova Jersey, quando Plunkett lhe telefonou. O pequeno aeroporto era uma opção mais silenciosa e mais eficiente para a sua viagem apressadamente providenciada; a dez quilômetros de Manhattan, era um refúgio predileto das celebridades, dos executivos e de seus jatos particulares.

Sentado no banco de trás do Lincoln Town Car, o monsenhor estava quase irreconhecível. Ele tinha descartado seu austero traje pelo elegante terno preto Zegna com que estava mais acostumado e, embora sempre ficasse receoso quando deixava de lado seu colarinho romano, o tinha feito prontamente agora, optando pela camisa azul. Também tinha se livrado dos óculos sujos desalinhados que usara durante sua permanência em Manhattan; em seu lugar estava seu habitual par sem aros. Sua esfarrapada pasta de couro se fora, uma elegante de alumínio estava agora ao lado dele enquanto a limusine o levava ágil e diretamente para a porta da aeronave.

Enquanto subia a bordo do Gulfstream IV, deu novamente uma olhadela para seu relógio e fez um cálculo rápido. Ele sabia que estava em boas condições. Provavelmente aterrissaria em Roma ligeiramente antes que Tess e Reilly chegassem a Istambul. O G-IV não era apenas um de um punhado de jatos particulares que tinha autonomia de vôo para chegar até Roma sem reabastecimento; era também mais rápido e mais sólido que o Airbus de quatro motores em que eles estavam voando. Ele teria um pouco de tempo para reunir o equipamento necessário para completar a missão e ainda conseguiria encontrar-se com eles para onde quer que estivessem rumando.

Tomando seu assento, refletiu novamente sobre o que o dilema Tess Chaykin representava. Tudo com que o FBI realmente se importava era trancafiar Vance pelo ataque contra o Metropolitan. Ela, por outro lado, estava atrás de alguma outra coisa; ele sabia que, muito depois que Vance estivesse atrás das grades, ela continuaria procurando, revirando pedras, buscando por aquilo. Era de sua natureza.

Não, ele não tinha nenhuma dúvida a respeito; em algum momento, depois que ela tivesse vivido além de sua utilidade atual, ele provavelmente teria de lidar com este problema. Um problema que tinha acabado de ser exacerbado por Reilly e sua irrefletida decisão de acompanhá-la.

Ele fechou os olhos e recostou-se contra o macio descanso de cabeça de sua cadeira giratória de veludo. Não estava nem um pouco preocupado. Era uma complicação infeliz que teria simplesmente que resolver.

Capítulo 53

Eles estavam em altitude de cruzeiro antes que Tess começasse a explicar suas descobertas para Reilly.

— Estávamos procurando por um lugar que não existe, é tudo.

Eles tinham conseguido vislumbrar a linha do horizonte de Manhattan, bruxuleando em vertiginosos tons de azul dourado provocados pelo pôr-do-sol, as torres gêmeas ainda mais notáveis agora por sua ausência — toda a escala da catástrofe tornando-se ainda mais visceral vista do ar. Então, a aeronave de cauda vermelha tinha contornado e se impelido para o céu atravessando a delgada cobertura de nuvens, chegando sem esforço ao ar límpido a 11 mil metros. A noite viria rapidamente agora, enquanto eles se precipitavam para a escuridão que se aproximava.

— Aimard de Villiers era esperto e sabia que o homem a quem ele escrevia a carta, o mestre da Preceptoria de Paris, era tão astuto quanto ele. — Tess estava visivelmente animada com sua descoberta. — Não existe nenhuma "Fonsalis". Nunca existiu. Mas, em latim, *fons* é a palavra para poço e *salis* significa salgueiro.

— "O poço do salgueiro"?

Tess assentiu.

— Exatamente. Então me lembrei que eles estavam em território inimigo quando Aimard escreveu a carta. O vilarejo era governado pelos muçulmanos e isto me fez pensar por que Aimard usaria o nome em latim do vilarejo? Como saberia qual era? Era mais provável que ele soubesse o nome árabe, o nome que seus conquistadores usavam. Seria esse o nome que o pastor de cabras teria lhes dado. Mas Aimard quis disfarçar o nome, no caso de a carta cair em mãos erradas e ser eventualmente decifrada.

— Então o vilarejo se chamava "O poço do salgueiro"?

— Exatamente. Era prática comum nomear lugares de acordo com quaisquer características geográficas que tivessem.

Ele a olhou com ar de dúvida. Alguma coisa no raciocínio dela o aborrecia.

— Para fazer isto, ele tinha que falar a língua deles.

— Ele deveria conhecer e, se não ele, um dos outros com ele. Ao final das Cruzadas, muitos daqueles cavaleiros tinham realmente nascido lá, na Terra Santa. Eles os chamavam de polainas. E os templários tinham uma estranha afinidade com alguns dos muçulmanos. Li que trocavam conhecimento científico, bem como concepções místicas, e dizem que até teriam contratado os *hassassins*, assasinos fumadores de haxixe incrivelmente eficientes, em algumas poucas ocasiões.

Ele arqueou as sobrancelhas.

— Eles contrataram os assassinos dos seus inimigos? Achei que estavam lá para combatê-los.

Tess encolheu os ombros.

— Você passa duzentos anos no quintal de alguém e, mais cedo ou mais tarde, você faz amigos.

Reilly aquiesceu.

— Certo. Como é em árabe?

— "Beer el Sifsaaf."

— Que você descobriu por meio de...?

Tess não conseguiu reprimir um sorriso de satisfação própria.

— Os diários de Al-Idrissi. Ele foi um famoso viajante árabe, um dos grandes cartógrafos do período, e manteve extensos diários, altamente detalhados, de suas viagens por toda a África e pelo mundo muçulmano, muitos dos quais sobrevivem até os dias de hoje.

— Em inglês?

— Na verdade, em francês, mas isso não é um grande trabalho. — Tess apanhou sua bolsa grande e tirou um mapa e algumas fotocópias que tinha feito do velho livro que encontrara. — Ele menciona a cidade e a igreja saqueada em um dos seus diários. — Ela abriu um mapa marcado com rabiscos e anotações. — Ele passou por ela, em sua jornada pela Antalia, passando por Mira e subindo pela costa até Izmir. A área costeira lá tem sítios históricos em abundância: Bizâncio, Liciano... De qualquer maneira, seu diário é bem detalhado. Tudo que precisamos fazer é seguir sua rota e encontraremos a cidade e a igreja.

Reilly olhou fixamente o mapa.

— Agora que você já conseguiu... quais você acha que são as chances de Vance também decifrar?

Ela franziu a testa e depois olhou para ele com olhos de grande certeza.

— Ficaria espantada se ele já não estiver a caminho de lá.

Reilly assentiu. Ele tinha claramente a mesma opinião.

— Preciso usar o rádio.

Ele se levantou e foi em direção à cabine do piloto.

À hora que Reilly voltou, Tess estava bem acomodada, sorvendo o último gole de uma taça de suco de tomate temperado. Ela apanhara uma para ele também. Ela o observou beber, sentindo uma ligeira palpitação com a idéia de estar sentada lá, ao lado dele, com destino a uma terra exótica distante, rumo à aventura. "Se alguém tivesse me dito há apenas duas semanas que eu estaria fazendo isto..." Ela sorriu no íntimo.

Ele percebeu.

— O que foi?

— Nada. Só estou... Ainda estou surpresa de você estar aqui.

— Não tão surpresa quanto o meu chefe está, com certeza.

O queixo dela caiu.

— Você não abandonou o serviço sem permissão, abandonou?

— Coloquemos da seguinte maneira. Ele não ficou exatamente emocionado com isto. Mas já que você não sabia precisamente onde era e a única maneira de descobrir era você estar lá *fisicamente*...

— Mas você só ficou sabendo disto depois que entrou no avião.

Ele disparou-lhe uma pequena careta.

— Você sempre se prende tanto assim aos detalhes ou qual é a sua?

Ela sacudiu a cabeça, achando graça na revelação. Portanto, ambos estavam saindo atrás de uma aventura. "Ele quer estar lá tanto quanto eu." O que a surpreendeu.

Olhando-o atentamente, ela percebeu que ainda não sabia tanto sobre o homem por trás da insígnia. Naquela noite quando a levara de carro para casa, ela tinha tido alguns vislumbres. Seu gosto musical; sua espiritualidade; seu senso de humor, mesmo sendo ligeiramente obstrutivo. Ela queria conhecê-lo melhor. Dez horas iriam oferecer muitas oportunidades para isso, se ela conseguisse permanecer acordada. Suas pálpebras davam a sensação de pesar uma tonelada. A exaustão dos últimos dias estava subitamente se impondo a ela. Mexeu-se no assento, aninhando-se contra a janela ao mesmo tempo em que virava o rosto para olhá-lo de frente.

— Então, como você pode simplesmente pular para dentro de um avião com aviso prévio de um minuto? — O sorriso curvo estava de volta. — Não tem ninguém em casa que seja um motivo para eu censurá-lo, do jeito que você fez um discurso para mim sobre a Kim?

Reilly sabia o que ela queria dizer.

— Desculpe — ele provocou. — Não sou casado.

— Divorciado?

— Não. — O olhar dela fez com que ele sentisse que precisava explicar melhor a questão. — Um trabalho como o meu pode ser duro para as companheiras.

— Bem, claro. Se permite que você pule para dentro de um avião com garotas que você mal conhece, eu não iria querer que meu marido fizesse isso todos os dias.

Ele ficou contente por ela ter lhe oferecido um jeito de se desviar do rumo que a conversa tomava.

— Falando de maridos, e quanto a você? O que aconteceu com Doug?

Suas feições suaves endureceram, os olhos traindo um certo arrependimento e um toque de raiva persistente.

— Foi um erro. Eu era jovem... — ela gemeu —, *mais jovem* e estava trabalhando com meu pai na época, não era a mais emocionante das carreiras. A arqueologia é bem insular. E quando conheci o Doug, ele era este cara impetuoso e confiante do mundo dos espetáculos. Ele é um bastardo carismático, não há como negá-lo, e fui simplesmente tragada. Meu pai era bem conhecido e admirado em seu campo, mas era um sujeito bem sério, um pouco sombrio, sabe? E controlador. Eu precisava sair do seu domínio. E Doug foi a porta de saída. Esta empreendedora franca e absurdamente pretensiosa.

— E você é parcial em ser absurdamente pretensiosa, é?

O rosto dela se contorceu.

— Não. Bem, talvez eu fosse. Um pouco. De qualquer maneira, quando estávamos namorando, ele adorava o fato de que eu também tivesse uma carreira. Ele dava muito apoio e se interessava. Então, quando nos casamos... mudou da noite para o dia. Tornou-se até mais controlador do que meu pai. Era como se ele fosse meu dono, como se eu fosse uma peça da coleção que ele queria na estante. E quando ele conseguiu... engravidei da Kim antes que tivesse percebido que cometera um erro. Aceitei relutantemente a oferta do meu pai para me juntar a ele na sua escavação na Turquia...

— ...é esta a mesma viagem onde você conheceu Vance?

— É — ela confirmou —, de qualquer maneira, fui para lá imaginando que um tempo longe seria bom para meditar sobre todas as coisas e, quando voltei, descobri que ele tinha um caso com a clichê dos clichês.

— A moça do tempo?

Tess soltou um riso doloroso.

— Quase. Sua produtora. De qualquer maneira, era isso. Eu estava fora.

— E você voltou a usar seu nome de solteira.

— Não é exatamente correto que isto atrapalhe neste negócio. Não que eu quisesse o nome daquele nojento associado ao meu por mais tempo do que precisava. — Longe de atrapalhar, tinha feito muito em ajudá-la a conseguir o trabalho no Instituto Manoukian. E era por esse motivo que uma descoberta potencial desta magnitude, que não ficava nada a dever a Oliver Chaykin ou do fato de ser sua filha, poderia ser o golpe que dissolveria quaisquer pensamentos que restassem, na sua mente e na dos outros, de que ela fosse algo além de dona do próprio nariz.

Desde que, é claro, fosse ela quem fizesse a descoberta.

Suas pálpebras tremularam. Estava exausta e precisava de um pouco de sono. Ambos precisavam.

Ela olhou-o afetuosamente. Depois de um momento de silêncio, disse simplesmente:

— Obrigada.

— Pelo quê?

— Por tudo. — Inclinou-se, beijou-o suavemente no rosto e se afastou. Do lado de fora, as estrelas davam a impressão de estarem perto o bastante para se tocar, planando suavemente no céu cada vez mais escuro. Ela puxou a cortina da janela e, ao virar-se, fechou os olhos e sentiu-se ser levada pela corrente.

Capítulo 54

Na hora em que Tess e Reilly desceram os degraus de metal e pisaram na pista do aeroporto de Dalaman, era o meio da tarde e ambos se sentiam esgotados. As poucas horas de sono que tinham conseguido no vôo transatlântico tinham ajudado, mas eles poderiam ter descansado de verdade em uma cama antes de continuar a jornada. Não havia tempo para isso. Em vez disto, a exaustão aumentou com as três horas de espera no aeroporto de Istambul antes de pegarem o curto vôo de conexão para a costa sulina, onde começariam sua jornada rumo ao interior.

Reilly tinha gastado parte da espera em Istambul no seu celular, fazendo um informe a Aparo antes de ter uma conversa acalorada com Jansson, que ainda não estava convencido da decisão precipitada de Reilly de acompanhar Tess em vez de arrastá-la de volta à Praça Federal. O resto do tempo foi gasto com o adido legal local do Bureau, um homem barrigudo chamado Vedat Ertugrul, que tinha dirigido até ali para encontrá-los e ajudou a facilitar a entrada de Reilly, sem passaporte, no país. Ertugrul só tinha sido notificado dias antes da possibilidade de Vance rumar para a parte dele do mundo. Ele confirmou a Reilly que, até o momento, nenhum dos possíveis pontos de entrada tinham notificado qualquer coisa, antes de repassar os arranjos logísticos e os protocolos de apoio. O FBI não tinha nenhum agente em postos permanentes na Turquia. Os agentes mais próximos estavam atualmente em Atenas, ajudando a polícia local a investigar um recente carro-bomba. As relações com o governo turco estavam, na melhor das hipóteses, estremecidas, por causa das tensões causadas pelos tumultos que se arrastavam no Iraque. Ertugrul garantiu a Reilly que, se fosse necessário, ele poderia providenciar uma escolta da polícia local para se encontrar com eles em Dalaman. Reilly lhe agradeceu, mas declinou a oferta, preferindo não ter de lidar com as barreiras da língua e as burocracias locais. Ele pediu a Ertugrul que apenas se certificasse de que fossem informados de sua presença na região deles. Ele se manteria em contato e convocaria os soldados, se necessário, embora suspeitasse que isto provavelmente seria algo que ele próprio teria que resolver.

Reilly também usara a curta parada para apanhar algumas roupas mais adequadas. Uma pequena mochila na sua mão agora tinha suas roupas de trabalho descartadas e a papelada que Ertugrul lhe deu para usar no lugar do passaporte. Também transportava um telefone de irídio por satélite que o adido legal local tinha lhe fornecido e que, através do Departamento da Defesa, no Havaí, manteria Reilly conectado com o mundo exterior de qualquer lugar no planeta.

Também lá dentro estava sua pistola Browning Hi-Power, para a qual Ertugrul tinha graciosamente fornecido clipes e cartuchos adicionais.

Tess também aproveitara a oportunidade para telefonar para a casa da tia e falar com Kim e Eileen. Foi um telefonema difícil de fazer. Ela sentia saudades de Kim e sentiu ainda mais quando ouviu a voz dela ao telefone; embora saber o quanto a filha estava se divertindo proporcionasse um pouco de alívio. Contar à mãe o que ela pretendia fazer, por outro lado, foi um exercício muito mais duro. Tess se esforçou muito para tranqüilizá-la e, no desespero, resolveu contar-lhe que Reilly estava lá com ela — o que só serviu para preocupar ainda mais a mãe. Por que um agente do FBI estava acompanhando-a se não era perigoso, ela perguntou. Tess se atrapalhou ao tentar dar alguma explicação sobre estar lá puramente como uma especialista externa e depois usou um anúncio de embarque no alto-falante como uma desculpa para encurtar a conversa. Depois de ter desligado, sentiu-se mal com o telefonema. Mas sabia que não havia nada que pudesse ter contado à mãe, exceto não lhe contar que ela realmente estava longe, que não a deixasse alarmada.

O que Tess mal tinha notado era o homem de rosto amarelado que acidentalmente se chocara contra ela quando passava pelo terminal apinhado para ir ao banheiro feminino, nos minutos seguintes ao telefonema difícil. Ele tinha derrubado a bagagem de mão que ela puxava atrás dela, mas ele a tinha educadamente recuperado para ela e se certificado de que ela estava bem antes de continuar.

Ela percebera que ele exalava um mau cheiro de cigarros velhos, mas, então, pelo que se lembrava, a maioria dos homens da região fumava. O que ela não percebeu foi a minúscula tira preta, aproximadamente do tamanho de uma moeda, que ele conseguira colar ao lado da rodinha na base da bolsa.

Com a bolsa agora seguindo-a, Tess andou com Reilly e avançaram pelo terminal sufocante e caótico até o balcão de aluguel de carros. Ertugrul trouxera alguns suprimentos apressadamente comprados, que incluíam um engradado de água em garrafa, dois sacos de dormir e uma barraca de náilon. Um pouco depois, eles estavam acomodados em um Mitsubishi Pajero ligeiramente surrado, com tração nas quatro rodas, no rastro de um punhado de cavaleiros guerreiros náufragos de alguns séculos de idade.

Reilly dirigiu enquanto Tess assumiu o papel de navegadora. Ela usava um sortimento de mapas e anotações para tentar reconstituir a rota que Al-Idrissi mencionava em seus diários, ao mesmo tempo em que conciliava-os com os elementos que tinha juntado da carta de Aimard.

À medida que a praia se afastava atrás deles, casas amontoadas e prédios de apartamento de baixa altura rapidamente abriam caminho para uma paisagem mais tranqüila. Imensas faixas da linha costeira liciana tinham sido protegidas como áreas de conservação antes que o aeroporto em Dalaman fosse construído, poupando a área contra a praga dos *resorts*. Tess e Reilly logo estavam em um cenário mais pastoril de propriedades bem antigas, com rústicas fachadas de paredes de pedra e cercas de ferro batido enferrujado e sob a sombra de pinheiros. Nos dois lados da estrada, a terra parecia rica e fértil, densa de arbustos e pontilhada de árvores quebra-pó. Na terra mais alta, à direita, a cobertura se espessava.

Levou menos de uma hora para chegarem até Köyceðiz, uma pequena cidade à margem de um grande lago místico que, no passado, formava um refúgio natural. Tumbas íngremes da Cária, duramente esculpidas nas colinas rochosas que margeavam o lago e incrivelmente bem preservadas, assomavam-se sobre eles sombriamente — um lembrete de uma das muitas civilizações que tinham se estabelecido nesta região.

Cerca de três quilômetros além da cidade, Tess orientou Reilly a sair da estrada principal. O asfalto estava rachado e esburacado; a jornada daqui em diante seria mais difícil, mas, por ora, a suspensão robusta do Pajero estava dando conta do recado, sem alterar o ritmo.

Passaram por pequenos bosques de oliveiras e de limoeiros, pelos campos de milho e pelas plantações de tomates nas estradas ladeadas por árvores de olíbano, as cores vibrantes e os aromas ajudando a despertar seus sentidos embotados pelo *jet lag*. Então, eles estavam novamente subindo para as colinas com densas florestas pontilhadas com o ocasional vilarejo sonolento.

Em toda sua volta estavam os lembretes pobres, primitivos e pitorescos de um modo de vida que tinha mais de mil anos, uma história viva já há muito esquecida pelo mais próspero Ocidente. Paisagens serendipitosas emergiam inesperadamente para cumprimentá-los quando passavam sem parar: uma menina tecendo lã enquanto conduzia sua ovelha; um apanhador de madeira sobrecarregado, apequenado por sua carga alta e pesada; uma parelha de bois puxando um arado de tronco de árvore sob o pôr-do-sol.

De tempos em tempos, Tess ficava muito entusiasmada ao encontrar trechos do diário de Al-Idrissi que correspondiam ao progresso deles. Normalmente, contudo, seus pensamentos não eram tanto sobre a jornada daquele viajante, mas, pelo contrário, eram atraídos para os cavaleiros sobreviventes que tinham atravessado desesperadamente estas terras tantos anos antes.

Agora, a luz tinha enfraquecido e os faróis dianteiros do utilitário esportivo ajudavam a guiar o caminho. A estrada tinha se degenerado num caminho estreito salpicado de rochas.

— Acho que devemos considerar um dia produtivo — disse Reilly.

Tess consultou seu mapa.

— Não pode estar longe. Eu diria que estamos a cerca de trinta a cinqüenta quilômetros de distância.

— Pode ser, mas está ficando escuro e eu não gostaria de bater numa rocha ou algo assim e me arriscar a quebrar um eixo.

Ela estava ansiosa para chegar ao seu destino, mas, enquanto ele manobrava o Pajero num trecho de terra relativamente plano, ela teve que admitir que ele estava certo. Mesmo pneu furado seria uma má notícia.

Ambos subiram e olharam por toda a volta. Os últimos e tênues traços do pôr-do-sol brilharam por detrás dos cordões de nuvens rosa-acinzentadas num céu, exceto por isso, limpo. No alto, o crescente da lua parecia artificialmente próximo. As montanhas que os cercavam estavam tranqüilas e desertas, envoltas por uma desconcertante quietude a que ela não estava acostumada.

— Alguma cidade nas proximidades onde possamos ficar?

Ela voltou a verificar seu mapa.

— Nada perto. A última foi a pouco mais de dez quilômetros.

Reilly fez uma rápida verificação visual das vulnerabilidades da área e decidiu que era tão boa como qualquer outra para uma parada noturna. E foi em direção à mala do utilitário.

— Vejamos o que o nosso homem em Istambul conseguiu para nós.

Enquanto Reilly estava ocupado colocando os últimos suportes de alumínio e montando a segunda barraca, Tess conseguira acender uma pequena fogueira. Em pouco tempo, avançavam esfomeados pela caixa de suprimentos que Ertugrul tinha providenciado, acompanhando as fatias de *basterma*[6] e os *boreks*[7] de queijo *kasseri* com água mineral engarrafada.

Reilly viu os olhos de Tess irradiarem de prazer quando ela abriu uma pequena caixa e retirou um pedaço de *lokma*,[8] devorando-o vorazmente, os dedos pingando melaço.

— Esse cara, o contato local de vocês, é uma dádiva de Deus — ela conseguiu dizer antes de colocar mais um pedaço na boca. — Experimente estes, são

[6] Espécie de carne-seca da Armênia. (N. do E.)

[7] Torta típica da Turquia feita de carne, queijo ou vegetais. (N. do E.)

[8] Bolinho turco feito de farinha, água e fermento e adoçado com mel e canela. (N. do E.)

deliciosos. Não consegui arranjar o suficiente da última vez que estive aqui. Não ajudou em nada eu estar grávida na época.

— O que foi então que trouxe Vance para cá? — perguntou ele enquanto experimentava um pedaço.

— Meu pai trabalhava em uma escavação não muito longe da Anomalia de Ararat. Vance ficou desesperado para dar uma olhada e meu pai o convidou. — Tess explicou como, em 1949, um avião-espião U-2, no caminho de volta de um vôo de reconhecimento sobre a então União Soviética, sobrevoou a Turquia e capturou algumas imagens que intrigaram os analistas fotográficos da CIA durante anos. Houve um vazamento e, no fim dos anos 1990, as fotos foram finalmente liberadas, causando uma pequena sensação. Bem lá no alto nas montanhas armênias, não muito longe do pico, estava alguma coisa que se parecia com um navio. *Close-ups* revelaram o que pareciam ser três grandes vigas curvas de madeira, lembrando parte do casco de um grande navio.

— A arca de Noé — disse Reilly quando se lembrou vagamente das manchetes na imprensa.

— Muitas pessoas ficaram fascinadas com isto, meu pai inclusive. O problema era que, mesmo quando a Guerra Fria começava a degelar, a área ainda era bem delicada. A montanha fica a apenas vinte quilômetros da fronteira russa, a menos de 32 do Irã. Algumas pessoas receberam permissão e tentaram escalar para ver o que realmente era. James Irwin foi uma delas. O astronauta. Caminhou na Lua e, mais tarde, converteu-se seriamente ao Cristianismo. Tentou escalar para dar uma olhada mais perto na anomalia. — Ela fez uma pausa. — Na sua segunda tentativa, caiu e morreu.

Reilly torceu o rosto.

— Então, o que você acha? É realmente a arca de Noé?

— O consenso diz que não é. Só uma formação rochosa curiosa.

— Mas o que você acha?

— Não sei. Ninguém realmente chegou até ela nem a tocou. O que sabemos é que a história de uma inundação e um homem com um barco e um bando de animais está nos escritos que remontam à Mesopotâmia, escritos que são anteriores à Bíblia, em milhares de anos. O que me faz pensar que, talvez, alguma coisa como essa realmente tenha acontecido. Não que o mundo inteiro tenha sido inundado. Apenas uma grande área em algum lugar nesta parte do mundo. Nenhum homem sobreviveu a ela e sua narrativa se transformou em lenda.

Algo na maneira que ela disse pareceu tão definitivo, tão final. Não que ele necessariamente acreditasse na arca de Noé, mas...

— É engraçado — disse ele.

— O quê?

— Eu teria achado que, de todas as pessoas, os arqueólogos seriam atraídos aos mistérios do passado com uma mente muito mais aberta que a dos outros, com um senso de deslumbramento sobre o que poderia ter acontecido numa época tão distante e remota daquilo que temos hoje... e, mesmo assim, sua abordagem é tão racional e analítica. Isto não tiraria a... sei lá, mágica da coisa?

Ela não pareceu ver nada de paradoxal nisso.

— Sou uma cientista, Sean. Sou como você, lido com fatos concretos. Quando saio para uma escavação, procuro pelas provas sobre como as pessoas viveram, morreram, lutaram nas guerras e construíram as cidades... os mitos e as lendas eu deixo para os outros.

— Portanto, se não pode ser explicado cientificamente...?

— Então, provavelmente não aconteceu. — Ela largou a caixa de *lokmas* e limpou o rosto com um guardanapo antes de se esticar para trás preguiçosamente e rolar para olhá-lo de frente — Preciso lhe perguntar uma coisa.

— Manda bala.

— De volta a JFK.

— Sei...

— Como é que você não me tirou daquele avião? Você poderia ter me detido, certo? Por que não o fez?

Pelo ligeiríssimo indício de sorriso e pelo brilho nos olhos dela, ele soube aonde ela queria chegar. Ela estava assumindo o comando, o que era ótimo dado a irritante hesitação de ele próprio seguir essa direção. Ele se esquivou, por ora, com um evasivo:

— Não sei — antes de acrescentar. — Sei que você seria um verdadeiro pé no saco e provavelmente gritaria até derrubar uma casa se eu a prendesse.

Ela avançou, aproximando-se.

— Você está certíssimo. É o que eu faria.

Ele sentiu uma ligeira aceleração no peito e mudou de posição, deslizando para baixo e inclinando-se mais para vê-la de frente.

— Além do mais... imaginei, que diabo. Vamos ver se ela é tão esperta quanto acha que é.

Ela se inclinou, aproximando-se ainda mais. Seu rosto estava agora flutuando a um palmo do dele, seus olhos varrendo o rosto dele. O sorriso curvo se ampliou.

— Como você é magnânimo.

O céu, a floresta, o fogo do acampamento... tudo era perfeito. Ele conseguia sentir o calor dos lábios dela irradiando, acenando para os seus e, por um breve momento, sentiu que tudo o mais se dissipou. O resto do mundo simplesmente tinha parado de existir.

— O que posso dizer, sou um cara magnânimo. Especialmente quando alguém está por aí afora, em sua própria... *peregrinação.*

Ela manteve o minúsculo espaço que separava os lábios de ambos.

— Portanto, já que você está aqui para me proteger — sussurrou —, imagino que isso faz de você o meu próprio cavaleiro templário particular?

— Alguma coisa assim.

— Você sabe — ela murmurou, fitando-o travessamente —, de acordo com o manual oficial dos templários, você teria o dever de estar de guarda durante toda a noite enquanto os peregrinos dormem.

— Você tem certeza sobre isso?

— Capítulo seis, subseção quatro. Verifique.

O sentimento era irreal.

— Acha que consegue dar conta disto? — perguntou ela.

— Sem a menor dificuldade. É o que nós, os templários, fazemos.

Ela sorriu. E, com isto, ele se inclinou e a beijou.

Ele se aproximou ainda mais e o beijo tornou-se mais urgente. Eles se fundiram um no outro, perdidos no momento, suas mentes livres de pensamento, consumidos por uma sublime onda de tato, olfato e paladar, e, então alguma coisa se intrometeu, uma ressaca familiar importunando-o, puxando sua mente para um lugar mais sombrio, para o rosto de sua mãe devastada e para um homem numa poltrona, os braços pendendo sem vida a seu lado, uma arma estirada inocentemente no tapete, a parede atrás dele salpicada de sangue.

Ele recuou.

— Que foi? — disse Tess em tom sonhador.

Ele se fechou para dentro ao se erguer e sentar. Seus olhos tinham assumido um olhar assombrado, distante.

— Isto... isto não é uma boa idéia.

Ela também se levantou e colocou uma das mãos pelos cabelos dele, puxando a boca dele para mais perto da sua.

— Ah, lamento discordar. Acho que é uma ótima idéia. — Ela o beijou novamente, mas exatamente quando seus lábios se tocaram, ele voltou a recuar.

— Estou falando sério.

Tess se apoiou no cotovelo, momentaneamente atônita. Ele estava simplesmente olhando-a, desanimado.

— Oh, meu Deus. Você está falando sério. — Ela o olhou de lado e lançou-lhe um sorriso largo e insolente. — Não se trata de alguma coisa ligada a algum celibato durante a quaresma, certo?

— Dificilmente.

— Certo, então o quê? Você não é casado. Tenho razoável certeza de que não é gay, embora... — ela fez um gesto de "quem sabe?". — E da última vez que olhei no espelho, acho que estava com uma aparência muito boa. Então, do que se trata?

Ele estava lutando para colocar em palavras. Não era a primeira vez que estes sentimentos tinham se imiscuído nele, mas já havia algum tempo. Ele não se sentia assim sobre alguém há muito tempo.

— É difícil de explicar.

— Tente.

Não foi fácil.

— Sei que mal nos conhecemos e, talvez, eu esteja me adiantando aqui, mas realmente gosto de você e... existem coisas a meu respeito que acho que você precisa saber, mesmo que... — ele não continuou, mas a implicação era clara. "Mesmo que eu acabe perdendo-a por causa disto." — É sobre o meu pai.

O que a desnorteou inteiramente.

— O que isto tem a ver conosco? Você disse que era jovem quando ele morreu, que isto o afetou duramente. — Ela viu Reilly estremecer. Desde a primeira vez que ele mencionara na casa dela naquela noite, ela sabia que estava invadindo um terreno difícil, mas ela precisava saber. — O que aconteceu?

— Ele deu um tiro nele mesmo. Por nenhum motivo.

Bem no fundo, Tess sentiu um nó se desfazer. Sua imaginação a tinha levado a lugares ainda mais escuros.

— O que você quer dizer, por nenhum motivo? Deve ter havido um motivo.

Reilly balançou a cabeça e o rosto ficou anuviado.

— É essa a questão. Simplesmente não havia. Quero dizer, nenhum que fizesse sentido. Ele nunca foi visivelmente abatido ou mal-humorado. No final, acabamos descobrindo que ele estava doente, estava sofrendo de depressão, mas não havia nenhum motivo para isso. Ele tinha um bom trabalho, do qual gostava, tínhamos uma vida confortável, esposa adorável. Todos os sinais externos indicavam que sua vida era ótima. Isto não o impediu de estourar os miolos.

Tess inclinou-se sobre ele.

— É uma doença, Sean. Uma enfermidade médica, um desbalanço químico, não importa como você a chame. Você mesmo disse, ele estava doente.

— Eu sei. O caso é, também genético. Há uma chance em quatro de que a terei.

— E três em quatro chances que você não a terá. — Ela sorriu, em sinal de apoio. Ele não pareceu convencido. — Ele estava recebendo tratamento para isso?

— Não. Isto aconteceu antes do Prozac ter se tornado a nova aspirina.

Ela fez uma pausa, meditando sobre o assunto.

— Você tem passado por revisões médicas?

— Fazemos avaliações psiquiátricas de rotina no trabalho.

— E...?

— Não encontraram nada de errado.

Ela assentiu.

— Ótimo. Também não o vejo.

— Não o vê?

A voz dela suavizou.

— Nos seus olhos. Eu via alguma coisa, uma certa distância, como se você tivesse um muro à sua volta, sempre se contendo. No início, pensei que pudesse ser seu *modus operandi*, você sabe, o distintivo falando, o tipo forte e silencioso. — Ela irradiava convicção e tranqüilidade. — Não precisa acontecer com você.

— E se acontecer? Tenho pensado muito nisso, vi o que fez à minha mãe. Não gostaria que você, ou qualquer pessoa com quem me importo, passasse por isso.

— Então, você vai se trancar longe do resto do mundo? Vamos lá, Sean. É como se você me dissesse que não deveríamos ficar juntos só porque, sei lá, seu pai morreu de câncer. Quem realmente sabe o que vai acontecer com qualquer um de nós? Viva simplesmente a sua vida e espere pelo melhor.

— Não é todo mundo que acorda uma manhã e decide meter uma bala para ir embora deste mundo. O caso é que reconheço uma parte dele em mim. Quando o fez ele não era muito mais velho do que sou agora. Às vezes, olho no espelho e o vejo, vejo seu olhar e sua atitude e isto me apavora.

Ela sacudiu a cabeça com frustração óbvia.

— Você disse que seu padre o ajudou a passar por isto?

Ele assentiu distraidamente.

— Meu pai não era muito dado à religião. Ele questionava a fé da existência, e minha mãe, bem, ela meio que se conformou. De qualquer forma, ela não era particularmente religiosa. Depois que ele morreu, simplesmente me fechei inteiramente. Não conseguia entender por que ele tinha feito aquilo, por que não vimos o que estava para acontecer, por que não impedimos que acontecesse. Minha mãe ficou totalmente destruída. Acabou passando cada vez mais tempo com nosso padre, que, por sua vez, começou a conversar comigo a respeito. Ele me ajudou a entender por que nenhum de nós deveria ser responsabilizado e mostrou-me um outro lado da vida. A igreja tornou-se meu santuário, e nunca esqueci disto.

Tess visivelmente se recompôs, falando agora com renovada determinação.

— Bem, sabe do que mais? Dou valor à preocupação e ao aviso, é muito cavalheiresco da sua parte, mas isso não me amedronta nem um pouco. Você precisava que eu soubesse e agora sei, certo? Mas não acho que você deva continuar assim, você não pode deixar que uma coisa que provavelmente nunca acontecerá acabe com a sua vida. Você só está ajudando a transformar a profecia em verdade. Você não é ele, está bem? Você tem que esquecer, ter sua própria vida e, se é isso que não está funcionando, bem, então, talvez exista alguma coisa fundamentalmente errada no modo como você leva a vida. Você é sozinho, o que não é um grande começo, e Deus sabe que você não escolheu exatamente uma ilustre e divertida linha de trabalho.

— É o que faço.

— Bem, talvez você precise fazer alguma outra coisa. — O sorriso largo reapareceu num bem-vindo e oportuno momento. — Por exemplo, calar a boca e me beijar.

Os olhos de Reilly percorreram todo o rosto dela. Ela estava tentando dar um sentido à sua vida, injetando otimismo dentro dele e, ainda assim, ele mal a conhecia. Sentiu algo familiar, algo que estava começando a reconhecer que só acontecia quando estava perto dela: em uma palavra, vivo.

Ele inclinou-se sobre ela e a puxou para ele, firmemente.

Enquanto as duas figuras na tela se aproximavam mais, suas assinaturas térmicas cinza-azuladas se mesclaram numa única massa informe. As vozes mudas tinham ido embora também, substituídas pelos sons abafados de roupas sendo descartadas e de corpos movendo-se um contra o outro.

De Angelis envolveu com as mãos uma xícara quente de café enquanto assistia à tela com desinteresse. Estavam estacionados na crista de uma montanha, com vista para a depressão onde Tess e Reilly tinham montado o acampamento. A tampa traseira do Landcruiser bege estava aberta, revelando duas telas que brilhavam na escuridão. Uma delas era um laptop, do qual saía um fio que serpenteava até uma câmera de vigilância de infravermelho com sensor térmico da Raytheon montada sobre um tripé, dominando a paisagem diante dela. Um microfone direcional parabólico estava aninhado num segundo tripé. A outra tela pertencia a um pequeno *palm*. Ela piscava com a posição do rastreador GPS clandestinamente preso na parte debaixo da bolsa de viagem de Tess.

O monsenhor virou e olhou para o vale escuro abaixo. Estava serenamente satisfeito. As coisas estavam sob controle e era assim que ele gostava que fosse. Eles estavam próximos e, com um pouco de sorte, derrotariam Vance. Ele ainda não sabia exatamente para onde estavam rumando; teria preferido ter capacidade de áudio dentro do carro deles, mas a oportunidade de plantar uma escuta lá não tinha se apresentado. Não que isso importasse. O que quer que eles descobrissem, ele estaria bem atrás deles, esperando para recolhê-lo.

Essa era a parte fácil.

Mais difícil era a questão de o que fazer com eles, uma vez que isso fosse alcançado.

De Angelis deu uma última e longa olhada para a tela antes de jogar o resto de seu café nos arbustos.

Ele não perderia o sono por causa disso.

Capítulo 55

Quando Tess acordou, a luz do dia infiltrava-se na barraca. Ela esticou o braço, ainda sonolenta, mas sua mão só encontrou um travesseiro vazio. Estava sozinha nos sacos de dormir, que tinham sido unidos pelo zíper. Ao sentar-se, lembrou que estava nua e encontrou as roupas que tinham sido apressadamente tiradas na noite anterior.

Do lado de fora, o sol estava mais alto do que esperava e, ao consultar o relógio, ela descobriu por quê. Eram quase nove horas e o sol já estava à meia altura de um céu incrivelmente azul, claro e imaculado. Ela semicerrou os olhos ao olhar por toda a volta, descobrindo Reilly de pé ao lado do Pajero sem a camisa. Ele estava se barbeando, usando água quente de um aquecedor de água de resistência ligado no soquete do isqueiro.

Quando ela estava caminhando até ele, ele se virou e disse:

— O café está pronto.

— Adoro este seu Ertugrul — disse ela maravilhada enquanto dava uma espiada na garrafa térmica soltando fumaça. O delicioso cheiro de café preto aveludado despertou seus sentidos. — Vocês, rapazes, realmente viajam em grande estilo.

— E você pensava que os dólares do seu imposto estavam sendo desperdiçados.

Ele limpou a espuma de barbear e a beijou e, quando o fez, ela viu novamente o pequeno e discreto crucifixo de prata na delicada corrente em torno de seu pescoço que notara na noite anterior. Não era algo que as pessoas usassem muito nos dias de hoje, pensou, de qualquer modo não na sua tribo, e tinha um charme do velho mundo que a confundia. Ela não achou que seria algo que achasse remotamente atraente e, ainda assim, nele, era de alguma forma diferente. Parecia se encaixar; fazia parte de quem ele era.

Pouco tempo depois, eles estavam de volta na estrada, o Pajero devorando as sacudidas e buracos do asfalto à medida que se aventuravam mais fundo no continente. Passaram por algumas casas desertas e uma pequena casa de fazenda antes de sair da estreita estrada que seguiam para pegar uma trilha florestal ainda mais estreita, que subia vertiginosamente.

Ao passarem por um arvoredo de bálsamo de onde um jovem aldeão extraía a resina fragrante, Tess viu as montanhas se assomando à frente e sentiu uma grande onda de excitação.

— Lá. Vê aquilo? — Seu pulso acelerou quando apontou para uma colina distante. Seu pico tinha um perfil simétrico, bem nítido. — É ele — exclamou. — A corcova dupla do cume Kenjik. — Seus olhos engoliram as anotações e o mapa na sua mão enquanto conciliava com a paisagem diante deles. — Estamos lá. O vilarejo deve estar no vale bem do outro lado daquelas montanhas.

A trilha cortava um espesso grupo de pinheiros e, enquanto emergiam dele e voltavam para a luz, contornaram um montículo e, com o Pajero agora fazendo uso de toda a potência de sua tração nas quatro rodas, continuaram a subir até que atingiram o cume.

Não era o que ela esperava. A paisagem a atingiu como um martelo.

Lá, diante deles, aninhado no vale entre duas cordilheiras de montanhas cobertas de exuberantes pinheiros, estendia-se um imenso lago.

Capítulo 56

O corpo inteiro de Tess paralisou enquanto ela olhava fixamente desnorteada; então, sua mão agarrou o fecho da porta e ela estava fora do carro antes que este tivesse parado. Ela andou, furiosa, até a borda do cume e olhou por todos os lados em total incompreensão. O lago escuro reluzente estava exatamente ali, estendendo-se pacificamente de uma extremidade à outra do vale.

— Não entendo — deixou escapar. — Deveria estar bem ali.

Reilly estava agora de pé ao lado dela.

— Devemos ter virado em algum lugar errado.

— De jeito nenhum. — Tess estava inteiramente aturdida, a cabeça a todo o vapor, passando, com cuidado, por todos os detalhes da jornada que tinham feito, revisitando cada marco ao longo do caminho. — Tudo se encaixou perfeitamente. Seguimos com fidelidade a jornada dele de acordo com a carta. Deveria estar aqui. Deveria estar bem aqui. — Recusando-se a aceitar o erro flagrante, andou desordenadamente por entre as árvores e avançou mais um pouco para ter uma visão melhor. Reilly a seguiu.

O lago se estendia até os pontos mais distantes do vale à sua direita. A extremidade oposta era obscurecida pela floresta.

Tess cravou os olhos na água plácida, sem acreditar no que via.

— Não entendo.

Reilly assimilou os arredores.

— Olha, não podemos estar tão longe assim. Tem de estar por aqui em algum lugar. Simplesmente metemos os pés pelas mãos em algum lugar na subida.

— Certo, mas onde? — ela perguntou irritada. — Seguimos o que ele escreveu, diretamente até o cume duplo. Deveria estar bem aqui. — Ela estudou o mapa atentamente. — O mapa nem mesmo mostra um lago.

Ela olhou para ele e soltou um suspiro de pura frustração.

Ele colocou o braço ao redor dela.

— Olha, estamos perto, tenho certeza. Estamos na estrada há horas. Vamos procurar uma cidade, algum lugar para comer. Podemos repassar suas anotações lá.

O vilarejo era pequeno, o único *lokanta* que encontraram era um negócio diminuto, estritamente local. Um velho com um rosto marcado e olhos escuros e redondos anotou seu pedido, que envolvia eles aquiescerem com o que ele disse ter à disposição. Duas garras de cerveja Efes e um prato de charutos de folha de uva chegaram rapidamente à mesa.

Tess estava imersa em suas anotações. Ela se acalmara, mas ainda estava desconsolada e encolhida de medo.

— Coma — ele ordenou. — Seu humor vai melhorar.

— Não estou de mau humor — murmurou enquanto erguia o olhar para ele, chateada.

— Deixe-me dar uma olhada.

— No quê? — seu olhar feroz se intensificou.

— Nas suas anotações. Vamos repassá-las juntos, passo a passo.

Ela as empurrou e recostou-se, retesando os punhos, expelindo o ar para fora.

— Estamos bem perto, consigo sentir.

O velho voltou com dois pratos de dolmas de repolho e espetos de cordeiro grelhado. Reilly olhou-o atentamente enquanto ele os colocava sobre a mesa e, então, fez um gesto para mostrar sua gratidão antes de olhar para Tess.

— Não deveríamos perguntar a ele?

— *Beer el Sifsaaf* não está em qualquer mapa há centenas de anos — ela resmungou. — Quero dizer, por favor, Sean. Ele é velho, mas não tanto assim.

Reilly não ouvia. Seus olhos estavam no velho, que abriu um sorriso sem dentes e inclinava a cabeça timidamente para ele. Reilly sentiu um súbito formigamento de expectativa.

— *Beer el Sifsaaf*? — ele perguntou ao velho com hesitação e, então, lentamente: — O senhor sabe onde é?

O velho sorriu quando inclinou a cabeça vigorosamente.

— *Beer el Sifsaaf* — disse ele. — *Evet*.

Os olhos de Tess se iluminaram e ela levantou-se da cadeira.

— O quê? — O homem inclinou de novo a cabeça. — Onde? — falou animadamente. — Onde fica? — O homem ainda estava claramente concordando, mas agora parecia um pouco confuso. Ela torceu o rosto e, então, tentou novamente. — *Nerede?*

O velho apontou para cima, para a colina que tinham acabado de descer. Tess ergueu o olhar e seguiu o dedo dele, esticado. Ele movia a mão que apontava para o norte e Tess já ía em direção ao carro.

Minutos depois, o Pajero rugia, novamente subindo a colina. O velho, que portava uma arma, segurava-se na maçaneta acima da janela, em estado de terror, enquanto via a montanha passar por ele, o vento fustigando ao entrar pelas janelas abertas, e gritava "*Yavas, yavas*" meramente incitando a desatenção de Reilly aos seus resmungos à medida que abriam o caminho com dificuldade. Do assento de trás, Tess se debruçava para frente, os olhos em busca de pistas perscrutando a paisagem que passava a toda velocidade.

Logo antes do cume de onde tinham visto o lago, o velho apontou:

— *Göl, göl.*

Reilly girou o volante para levá-los por uma trilha ainda mais estreita que não tinham avistado antes. Com três galhos açoitando suas laterais, o utilitário arremeteu em frente. Mais um quilômetro e tanto, as árvores desapareceram e eles subiram mais um cume.

O velho sorria animadamente, apontando para o vale.

— *Orada, orada! Sbte!*

Quando o vale revelou-se diante deles, Tess não conseguiu acreditar em seus olhos.

Era o lago.

De novo.

Ela disparou ao velho um olhar de total tristeza quando Reilly freou até o carro parar e todos desembarcaram. Caminharam até a borda de uma pequena clareira, o velho ainda assentindo com ar de quem estava satisfeito consigo mesmo. Tess olhou para ele e sacudiu a cabeça, dirigindo-se a Reilly.

— É claro, tínhamos de encontrar um senil. — Ela voltou a olhar para o velho, em súplica. — *Beer el Sifsaaf*? *Nerede?*

As sobrancelhas do velho franziram em aparente confusão.

— *Orada* — ele insistia, apontando para baixo, para o lago.

Reilly deu mais alguns passos para frente e deu uma outra olhada. De sua posição favorável, conseguiu ver o lago inteiro, inclusive a margem ocidental, que fora obscurecida pela floresta em seu ponto de visão anterior.

Ele virou para Tess, um sorrisinho malicioso surgindo em seu rosto.

— Ah, vós outros de pouca fé — disse ele.

— O que isso deveria significar? — ela explodiu. Os dedos dele calmamente convidavam-na para se juntar a ele. Ela olhou para o velho, que assentiu, concordando avidamente, e, então, confusa, subiu com dificuldade até Reilly e também a viu.

Deste novo ângulo, Tess enxergou a um quilômetro e meio ou mais, e, atravessando a borda do lago, uma barragem estendia-se do cume de uma colina até a outra. O topo de uma barragem.

— Ah, meu Deus — disse ela.

Reilly apanhara um bloco de anotações do seu bolso e agora estava esboçando uma vista transversal das colinas, com uma linha estendendo-se entre elas como a superfície do lago. Ele então desenhou um contorno grosseiro de algumas casas no fundo do lago e mostrou o esboço para o velho, que pegou a caneta esferográfica, fez um grande X no fundo do lago e disse:

— *Köy suyun altinda. Beer el Sifsaaf.*

Tess olhou para Reilly e ele lhe mostrou seu desenho fraco.

— Está lá embaixo — ele confirmou. — Embaixo da água. Esta represa inundou todo o vale e, com isto, os restos do vilarejo. Está no fundo do lago.

Capítulo 57

Com o velho sentado mais confortavelmente agora, Reilly guiou o Pajero com cuidado pela trilha acidentada e cheia de pedras até alcançarem a margem do lago.

Era gigantesco, a superfície de sua água lisa e sedosa como vidro. Na outra margem do lago havia uma fileira de postes, provavelmente de energia e linha telefônica, e, talvez, uma estrada. Da própria barragem, ele viu uma linha de postes que se prolongava para o norte sobre um grupo de colinas e em direção à civilização, que não provocara nenhum impacto sobre este lugar, fora a barragem e seu lago artificial. A aparência dos bosques ao redor e dos topos mais funestos das montanhas mais acima — nenhum deles especialmente acolhedor — devia ser bem parecida com aquela vista pelos cavaleiros templários que tinham passado pelo mesmo caminho setecentos anos antes.

Eles chegaram à represa e Reilly, aliviado de estar fora da trilha e tão ansioso quanto Tess para chegar ao seu destino, acelerou ao longo da estrada de concreto que corria pelo topo da gigantesca estrutura. À sua esquerda, viu uma queda de pelo menos sessenta metros. Na extremidade mais distante estava uma estação de manutenção, que era para onde o velho os guiava.

Quando atravessaram a barragem, os olhos de Reilly examinaram as margens do lago e o solo acima delas. Não havia nenhum sinal de vida, embora não pudesse ter certeza; a cobertura de árvores era densa e as sombras proporcionavam um ótimo abrigo para qualquer pessoa que não quisesse ser vista. Ele tivera o cuidado de ficar atento a quaisquer sinais de Vance, já que entravam nos estágios finais de sua jornada e não tinham visto nada que sugerisse quaisquer turistas na área. A situação teria sido completamente diferente no auge da temporada turística de verão, mas, agora, parecia que eles estavam sozinhos.

Não que qualquer uma dessas coisas tivesse feito Reilly se sentir mais tranqüilo. Vance sempre estivera um passo à frente deles e tinha revelado determinação obstinada e muita resistência para perseguir seu objetivo.

Ele estava lá. Em algum lugar.

Durante o percurso, Reilly perguntara ao velho se alguém mais tinha perguntado sobre o povoado recentemente. Depois de algumas acrobacias lingüísticas, ele entendeu que ninguém mais tinha perguntado sobre isto, pelo menos não para ele. *Talvez estejamos correndo na frente dele*, Reilly pensou enquanto examinava a represa, procurando por qualquer coisa fora de lugar, antes de frear o utilitário próximo do que lhe pareceu um pequeno escritório de proteção.

Um Fiat branco enferrujado estava estacionado do lado de fora. Ele pôde ver o que parecia ser uma estrada vinda do outro lado. Parecia regular e relativamente nova.

— Se for o que imagino que é — disse a Tess —, poderíamos ter feito um passeio confortável até aqui na metade do tempo.

— Bem, quando tivermos terminado — ela resmungou —, talvez possamos fazer um retorno rápido sem percalços. — O humor dela tinha mudado imensamente; ela agora sorria exultante para ele antes de saltar do carro e seguir o velho, que cumprimentava um jovem que tinha emergido da pequena cabana.

Reilly esperou por um momento, vendo-a dar passos largos com suas longas pernas até os dois homens locais. Ela era incorrigível. "No que é", ele se perguntou, "que estou me metendo com esta mulher?" Ele sugerira que telefonassem para informar sua descoberta e aguardassem a chegada de uma equipe de especialistas para cuidar do assunto, ressaltando a Tess que faria o possível para garantir que a descoberta fosse dela. Ela sequer piscou antes de rejeitar sumariamente sua sugestão, implorando para que se contivesse. Apesar de ser contrário ao que ela achava ser mais sensato, ele tinha se abrandado, dobrando-se à pura força do entusiasmo dela. Ela iria até o fim nesta questão e ainda insistira que ele permanecesse desconectado do telefone via satélite por ora, pelo menos até que ela tivesse tido a chance de dar uma olhada.

Tess já conversava seriamente com o jovem, um engenheiro chamado Okan. Ele era baixo e esguio, com cabelos negros densos e um bigode exageradamente crescido e, do sorrisinho estampado em seu rosto, podia se ver que os encantos de Tess já estavam sufocando qualquer relutância que o homem pudesse ter em ajudá-los. Okan falava um pouco de inglês, o que também ajudava. Reilly olhou com interesse enquanto Tess explicava que eles eram arqueólogos com interesse em igrejas antigas, especificamente aquela embaixo da superfície do lago. O engenheiro tinha explicado que o vale tinha sido inundado em 1973 — dois anos depois de o mapa de Tess ser produzido. A represa agora fornecia a maior parte da energia elétrica para a próspera região costeira até o sul.

Sua pergunta seguinte ao engenheiro fez Reilly paralisar imediatamente.

— Você deve ter equipamento para mergulho, certo? Para fazer checagens na barragem.

Okan pareceu tão surpreso quanto Reilly.

— Sim, temos — ele gaguejou. — Por quê?

Ela desfez qualquer dúvida.

— Gostaríamos de pegar alguns emprestados.

— Você quer mergulhar e procurar por esta igreja? — perguntou ele, confuso.

— Quero — respondeu Tess com alegria, levantando as mãos expansivamente. — É um dia perfeito para isto, não é?

O engenheiro olhou de relance para Reilly e para o velho, incerto sobre o que fazer.

— Temos algum equipamento, sim, mas é utilizado somente uma ou duas vezes por ano — disse ele com hesitação. — Precisará ser checado, não sei se...

Ela atacou de imediato.

— Meu colega e eu podemos checá-los. Fazemos isso o tempo todo. Quer que o acompanhemos? — Reilly olhou para ela, incerto. Ela disparou de volta um olhar de total confiança. Ele ainda refletia sobre a sugestão impetuosa dela de que ambos eram mergulhadores treinados. Não sabia quanto a ela, mas ele não teve nada além do treinamento subaquático mais básico. Ainda assim, não estava disposto a jogar um balde de água fria na encenação dela, não ali, não na frente de dois estranhos. Estava curioso para ver até que ponto a determinação dela chegaria.

Okan estava decididamente pouco à vontade com a idéia.

— Não tenho certeza, eu... eu não estou autorizado a fazer nada parecido.

— Ah, tenho certeza de que não haverá problema. — Ela ostentou novamente aquele sorriso. — Bem, é claro que assinaremos um termo de responsabilidade — ela o tranqüilizou. — Será inteiramente responsabilidade nossa. E, naturalmente, ficaremos muitos felizes em pagar uma gratificação para... a empresa... pelo uso do equipamento. — A pausa antes que ela dissesse "a empresa" foi perfeitamente cronometrada. Um pouco menor e Okan poderia não tê-la entendido; um pouco maior e ele poderia ficar ofendido com tal suborno deselegantemente implícito.

O homenzinho a estudou por um momento e, então, seu bigode se contraiu e ele encolheu os ombros.

— Está bem. Venham comigo. Deixe-me mostrar o que temos.

Uma escada estreita descia do escritório até um depósito empoeirado onde estavam os equipamentos aleatoriamente empilhados e iluminado apenas por uma lâmpada fluorescente que oscilava e zunia. No brilho azul, Reilly pôde discernir um soldador elétrico, botijões de gás, um aparelho de solda a oxiacetileno e, no canto, bem no fundo, uma pilha de equipamentos de mergulho.

Ele deixou para Tess a tarefa de escolher os equipamentos e, pelo modo como levantava e avaliava cada peça, parecia que sabia o que estava fazendo.

— Não é o mais moderno, mas servirá — disse ela encolhendo os ombros.

Entretanto, ela não tinha conseguido encontrar um computador de mergulho e, portanto, teriam de se virar sem um. Ela viu um mapa de mergulho na parede e perguntou a Okan qual era a profundidade do lago. Ele lhe disse que achava ter trinta, talvez 35 metros de profundidade. Ela consultou o mapa e sua expressão não foi boa.

— Não teremos tanto tempo assim no fundo. Precisaremos começar nosso mergulho diretamente no topo do vilarejo. — Dirigindo-se novamente a Okan, perguntou-lhe se ele teria alguma coisa que mostrasse sua localização.

As sobrancelhas do homenzinho se contraíram, refletindo sobre o assunto.

— Você pode conversar com o Rüstem — finalmente disse. — Ele vivia no vilarejo antes de ser inundado e nunca saiu da área. Se alguém souber onde a igreja está, esse alguém será ele.

Reilly esperou que Okan saísse da sala por um momento antes de se dirigir a Tess.

— Isto é loucura. Deveríamos trazer alguns profissionais.

— Você está esquecendo uma coisa. Sou uma profissional — insistiu. — Fiz isto uma centena de vezes.

— Sim, mas não deste jeito. Além disto, não fico muito feliz em estarmos os dois lá embaixo, sem alguém vigiando no lado de cima.

— Precisamos nos arriscar. Ah, por favor, faça o que estou lhe pedindo. Você mesmo disse. Não tem ninguém por perto. Derrotamos Vance nisto. — Ela encostou-se nele, o rosto iluminado pela expectativa. — Não podemos parar agora. Não quando estamos tão perto assim.

— Um único mergulho — ele transigiu. — Depois faremos a chamada.

Ela já estava indo em direção à porta.

— Vamos fazer valer a pena.

Eles transportaram os equipamentos escada acima e empilharam tudo na mala do Pajero. Okan convidou Tess para ir com ele no seu Fiat branco enferrujado, pedindo a Reilly que o seguisse com o velho. Reilly olhou para Tess, que piscou antes de dobrar os pés dentro do carrinho, para o evidente deleite do engenheiro.

O Pajero seguiu o Fial ao longo de uma estrada de serviço asfaltada por quase um quilômetro até que o engenheiro saiu da via e parou ao lado de um galpão, fechado com uma corrente, no qual estavam empilhados blocos de concreto, tubos de drenagem e dezenas de tambores vazios de petróleo; toda a bagunça costumeira largada ao final de qualquer projeto de construção. Dentro do complexo, um velho com touca e túnica tradicionais estava entretido. Reilly imaginou que um pequeno empreendimento privado estava em operação ali e não ficou nem um pouco surpreso quando Okan apresentou o reciclador, Rüstem, como seu tio.

Rüstem lhes deu um sorriso desdentado e, então, ouviu com atenção enquanto o sobrinho fazia rapidamente algumas perguntas antes de responder com muitas gesticulações e acenos entusiasmados.

Okan dirigiu-se a Tess e Reilly.

— Meu tio se lembra muito bem das ruínas do vilarejo. Durante muitos anos, ele trazia suas cabras para este lugar. Ele diz que apenas partes da igreja ainda estão de pé. — Ele encolheu os ombros, intercalando um comentário seu: — Pelo menos era assim antes que o vale fosse inundado. Havia um poço perto da igreja e ele se lembra de... — Okan franziu a testa, procurando pelas palavras — da raiz morta de uma árvore muito grande.

— O toco de uma árvore — disse Tess.

— Toco, sim, é isso. O toco de um salgueiro.

Tess virou-se para Reilly, os olhos brilhando de expectativa.

— Então, o que você acha? Vale a pena uma olhada? — disse ele inexpressivamente.

— Se você insiste — resmungou ela.

Eles agradeceram a Okan e ao velho, que foram embora; o engenheiro a lançar um último e relutante olhar para Tess e, não demorou muito, ela e Reilly tinham vestido suas roupas de mergulho e arrastado os equipamentos até a margem da água, onde Rüstem mantinha dois pequenos barcos a remo. Eles subiram a bordo com dificuldade e, então, Rüstem empurrou-os e depois subiu. Apanhando os remos, ele começou a remar com movimentos fáceis de alguém com prática de uma vida inteira.

Tess usou o percurso para lembrar a Reilly dos procedimentos de rotina, que ele se lembrava vagamente de sua única experiência de mergulho, durante umas curtas férias nas Ilhas Cayman quatro anos antes. Rüstem parou de remar quando estavam aproximadamente a meio caminho, entre as linhas costeiras oriental e ocidental e a cerca de 1,2 quilômetro da barragem. Murmurando consigo mesmo enquanto olhava furtivamente, primeiro para o topo de uma colina das proximidades, depois para outro e mais outro, ele usou um dos remos como uma pá para fazer uma sucessão de movimentos cuidadosos de posicionamento. Quando o fez, Reilly esticou o braço para fora e sacudiu as duas máscaras na água.

— O que você acha que está lá embaixo? — ele perguntou.

— Não sei. — Ela olhou solenemente para a água. — Neste momento, só estou com esperança de que esteja lá.

Eles se olharam em silêncio e então perceberam que o velho tinha parado e exibia as gengivas num sorriso exultante. Ele apontou para baixo.

— *Kilise suyun altinda* — ele lhes disse. As palavras soaram semelhantes àquelas usadas pelo homem frágil do restaurante.

— *Sükran* — disse Tess.

— O que ele disse?

— Não faço a menor idéia — ela respondeu enquanto subia na beirada do barco antes de acrescentar —, mas tenho quase certeza de que *kilise* significa igreja e, portanto, imagino que possa ser isto. — Ela empinou a cabeça para ele. — Você vem ou não vem?

E antes que ele pudesse responder, ela tinha puxado a máscara para baixo e se deixado virar para trás para o reservatório, quase sem fazer barulho. Depois de um ligeiro olhar para Rüstem, que ergueu o polegar num gesto moderno, Reilly a seguiu, com muito menos graça, para a água escura.

Capítulo 58

Enquanto desciam para a fria escuridão do lago, Tess foi invadida por uma excitação familiar, que ela desejava ardentemente. Havia algo de quase místico em saber que poderia estar prestes a ver coisas que não eram vistas por olhos humanos há muitos anos. Já era uma sensação estonteante, em terra, aproximar-se dos restos de civilizações há muito perdidas que jaziam ocultas debaixo de séculos de areia e terra. Quando o sítio estava enterrado sob um lago, a euforia era ainda maior.

Este mergulho, contudo, tinha um trunfo que derrotava todos os demais, no que lhe dizia respeito. Se a maioria das escavações ou mergulhos começava no mínimo com a promessa de alguma grande descoberta, era mais freqüente que eles se revelassem decepcionantes. Este era diferente. A trilha de pistas que os trouxera até este lago, a natureza da mensagem codificada e até o que as pessoas estavam preparadas para fazer para chegar até ele, tudo apontava que ela estava à beira de uma descoberta arqueológica de significado muito maior do que qualquer coisa que algum dia tinha esperado fazer.

Estavam agora a vinte metros de profundidade e descendo lentamente. Entre o frio e a expectativa, era como se todos os poros de seu corpo, sem exceção, tivessem subitamente despertado. Ela olhou para o alto, onde a luz do sol salpicava de manchas a superfície. O fundo do bote do velho estava serenamente suspenso acima dela, a água projetando-se suavemente contra ele. A visibilidade da água era boa, levando em consideração que eles estavam em um rio bloqueado, mas a escuridão aproximava-se rapidamente ao redor.

Ainda não havia sinal do fundo. Tess acendeu o equipamento de luz que segurava; a luz de descarga de alta intensidade levou alguns segundos antes de atingir toda a potência e iluminar o lúgubre negrume à frente dela. Pequenas partículas dançavam na água, deslizando pela corrente, rumando para a barragem. Ela olhou para Reilly afundando ao lado dela enquanto um pequeno cardume curioso de trutas dava voltas antes de sair em disparada para a escuridão.

Ela percebeu que Reilly fazia gestos para baixo e viu o fundo do lago começar lentamente a aparecer. No início, foi desconcertante: mesmo com os anos de lodo e sedimentos desde que a barragem fora construída, não se parecia com os leitos marinhos a que ela estava acostumada. Na verdade, parecia exatamente o que era: um vale submerso, com pedras esparramadas e troncos nus de árvores há muito mortas. Algas espessas e escuras cobriam a maior parte do lugar.

Eles nadaram lado a lado, em espiral, examinando o fundo e, então, os olhos treinados dela a avistaram primeiro. O velho tinha sido preciso em suas palavras; lá, quase imperceptível nesta paisagem do outro mundo, estavam os restos fantasmagóricos da cidade.

Inicialmente, tudo o que ela conseguia distinguir eram os aglomerados de paredes de pedras corroídas; então, gradualmente, começou a entender um pouco o formato e viu como as pedras moldavam formas uniformes, lineares. Ela guiou Reilly mais para baixo e, agora, conseguia distinguir uma rua e algumas casas. Eles deslizaram para frente, olhando para baixo, para os restos do velho vilarejo, suspensos acima dele na escuridão infernal como exploradores pairando sobre uma terra estranha. Era uma visão surreal, os galhos sem folhas de árvores mortas oscilando na tênue corrente como membros gesticulados de almas cativas.

Um súbito movimento desviou seus olhos para a esquerda. Um cardume de pequenos peixes que se alimentava de grumos de algas se dispersou nas sombras. Virando-se para trás, ela percebeu que as casas abriram caminho para um espaço aberto. Estendendo-se além dele, viu um toco negro de uma árvore gigantesca; os restos altos e frágeis de seus galhos podres oscilavam ligeiramente. Lá estava: tinham encontrado o salgueiro. Inconscientemente, ela deixou escapar uma explosão de ar, uma pequena nuvem de bolhas que emanou agilmente do seu regulador e subiu para a superfície. Seus olhos perscrutaram febrilmente os arredores. Ela sabia que tinha de estar perto. Quando Reilly se juntou a ela, Tess avistou os restos esfacelados daquilo que tinha sido o poço a poucos metros do toco. Ela se impulsionou para frente, o raio de luz penetrando nas paredes da escuridão adiante do poço. E lá, logo depois, elevando-se com melancólica grandeza, estavam as paredes da igreja.

Ela olhou de relance para Reilly, que estava flutuando ao seu lado, assimilando tudo, indubitavelmente tão estupefato quanto ela. Ela deu um impulso para frente, avançando pela estrutura que se assomava. O lodo tinha se acumulado nas laterais, escorando suas paredes. Seu telhado estava gravemente destruído. À medida que iluminava as paredes, ela podia dizer que a condição da igreja era tão grave que era quase certo que estivesse em estado muito pior do que setecentos anos antes, quando os templários a tinham encontrado.

Com Reilly seguindo-a, Tess desceu e, como um pássaro arremetendo em direção a um estábulo, nadou através do portal da igreja, onde uma imensa porta pendia assimetricamente. Do lado de dentro agora, flutuando quatro metros e meio acima do chão da igreja, eles se deslocaram por uma galeria subaquática de colunas, algumas delas desabadas. As paredes tinham impedido que muito lodo se acumulasse, o que dificultou bastante a descoberta da lápide. Avançaram em formação cerrada, a luz criando um caleidoscópio de sombras nos profundos recessos dos dois lados.

Tess olhou por toda a volta, registrando cada forma e sombra macabra e, ao mesmo tempo, tentando manter sob controle seu batimento cardíaco. Com o portal agora engolido pela escuridão atrás deles, ela fez um sinal para Reilly e foi até o fundo. Ele a seguiu. Estirada lá, havia uma imensa laje de pedra esmagada, que ela imaginou ter sido parte do altar. Este tinha sido inteiramente coberto pelas algas; pequenos pitus moviam-se furtivamente ao se redor. Verificou o tempo e fez a Reilly um sinal de dez dedos. Eles tinham que iniciar sua subida em dez minutos; não havia ar suficiente nos cilindros para permitir uma longa parada de descompressão.

Tess sabia que estava perto agora. Deslizando a meio palmo do fundo da igreja, limpou suavemente o lodo do chão, tentando não criar muita nuvem.

Não havia sinal de nenhuma pedra de pavimento. Apenas pequenos escombros e mais lodo, através dos quais enguias se moviam irregularmente. Então, Reilly a cutucou. Disse alguma coisa, e sua voz saiu distorcida em meio às bolhas que escapavam do regulador. Ela o viu esticar o braço para baixo e espanar parte do lodo e das pedras de uma pequena alcova. O fundo revelou algumas letras esculpidas apagadas. Era a lápide de um túmulo. Ela passou a respirar rápido. Seguindo as letras com o dedo, entendeu o nome: Caio. Ela olhou para Reilly, os olhos flamejantes de excitação. Os olhos deles sorriram de volta. Laboriosa e cuidadosamente, eles limparam a areia de mais pedras. O coração dela agora martelava de uma maneira ensurdecedora nos seus ouvidos à medida que, letra por letra, mais nomes apareceram. E, então, debaixo do lodo, ele apareceu:

Romiti.

A carta de Aimard era real. O decodificador construído pelo FBI tinha sido preciso, e, mais gratificante que tudo, as premissas dela estavam corretas.

Eles o tinham encontrado.

Capítulo 59

Movendo-se rapidamente agora, eles começaram limpando os destroços e a areia por toda a lápide.

Reilly tentou enfiar seus dedos na rachadura para forçar a abertura, mas seu frágil apoio e sua própria flutuação impediram-no de conseguir aplicar uma alavanca. Tess verificou o relógio; restavam cinco minutos. Olhando por toda a volta freneticamente em busca de algo para usar como ferramenta, avistou algumas peças retorcidas de metal saindo de uma das colunas. Nadou até elas e puxou com força um bastão até que ele se soltou numa nuvem de partículas de pedra. Ela nadou o mais rápido que pôde e, de volta ao chão da igreja, Reilly pegou o bastão e deslizou uma extremidade da rachadura em torno da pedra. Juntos, forçaram para baixo a extremidade livre.

Subitamente, ouviram um estalido. Não abaixo, mas acima deles. Olhando apressadamente para cima, Tess viu pequenos pedaços de escombros caindo de onde ela tinha tirado o ferro. Teria sido apenas o movimento da água ou estaria a parte superior da coluna deslizando para fora de sua base? Ela lançou um olhar de urgência para Reilly, que cutucou com o dedo no bastão, fazendo um sinal de uma nova tentativa para soltar a pedra. Ela assentiu e segurou-o com firmeza; novamente, eles aplicaram toda a força na alavanca. Desta vez, a lápide do túmulo se moveu. Pouco, mas moveu-se, embora não o bastante para conseguir colocar uma das mãos por baixo. Novamente, eles aplicaram força sobre a barra de ferro. Mais uma vez, a lápide se moveu, depois se inclinou para cima, permitindo que uma imensa bolha de ar explodisse para fora na direção deles. A bolha passou violentamente pelos dois antes de escapar para cima e desaparecer por um buraco no teto apodrecido.

Mais um estalo.

Olhando para cima, Tess viu que a seção superior da coluna inclinada estava indiscutivelmente avançando para fora de sua base. A barra de ferro que ela deslocara tinha, de alguma forma, desequilibrado a coluna e afrouxado a precária estrutura. Acima dela, lufadas de poeira irrompiam na água como silenciosas explosões. Voltou-se para Reilly, que lutava com a lápide e apontava para baixo. Ela viu que agora havia espaço suficiente para sua mão se insinuar. Esticou o braço para baixo, tremendo enquanto lhe vinha à memória um velho filme onde a mão do mergulhador tinha sido agarrada por uma enguia feroz. Esforçando-se para expulsar a imagem da cabeça, mergulhou a mão dentro do túmulo. Tateou por toda a volta desesperadamente, fechando os ouvidos e a mente para os estalidos que ecoavam e a precariedade das paredes antigas ao seu redor. Seus dedos então sentiram alguma coisa. Parecia volumosa. Ela lançou um olhar suplicante para Reilly, pedindo encarecidamente que ele erguesse ainda mais a lápide para abrir espaço para o objeto. Ele deslizou a mão em torno da barra para melhor agarrá-la e deixou escapar uma imensa explosão de bolhas ao se esforçar violentamente para ampliar a abertura. Tess puxou com força o objeto, tentando fazê-lo passar pelo buraco sem o danificar.

Reilly deu um puxão final e a pedra ergueu-se o suficiente para permitir que o objeto deslizasse através da fenda. Parecia uma bolsa de couro com uma longa tira, aproximadamente do tamanho de uma mochila pequena, com algum objeto sólido, pesado e que formava uma protuberância. Enquanto Tess puxava-o pela fenda, a barra de ferro subidamente estalou e o túmulo deslizou para baixo, deixando por muito pouco de atingir a bolsa ao bater estrondosamente contra a cavidade, num eco surdo, e lançando para cima uma nuvem de lodo. De cima, outro estalido foi seguido pelo som de pedra raspando contra pedra quando a seção superior da coluna moveu-se lentamente para fora da sua base, o teto desmoronando acima dela ao cair. Tess e Reilly trocaram olhares urgentes e foram em direção ao portal, mas algo puxava Tess para trás. A bolsa estava presa, sua tira ficara debaixo da pedra.

Enquanto ela puxava desesperadamente a tira, os olhos de Reilly pesquisavam o fundo, procurando por mais alguma coisa para usar como alavanca, mas não encontrou nada. Os escombros agora choviam em cima deles, descendo numa nuvem cada vez mais espessa de lodo. Tess forçou a tira um pouco mais. Os olhos alarmados de Reilly cruzaram com os dela e ela sacudiu a cabeça. Era inútil. A igreja estava prestes a desmoronar ao redor deles e eles tinham de sair de lá, mas isso significaria deixar para trás a bolsa. Os dedos dela ainda estavam cravados no couro maltratado. Ela não era de desistir.

Reilly deslocou-se rapidamente. Mergulhou para baixo e percorreu os dedos ao longo da borda da laje, posicionando então as pernas em cada lado e empurrando-a numa última e desesperada tentativa de soltar a tira. Uma grande viga desceu flutuando, pousando a meio palmo da sua perna. Com um esforço supremo, a rocha se moveu imperceptivelmente — mas o suficiente para liberar a tira. Ele soltou, apontou para o portal e os dois foram em direção a ele, nadando furiosamente enquanto pedaços do teto despencavam ao redor deles. Para evitá-los, eles avançavam em ziguezague pelos pilares e pedras em queda até que, por fim, passaram correndo pelo portal e emergiram em água mais límpida.

Por alguns momentos, eles ficaram ali flutuando, assistindo à igreja desmoronar sobre si mesma, pedaços imensos de alvenaria e pedra descendo estrondosamente numa rajada malabarística de águas obscurecidas pelas bolhas. O coração de Tess ainda palpitava furiosamente. Ela se concentrou em desacelerar a respiração, consciente de seu limitado suprimento de ar e da longa e lenta subida que tinha à frente. Olhou para a bolsa, conjecturando o que continha, perguntando-se se ainda estaria intacta depois de todos estes anos, esperando que a exposição à água não a tivesse destruído. Enquanto lançava um olhar de adeus para o poço, sua mente foi levada por um breve momento até Aimard e àquela fatídica noite. Nem em seus sonhos mais loucos ele poderia ter imaginado, setecentos anos antes, que o vale seria inundado por uma barragem construída pelo homem e que seu esconderijo secreto acabaria submerso sob trinta metros de água.

Reilly a olhava atentamente. Seus olhos se encontraram. Mesmo através da distorção da máscara, a exultação dela era evidente. Ela olhou o relógio. Seus cilindros logo estariam vazios. Ela fez um sinal para subirem. Reilly fez um gesto de concordância e iniciaram a lenta subida, certificando-se de que não subissem mais rápido que as menores bolhas que saíam de seus reguladores.

Ao redor deles, a água ficava lentamente mais clara à medida que as nuvens de poeira em espiral ficavam para trás. A subida parecia interminável até que, finalmente, a luz começou a surgir. Olhando para cima, para onde a luz do sol fluía para baixo, o sangue de Tess drenou de seu rosto quando, subitamente, ela percebeu que tinha alguma coisa diferente. Esticando a mão livre, ela agarrou o braço de Reilly, mas pela tensão de seus músculos, ela percebeu que ele também tinha percebido.

Acima dele, em lugar da sombra de um único barco, havia agora duas sombras.

Tinha mais alguém lá, mas não havia muito o que eles poderiam fazer já que o suprimento de ar estava prestes a acabar. Eles teriam que voltar à tona. Os olhos de Tess endureceram. Sabia quem era. E quando eles surgiram na superfície, viu que estava com a razão.

Rüstem ainda estava lá, exatamente onde eles o tinham deixado, com uma expressão de medo e de descontentamento no rosto. Sentado num segundo barco, olhando-os com uma expressão de um mudo prazer — quase como um professor reconhecendo o sucesso de uma brilhante pupila, pensou Tess — estava William Vance.

Com uma espingarda nos braços.

Capítulo 60

Enquanto ajudava Tess a subir no barco de Rüstem, Reilly disparou um rápido olhar para a praia. Uma caminhonete Toyota marrom estava agora estacionada ao lado de seu carro. Dois homens estavam de pé na margem do lago e nenhum deles era o engenheiro Okan. O primeiro era bem mais alto e robusto que o pequeno engenheiro e o segundo, embora magro era forte, mas não mais alto que Okan, não tinha suas espessas mechas de cabelos pretos. Reilly também avistou mais algum detalhe: ambos portavam armas. Desta grande distância, pareciam rifles de caça, mas não podia ter certeza. Imaginou que Vance teria contratado alguma ajuda local no caminho. Ele se perguntou se algum deles teria pensando em revistar o Pajero e, em caso afirmativo, se teriam encontrado a Browning que ele enfiara no guarda-volume embaixo do assento.

Reilly estudou Vance, vendo-o em carne e osso pela primeira vez. "Então é este o homem por trás de toda esta confusão." Ele voltou a pensar nos cavaleiros assassinados em Nova York, tentando encaixar o homem diante dele nos eventos que os trouxeram até este lugar remoto e aferindo o estado de espírito do professor. O anúncio ameaçador de que Reilly era de fato um agente do FBI não tinha perturbado Vance nem um pouco. Estudando sua disposição calma e controlada, Reilly se perguntou como este homem sofisticado, este acadêmico respeitado, evoluíra para se transformar num fugitivo parado à sua frente, com uma espingarda em seu colo; como alguém com o seu passado tinha conseguido planejar aquele grupo de ataque e, mais concretamente, como seguira em frente e exterminara seus atiradores contratados, um por um, com tamanha eficiência e crueldade.

Tinha alguma coisa que não se encaixava.

Ele notou que Vance estava com a atenção fixada na bolsa nas mãos de Tess.

— Cuidado — Vance lhe disse quando ela se acomodou no barco. — Não queremos danificá-lo. Não depois de tudo isto. — Seu tom soou estranhamente desprendido quanto esticou a mão. — Por favor — gesticulou.

Tess olhou para Reilly, sem ter certeza do que fazer. Reilly voltou-se para Vance que, com a outra mão, girou a espingarda lentamente até que estivesse apontada na direção deles. A expressão no rosto do professor estava quase arrependida, mas os olhos estavam imutáveis. Tess levantou-se, estendeu o braço e entregou-lhe a bolsa.

Vance simplesmente a depositou aos seus pés e fez um gesto em direção à praia com a espingarda.

— Voltemos para a terra firme, está bem?

Quando eles desceram do barco na praia, Reilly pôde ver que os homens de Vance estavam de fato carregando rifles de caça. O mais alto, um homem de olhar rude com o pescoço que parecia o toco de uma árvore e um olhar duro, estava apontando seu rifle para eles, orientando-os a ficar longe dos barcos. O rifle não parecia novo, mas era suficientemente ameaçador. Era um tipo de arma esquisito para um bandido contratado. Ocorreu a Reilly que Vance provavelmente tivera de se contentar com quem conseguisse encontrar em pouco tempo. Isto poderia trabalhar a favor deles, pensou ele, especialmente se a Browning ainda estivesse no Pajero. Por ora, contudo, eles estavam expostos demais, parados lá, ensopados em suas roupas de mergulho.

Vance encontrou uma velha mesa raquítica no quintal de Rüstem e repousou sua espingarda contra ela. Olhou de relance para Tess, o rosto se iluminando ligeiramente.

— Imagino que eu não seja o único fã de Al-Idrissi. Eu realmente queria ser o primeiro a chegar até ele, como você pode imaginar, mas... — ele diminuiu a voz até sumir, colocando a bolsa volumosa sobre a mesa. Olhou-a fixamente, com reverência, sua mente pareceu vagar por um momento. — Mesmo assim — acrescentou —, estou contente que você tenha vindo. Não tenho certeza se o talento local a traria com a mesma eficiência que você o fez.

Os dedos dele se estenderam e pousaram sobre a protuberância da bolsa, tateando-a suavemente, tentando adivinhar os segredos que guardava. Ele começou a erguer sua aba, depois parou, a cabeça empinada com uma idéia repentina. Ele se dirigiu a Tess.

— Você deveria se juntar a mim para isto. É tanto sua descoberta como é minha.

Tess olhou de relance para Reilly, evidentemente em conflito. Ele inclinou a cabeça para que fosse em frente. Ela deu um passo hesitante para frente, mas o homem robusto com início de calvície ficou tenso, erguendo o rifle. Vance falou rapidamente algumas palavras em turco e o homem abrandou, dando um passo para o lado para deixar que ela passasse. Ela aproximou-se de Vance ao lado da mesa.

— Vamos esperar que tudo isto não tenha sido por nada — disse ele ao estender o braço até a bolsa e levantar sua aba.

Lentamente, e empregando as duas mãos, ele puxou alguma coisa para fora da bolsa. Era uma pele impermeável. Ele a pousou sobre a mesa. Seu semblante contraiu em aparente confusão enquanto estudava o formato da mortalha. Com dedos hesitantes, desenrolou a pele, revelando um anel de bronze ornamentado de cerca de 25 centímetros de largura.

Sua borda estava complexamente formada de pequenos entalhes regularmente espaçados e tinha um braço giratório de duas pontas em seu centro, com um par de braços menores secundários embaixo.

Os olhos de Reilly dispararam do objeto para o turco grande, que também olhava alternadamente da mesa para Reilly e Rüstem, lutando para manter sua curiosidade controlada. Os músculos de Reilly se retesaram quando viu uma oportunidade, mas o homem grande teve a mesma idéia e retrocedeu, erguendo o rifle ameaçadoramente. Reilly recuou, percebendo que Rüstem tinha detectado seu movimento e agora tinha gotas de suor salpicando o couro cabeludo.

Na mesa, os olhos de Tess se concentraram no aparelho.

— O que é?

Vance estava ocupado examinando-o cuidadosamente.

— É um astrolábio de navegação — disse ele com um olhar surpreso de reconhecimento. Ele ergueu o olhar por um breve instante e viu a expressão dela, confusa. — É um instrumento de navegação, um tipo de sextante primitivo — esclareceu. — Eles não sabiam sobre longitudes na época, é claro, mas...

Conhecido como "a régua deslizante para os céus", o astrolábio, o mais antigo de todos os instrumentos científicos, estava presente desde 150 a.C. Originalmente desenvolvido por estudiosos gregos na Alexandria, seu uso tinha se espalhado pela Europa com a conquista da Espanha pelos muçulmanos. Amplamente utilizado pelos astrônomos árabes para ajudar a contar as horas pela medição da altitude do sol, os astrolábios tinham se transformado em um instrumento de navegação altamente valorizado por volta do século XV, com sua utilização pelos marinheiros portugueses para localizar a latitude. O astrolábio de navegação foi crucial para ajudar o príncipe Henrique, o Navegador, filho do rei João de Portugal, a conquistar sua alcunha. Durante muitos anos, sua frota manteve seu uso como um segredo rigorosamente guardado e era a única capaz de navegar em águas abertas. Ele se revelou um instrumento de valor inestimável durante todo o período das descobertas portuguesas, que culminou com Cristóvão Colombo fincando o pé no Novo Mundo em 1492.

Não foi coincidência o príncipe Henrique ter sido o Governador da Ordem de Cristo de 1410 até sua morte, em 1460. Uma ordem militar portuguesa, cuja origem remontava a nada menos que os templários.

Vance examinou-o mais detalhadamente, virando-o cuidadosamente, estudando as graduações em seu anel externo.

— Isto é incrível. Se isto for de fato templário, antecede àqueles que conhecemos em mais de cem anos. — Sua voz diminuiu até sumir. Os dedos tinham encontrado mais alguma coisa na bolsa: um embrulho em couro.

Desenrolando-o, encontrou uma pequena folha de pergaminho.

Reilly imediatamente reconheceu a letra: era idêntica àquela no manuscrito codificado que os trouxera até ali. Só que parecia haver espaços entre as palavras.

Esta carta não estava codificada.

Tess identificou a semelhança também.

— É de Aimard — ela exclamou. Mas Vance não estava ouvindo. Estava divagando, absorto na folha de pergaminho em suas mãos. Segundos tensos se passaram enquanto ele lia em silêncio, distante deles. Quando finalmente voltou, um olhar de resignação tinha anuviado suas feições.

— Parece — disse ele sombriamente — que ainda não chegamos lá exatamente.

Tess lutou contra a náusea que subia pela garganta. Sabia que não gostaria da resposta, mas ainda assim conseguiu perguntar:

— O que diz?

Capítulo 61

Mediterrâneo oriental – maio de 1291

— Desçam o escaler ao mar!

Apesar do redemoinho em fúria que o cercava, o grito do comandante do navio ecoou ensurdecedoramente dentro da cabeça de Aimard. Enquanto outra parede de água danificava a galé, seus únicos pensamentos estavam voltados para o relicário enquanto ele corria em direção ao castelo da proa.

"Preciso salvá-lo."

Ele retrocedeu para a primeira noite de sua viagem quando, depois de se certificar de que a tripulação e todos os seus irmãos estavam adormecidos, ele e Hugo foram silenciosamente até o castelo da proa, Aimard agarrando o baú a ele confiado por Guilherme de Beaujeu. Os templários tinham inimigos por toda parte e, com a sua derrota em Acre, estavam agora vulneráveis. O baú tinha de ser protegido bem fora do alcance da vista, defendido contra quaisquer buscas que por ventura ocorressem. Aimard tinha falado de suas preocupações com Hugo pouco depois de partir de Acre; tanto ele quanto Beaujeu confiavam implicitamente no homem. Ele não esperava que o comandante lhe apresentasse uma solução tão perfeita.

Ele lembrou-se de como eles tinham chegado até a proa do navio, como Hugo tinha erguido a tocha flamejante para expor uma cavidade profunda, ligeiramente maior que o baú, que tinha sido cavada no dorso da cabeça da ave. Hugo subiu e sentou-se com uma perna de cada lado da figura de proa. Aimard lançou um último olhar para o baú ornamentado antes de erguê-lo e entregá-lo ao comandante, que o colocou cuidadosamente na abertura. Bem à mão, um braseiro ardia sob um pequeno tonel de resina fundida, cuja superfície balançava lentamente acompanhando as ondas cada vez maiores nas quais o *Templo do Falcão* cavalgava. Com o baú firmemente embutido no esconderijo preparado para ele, Aimard cuidadosamente usou um pote metálico de cabo longo para levantar a resina que entregou a Hugo, que então a derramou nos vazios entre o baú e as laterais da cavidade. Depois de um momento, um balde de água foi jogado sobre a resina quente, provocando uma nuvem sibilante de vapor. Hugo gesticulou para Aimard, que lhe entregou o último estágio da ocultação do relicário. Uma peça de madeira grossa, talhada seguindo a curva da figura de proa, foi colocada sobre a abertura. Hugo a martelou para inseri-la no lugar, usando cavilhas de madeira, mais grossas que o polegar de um homem, e, então, tudo isto também foi lacrado com resina fundida, rapidamente endurecida com água. Tarefa concluída, Aimard olhou por mais um momento até que Hugo deixasse a figura de proa e voltasse à segurança do convés.

Olhando por toda a volta, Aimard viu que ninguém tinha observado suas ações. Pensou em Martin de Carmaux, que descansava lá embaixo. Não havia nenhuma necessidade de contar a seu protegido o que tinha feito. Mais tarde, quando chegassem ao porto, poderia se tornar necessário, mas, até então, ele deixaria que o paradeiro do relicário continuasse conhecido apenas por ele e por Hugo. Quanto ao conteúdo do baú — isto era algo para o qual o jovem Martin ainda não estava preparado.

Um relâmpago trouxe Aimard de volta à presente e difícil situação. Ele abriu caminho através das rajadas de chuva e quase chegou ao castelo de proa quando uma outra onda montanhosa bateu violentamente contra o *Templo do Falcão*, sua força brutal erguendo-o no ar e arremessando-o para trás contra a mesa da carta de navegação, cujo canto o transpassou. Martin chegou rapidamente até ele e, apesar das súplicas indecifráveis de Aimard, o jovem cavaleiro o ajudou a subir e o arrastou para dentro do escaler à espera.

Aimard caiu na barcaça e, apesar da dor causticante na lateral do seu corpo, ele se endireitou a tempo de ver Hugo subir com dificuldade pela borda e juntar-se a eles. O comandante agarrava um bizarro aparelho circular, um instrumento de navegação que Aimard o vira usar, e estava ocupado prendendo-o em posição. O cavaleiro esmurrou furioso na lateral do bote e continuou a olhar, impotente, para a figura de proa que continuava de pé, resistindo orgulhosamente aos golpes inclementes do mar em fúria antes de estalar como um galho e desaparecer sob as águas espumosas.

Capítulo 62

O coração de Tess esmoreceu ao sentir o ar abandonar seus pulmões. Ela olhou incrédula.

— Então é isto? Depois de tudo, está no fundo do mar? — Ela sentiu uma imensa onda de raiva. "Não de novo". Sua mente era uma mistura confusa. — Então, por que todo o mistério? — falou sem pensar, com uma expressão sinistra. — Por que a carta codificada? Por que não deixar simplesmente que os templários em Paris soubessem que o perderam irremediavelmente?

— Para manter o blefe — Vance se aventurou. — Desde que estivesse ao alcance deles, a causa estaria viva. E eles estariam seguros.

— Até que pagaram para ver o blefe...

O professor inclinou a cabeça, concordando.

— Exatamente. Lembre-se, esta coisa, o que quer que seja, é de suma importância para os templários. Você não esperaria que Aimard simplesmente deixasse sua posição sem registro, independente de ser ou não possível que a recuperassem durante suas vidas.

Tess soltou um pesado suspiro e se deixou cair pesadamente em uma das cadeiras de madeira junto à mesa. Esfregou os olhos enquanto as imagens de uma árdua jornada de centenas de anos e de homens sendo arrastados às piras flamejantes inundaram sua consciência. Abriu os olhos e estes pousaram novamente no astrolábio. "Todo este caminho, todos estes riscos", ela pensou... "para isto".

— Eles estavam tão perto. — Vance estava em seu próprio mundo, examinando mais detalhadamente o instrumento de navegação. — Se o *Templo do Falcão* tivesse se mantido íntegro por mais algumas horas, eles teriam conseguido chegar à praia, ter se mantido junto ao litoral e utilizado seus remos para chegar até uma das ilhas gregas das proximidades, que estavam em mãos amigas. Lá, eles poderiam ter conseguido reparar o mastro e continuado a navegar, livres do medo de ataque, seja de volta ao Chipre ou, mais provavelmente, rumo à França. — Ele fez uma pausa e, então, acrescentou, quase para si próprio: — E estaríamos provavelmente vivendo num mundo bem diferente...

Reilly, sentado em um pequeno lote de blocos de concreto, não conseguiu mais se conter. A frustração era insuportável. Ele sentira que teria uma boa chance de neutralizar os turcos e Vance, caso se mexesse rápido, mas não queria colocar Tess ou Rüstem em perigo. Havia, porém, mais que apenas um ego ferido. No fundo da sua mente, alguma coisa mais estava lutando para receber atenção. Em algum ponto, tinha evoluído de uma simples caçada humana para algo mais insidioso; ele se sentia pessoalmente ameaçado, mas não era físico. Não conseguia identificar com muita precisão. Mais no fundo, outras questões fundamentais o atormentavam desde que tinham decodificado o manuscrito e, subitamente, sentiu-se perturbado e estranhamente vulnerável.

— Um mundo diferente? — ironizou — Tudo por causa de... o quê?, uma fórmula mágica para produzir ouro?

Vance deixou escapar uma gargalhada de desdém.

— Por favor, agente Reilly. Não macule o legado dos templários com mitos triviais de alquimia. É um fato bem documentado que eles obtiveram sua riqueza das doações de nobres de toda a Europa, toda ela oferecida com a total bênção do Vaticano. Eles deram terras e dinheiro aos templários porque eram defensores corajosos dos peregrinos... mas há mais do que isso. Veja você, acreditava-se que a missão deles era sagrada. Seus patronos acreditavam que os templários buscavam algo que seria incomensuravelmente benéfico para a humanidade. — Um indício de sorriso apareceu em suas feições duras. — O que não sabiam era que, se os templários tivessem obtido sucesso, o benefício teria sido para toda a humanidade, não apenas para os "escolhidos", como se consideraram arrogantemente os cristãos da Europa.

— Do que você está falando? — perguntou Reilly intempestivamente.

— Uma das acusações que levaram à queda dos templários era que eles tinham se aproximado dos outros habitantes da Terra Santa, os muçulmanos e os judeus. Diziam que os nossos caros cavaleiros tinham sido seduzidos por seus contatos com eles, que tinham as mesmas visões místicas deles. Nessa frente, as acusações eram de fato corretas, embora tenham sido rapidamente deixadas de lado em favor das mais chamativas, com as quais tenho certeza de que vocês dois estão familiarizados. O papa e o rei (que era, afinal de contas, ungido por ninguém menos que Deus e estava desesperado em demonstrar que era o mais cristão dos reis) estavam compreensivelmente interessados em asfixiar inteiramente essa idéia, a noção de que seus campeões estavam se confraternizando com os gentios, em lugar de utilizá-la com mais uma munição para derrubar templários, por mais maldita que fosse. Mas não se tratava apenas deles terem noções místicas em comum. De fato, era mais pragmático que isso. Eles planejavam algo incrivelmente ousado, valente e de longo alcance, um gesto de insensatez talvez, mas também de coragem e visão de tirar o fôlego. — Vance fez uma pausa, aparentemente comovido pela própria idéia, antes que seus olhos voltassem a pousar em Reilly e endurecessem.

— Eles estavam — anunciou — tramando unificar as três grandes religiões. — Ele ergueu os olhos para as montanhas, enquadrando-os, e acenou as mãos expansivamente. — A unificação das três fés — ele riu. — Imaginem só. Cristãos, judeus e muçulmanos, todos unidos numa única fé. E por que não? Todos adoramos o mesmo Deus, afinal. Somos todos *filhos de Abraão*, não somos? — disse num tom de malícia. Sua expressão endureceu. — Pensem nisto. Imaginem em que mundo diferente estaríamos vivendo se fosse esse o caso. Um mundo infinitamente melhor... pense em toda a dor e o sangue derramado que teríamos evitado ao longo dos anos, hoje mais do que nunca. Milhões de pessoas, nenhuma das quais teria morrido em vão. Nada de inquisições, nada de holocaustos, nada de guerra nos Bálcãs nem no Oriente Médio, nada de aviões destroçando torres... — Um olhar travesso fugaz cruzou suas feições. — Você provavelmente estaria sem emprego, agente Reilly.

A mente de Reilly estava a todo o vapor, tentando dar um sentido às revelações. "Seria possível...?" Ele reviveu sua conversa com Tess sobre os nove anos que os templários gastaram em reclusão no Templo, sua rápida ascensão ao poder e riqueza e sobre a inscrição latina que Tess tinha lhe contado.

Veritas vos liberabit.

A verdade o libertará.

Ele olhou para Vance.

— Você acha que eles estavam chantageando a Igreja. Acha que o Vaticano permitiu que os templários ganhassem poder à sua custa.

— Eles estavam apavorados, fora de si. Não tinham escolha.

— Mas... com o quê?

Vance aproximou-se mais um passo, estendeu o braço e apontou o crucifixo que pendia do pescoço de Reilly antes de repentinamente arrancá-lo. Segurando-o entre os dedos, a corrente oscilando no dorso da sua mão, ele olhou-o com olhos desdenhosos que se transformaram em gelo.

— Com a verdade sobre este conto de fadas.

Capítulo 63

As palavras de Vance pairaram sobre eles como a lâmina de uma guilhotina.

Seus olhos ganharam vida própria enquanto fitavam o pequeno e brilhante objeto mantido na palma da sua mão. Então, sua expressão obscureceu.

— É assombroso, não é? Aqui estamos nós, dois mil anos depois, com tudo o que realizamos, tudo que sabemos e, ainda assim, este pequeno talismã domina o modo como bilhões de pessoas vivem... e morrem.

Sentado com sua roupa de mergulho úmida, Reilly sentiu um arrepio de mal-estar. Disparou um olhar para Tess, que olhava para Vance com uma expressão extasiada que Reilly não conseguiu interpretar.

— Como você sabe disto? — ela perguntou com hesitação.

Vance afastou os olhos da cruz de Reilly e virou-se para ela.

— Hugo de Payens. O fundador dos templários. Quando eu estava no sul da França, descobri algo sobre ele que me surpreendeu.

Os comentários depreciativos dos historiadores franceses voltaram voando para ela.

— Que ele era daqui, de Languedoc, e que ele era um cátaro?

As sobrancelhas de Vance subiram e ele inclinou a cabeça, claramente impressionado.

— Você se preparou direitinho.

— Mas isto não faz sentido — ela contra-atacou. — Eles foram originalmente para lá para escoltar os peregrinos cristãos.

O sorriso de Vance continuou em seu rosto, mas agora havia um tom incisivo em sua voz.

— Eles foram para lá com a missão de recuperar algo perdido havia mil anos, algo que tinha sido escondido pelos sumos sacerdotes das legiões de Tito. Que melhor disfarce para eles (e que melhor maneira para eles terem acesso ao sítio no qual estavam interessados) do que se declararem defensores intransigentes do papa e de sua mal-concebida cruzada? Vejam, eles não pretendiam pôr à prova a Igreja e a combater cegamente, não antes de acumular poder e riqueza suficientes para serem capazes de sobreviver a um desafio tão impossível assim. O Vaticano tinha uma longa história de repressão inclemente de qualquer desafio à sua única e verdadeira fé, povoados inteiros, mulheres e crianças massacrados pelos exércitos do papa por ousarem seguir suas próprias crenças. Então, eles tramaram um plano. Para derrubar a Igreja, tinham de ter as armas e influência. E eles quase conseguiram. Descobriram o que estavam procurando. Quanto aos cavaleiros templários, eles se tornaram muito poderosos militarmente e imensamente influentes. Estavam bem perto de se sair de seu armário espiritual. O que não previram é que eles, e não apenas os templários, mas todos os exércitos cristãos, seriam chutados para fora da Terra Santa antes que tivessem uma chance de lançar seu ataque contra a Igreja. E quando isto aconteceu, terminando com Acre em 1291, eles não apenas perderam sua base de poder, seus castelos, seu exército, sua posição dominante em Outremer, mas também seu prêmio, a arma que lhes permitiria chantagear o Vaticano por duzentos anos, o objeto que lhes permitiria cumprir seu destino, quando o *Templo do Falcão* afundou. E desse ponto em diante, foi apenas uma questão de tempo antes que fossem inteiramente eliminados. — Ele assentiu ligeiramente antes de emoldurá-los com um olhar fervoroso. — Só agora, com um pouco de sorte, poderemos estar em posição de terminar o trabalho deles.

De repente, o silêncio foi dilacerado por um estalo alto e aterrorizante quando a cabeça de um dos homens de Vance subitamente explodiu, a força do impacto separando o corpo dos seus pés e arremessando-o contra o chão numa confusão sanguinolenta.

Capítulo 64

Instintivamente, Reilly lançou-se em direção a Tess, mas Vance já a agarrara pela cintura e a empurrava para a segurança atrás de sua caminhonete. Mais balas zuniram e explodiram ao redor de Reilly quando ele mergulhou para se proteger atrás do Pajero, ao mesmo tempo se concentrando instintivamente em isolar o eco da detonação para ter noção de onde estava o atirador. Três tiros atingiram seu utilitário, rasgando o capô, penetrando no bloco do motor e retalhando o pneu dianteiro direito, dando-lhe ao mesmo tempo um ângulo muito difícil sobre a posição do atirador de tocaia: algum lugar ao sul na linha da árvore — e irremediavelmente fora do alcance da pistola.

Um silêncio desconfortável desceu sobre a floresta, e, depois de uma pausa tensa, Reilly inclinou-se para fora para inspecionar os danos. O Pajero não iria para lugar algum. Ele olhou para a mesa onde estavam, virada de ponta-cabeça. O turco robusto e calvo estava encolhido atrás dela e parecia aterrorizado. Reilly percebeu um movimento ao seu lado, ao lado da cabana, um clarão azul quando Rüstem emergiu com um rifle, outra arma de pequeno calibre, que ele provavelmente usava para caçar coelhos. O velho ficou de pé lá, varrendo com os olhos as árvores distantes, confuso, procurando algo para dar um tiro. Reilly acenou e gritou para ele freneticamente mas, antes que o homem pudesse reagir, mais dois tiros vieram do atirador de tocaia, um ricocheteando nos tubos de concreto empilhados no chão, o outro atingindo o peito do velho, derrubando-o contra a cabana como uma boneca de trapo.

Por detrás da porta traseira de seu Pajero, Reilly viu Vance esticar o braço para puxar e abrir a porta da picape, empurrar Tess para dentro e subir atrás dela. Ele deu partida no motor e arrancou com o carro. O turco robusto conseguiu subir na caçamba da Toyota exatamente quando ela girava e se dirigia para o portão do complexo.

Reilly não tinha escolha. Não tinha também tempo para recuperar sua Browning do Pajero. Ao erguer o olhar para a encosta da colina nervosamente, decidiu arriscar. Emergiu por detrás do utilitário e saiu em disparada atrás da picape que desaparecia.

Mais dois tiros pegaram de raspão na lateral da Toyota quando Reilly a alcançava próximo ao portão e se agarrava à sua porta traseira. A caminhonete colidiu com o portão antes de avançar desajeitadamente pela trilha íngreme. Reilly se segurou com os dedos doloridos, as pernas arrastando no solo áspero, quando a perna esquerda bateu estrondosamente contra uma rocha protrusa; a dor subiu em disparada por sua coluna como um ferro incandescente. Cada músculo do seu corpo estava em chamas e ele sentiu que estava prestes a desistir.

Mas não poderia.

Tess estava na caminhonete. Ele não poderia perdê-la. Não aqui, não agora.

Ergueu os olhos e vislumbrou uma maçaneta no interior do carrro. Recorreu a cada pingo de força que lhe restava e chutou o chão com as pernas ao mesmo tempo em que se lançou para a maçaneta com a mão esquerda. Os dedos desprenderam-se da porta traseira e se agarraram a ela e ele a puxou, alavancando-se para cima e se arrastando para a caçamba.

O turco agora estava estendido contra a parede lateral, agarrado a seu rifle, examinando ansiosamente por sobre a lateral. Ele se virou e viu Reilly subir a bordo. Alarmado, girou o rifle para dar um golpe contra ele, mas Reilly pegou o cano e empurrou-o para cima, ouvindo a detonação e sentindo o coice quando o homem apertou o gatilho. Reilly girou as pernas e chutou com a bota a virilha do turco antes de investir contra ele. Enquanto lutavam, Reilly avistou algo e olhou por sobre a cabine da picape. Menos de cem metros adiante, uma Landcruiser bege estava estacionada transversalmente à estrada de terra, bloqueando o caminho. O turco também a viu e não houve nenhuma redução no ronco do motor. Vance não estava recuando. Reilly lançou um olhar pela janela traseira da cabine e seus olhos cruzaram com os de Tess. Ela parecia apavorada quando estendeu o braço para frente e se apoiou contra o painel.

Reilly e o turco se agarraram ao topo da cabine quando a picape se inclinou pela borda da trilha, sacudiu sobre o áspero solo rochoso e se espremeu entre a beira da encosta e a Landcruiser estacionada, forçando a frente do grande utilitário. Ela se estilhaçou numa erupção de vidro e plástico e continuou a correr.

Reilly olhou para trás, para a Landcruiser, que parecia avariada demais para ter qualquer utilidade para o atirador e, então, o turco estava novamente sacando o rifle, tentando soltá-lo de Reilly. Enquanto eles lutavam, a picape chegou à beira da barragem e foi ao encontro dela sem diminuir a velocidade.

Foi a toda velocidade ao longo da estrada de concreto que passava pelo topo da barragem, correndo para atravessar até a outra extremidade. De pé agora, Reilly socou várias vezes o turco, finalmente conseguindo arrancar o rifle, somente para, no fim, o homem colocar os braços em volta do tórax de Reilly e apertá-lo com força. Perto demais para usar os joelhos com eficiência, o agente deu golpes com o pé, chutando o homem no lado interno do tornozelo direito. O aperto se afrouxou e Reilly conseguiu empurrá-lo. Eles estavam agora de pé contra a cabine e Reilly teve um rápido vislumbre de Tess, que lutava com Vance, insistindo com ele para que parasse. Ela se apoderou do volante e a picape deu uma guinada, atingindo a parede de contenção. Reilly perdeu o controle da arma, que deslizou pela caçamba e caiu fazendo barulho sobre a estrada de concreto, e viu o olhar alarmado do turco quando a arma desaparecia ao longe. Em pânico, o homem investiu com imprudência contra ele. Reagindo instintivamente, Reilly rolou para trás sob o corpo em velocidade do turco e ergueu os pés para arremessá-lo contra a lateral da picape em velocidade, que novamente atingiu a parede com um estalo retumbante. O homem voou para fora da caminhonete e foi direto contra a parede, chocando-se violentamente no lado seco da represa, seu grito desaparecendo no ronco do motor da picape.

Eles tinham atingido o final da represa e Vance girou o volante para fazer a picape deslizar na trilha de terra que Reilly e Tess tinham seguido naquela manhã. Quando passaram aos solavancos pela estrada sulcada, Reilly soube que estavam protegidos do topo da montanha, onde tinha calculado que o atirador de tocaia estava posicionado. Dadas as condições da trilha, Vance foi forçado a reduzir a velocidade, mas não havia nenhuma necessidade de detê-lo por enquanto.

Ele deixou-o dirigir por mais alguns quilômetros antes de dar golpes no alto da cabine. O professor gesticulou em aquiescência e, momentos depois, a picape rodou até parar completamente.

Capítulo 65

Depois de entrar e tirar as chaves da ignição, Reilly deu uma volta ao redor da caminhonete e inspecionou os danos. Eles tinham se safado com problemas superficiais. Além de algumas contusões e a dor latejante na sua perna esquerda, todos os três não tinham nada além de cortes e arranhões, e, embora a Toyota estivesse muito amassada e desfigurada, ele ficou impressionado com o modo como ela tinha se agüentado bem.

A porta de Vance rangeu ao se abrir e o professor e Tess saíram. Reilly viu que tanto ela quanto Vance pareciam extremamente abalados. Ele esperava isto de Tess, mas não de Vance. "Será que eu estava errado sobre ele?" Ele estudou os olhos do homem e viu, espelhados neles, a mesma incerteza que o corroía. "Ele está tão surpreso quanto eu. Não esperava por isto." Confirmou que algo parecia errado desde o momento que pôs os olhos pela primeira vez no professor, lá no lago. O primeiro tiro que tirara de ação o grande ajudante turco também tinha disparado um alarme dentro da cabeça de Reilly.

"Vance não matou os outros cavaleiros. Tem mais alguém atrás desta coisa."

O pensamento aborreceu Reilly. Ele ficaria mais feliz sem esta complicação. Embora a possibilidade de um "supervisor" tivesse sido considerada quando os cavaleiros começaram a aparecer mortos, ela tinha sido descartada havia muito tempo. Tudo parecia apontar para o fato de que Vance estava eliminando seus cúmplices; ele parecia estar comandando seu próprio espetáculo. Os tiros no lago derrubaram inteiramente essa teoria. Tinha mais alguém envolvido, mas quem? Quem mais sabia sobre o que Vance estava procurando e, mais concretamente, quem estava disposto a assassinar pessoas para obtê-lo?

Vance dirigiu-se a Tess.

— O astrolábio...?

Tess inclinou a cabeça como se emergindo de uma névoa.

— Está seguro — ela lhe garantiu. Esticou o braço para dentro da cabine e tirou o instrumento. Vance cravou os olhos nele e inclinou a cabeça em aprovação e, então, ergueu seu olhar para a encosta pela qual tinham acabado de passar voando. Reilly olhou-o contemplar silenciosamente as montanhas desertas ao redor. Imaginou ter reconhecido uma resignação nos olhos do professor, mas eles rapidamente se tornaram insolentes e se inflamaram com uma determinação inquietante.

— O que aconteceu lá atrás? — Tess juntou-se a Reilly.

Ele afastou o olhar do professor.

— Você está bem? — perguntou ele, examinando um pequeno arranhão na testa dela.

— Estou ótima — disse ela estremecendo, antes de erguer os olhos para a linha de árvores que os cercava como uma imensa cerca. As montanhas estavam sinistramente silenciosas, especialmente depois da fúria que os tinha engolido minutos antes. — Que diabos está acontecendo? Quem você acha que está ali?

Reilly estudou as árvores. Não havia sinal de vida.

— Não sei.

— Ah, consigo pensar em muitas pessoas que não gostariam que alguma coisa assim viesse à tona — contrapôs Vance. Ele se virou para olhá-los de frente, um sorriso afetado e satisfeito atravessando os lábios. — Estão obviamente ficando nervosos, o que significa que devemos estar perto.

— Eu me sentirei melhor assim que pusermos alguns quilômetros entre nós. — Reilly fez um gesto em direção à picape. — Venham. — Ele acompanhou Vance e Tess até a caminhonete.

Com Tess espremida entre os dois homens, Reilly pôs o carro em funcionamento e a Toyota danificada desceu margeando o declive, seus ocupantes perdidos em silenciosa contemplação do que teriam pela frente.

No segundo em que viu a picape impelir-se para fora do pequeno complexo e correr pela trilha de terra, De Angelis arrependeu-se de ter colocado a

Landcruiser de lado, atravessada na estrada de terra, para bloquear qualquer fuga eventual. O barulho da colisão destroçando o carro deles não era de bom augúrio e, agora, a visão do grande utilitário pulverizado direto no pára-lamas e na grade frontal confirmaram seus piores temores.

Ele não precisou da confirmação de Plunkett para saber que o carro não iria a lugar algum. Abriu a tampa traseira e focalizou cuidadosamente seus equipamentos, recuperando o monitor GPS e batendo, com raiva, nele. O cursor piscou, sem exibir qualquer movimento. O rastreador estava estacionário. De Angelis olhou com cara feia para a pequena tela ao reconhecer que as coordenadas eram aquelas do complexo de Rüstem e perceber que o rastreador ainda deveria estar na bolsa no Pajero encalhado de Reilly e Tess. Ele tinha de descobrir outra maneira de localizá-los, o que não seria fácil nesta floresta montanhosa.

O monsenhor descartou o monitor e voltou a encarar o lago, fumegando na virada dos eventos. Sabia que realmente não poderia culpar Plunkett por sua melancólica situação. Percebeu que havia mais alguma coisa em ação.

Presunção.

Tinha sido confiante demais.

O pecado do orgulho. Mais uma coisa para o confessionário.

— O utilitário deles. Ainda está no complexo. Talvez consigamos usá-lo. — Plunkett segurava o grande rifle, afastando-se vagarosamente, erguendo-se para partir.

De Angelis não moveu um músculo. Ficou simplesmente parado lá calmamente, olhando fixamente para a superfície vítrea do lago.

— Antes as coisas mais importantes. Me dê o rádio.

Capítulo 66

Reilly olhou fixamente para a trilha atrás deles, ouvindo com atenção. Não havia nenhum som além do canto dos pássaros, que, nas presentes circunstâncias, pareceu estranhamente desconcertante. Eles tinham percorrido 13 a 15 quilômetros antes que a escuridão penetrante os forçasse a fazer planos para a noite. Reilly optara por desviar da estrada de terra e seguir uma trilha secundária que os levou para uma pequena clareira ao lado de um córrego. Eles teriam de se preparar para partir até o romper do dia, antes de fazer uma corrida em direção à costa.

Ele estava bem certo de que a grande Landcruiser tinha sido inteiramente avariada pela corajosa investida de Vance. A pé, quem quer que os tivesse atacado ainda estaria a horas de distância; num veículo, sua aproximação poderia ser ouvida. Enquanto examinava os últimos raios solares se fundirem longe atrás das montanhas, Reilly tinha a esperança de que a escuridão que descia lhes proporcionasse um certo grau de proteção. Esta noite não haveria nenhuma fogueira.

Ele deixara Vance ao lado da picape, com as mãos amarradas atrás das costas. A corda estava presa à caminhonete. Uma rápida busca pela picape não revelara nenhuma arma, fornecendo, em vez disto, alguns confortos básicos, na forma de um pequeno fogareiro a gás e de um pouco de comida enlatada. Eles não encontraram nenhuma roupa para se trocar. Por ora, ele e Tess teriam que continuar com suas roupas de mergulho.

Reilly juntou-se Tess às margens da água, ajoelhando-se para um tão necessário gole antes de se acomodar numa grande rocha ao lado dela. Sua cabeça era uma confusão de preocupações e medos, implorando por atenção. Ele tinha realizado aquilo que pretendia fazer; só precisava levar Vance em segurança de volta aos Estados Unidos para enfrentar a justiça. Era pequena a chance de seu prisioneiro fugir sorrateiramente para fora do país com tranqüilidade. Crimes locais tinham sido cometidos, pessoas tinham sido mortas. Reilly fez planos para o futuro, incomodado com a perspectiva dos trâmites de extradição inevitavelmente complexos com as autoridades turcas. Mais urgente, ele tinha que tirar todos eles da montanha e voltar com segurança para a costa. Quem atirara neles estava indubitavelmente disposto a agir antes e perguntar depois, ao passo que eles estavam desarmados, não tinham rádio e estavam fora da área de cobertura dos telefones celulares.

Por mais importantes que fossem essas preocupações, elas rapidamente ocuparam um segundo plano à questão maior que o rondava. E pela expressão de incerteza no rosto dela, podia ver que Tess era prisioneira das mesmas preocupações.

— Sempre me perguntei como Howard Carter deve ter se sentido quando descobriu a tumba do rei Tut — ela disse por fim, sobriamente.

— Fico imaginando que ele passou por melhores bocados.

— Não tenho tanta certeza. Ele teve uma maldição contra a qual lutar, lembra? — Um tênue sorriso cruzou suas feições quando ela se animou um pouco, momentaneamente recobrando sua vivacidade. Mas ainda estava lá. Aquela pilha de tijolos fazendo pressão para baixo no buraco do seu estômago. E ele não podia mais ignorar. Tinha que entender com maior clareza em que eles tinham se metido.

Revestindo-se de coragem, ele levantou-se e caminhou até Vance. Tess o seguiu de perto. Ele se ajoelhou ao lado do homem, verificando a corda ao redor dos pulsos. Vance simplesmente cravou os olhos nele, em silêncio. Parecia estranhamente em paz com a própria situação. Reilly franziu a testa enquanto debatia se entraria ou não nisso, mas decidiu que não podia evitá-lo.

— Preciso saber de uma coisa — aventurou-se laconicamente. — Quando você disse "a verdade sobre este conto de fadas" sobre o que estava falando? O que acha que eles esconderam no *Templo do Falcão*?

Vance levantou a cabeça, seus olhos cinza penetrantes com a claridade.

— Não tenho certeza absoluta, mas suspeito que seja algo que poderia não ser tão fácil de você aceitar.

— Deixe que eu me preocupe com isto — rebateu Reilly.

Vance pareceu considerar cuidadosamente as palavras.

— O problema é que, assim como a maioria dos verdadeiros crentes, você nunca parou para pensar na diferença entre a fé e o fato, a diferença entre o Jesus Cristo da fé e o Jesus fatual da história, entre verdade... e ficção.

Reilly não se comoveu com a ironia que imaginou ter detectado no tom de Vance.

— Não tenho certeza se algum dia precisei.

— E mesmo assim você está feliz em acreditar em tudo que está na Bíblia, certo? Quero dizer, você acredita em toda aquela história, não acredita? Os milagres, o fato de que Ele caminhou sobre a água, que Ele curou um homem cego... que Ele voltou dos mortos?

— Claro que sim.

Um pequeno sorriso cruzou os lábios de Vance.

— Certo. Então deixe-me perguntar o seguinte. Quanto você sabe sobre a origem daquilo que está lendo? Sabe quem realmente escreveu a Bíblia, aquela com que você está familiarizado, o Novo Testamento?

Reilly estava bem longe de ter certeza.

— Você está falando sobre os Evangelhos de Mateus, Marcos, Lucas e João?

— Estou. Como é que surgiram? Vamos começar com algo básico. Quando foram escritos, por exemplo?

Reilly sentiu um peso invisível pressionando-o.

— Não sei... eles eram Seus discípulos e, portanto, imagino que pouco depois de Sua morte?

Vance olhou de relance para Tess e deixou escapar uma gargalhada degradante. Seu olhar intenso voltou a pousar em Reilly.

— Eu realmente não deveria ficar surpreso, mas é assombroso, não é? Mais de um bilhão de pessoas por aí cultuam esses escritos, aceitam cada palavra como a própria sabedoria de Deus, massacram-se uns aos outros e tudo isto sem ter a mais vaga noção sobre a real origem dessas escrituras.

Reilly sentiu uma raiva crescente. O tom insolente de Vance também não estava ajudando.

— É a Bíblia. Existe há tempo suficiente...

Vance apertou os lábios e balançou a cabeça suavemente, rejeitando-o rapidamente.

— E suponho que isto torna tudo verdadeiro, então, não é? — Ele se recostou, os olhos se perdendo ao longe. — Eu já fui como você, tempos atrás. Não questionava as coisas. Aceitava-as como uma questão de... *fé*. Posso lhe dizer, contudo... uma vez que você começa a desenterrar a verdade... — seu olhar pousou novamente em Reilly, assumindo uma expressão visivelmente sombria — ...não é um quadro bonito.

Capítulo 67

— O que você precisa perceber — explicou Vance — é que os primeiros dias do Cristianismo foram apenas uma grande mancha negra acadêmica, quando se trata de fatos verificáveis e documentados. Mas se não há muito que possamos afirmar com segurança que de fato tenha acontecido na Terra Santa quase dois mil anos atrás, existe uma única coisa que sabemos: nenhum dos quatro Evangelhos que formam o Novo Testamento foi escrito por contemporâneos de Jesus. O que — ele comentou ao perceber a reação de Reilly — nunca deixa de pegar os seguidores da fé, como você, de surpresa.

"Acredita-se que o mais antigo dos quatro", esclareceu ele, "o Evangelho de Marcos, ou melhor, aquele a que nos referimos como o Evangelho de Marcos, já que realmente nem mesmo sabemos quem o escreveu, pois atribuir obras escritas a pessoas famosas era uma prática muito comum naquela época, tenha sido escrito pelo menos quarenta anos depois da morte de Jesus. São quarenta anos sem CNN, sem entrevistas gravadas em vídeo, sem uma pesquisa no Google apresentando uma infinidade de relatos de testemunhas oculares daqueles que realmente O conheceram. Portanto, na melhor das hipóteses, estamos falando aqui é de histórias que foram passadas de boca a boca, ao longo de quarenta anos, sem qualquer registro escrito. Diga-me, então, agente Reilly, se você estivesse chefiando uma investigação, até que ponto você consideraria que tal evidência é precisa, depois de quarenta anos de pessoas primitivas, não-instruídas e supersticiosas contando histórias ao redor de suas fogueiras?"

Reilly não teve tempo de responder, já que Vance continuou rapidamente:

— Muito mais problemática, se você me perguntar, é a história sobre como estes quatro Evangelhos em particular vieram a ser incluídos no Novo

Testamento. Você vê, durante os duzentos anos seguintes à redação do Evangelho de Marcos, sabemos que muitos outros evangelhos foram escritos, com toda a espécie de história sobre a vida de Jesus. À medida que o movimento inicial ficou mais popular e se espalhou entre as comunidades dispersas, as histórias da vida de Jesus assumiram temperos locais, influenciados pelas circunstâncias particulares de cada comunidade. Dezenas de evangelhos diferentes estavam por toda parte, freqüentemente conflitantes entre si. Sabemos disto como fato porque, em dezembro de 1945, alguns camponeses árabes que cavavam em busca de fertilizante nas montanhas de Jabal al-Tarif na região alta do Egito, perto da cidade de Nag Hammadi, descobriram um jarro de barro com cerca de dois metros de altura. No início, hesitaram em quebrá-lo, com medo que um *djinn*, um espírito maligno, pudesse estar aprisionado dentro dele. Mas acabaram quebrando, na esperança de encontrar ouro, e isso levou a uma das descobertas arqueológicas mais assombrosas de todos os tempos: dentro do jarro estavam 13 livros de papiro, encadernados com couro trabalhado de gazela. Infelizmente, os camponeses não perceberam o valor daquilo que tinham descoberto e alguns dos livros e das folhas frouxas de papiro acabaram nas chamas dos fornos de suas casas. Outras páginas foram perdidas enquanto os documentos eram levados para o Museu Cóptico, no Cairo. O que realmente sobreviveu, porém, foram 52 textos que ainda são tema de enorme controvérsia entre os estudiosos da Bíblia, já que esses escritos, geralmente conhecidos como os Evangelhos Gnósticos, fazem referência a ditados e crenças de Jesus que conflitam com aqueles do Novo Testamento.

— Gnósticos — perguntou Reilly. — Como os cátaros?

Vance sorriu.

— Exatamente — ele assentiu. — Entre os textos encontrados em Nag Hammadi estava o Evangelho de Tomás, que se identifica como o evangelho secreto e abre com: "Estas são as palavras secretas que o Jesus vivo falou e que o gêmeo, Judas Tomás, escreveu." Seu *gêmeo*. E há mais. Encadernado no mesmo volume que este estava o Evangelho de Felipe, que descreve abertamente o relacionamento de Jesus com Maria Madalena como íntimo. Ela tem seu próprio texto, o Evangelho de Maria Madalena, no qual é vista como uma discípula e líder de um grupo cristão. Há também o Evangelho de Pedro, o Evangelho dos Egípcios, o Livro Secreto de João. Há o Evangelho da Verdade, com sugestões nitidamente budistas... a lista continua.

"Uma ameaça comum em todos esses evangelhos", ele continuou, "além da atribuição de ações e palavras a Jesus bem diferentes daquelas nos Evangelhos do Novo Testamento, é que eles consideravam as crenças cristãs comuns, como o nascimento virgem e a ressurreição, delírios ingênuos. Pior ainda, esses escritos eram também uniformemente gnósticos porque, embora se referissem a Jesus e a Seus discípulos, a mensagem que transmitiam era que conhecer a si próprio, no nível mais profundo, era também conhecer Deus, ou seja, olhando para dentro de si próprio para encontrar as fontes de alegria, tristeza, amor e ódio pode-se encontrar Deus."

Vance explicou que, no início, o movimento cristão era ilegal e precisava ter alguma espécie de estrutura teológica se quisesse sobreviver e crescer.

— A proliferação dos evangelhos conflitantes era um risco para uma fragmentação potencialmente fatal. Havia necessidade de liderança, o que seria impossível de realizar se cada comunidade tivesse suas próprias crenças e seu próprio evangelho. Por volta do final do século II, uma estrutura de poder começou a tomar forma. Uma hierarquia de três categorias (bispos, padres e diáconos) emergiu em várias comunidades, declarando que falava pela maioria, acreditando que eles eram os guardiões da única e verdadeira fé. Ora, não estou dizendo que estas pessoas fossem necessariamente monstros famintos de poder — declarou Vance. — Eram, na verdade, muito corajosos naquilo que tentavam fazer e provavelmente estavam genuinamente com medo que, sem um conjunto de regras e rituais rígidos amplamente aceitos, o movimento inteiro debilitaria e morreria.

Ele contou a Reilly como, numa época em que ser cristão significava se arriscar à perseguição e mesmo à morte, a própria sobrevivência da Igreja tornou-se contingente do estabelecimento de algum tipo de ordem. Isto cresceu até que, por volta do ano 180 e sob a liderança de Irineu, o bispo de Lyon, um único ponto de vista unificado foi finalmente imposto. Poderia existir uma única Igreja com um único conjunto de crenças e rituais. Todos os outros pontos de vista foram rejeitados, considerados heresia. Sua doutrina era simples e direta: não poderia haver salvação fora da verdadeira Igreja; seus membros deveriam ser *ortodoxos*, o que significava ter "pensamento simples e direto"; e a Igreja deveria ser *católica*, que queria dizer "universal". Isto significava que a indústria rural do evangelho tinha de ser reprimida. Irineu decidiu que deveriam existir quatro Evangelhos verdadeiros, empregando o curioso argumento de que existiam quatro cantos no universo e quatro ventos principais e, portanto, somente quatro evangelhos. Ele escreveu cinco volumes intitulados *A destruição e queda do falsamente denominado conhecimento*, nos quais denunciou que a maioria das obras era blasfema, decidindo pelos quatro evangelhos que conhecemos hoje como o registro definitivo da palavra de Deus: indefectível, infalível e mais que suficiente para as necessidades dos adeptos da religião.

— Nenhum dos Evangelhos Gnósticos tinha uma narrativa da Paixão — ressaltou Vance —, mas os quatro evangelhos que Irineu escolheu tinham. Falavam sobre a morte de Jesus na Cruz e sobre Sua ressurreição, vinculavam a narrativa fomentada com o ritual fundamental da Eucaristia, a Última Ceia. E sequer começaram dessa maneira — ironizou. — Na sua versão mais antiga, o primeiro deles a ser incluído, o Evangelho de Marcos, não fala nada sobre um nascimento virgem, nem está presente nele a Ressurreição. Simplesmente termina com o túmulo vazio de Jesus, onde um jovem misterioso, um ser transcendental de alguma espécie, como um anjo, conta a um grupo de mulheres que foram ao túmulo que Jesus está esperando por elas na Galiléia. E isto aterroriza estas mulheres, elas saem correndo e não contam nada a ninguém, o que nos faz especular como é que, para início de conversa, Marcos ou quem quer que tenha escrito esse evangelho teria algum dia ouvido falar sobre isto. Mas é assim que Marcos terminou originalmente seu evangelho. É somente em Mateus, cinqüenta anos depois, e então em Lucas, dez anos depois disso, que as detalhadas aparições pós-ressurreição foram adicionadas ao final original de Marcos, então reescrito.

"Levou outros duzentos anos, até o ano 367, na verdade, para que finalmente se chegasse a um acordo sobre a lista de 27 textos que formam o que conhecemos como o Novo Testamento. No final desse século, o Cristianismo tinha se tornado a religião oficialmente aprovada e a posse de qualquer um dos textos considerados heréticos foi considerada uma ofensa criminal. Todas as cópias conhecidas dos evangelhos alternativos foram queimadas e destruídas. Todas, isto é, exceto aquelas escondidos nas cavernas de Nag Hammadi, que não mostram que Jesus fosse de alguma forma sobrenatural", continuou Vance, os olhos cravados em Reilly. "Foram banidas porque o Jesus desses textos era apenas um homem sábio errante que preconizava uma vida de andanças sem posse e de aceitação sincera dos seus iguais. Ele não está aqui para nos salvar do pecado e da danação eterna. Está aqui para nos guiar para alguma espécie de compreensão espiritual. E uma vez que um discípulo atingir a iluminação, e esta noção deve ter custado a Irineu e seus comparsas algumas noites de insônia, o mestre não será mais necessário. Aluno e professor se tornam iguais. Os quatro evangelhos canônicos, aqueles do Novo Testamento, consideram Jesus o nosso Salvador, o Messias, o Filho de Deus. Os cristãos ortodoxos e, neste aspecto, os judeus ortodoxos, insistem que um abismo intransponível separa o homem de seu Criador. Os evangelhos descobertos em Nag Hammadi refutaram isto: para eles, autoconhecimento é o conhecimento de Deus; o eu e o divino são uma única e mesma coisa. Pior ainda, ao descrever Jesus como um professor, um sábio iluminado, eles O consideram um *homem*, alguém a quem você ou eu poderíamos nos igualar, e isso não bastaria para Irineu e seu grupo. Ele não poderia ser apenas um homem, Ele tinha de ser muito mais que isso. Tinha de ser o Filho de Deus. Tinha de ser *único*, porque sendo *único*, a Igreja se torna *única*, o único caminho para a salvação. Ao descrevê-Lo sob essa luz, a Igreja primitiva pôde afirmar que, se você não estivesse com eles, seguindo suas regras, vivendo da maneira que queriam que o fizesse, você estaria condenado à danação."

Vance fez uma pausa, parecendo estudar o rosto de Reilly antes de recostar, sua voz sussurrante cortando o ar.

— O que estou lhe dizendo, agente Reilly, é que basicamente tudo em que os cristãos acreditam hoje desde o século IV, todos os rituais que observam, a Eucaristia, os dias santos, nada disso fazia parte daquilo em que os seguidores imediatos de Jesus acreditavam. Foi tudo inventado, foi tudo rematado bem mais tarde, rituais e crenças sobrenaturais que, em muitos casos, foram importados de outras religiões, da Ressurreição ao Natal. Mas os fundadores da Igreja fizeram um ótimo trabalho. É um best-seller contínuo há quase mil anos, mas... acho que os templários tinham razão. Já estava excessivamente fora de controle nos dias deles, com as pessoas sendo massacradas se optassem por acreditar em algo diferente.

"E olhando para o estado do mundo hoje", ele anunciou com dedo em riste para Reilly, "eu diria que passou definitivamente da sua data de validade."

Capítulo 68

— É isso que você acha que eles estavam transportando no *Templo do Falcão*? — Reilly perguntou indo direto ao ponto. — A prova de que os Evangelhos são, como você os coloca, obras de ficção? A prova de que Jesus não era um ser divino? Mesmo que isto fosse possível — ele argumentou —, entendo como isso corroeria aos poucos o Cristianismo, mas como teria ajudado os templários a unificar as três religiões, supondo que era isso que eles estavam realmente planejando?

— Eles começaram com aquela que conheciam — contrapôs Vance com segurança —, a religião que estava ao alcance deles, aquela cujos excessos tinham testemunhado pessoalmente. Uma vez que fosse... desmascarada, imagino que já teriam forjado alianças com pessoas de dentro das comunidades muçulmana e judaica, parceiros que trabalhariam com eles para instigar questões semelhantes sobre suas próprias crenças e com quem pavimentariam o caminho para uma nova visão do mundo, unificada.

— Recolhendo os destroços das massas desiludidas? — Foi mais uma declaração que uma pergunta por parte de Reilly.

Vance pareceu impassível.

— No longo prazo, acho que o mundo teria sido um lugar melhor. Não acha?

— Duvido muito disso — disparou Reilly em resposta. — Mas, então, eu não esperaria que alguém que dá tão pouco valor à vida humana compreenda isto.

— Ah, quer por favor me poupar da sua indignação honrada e crescer? É tão ridículo — insistiu Vance. — Ainda estamos no reino da fantasia, aqui, hoje, no século XXI. Não estamos mais avançados que aqueles pobres bastardos em Tróia. O planeta inteiro está preso a um delírio em massa. Cristianismo,

Judaísmo, Islamismo... as pessoas estão prontas para lutar até a morte defendendo cada palavra nesses livros que consideram sagrados, mas em que eles realmente se baseiam? Lendas e mitos que remontam a milhares de anos? Abraão, um homem que, se acreditarmos no Velho Testamento, tornou-se pai de um filho na tenra idade de 100 anos e viveu até 175? Faz algum sentido que as vidas das pessoas ainda sejam governadas por uma coleção de disparates risíveis?

"As pesquisas de opinião confirmam sistematicamente que a maioria dos cristãos, judeus e muçulmanos de hoje não está ciente das mesmas raízes que suas religiões compartilham através de Abraão, o patriarca de todas as três religiões e o fundador do monoteísmo", explicou Vance. "Ironicamente, de acordo com o livro do Gênesis, Deus tinha enviado Abraão numa missão para curar as divisões entre os homens. Sua mensagem era que, considerando as diferentes línguas ou culturas, toda a humanidade deveria ser parte de uma única família, diante de um único Deus que sustenta toda a Criação. De alguma forma, esta mensagem sublime foi pervertida", disse Vance em tom sarcástico, "como alguma coisa vindo de um episódio ruim do *Dallas*. A mulher de Abraão, Sara, não conseguiu ter filhos e, portanto, ele tomou uma segunda esposa, sua empregada árabe, Hagar, que lhe deu um filho que chamaram Ismael. Treze anos depois, Sara consegue ter um filho, Isaac. Abraão morre, Sarah expulsa Hagar e Ismael, e a raça semítica é dividida entre árabes e judeus."

Vance balançou a cabeça, rindo consigo mesmo.

— O que me irrita é que todas as três religiões alegam acreditar no mesmo Deus, o Deus de Abraão. As coisas só se perverteram quando as pessoas começaram a discutir se aquelas palavras seriam a representação mais verdadeira da tradição de Deus. A fé judaica tomou suas crenças de seu profeta, Moisés, cuja linhagem os judeus remontam a Isaac e Abraão. Algumas centenas de anos depois, Jesus, um profeta judeu, surge com um novo conjunto de crenças, sua versão da religião de Abraão. Algumas centenas de anos depois, mais um homem, Maomé, se apresenta, alegando que é ele, de fato, o verdadeiro mensageiro de Deus, não os dois primeiros charlatões, e promete promover uma volta às revelações fundamentais de Abraão, desta vez, conforme reconstituído através de Ismael, veja você, e nasce o Islamismo. Não admira que os líderes cristãos da época considerassem o Islã uma heresia cristã e não uma religião nova ou diferente. E depois que Maomé morreu, o próprio Islã se dividiu em duas grandes seitas, os xiitas e os sunitas, por causa de uma luta pela sucessão, pelo direito do poder. E assim vai, continuamente. Desatino humano da pior espécie.

"Portanto, temos os cristãos tratando com superioridade os judeus", proclamou ele, "considerando-os seguidores de uma revelação antiga e incompleta dos desejos de Deus; os muçulmanos ridicularizando os cristãos de uma maneira bem parecida, embora eles também reverenciem Jesus, mas somente como uma mensageiro obsoleto de Deus, não como seu filho. É tão patético. Sabia que os muçulmanos devotos abençoam Abraão 17 vezes por dia? A *Haj* — a peregrinação a Meca, um dever sagrado de todo muçulmano —, milhões deles enfrentando bravamente o calor causticante, bem como a possibilidade bem definida de ser pisoteado até a morte, sabe do que se trata? Estão comemorando o fato de Deus poupar Ismael, o filho de Abraão! Você só precisa ir a Hebron para ver o quanto a coisa toda ficou absurda. Árabes e judeus ainda se matam reciprocamente em torno do pedaço de terra mais ardorosamente disputado no planeta, tudo porque é supostamente o local do túmulo de Abraão, uma pequena gruta que tem áreas de visualização separadas e isoladas para cada grupo. Abraão, se ele realmente existiu, deve estar se revirando no túmulo ao pensar nos seus descendentes briguentos, intolerantes e de espírito mesquinho. E ainda falam das famílias disfuncionais..."

Vance soltou um suspiro nefasto.

— Sei que é fácil pôr a culpa por todos os conflitos de nossa história na política e na cobiça — disse ele —, e, é claro, elas desempenham um papel... mas na base de tudo, a religião sempre foi o combustível que manteve acesas as fornalhas da intolerância e do ódio. E ela impede que nós nos aproximemos das coisas melhores, mas, principalmente, que aceitemos a verdade sobre em quem nos transformamos, que abracemos tudo o que a ciência nos ensinou e continua a nos ensinar, e que nos forcemos a nos tornar responsáveis por nossas próprias ações. Estes homens e mulheres primitivos das tribos, há milhares de anos, estavam apavorados, precisavam da religião para tentar entender os mistérios da vida e da morte, para aceitar os caprichos das doenças, das condições climáticas, das colheitas imprevisíveis e dos desastres naturais. Não precisamos mais disso. Podemos pegar um celular e falar com alguém do outro lado do planeta. Podemos colocar em Marte um carro dirigido por controle remoto. Podemos criar vida em proveta. E poderíamos fazer muito mais. Está na hora de nos libertar das antigas superstições, enfrentar quem realmente somos e nos conformarmos que nos transformamos naquilo que alguém há apenas cem anos consideraria um Deus. Precisamos aceitar aquilo que somos capazes de fazer e não depender de alguma força misteriosa vinda de cima que descerá do céu e endireitará as coisas para nós.

— É de uma visão bem míope que você está falando, não é? — rebateu Reilly raivosamente. — E o que me diz de todo o bem que ela faz? O código ético, a estrutura moral que ela estabelece. O conforto que proporciona, para não dizer nada do trabalho de caridade, alimentando os pobres e cuidando dos menos afortunados. A fé em Cristo é tudo que muitas pessoas têm, e milhões delas contam com a religião para lhes dar força, ajudá-las a enfrentar seus dias. Mas você não vê nada disso, vê? Está apenas obcecado com um único evento trágico, aquele que arruinou sua vida, aquele que infundiu ressentimento na sua visão do mundo e em qualquer coisa boa que existe nele.

A expressão de Vance tornou-se distante e angustiada.

— Tudo que vejo é dor e sofrimento desnecessários que são causados não apenas para mim mas para milhões de pessoas em todos os países. — Depois de um breve momento, seu olhar voltou a pousar em Reilly e seu tom endureceu. — O Cristianismo serviu a um grande propósito quando foi concebido. Deu esperanças às pessoas, proporcionou um sistema de apoio social, ajudou a derrubar a tirania. Serviu às necessidades de uma comunidade. A que ele serve hoje, além de impedir pesquisas médicas e justificar guerras e assassinatos? Rimos quando vemos os deuses ridículos que os incas ou os egípcios costumavam venerar. Somos melhores em qualquer aspecto? Em que as pessoas pensarão quando olharem para o passado, para nós, em mil anos? Seremos o alvo da mesma zombaria? Ainda estamos dançando segundo as melodias criadas por homens que acreditavam que um trovão era um sinal da ira de Deus. E tudo isto — disse ele fervendo de indignação —, tudo isto precisa mudar.

Reilly se dirigiu a Tess. Ela não tinha dito uma palavra durante a diatribe de Vance.

— E quanto a você? O que você acha? Concorda com tudo isso?

O rosto de Tess anuviou. Ela evitou o olhar dele, obviamente lutando para encontrar as palavras certas.

— Os fatos históricos estão aí, Sean. E estamos falando de coisas que foram amplamente documentadas e aceitas. — Ela hesitou antes de continuar. — Realmente acredito que os Evangelhos foram inicialmente escritos para passar adiante uma mensagem espiritual, mas que se transformaram em alguma outra coisa. Assumiram um propósito maior, um propósito político. Jesus viveu num país ocupado, numa época terrível. O Império Romano daquele período era um mundo de desigualdades flagrantes. Havia uma enorme pobreza para as massas e uma imensa riqueza para os poucos escolhidos. Era uma época de fome, de moléstias e de doenças. É fácil imaginar como, naquele mundo injusto e violento, a mensagem do Cristianismo pegou. Sua premissa básica, que um Deus misericordioso pede às pessoas que sejam misericordiosas umas com as outras, além de com suas famílias e até suas comunidades, foi literalmente revolucionária. Ela oferecia aos seus convertidos, independentemente de sua origem, uma cultura coerente, um senso de igualdade e de participação, sem lhes pedir que abandonassem seus vínculos étnicos. Deu-lhes dignidade e igualdade com os outros, independentemente de sua condição social. Os famintos sabiam onde seriam alimentados, os enfermos e idosos sabiam onde receberiam cuidados. Ofereceu a todos um futuro imortal livre de pobreza, doença e isolamento. Trouxe uma nova concepção de humanidade, uma mensagem de amor, misericórdia e comunidade a um mundo que era abundante em crueldade e estava preso a uma cultura de morte.

"Não sou uma grande especialista quanto ele é", ela continuou enquanto fazia um gesto em direção a Vance, "mas ele tem razão. Sempre tive problemas com toda essa coisa sobrenatural, a divindade de Jesus, a idéia de ele ser o filho de Deus, nascido da Virgem Maria. A verdade incômoda é que nada disso tinha aparecido antes de dezenas, até centenas de anos depois da Crucificação e só se tornou a política oficial da Igreja no concílio de Nicéia em 325 d.C. Foi como...", ela gesticulou, "se eles precisassem de alguma coisa especial, um grande gancho. E numa época em que o sobrenatural era algo que a maioria das pessoas aceitava, então o que seria melhor do que sugerir que a religião que você estava vendendo não tinha recebido o nome de um humilde carpinteiro, mas de um ser divino que poderia lhe oferecer a promessa de uma vida eterna após a morte?"

— Calma aí, Tess — contrapôs Reilly indignado —, você está fazendo com que pareça nada mais que uma cínica campanha publicitária. Você realmente acredita que teria alcançado tanto poder, ou durado tanto quanto durou, se fosse tudo baseado em enganação? De todos os pregadores e sábios que percorreram o país naquela época, Ele foi aquele que instigou as pessoas a arriscarem as próprias vidas para seguir Seus ensinamentos. Ele foi o único que mais inspirou aqueles que O cercavam, afetou as pessoas como ninguém mais tinha feito, e eles escreveram e falaram sobre o que viram.

— Mas é esse o meu argumento — interpôs Vance —, não existe uma única narrativa em primeira pessoa disso. Nada que possa comprová-lo categoricamente.

— Ou invalidá-lo — rechaçou Reilly. — Mas, então, você não está realmente considerando os dois lados da equação, está?

— Bem, se o Vaticano ficou aterrorizado com a idéia de que a descoberta dos templários viesse a público — ironizou Vance —, acho que consigo imaginar para que lado pende o seu raciocínio. E se pudéssemos apenas terminar o que os templários tinham a intenção de fazer — ele se dirigiu a Tess, exultante, com um fervor alarmantemente contagioso —, seria o passo final de algo que está sendo fermentado desde o Iluminismo. Não faz tanto tempo assim que as pessoas acreditavam que a Terra estava no centro do universo e que o Sol girava ao nosso redor. Quando Galileu apareceu e provou que era exatamente o contrário, a Igreja quase ordenou que ele fosse queimado na fogueira. O mesmo aconteceu com Darwin. Pense nisto. Palavra de quem é a verdade do "evangelho" hoje?

Reilly caiu em silêncio enquanto ponderava as informações. Irritava-o o fato de que tudo que tinha ouvido, por mais que tentasse rejeitá-lo, parecia não apenas possível, mas incomodamente plausível. Afinal de contas, havia várias religiões importantes disputando os adeptos em todo o planeta, todas elas afirmando ser a genuína, e não era possível que todas elas estivessem com a razão. Ele reconheceu com a consciência culpada que ele estava bem disposto a rejeitar as outras religiões por considerá-las delírios em massa... por que aquela em que por acaso ele acreditava deveria ser de alguma forma diferente?

— Uma por uma — anunciou Vance, os olhos cravados em Tess —, estas falsidades, estas invenções dos primeiros fundadores da Igreja, todas elas estão desmoronando. Esta seria a última a cair, nada mais.

Capítulo 69

Reilly estava sozinho, sentado no alto de uma rocha escarpada com vista para a clareira onde a picape estava estacionada. Tinha visto o céu escurecer gradualmente, revelando incontáveis estrelas e a Lua estava maior e mais brilhante do que qualquer outra vez que ele já tivesse visto. A paisagem era suficiente para comover a alma mesmo do observador mais cínico, mas, neste preciso momento, Reilly não estava com o mais inspirado dos humores.

As palavras de Vance ainda soavam alto em seus ouvidos. Os elementos sobrenaturais da narrativa do âmago da sua fé tinham sempre se harmonizado mal com sua mente racional, inquisitiva, mas ele realmente nunca tinha sentido necessidade de submetê-los a tal escrutínio. Os argumentos perturbadores e, por mais que odiasse admiti-lo, convincentes de Vance tinham aberto a comporta de dúvidas irresolvidas que seria difícil de fechar.

A caminhonete mal estava visível agora, a sombra de Vance a seu lado, onde ele o tinha deixado. Reilly não conseguia impedir que a invectiva do homem parasse de girar em sua mente, procurando pela fissura que provocaria o desmoronamento de todo o edifício sórdido, mas não conseguiu encontrar nenhuma. Nada naquilo era contra-intuitivo. No mínimo, fazia sentido demais.

Uns tantos seixos caindo e se espalhando atrás dele romperam seu devaneio. Ele se virou e viu Tess subindo a crista para se juntar a ele.

— Ei — disse ela. O sorriso radiante que o tinha extasiado se fora, substituído por uma expressão de preocupação.

Ele lhe fez um pequeno aceno.

— Ei.

Ela ficou de pé à beira da colina, assimilando a quietude ao redor deles por alguns momentos antes de se acomodar na rocha ao lado dele.

— Olha, eu... sinto muito. Sei que estas discussões podem se tornar bem desagradáveis.

Reilly encolheu os ombros.

— Em todo caso, é decepcionante.

Ela o olhou com um ar de incerteza.

— Quero dizer, você realmente não entende — ele continuou. — Você está pegando algo que é único, algo que é incrivelmente especial, e reduzindo-o à sua forma mais crua.

— Você quer que eu ignore as evidências?

— Não, mas vê-las sob essa luz, estudando minuciosamente todos os detalhes, faz com que você deixe de ver toda a questão central. O que você não entende é que não se trata de evidências científicas. Não deveria ser. Não se trata de fatos ou de analisar e racionalizar. Trata-se de sentimentos. É uma inspiração, um modo de vida, uma conexão... — ele abriu os braços expansivamente — ...com tudo isto. — Ele a olhou atentamente por um momento e, então, perguntou: — Não existe nada em que você acredite?

— Não importa em que acredito.

— Importa para mim — insistiu incisivamente. — Falando sério, eu gostaria de saber. Você não acredita em nada disto?

Ela desviou o olhar, olhando para baixo, para Vance, que, apesar da impenetrável escuridão, parecia ter os olhos pousados em ambos.

— Imagino que a resposta fácil é que, nisto, estou no campo de Jefferson.

— Jefferson?

Tess assentiu.

— Thomas Jefferson também tinha dificuldade em acreditar naquilo que estava na Bíblia. Embora considerasse que o sistema ético de Jesus era o mais refinado que já tinha visto do mundo, ele ficou convencido de que, na tentativa de tornar Seus ensinamentos mais atraentes para os pagãos, Suas palavras e Sua narrativa tinham sido manipuladas. Então, decidiu examinar mais detalhadamente a Bíblia e extraiu tudo que considerou inverídico, numa tentativa de desenterrar dela as verdadeiras palavras de Jesus ou, como ele colocou, "do lixo em que estão enterradas". O homem no livro que resultou desse esforço, *A vida e moral de Jesus de Nazaré*, não se parecia nada com o ser divino no Novo Testamento: na Bíblia de Jefferson não há nascimento, virgem, nem milagres e nem ressurreição. Apenas um homem.

Ela olhou nos olhos de Reilly, procurando por uma área comum.

— Não me entenda mal, Sean. Acredito que Jesus foi um grande homem, uma das pessoas mais importantes que já viveram, um ser humano inspirador que disse muitas coisas ótimas. Acho que sua visão de uma sociedade altruísta onde todos acreditam nos outros e se ajudam reciprocamente é maravilhosa. Ele inspirou muitas coisas boas... ainda inspira. Mesmo Gandhi, que não era cristão, sempre disse que estava agindo no espírito de Jesus Cristo. O que quero dizer é que Jesus foi um homem excepcional, sem dúvida alguma, mas, então, também o foram Sócrates e Confúcio. E concordo com você que os ensinamentos Dele sobre amor e irmandade deveriam ser a base das relações humanas, deveríamos ter essa grande sorte. Mas Ele foi divino? Talvez fosse possível dizer que Ele tinha uma espécie de visão divina ou iluminação profética, mas não engulo a coisa milagrosa e indiscutivelmente não aceito os malucos controladores que fingem que são os representantes exclusivos de Deus na Terra. Estou bem certa de que Jesus não pretendia que Sua revolução se transformasse naquilo que é hoje e não consigo imaginar que ele teria gostado de que Seus ensinamentos se tornassem uma fé dogmática e opressiva que cresceu em Seu nome. Quero dizer, Ele era um combatente da liberdade que desprezava a autoridade. Não é irônico?

— O mundo é um lugar grande — replicou Reilly. — A Igreja hoje é aquilo em que os homens a transformaram ao longo dos séculos. É uma organização porque precisa ser, para fazê-la funcionar. E as organizações precisam de uma estrutura de poder de que outra maneira sua mensagem poderia sobreviver e se espalhar?

— Mas veja o quanto ela se tornou ridícula — ela contrapôs. — Você algum dia já assistiu a um daqueles evangélicos da TV? A coisa se transformou em um número de Las Vegas, num desfile de comediantes de lavagem cerebral. Eles lhe garantirão um lugar no Paraíso em troca de um cheque. Não é triste? O número de pessoas que freqüentam a igreja é muito menor, as pessoas estão recorrendo a todos os tipos de alternativas, desde ioga e cabala até todos os tipos de livros de grupos New Age, em busca de algum tipo de elevação espiritual, simplesmente porque a Igreja está tão dessintonizada com a vida moderna, com aquilo de que as pessoas realmente precisam hoje...

— É claro que está — interveio Reilly, levantando-se. — Mas é porque estamos andando rápido demais. Foi bem relevante por quase dois mil anos. Foi somente nas últimas décadas que isso mudou, numa época em que estamos evoluindo a um ritmo assombroso e, sim, a Igreja não acompanhou o ritmo e é um grande problema. Mas não significa que devamos jogar fora tudo e partirmos para... o quê, exatamente?

Tess torceu o rosto.

— Não sei. Mas talvez não precisemos de um suborno divino ou do medo do inferno e da danação para nos comportarmos decentemente. Talvez fosse mais saudável se, em vez disso, as pessoas começassem a acreditar em si próprias.

— Você realmente pensa assim?

Ela olhou bem dentro dos olhos dele. Estavam sérios, mas calmos. Ela simplesmente encolheu os ombros.

— De qualquer maneira, não importa. Não até encontrarmos o barco naufragado e olharmos o que está naquela caixa.

— Isto realmente não cabe a nós, cabe?

Ela levou um momento para responder e, quando o fez, sua voz estava incrédula.

— O que você quer dizer?

— Vim aqui para encontrar Vance e levá-lo de volta. O que quer que esteja lá... não me diz respeito. — No momento em que as palavras jorraram da sua boca, ele soube que não estava sendo inteiramente honesto. Ele sufocou o pensamento.

— Então você vai simplesmente se afastar? — ela falou intempestivamente, colocando-se de pé, irritada.

— Vamos, Tess. O que esperava que eu fizesse? Deixar Nova York esperando por algumas semanas enquanto vou mergulhar com você à procura do naufrágio?

Os olhos verdes dela estavam fulminando-o com indignação.

— Não acredito que você esteja dizendo isto. Que inferno, Sean. Você sabe o que eles farão se descobrirem onde está?

— Quem?

— O Vaticano — exclamou ela. — Se conseguirem colocar as mãos no astrolábio e descobrir o naufrágio, essa será a última vez que alguém vai ouvir falar disto. Eles farão de tudo para garantir que desapareça de novo e não por apenas setecentos anos, mas para sempre.

— É uma decisão deles. — Sua voz estava distante. — Às vezes, é melhor deixar certas coisas em paz.

— Você não pode fazer isso — ela insistiu.

— O que você quer que eu faça? — ele disparou em reposta. — Ajudá-la a dragar uma coisa do fundo do oceano e erguê-la orgulhosamente no alto para sufocar todo mundo? Ele não fez nenhum mistério sobre atrás do que ele está — disse Reilly apontando o dedo, com irritação, para Vance. — Ele quer derrubar a Igreja. Você realmente espera que eu a ajude a fazer isto?

— Não, é claro que não. Mas um bilhão de pessoas no mundo podem viver uma mentira. Isto não o aborrece? Você não lhes deve a verdade?

— Talvez devêssemos perguntar antes a eles — ele respondeu.

Ele achou que ela estava prestes a insistir mais em seu argumento, mas, então, ela apenas balançou a cabeça, sua expressão de grande decepção.

— Você não quer saber? — ela finalmente perguntou.

Reilly enfrentou o olhar dela por um momento incômodo antes de se afastar e não disse nada. Ele precisava de tempo para pensar mais profundamente no assunto.

Tess assentiu e então voltou os olhos para baixo, para a clareira onde tinham deixado Vance. Depois de um silêncio eloqüente, ela disse:

— Preciso... preciso de uma bebida — e desceu a crista em direção ao reluzente córrego.

Ele a viu desaparecer nas sombras.

Um furacão de pensamentos confusos atormentava a mente de Tess enquanto descia até a clareira onde tinham estacionado a caminhonete.

Ela se ajoelhou à beira do córrego e fez uma concha com as mãos para beber a água fria e viu que elas estavam tremendo. Fechou os olhos e inspirou o revigorante ar noturno, tentando desesperadamente desacelerar as batidas do coração e se acalmar, mas de nada adiantou.

"Isto realmente não cabe a nós, cabe?"

As palavras de Reilly a perseguiram durante toda a descida e não iriam sair de sua cabeça.

Ela lançou um olhar para cima, para a rocha escarpada, e mal conseguiu divisar a distante figura de Reilly, uma silhueta contra o céu noturno. Ela repassou ativamente a postura dele na encruzilhada que estavam agora enfrentando diversas vezes em sua mente. Dado tudo o que tinha acontecido, todo o derramamento de sangue e as perguntas sem resposta, ela sabia que a decisão dele de levar Vance de volta a Nova York era provavelmente a mais sensata.

Mas ela não tinha certeza se conseguiria aceitá-la. Não se considerasse o que estava em jogo.

Ela lançou um olhar para Vance. Ele estava sentado exatamente como eles o deixaram, suas costas para a picape, as mãos atadas. Do mais tênue brilho do luar refletindo nos olhos dele, ela sabia que ele a estava observando.

E foi então que lhe ocorreu.

Uma perturbadora e imprudente idéia que, num único golpe certeiro, invadiu a confusão em fúria dentro dela e saiu à toda velocidade.

E, por mais que tentasse, não conseguia tirar o pensamento da cabeça.

Reilly sabia que ela estava certa. Ela fora diretamente à dúvida que ele tinha sentido antes, ao ouvir Vance. É claro que ele queria saber. Mais que isso, *precisava* saber. Mas, apesar dos sentimentos conflitantes, tinha que seguir as regras. Era como fazia as coisas e, além disto, ele realmente não tinha muita escolha. Não fora um comentário frívolo quando tinha dito que não poderiam, eles próprios, correr atrás do naufrágio. Como poderiam? Ele era um agente do FBI, não um mergulhador de alto-mar. Sua prioridade era levar Vance e o astrolábio de volta a Nova York.

Mas ele sabia perfeitamente qual seria o resultado final disso.

Olhou para a noite e viu novamente o rosto de Tess, a decepção que vira nos olhos dela, e estava dolorosamente ciente de que também estava igualmente decepcionado. Não tinha a menor idéia de como as coisas entre eles poderiam evoluir, com o tempo, mas, neste exato momento, parecia que qualquer relacionamento que poderiam ter tido estava fadado ao fracasso por causa de sua fé.

E foi quando ele ouviu o som de um motor.

Não ao longe.

Perto.

Surpreso, voltou os olhos para baixo e viu a picape se afastando.

Sua mão foi instintivamente até o bolso antes de perceber que ele não tinha um. Ainda estava com a roupa de mergulho. Sua memória reviveu o momento em que ele enfiara as chaves da picape debaixo do assento de passageiros, lembrando que Tess estava ao seu lado quando o fez.

E com um horror de dar vertigem, ele soube.

— Tess! — gritou enquanto descia pelo declive, chutando pedras, perdendo o equilíbrio e tropeçando desastradamente na escuridão. Quando chegou à clareira, a picape já era uma poeira que se afastava rapidamente pela trilha.

Tess e Vance tinham ido embora.

Furiosamente irritado consigo mesmo por permitir que isto acontecesse, seus olhos dispararam para todos os lados, numa tentativa desesperada de captar algo que conseguisse reverter este desastre. Encontrou rapidamente um pequeno pedaço de papel debaixo de algumas provisões de comida e equipamentos de acampamento deixados para ele, perto de onde a picape estivera estacionada.

Ele o apanhou. Reconheceu imediatamente a letra de Tess:

> Sean,
> As pessoas merecem conhecer a verdade.
> Espero que consiga entender isto —
> e que me perdoe...
> Mandarei ajuda assim que puder.
>
> T.

Capítulo 70

Reilly acordou atordoado, a mente tomada de emoções brutas. Ainda não conseguia acreditar que Tess tinha ido embora com Vance. Por mais que tentasse racionalizar, ainda o atormentava, mais que oprimir, corroía cada fibra do seu ser. Estava irritado por ter sido enganado, por ter sido deixado lá, no meio de lugar nenhum. Estava atordoado com a decisão dela de partir, mais ainda por ter partido com Vance. Estava desnorteado com a audácia dela e preocupado por ela se colocar em perigo — mais uma vez. E, por mais que tentasse reprimir, não conseguia deixar de sentir que seu orgulho também sofrera um grande golpe.

Endireitando-se, sentiu o canto dos pássaros e a luz ofuscante da manhã agredindo seus sentidos. Tinha levado séculos para adormecer no saco de dormir deixado para ele, a exaustão finalmente dominando sua raiva tarde da noite. Semicerrando os olhos, olhou o relógio e viu que mal dormira quatro horas.

Não importava. Tinha que começar a se mover.

Bebeu do córrego, sentindo os efeitos bem-vindos da água fria da montanha. O aperto no estômago lembrou-o de que não comia há quase 24 horas e rapidamente devorou um pouco de pão e uma laranja. Pelo menos, tinham pensado nisso. Ele sentiu o corpo lentamente ganhar vida e, com a cabeça desanuviada, os pensamentos e imagens de raiva inundaram sua consciência.

Ele assimilou a paisagem ao seu redor. Não havia nenhum vento perceptível e, exceto pelo canto dos pássaros que agora diminuíra, tudo estava mortalmente parado. Ele decidiu que seguiria a trilha de volta à represa e ao escritório de Okan, de onde provavelmente conseguiria entrar em contato com a Praça Federal — não uma ligação que estivesse ansioso para fazer.

Mal tinha começado a longa jornada de volta quando ouviu um som distante. Era um motor. Seu coração parou por um momento quando imaginou ser a picape, mas logo percebeu que não era de um veículo de estrada. Era a trepidação gutural de um helicóptero, o bater de suas pás ecoando contra as montanhas e ficando mais audível a cada segundo.

E, então, ele o viu, reconhecendo a silhueta familiar cortando o vale. Era um Bell UH-1Y, uma recente encarnação do icônico burro de carga de incontáveis guerras. Roçando as árvores na crista oposta, defletiu subitamente e agora rumava diretamente para ele. Ele sabia que tinha sido avistado. Sentiu os músculos enrijecerem enquanto pensava rapidamente nas possibilidades de quem poderia estar a bordo: ou Tess tinha feito o que dissera e alertara as autoridades sobre a sua presença ou os atiradores do lago o tinham encontrado. Ele teve a impressão de que era mais provável que fosse a última. Ele passou a vista pelos arredores imediatos, a mente procurando friamente os pontos mais estratégicos, mas decidiu contra buscar abrigo. Eles estavam armados e ele, não, e, além disto, não tinha aquilo que eles estavam perseguindo. Mais concretamente, ele estava cansado e furioso. Não estava disposto para correr.

Ele olhou o helicóptero fazer um círculo acima da cabeça e viu o símbolo na sua cauda, uma insígnia vermelha e branca circular, parecida com um alvo. Relaxou um pouco ao perceber que era um helicóptero da Força Aérea turca. O aparelho desceu na clareira, levantando uma nuvem cegante de areia e jato. Cobrindo os olhos com a mão, Reilly aproximou-se com hesitação. A porta deslizou e abriu e, através do manto de poeira, ele viu uma pequena figura movendo-se em sua direção pelo solo áspero. Ao se aproximar, pôde ver que o homem vestia calças cargo cáqui e um corta-vento escuro e ostentava óculos de sol. O homem estava quase ao alcance do seu braço antes que Reilly reconhecesse De Angelis.

— O que o senhor está fazendo aqui? — Os olhos de Reilly se lançavam para todos os lados, assimilando o helicóptero, tentando dar um sentido à aparição. Uma lufada fraca vinda do rotor ergueu o corta-vento de De Angelis e Reilly viu de relance, debaixo dele, uma pistola Glock no coldre. Aturdido, olhou para a cabine, onde visualizou o rifle do atirador de tocaia aos pés de um homem que estava lá sentado imprensado, acendendo um cigarro com a indiferença de um guia turístico entediado. Outros dois homens, soldados em uniformes militares turcos, estavam sentados em frente a ele.

Pensamentos conflitantes inundaram sua mente enquanto ele observava atentamente o monsenhor. Ele apontou para o helicóptero.

— O que é isto? Que diabo está acontecendo?

De Angelis ficou apenas parado lá, impassível. Quando ele tirou suas viseiras, Reilly percebeu que os olhos do monsenhor pareciam diferentes. Não tinham nem um pingo da bondade retraída que emanava do padre em Nova York. Os óculos sujos que ele sempre usava lá tinham de alguma forma ocultado uma ameaça que estava agora irradiando inconfundivelmente dele.

— Acalme-se.

— Não me diga para me acalmar — explodiu Reilly. — Não acredito nisto. O senhor quase conseguiu matar a todos nós. Quem diabo é o senhor e de onde apareceu dando tiros a esmo contra nós? Aqueles homens lá atrás estão mortos...

— Não me importo — De Angelis falou bruscamente, interrompendo-o. — Vance precisa ser detido. A qualquer custo. Os homens dele estavam armados, tinham de ser eliminados.

A mente de Reilly girava, sem conseguir acreditar.

— E o que o senhor planejou para ele? — disparou em resposta. — Vai queimá-lo na fogueira? Que foi, o senhor está perdido numa dobra temporal ou alguma coisa assim? Os dias da Inquisição terminaram, padre. Supondo que é o que o senhor realmente é. — Ele apontou para o rifle do atirador de tocaia aos pés de Plunkett. — Isso é uma medida normal no Vaticano nos dias de hoje?

De Angelis fixou nele com um olhar resoluto.

— Minhas ordens não vêm do Vaticano.

Reilly assimilou o helicóptero do exército, os soldados dentro dele e o civil sentado com um rifle de atirador aos seus pés. Ele já vira antes aquele olhar frio, impérvio. Sua mente repassou rapidamente os eventos desde a incursão armada no Metropolitan e, subitamente, as peças se encaixaram no lugar.

— Langley — ele explodiu enquanto sacudia a cabeça, atordoado. — O senhor é um maldito agente do serviço secreto, não é? Esta coisa toda... — Sua voz morreu antes de voltar com confiança. — Waldron, Petrovic... Os cavaleiros em Nova York. Não foi Vance. Foi o senhor o tempo todo, não foi? — Ele subitamente avançou, agarrando De Angelis e empurrando-o com força. Continuou, estendendo o braço em direção à garganta do padre. — O senhor...

Ele não teve tempo de terminar a sentença. O monsenhor reagiu com reflexos rápidos, desviando as mãos de Reilly e, ao mesmo tempo, agarrando um dos seus braços e torcendo-o num único movimento fluido, agonizantemente doloroso, fazendo-o cair de joelhos.

— Não tenho tempo para isto — falou num tom áspero enquanto mantinha Reilly sob controle por um momento antes de arremessá-lo ao chão. Reilly cuspiu a terra da boca enquanto o braço latejava. O monsenhor deu alguns passos, circulando ao redor do agente caído. — Onde eles estão? O que aconteceu aqui?

Reilly lentamente voltou a se colocar de pé. Captou um olhar do homem no helicóptero, que assistia a tudo com um sorriso irônico no rosto. Sentiu uma fúria surgir bem do fundo. Se ele especulava sobre o grau de envolvimento pessoal do monsenhor nos assassinatos em Nova York, essa pequena demonstração da destreza física do homem rapidamente desfez quaisquer dúvidas que pudesse ter tido. Ele já tinha visto isto antes; o homem tinha mãos capazes de matar.

Ele tirou o pó de si mesmo antes de encarar De Angelis.

— Então, o que exatamente você é? — perguntou amargamente. — Um homem de Deus com uma arma ou um pistoleiro que encontrou Deus?

De Angelis continuou impassível.

— Eu não o tomava como um cínico.

— E eu não o tomava como um assassino.

De Angelis suspirou enquanto parecia meditar sobre sua resposta. Quando finalmente falou, a voz tinha uma boa dose de indiferença.

— Preciso que você se acalme. Estamos do mesmo lado.

— Então, o que foi aquilo, no lago? Disparos amigáveis?

De Angelis estudou Reilly com olhos frios e insolentes.

— Nesta batalha — declarou insipidamente — *todo mundo* é prescindível. — Ele fez uma pausa, parecendo esperar que o significado penetrasse inteiramente em Reilly antes de continuar. — Você precisa entender algo. Travamos uma guerra. Uma guerra que vem sendo travada há mais de mil anos. Toda esta idéia de um "choque de civilizações" não é apenas uma teoria extravagante que surge de alguma empresa especializada em questões estratégicas de Boston. É real. Está acontecendo enquanto falamos. E está crescendo, tornando-se perigosa, mais insidiosa, mas ameaçadora a cada dia e não irá desaparecer. E em seu âmago está a religião porque, queira ou não, a religião é uma arma fenomenal, mesmo hoje. É capaz de chegar dentro dos corações dos homens e obrigá-los a fazer coisas inimagináveis.

— Como assassinar suspeitos em seus leitos hospitalares?

De Angelis deixou passar.

— Vinte anos atrás, o comunismo estava se espalhando como um câncer. Como você acha que nós ganhamos a Guerra Fria? O que você acha que o derrubou? A Iniciativa Estratégica do Departamento de Defesa, a "Guerra nas Estrelas" do Reagan? A assombrosa incompetência do governo soviético? Em parte. Mas você sabe o que realmente fez com que acontecesse? O papa. Um papa polonês, estendendo a mão, conectando-se com seu rebanho, fazendo com que derrubassem aqueles muros com as mãos nuas. Khomeini fez a mesma coisa, transmitindo seus discursos de Paris enquanto estava em exílio, inflamando uma população espiritualmente faminta a milhares de quilômetros de distância, inspirando-os a se erguer e chutar o Xá para fora. Que erro foi aquele, permitir que acontecesse... Olhe onde estamos hoje. E, agora, Bin

Laden também o está usando... — Ele fez uma pausa, fazendo uma careta para si mesmo e, então, fixou-se incisivamente em Reilly. — As palavras certas conseguem mover montanhas. Ou destruí-las. E, mais que qualquer coisa em nosso arsenal, a religião é nossa arma definitiva e não podemos nos dar ao luxo de permitir que alguém nos desarme. Nosso modo de vida, tudo pelo qual você vem lutando desde que entrou no Bureau, tudo depende dela... tudo. Portanto, minha pergunta para você é simples: você está, como nosso presidente colocou com tanta eloqüência, do nosso lado... ou contra nós?

O rosto de Reilly endureceu e ele sentiu seu peito apertar. A parede de dúvidas que apressadamente erguera estava obliterada pela mera presença do monsenhor. Era uma confirmação inoportuna de tudo o que Vance tinha dito.

— Então é tudo verdade? — perguntou ele, como se emergindo de um nevoeiro.

A resposta do monsenhor veio seca e rápida.

— Isto importa?

Reilly assentiu distraidamente. Já não tinha mais certeza.

De Angelis olhou por todos os lados, examinando o chão vazio.

— Suponho que você já não o tem mais?

— O quê?

— O astrolábio.

Reilly ficou confuso com a pergunta.

— Como sabia sobre...? — disparou de volta para o monsenhor, antes que sua voz diminuísse lentamente até desaparecer, percebendo que ele e Tess deviam estar sob escuta o tempo todo. Ficou em silêncio e deixou que sua raiva se acalmasse por um momento; então, sacudiu a cabeça, desanimado, e disse: — Eles o pegaram.

— Você sabe onde eles estão? — De Angelis perguntou.

Com relutância, e ainda profundamente desconfiado do monsenhor, Reilly colocou-o a par sobre tudo que acontecera na noite anterior.

O monsenhor pesou as informações sombriamente.

— Eles não têm uma vantagem muito grande e conhecemos a área para onde eles estão se dirigindo. Nós os encontraremos. — Ele se virou, erguendo uma mão e girando-a, sinalizando para o piloto ligar as turbinas duplas, antes de lançar um olhar para Reilly. — Vamos.

Reilly ficou apenas parado lá e sacudiu a cabeça.

— Não. Quer saber do que mais? Se é tudo uma grande mentira... espero que ela exploda todos vocês na água.

De Angelis olhou para ele, desconcertado.

Reilly manteve o olhar por um momento.

— Podem ir para o inferno — disse ele insipidamente —, você e todos os seus colegas da CIA. Estou fora. — E, com isto, virou-se e se afastou.

— Precisamos de você — gritou o monsenhor. — Você pode nos ajudar a encontrá-los.

Reilly não se deu ao trabalho de dar a meia-volta.

— Encontre-os você mesmo. Pra mim, chega! — E continuou andando.

A voz do padre berrava atrás dele, lutando com o crescente rugido dos motores do helicóptero.

— E quanto a Tess? Você a deixará com ele? Ela ainda poderia ser útil. Se existe alguém que consegue chegar até ela, é você.

Reilly virou-se, ainda caminhando, dando alguns passos para trás. Ele viu o olhar de cumplicidade de De Angelis, que deixava claro que o monsenhor sabia o quanto ele e Tess tinham ficado íntimos. Ele apenas encolheu os ombros.

— Não mais.

De Angelis viu-o partir.

— O que você vai fazer? Voltar a pé para Nova York?

Reilly não parou. Tampouco respondeu.

O monsenhor gritou para ele uma última vez. A voz irritada e com toques de frustração.

— Reilly!

Reilly parou, deixou a cabeça cair por um momento antes de decidir virar-se.

De Angelis deu alguns passos para frente e se juntou a ele. A boca formava um sorriso, mas os olhos continuavam vazios e remotos.

— Se eu não conseguir convencê-lo a trabalhar conosco... talvez eu possa levá-lo até alguém que consiga.

Capítulo 71

Vaticano ou CIA, quem tivesse feito os arranjos para a viagem fizera um trabalho muito bom. O helicóptero tinha voado até uma base aérea militar perto de Karacasu, não muito ao norte de onde Reilly fora apanhado. Uma vez lá, ele e De Angelis embarcaram em um G-IV, que tinha voado de Dalaman até lá para apanhá-los, e fizeram uma jornada rápida para o oeste, para a Itália. A imigração e a alfândega foram agilmente contornadas em Roma e, menos de três horas depois que o monsenhor tinha se materializado numa nuvem de poeira nas montanhas turcas, eles estavam se movendo a grande velocidade pela Cidade Eterna no conforto luxuoso de um Lexus de janelas pretas e ar-condicionado.

Reilly precisava de um chuveiro e roupas limpas, mas como De Angelis estava com pressa, teve de se conformar em se lavar a bordo do jato e trocar a roupa de mergulho por calças de combate e uma camiseta cinza apressadamente conseguidas do centro de suprimentos da base da força aérea turca. Ele não reclamou. Depois da roupa de mergulho, o uniforme de batalha era um alívio bem-vindo e, além disso, ele também estava com pressa. Sentia-se cada vez mais inquieto com Tess. Queria encontrá-la, embora tentasse não se aprofundar muito sobre os próprios motivos. Estava também reconsiderando a questão de ter concordado com o convite do monsenhor; não tinha certeza do que o aguardava no seu destino final e, quanto antes estivesse fora de lá e de volta ao solo na Turquia, pensou ele, melhor. Mas era tarde demais para dar o fora. Ele percebera com a silenciosa insistência de De Angelis de que esta visita não era apenas um capricho frívolo.

Ele avistara a Basílica de São Pedro da aeronave e, agora, quando o Lexus cortava seu caminho pelo tráfego do meio-dia, ele a viu novamente, assomando-se à frente, sua cúpula colossal elevando-se gloriosamente do nevoeiro e do caos da cidade congestionada. Embora a visão de tal edifício prodigioso inevitavelmente inspirasse sentimentos de reverência mesmo nos descrentes mais calejados, Reilly sentiu apenas traição e raiva. Ele não sabia muito sobre a maior igreja do mundo, exceto que abrigava a Capela Sistina e que tinha sido construída sobre o local de repouso dos ossos de São Pedro, o fundador da Igreja que morrera lá depois de ser crucificado, de cabeça para baixo, por sua fé. Enquanto a olhava, ele pensou em todas as sublimes obras de arte e arquitetura que a mesma fé tinha inspirado, nas pinturas, nas estátuas e nos locais de culto criados em todo o mundo pelos seguidores de Cristo. Pensou nas incontáveis crianças que diziam suas preces ao deitar todas as noites, nos milhões de devotos que compareciam aos serviços da Igreja todos os domingos, nos enfermos que rezavam pela cura e naqueles em luto que rezavam pelas almas dos que tinham partido. Tinham sido todos eles também enganados? Foi tudo uma mentira? E, ainda pior, o Vaticano sabia o tempo todo?

O Lexus passou pela Via di Porta Angélica até o portal de Sant'Ana, onde um grande portal de ferro fundido foi aberto por guardas suíços vistosamente vestidos exatamente quando o carro chegava até ele. Com um rápido sinal de cabeça do monsenhor, o Lexus recebeu o gesto de avançar, entrando no menor país do planeta e conduzindo Reilly para o centro de seu turbulento mundo espiritual.

O carro parou em frente a um edifício de pedra com um pórtico e De Angelis saiu imediatamente. Reilly o seguiu, subindo os poucos degraus e entrando na solene quietude de um vestíbulo de pé-direito duplo. Caminharam energicamente por corredores sinalizados com lápides, passando por escuras salas de pé-direito alto e subindo por largas escadas de mármore, até chegarem finalmente em uma porta de madeira esculpida. O monsenhor tirou suas viseiras de aviador e as substituiu por seus velhos óculos sujos. Reilly assistiu a quando, com a desenvoltura de um grande ator prestes a entrar em cena, a expressão de De Angelis sofreu uma metamorfose daquele agente secreto impiedoso no gentil padre que se materializara em Nova York. Para a surpresa adicional de Reilly, ele respirou profundamente antes de bater firmemente na porta.

A resposta veio rapidamente, num tom de voz suave.

— *Avanti.*

De Angelis abriu a porta e foi à frente.

As paredes da sala cavernosa estavam cobertas de estantes do chão ao teto e transbordavam de livros. O assoalho de carvalho em espinha de peixe não tinha tapetes. Num dos cantos, ao lado de uma lareira de pedra, um grande sofá de chenile estava entre duas poltronas do mesmo conjunto. De costas para um par bem alto de janelas francesas estava uma mesa, que tinha uma cadeira pesadamente acolchoada atrás dela e três poltronas *bergère* em frente. O único ocupante da sala, uma figura robusta e imponente com cabelos grisalhos, deu a volta pela mesa para cumprimentar De Angelis e seu convidado. Uma severidade sombria estava gravada em seu rosto.

De Angelis apresentou o cardeal Brugnone a Reilly, e os homem apertaram as mãos. O aperto de mão do cardeal foi inesperadamente firme e Reilly sentiu que era estudado com uma perspicácia perturbadora enquanto os olhos do velho moviam-se por ele silenciosamente. Sem afastar os olhos do convidado, Brugnone trocou algumas palavras em italiano com o monsenhor, que Reilly não conseguiu compreender.

— Sente-se, por favor, agente Reilly — ele finalmente lhe disse, fazendo um sinal para o sofá. — Espero que aceite minha gratidão por tudo o que o senhor fez e que continua a fazer nesta questão lastimável. E também por concordar em vir para cá hoje.

Assim que Reilly se sentara, e com De Angelis se acomodando em outra cadeira, Brugnone deixou claro que não estava com disposição para conversas amenas, entrando rapidamente na questão.

— Recebi algumas informações sobre sua formação e experiência. — Reilly olhou rapidamente para De Angelis, que não olhou para ele. — Fui informado de que o senhor é um homem em quem se pode confiar e que não transige com sua integridade. — O homem grande fez uma pausa, seus olhos castanhos intensos fixos em Reilly.

Reilly ficou mais que feliz de ir direto ao assunto.

— Só quero a verdade.

Brugnone inclinou-se para frente, suas mãos largas e quadradas apoiadas palma contra palma.

— Temo que a verdade é aquela que o senhor teme. — Depois de um momento silencioso, ele se impeliu para fora da cadeira e deu alguns passos pesados até as janelas francesas. Olhou fixamente para fora, semicerrando os olhos contra a luz áspera e ofuscante do meio-dia. — Nove homens... nove demônios. Apareceram em Jerusalém e Balduíno lhes deu tudo o que quiseram, pensando que estavam do nosso lado, pensando que estavam lá para nos ajudar a espalhar nossa mensagem. — Ele deu uma gargalhada, um som que, em outras circunstâncias, poderia ser confundido com um riso, mas que Reilly sabia ser uma exteriorização de um pensamento muito doloroso. Sua voz abaixou a um grunhido gutural. — Ele foi tolo em acreditar neles.

— O que eles descobriram?

Brugnone tomou fôlego, uma espécie de suspiro para dentro, e virou para encarar Reilly.

— Um diário. Um diário bem detalhado e pessoal, uma espécie de Evangelho. Os escritos de um carpinteiro chamado Jeshua de Nazaré. — Ele fez uma pausa, cravando em Reilly um olhar penetrante antes de acrescentar, — os escritos... *de um homem.*

Reilly sentiu o ar fugir de seus pulmões.

— Apenas um homem?

Brugnone inclinou a cabeça sombriamente, seus grandes ombros subitamente arqueando como se um peso impossível estivesse sobre eles.

— De acordo com o próprio Evangelho, Jeshua de Nazareth, Jesus, não era o filho de Deus.

As palavras ricochetearam na mente de Reilly durante o que pareceu uma eternidade antes de se arremeterem para baixo até o abismo do seu estômago como uma tonelada de tijolos. Ele ergueu as mãos, fazendo um vago gesto abrangente.

— E tudo isto...?

— Tudo isto — exclamou Brugnone — é o melhor que aquele homem, aquele mero homem mortal apavorado, conseguiu apresentar. Foi tudo criado com a mais nobre das intenções. Nisto, o senhor precisa acreditar. O que o senhor teria feito? O que o senhor ordenaria que fizéssemos agora? Por quase dois mil anos, essas crenças, tão importantes aos homens que iniciaram a Igreja e nas quais continuamos a acreditar, nos foram confiadas. Qualquer coisa que pudesse miná-las teve que ser suprimida. Não havia outra opção, porque não poderíamos abandonar nosso povo, não antes e certamente não agora. Hoje, seria ainda mais catastrófico dizer-lhes que tudo é... — ele lutou com as palavras, incapaz de completar a sentença.

— Uma gigantesca fraude? — Reilly concluiu secamente.

— Mas é realmente? O que é a fé, afinal de contas, senão uma crença em algo para o qual não existe necessidade de existir qualquer prova, uma crença em um ideal. E tem sido um ideal de grande valor para as pessoas acreditarem. Precisamos acreditar em alguma coisa. Todos precisamos de fé.

"Fé."

Reilly lutou para apreender as ramificações daquilo que o cardeal Brugnone estava dizendo. No seu caso, foi a fé que o ajudara, em bem tenra idade, a lidar com a perda devastadora de seu pai. Foi a fé que o guiara durante toda a vida adulta. E, agora, de todos os lugares, no próprio coração da Igreja Católica Apostólica Romana, estavam dizendo a ele que era tudo uma única e grande farsa.

— Também precisamos de honestidade — contrapôs Reilly furiosamente. — Precisamos da verdade.

— Mas, acima de tudo, o homem precisa de sua fé, agora mais do que nunca — insistiu Brugnone contundentemente —, e o que temos é muito melhor do que não ter absolutamente nenhuma fé.

— Fé numa Ressurreição que nunca aconteceu? — disparou Reilly em resposta. — Fé num paraíso que não existe?

— Acredite em mim, agente Reilly, muitos homens decentes se debateram sobre isto durante anos e todos chegaram à mesma conclusão: que deve ser preservado. A alternativa é horrível demais de se imaginar.

— Mas não estamos falando de Suas palavras e Seus ensinamentos. Estamos apenas falando de Seus milagres e Sua ressurreição.

O tom de Brugnone era imutável.

— O Cristianismo não foi construído sobre o conceito das pregações de um homem sábio. Foi erigido sobre algo muito mais retumbante, as palavras do filho de Deus. A ressurreição não é apenas um milagre, é o próprio alicerce da Igreja. Tire isso e tudo desmorona. Pense nas palavras de São Paulo, em I Coríntios: "E se Cristo não ressuscitou, vã é a nossa pregação e vã também é a tua fé."

— Os fundadores da Igreja, eles escolheram essas palavras — enfureceu-se Reilly. — Toda a essência da religião está em nos ajudar a tentar entender o que estamos fazendo aqui, não é? Como podemos sequer começar a compreender se iniciamos com uma premissa falsa? Esta mentira deformou cada aspecto isolado de nossas vidas.

Brugnone expirou profundamente e assentiu em silenciosa concordância.

— Talvez tenha deformado. Talvez, se tudo tivesse começado agora e não há dois mil anos, as coisas poderiam ser conduzidas de uma maneira diferente. Mas não está começando agora. Já existe, foi entregue a nós e precisamos preservá-la; fazer de outro modo nos destruiria, e, temo, iria desferir um golpe devastador no nosso mundo frágil. — Seus olhos não estavam mais focados em Reilly, mas em alguma coisa bem distante, alguma coisa que parecia quase fisicamente dolorosa para ele. — Estamos na defensiva desde o início. Suponho que seja natural, dada a nossa posição, mas está se tornando cada vez mais difícil... a ciência e a filosofia modernas não encorajam exatamente a fé. E temos parte da culpa. Desde que a Igreja antiga foi efetivamente seqüestrada por Constantino e sua sagacidade política, existem cismas e disputas em excesso. Excesso de caça aos problemas de doutrina, excesso de fraudadores e degenerados por toda parte, excesso de cobiça. A mensagem original de Jesus tem sido pervertida por egoístas e fanáticos, corroída por rivalidades internas mesquinhas e por fundamentalistas intransigentes. E ainda cometemos erros que não ajudam a nossa causa. Evitando os problemas reais que as pessoas lá fora enfrentam. Tolerando os abusos vergonhosos, os atos horríveis contra os mais inocentes, até conspirando para encobri-los. Somos muito lentos em nos reconciliar com o nosso mundo em rápida mutação e, agora, numa época em que estamos particularmente vulneráveis, tudo é novamente ameaçado, exatamente como há novecentos anos. Só que, atualmente, este edifício que erigimos é maior do que qualquer um sonhou que seria, e sua queda seria simplesmente catastrófica.

"Talvez, se começássemos a Igreja hoje, com a verdadeira narrativa de Jeshua de Nazaré", acrescentou Brugnone, "talvez pudéssemos fazê-lo de uma maneira diferente. Talvez pudéssemos evitar todo o dogma confuso e simplesmente fazê-lo. Olhe para o Islã. Eles escaparam disso, pouco menos de setecentos anos depois da Crucificação. Um homem chegou e disse: 'Não existe deus senão Deus e sou seu profeta.' Não o Messias, não o filho de Deus; não o Pai ou o Espírito Santo, não a confusa Trindade, apenas um mensageiro de Deus. Foi isso. E bastou. A simplicidade de sua mensagem inflamou como um rastilho de pólvora. Seus adeptos praticamente assumiram o controle do mundo em menos de cem anos, e me causa dor pensar que, neste exato momento, neste exato dia e era, é a religião que mais cresce no mundo... embora tenham sido mais lentos que nós em assimilar as realidades e as necessidades dos nossos tempos modernos e isso inevitavelmente também lhes causará problemas durante o caminho. Mas fomos muitíssimo lentos, lentos e arrogantes... e agora estamos pagando por isto, justamente quando o nosso povo mais precisa de nós.

"Porque eles realmente precisam", continuou ele. "Precisam de nós, precisam de alguma coisa. Veja a ansiedade que o cerca, a raiva, a cobiça, a corrupção que corrompe o mundo, de cima a baixo. Veja o vácuo moral, a fome espiritual, a falta de valores. A cada dia o mundo está mais fatalista, mais cínico, mais desiludido. O homem se tornou mais apático, indiferente e egoísta do que nunca. Roubamos e matamos numa escala sem precedentes. Escândalos nas corporações chegam à casa dos bilhões de dólares. Guerras são travadas sem motivo, milhões são mortos em genocídios. A ciência pode ter permitido que nos livrássemos de doenças como a varíola, mas mais que compensou por devastar o nosso planeta e nos transformar em criaturas impacientes, isoladas, violentas. Os afortunados entre nós podem viver mais, mas seriam as nossas vidas mais realizadas ou pacíficas? Seria o mundo realmente mais civilizado do que era dois mil anos atrás?

"Centenas de anos atrás, não tínhamos um melhor conhecimento. As pessoas mal sabiam ler e escrever. Hoje, na nossa assim chamada era iluminada, que desculpas temos para tal comportamento abismal? A mente do homem, seu intelecto, pode ter progredido, mas temo que sua alma tenha sido deixada para trás e, eu até afirmaria, regredido. O homem demonstrou repetidamente que é uma fera selvagem de coração e, mesmo com a Igreja nos dizendo que temos de prestar contas a um poder maior, ainda conseguimos nos comportar de maneira atroz. Imagine como seria sem a Igreja. Mas é óbvio que estamos perdendo nossa capacidade de inspirar. Não estamos presentes para as pessoas, a Igreja simplesmente não está mais presente para eles. Pior ainda, estamos sendo utilizados como uma desculpa para guerras e derramamento de sangue. Somos rapidamente arrastados numa espiral em direção a uma crise espiritual aterrorizante, agente Reilly. Esta descoberta não poderia estar acontecendo em uma época pior."

Brugnone caiu em silêncio e olhou para o outro lado da sala, para Reilly.

— Talvez seja inevitável, então — sugeriu Reilly numa voz resignada, contida. — Talvez seja uma narrativa que completou seu ciclo.

— Quem sabe a Igreja esteja agonizando numa morta lenta — concordou Brugnone. — Afinal, todas as religiões fenecem e morrem em algum momento, e a nossa durou mais que a maioria. Mas uma revelação repentina como esta... Apesar de seus fracassos, a Igreja ainda é uma parte enorme das vidas das pessoas. Milhões de pessoas em todo o mundo dependem de sua fé para superar as dificuldades de sua existência diária. Ela ainda é capaz de oferecer conforto, mesmo aos seus membros extraviados, nas horas de necessidade. E, em última instância, a fé nos supre com algo que é crucial para nossa existência: ajuda-nos a superar nosso medo primal da morte e o pavor daquilo que pode existir no além. Sem sua fé num Cristo ressuscitado, milhões de almas seriam lançadas à deriva. Não se engane, agente Reilly, permitir que isto venha à tona mergulhará o mundo num estado de desespero e desilusão como nada já visto antes.

Um silêncio opressivo desceu sobre a sala, exercendo uma forte pressão sobre Reilly. Não havia como escapar dos pensamentos inquietantes que estavam bloqueando sua mente. Seus pensamentos voltaram para onde toda esta jornada começara para ele, de pé nas escadas do Metropolitan, com Aparo, na noite do ataque violento dos cavaleiros, e especulando como ele conseguira acabar lá, exatamente no epicentro de sua fé, engajado numa conversa profundamente perturbadora que preferiria nunca ter tido.

— Há quanto tempo o senhor sabe? — ele finalmente perguntou ao cardeal.

— Eu, pessoalmente?

— É.

— Desde que assumi meu presente posto. Trinta anos.

Reilly meneou a cabeça para si próprio. Parecia tempo demais para ter de lutar com dúvidas como essas que agora o atormentavam.

— Mas o senhor chegou a um acordo sobre isso.

— Se cheguei a um acordo?

— O senhor o aceitou — esclareceu Reilly.

Brugnone meditou sobre a questão por um momento, os olhos sombriamente perturbados.

— Nunca chegarei a um acordo sobre a questão, no sentido que acredito que o senhor quer dizer. Mas aprendi a me conformar com isto. É o melhor que fui capaz de fazer.

— Quem mais sabe? — Reilly pôde ouvir a condenação na própria voz e sabia que Brugnone também a tinha ouvido.

— Um punhado de nós.

Reilly perguntou-se o que isso queria dizer. "E quanto ao papa? Ele sabe?" Ele sentiu que realmente queria saber, não conseguiria imaginar que o papa não soubesse, mas se conteve em fazer a pergunta. Tantos golpes de uma só vez. Em vez disso, outra idéia estava competindo por sua atenção. Seus instintos investigativos estavam em rebuliço, lutavam violentamente para abrir caminho na sua mente acossada.

— Como o senhor sabe que é real?

Os olhos de Brugnone se iluminaram e o canto da sua boca irrompeu num tênue sorriso. Pareceu alentado pela defesa esperançosa de Reilly, mas seu tom grave rapidamente asfixiou qualquer tal esperança.

— O papa enviou seus especialistas mais eminentes a Jerusalém na primeira vez que os templários o descobriram. Eles confirmaram que é genuíno.

— Mas isso foi há quase mil anos — argumentou Reilly. — Eles poderiam ser facilmente enganados. E se fosse uma falsificação? Pelo que ouvi dizer, realizar algo assim não estava fora das habilidades dos templários. E, mesmo assim, o senhor está preparado para aceitar como fato sem mesmo vê-lo...? — A implicação ocorreu a Reilly exatamente quando as palavras jorraram da sua boca. — O que só pode significar que o senhor sempre duvidou da narrativa dos Evangelhos...?

Brugnone enfrentou a consternação de Reilly com uma expressão exultante, de consolo.

— Existem aqueles que acreditam que o único objetivo da narrativa sempre foi o de ser interpretado metaforicamente; que entender verdadeiramente o Cristianismo é entender a essência da mensagem em seu âmago. Entretanto, a maioria dos crentes considera que cada palavra na Bíblia, na falta de um termo melhor, é a verdade do Evangelho. Suponho que me situo em algum lugar no meio. Talvez todos nós caminhemos numa estreita linha entre libertar nossas imaginações às maravilhas da narrativa e permitir que nossas mentes racionais duvidem de sua veracidade. Se aquilo que os templários encontraram era de fato uma falsificação, certamente nos ajudaria a nos sentir mais à vontade com gastar mais tempo no lado mais inspirador dessa linha, mas enquanto não encontrarmos aquilo que eles estavam transportando naquele navio... — Ele envolveu Reilly com um olhar fixo e ardente. — O senhor nos ajudará?

Por um momento, Reilly não respondeu. Ele estudou o rosto profundamente marcado do homem diante dele. Embora sentisse que o cardeal abrigava honestidade profundamente arraigada em sua essência, ele não tinha nenhuma ilusão sobre os motivos de De Angelis e sabia que ajudá-los inevitavelmente significaria trabalhar com o monsenhor, uma perspectiva que não o atraía nem um pouco. Ele lançou um olhar em direção a De Angelis. Nada do que ouvira fez aliviar sua desconfiança no padre de duas caras, nem abrandar seu desprezo pelos métodos do homem. Sabia que teria de descobrir uma maneira de lidar com ele em algum ponto no futuro. Mas havia questões mais prementes no momento. Tess estava em algum lugar lá, sozinha com Vance, e havia uma descoberta com potencial devastador assomando-se sobre milhões de almas desprevenidas.

Ele voltou seu olhar para Brugnone.

— Sim — foi sua simples resposta.

Capítulo 72

Um leve vento sudeste afagava as águas ao redor do *Savarona*, conjurando uma delicada névoa salgada cujo sabor Tess quase conseguia sentir enquanto estava parada lá, no convés de popa da traineira convertida. Ela apreciava o frescor das manhãs no mar, bem como a serenidade tranqüilizadora que vinha a cada pôr-do-sol. Eram as longas horas entre eles que estavam se revelando difíceis.

Eles tiveram a sorte de encontrar o *Savarona* em tão pouco tempo. Desde o Caribe até a costa da China, a demanda por navios de exploração submarina tinha sofrido uma rápida expansão nos últimos anos, limitando a disponibilidade e alimentando os preços. Além de biólogos marinhos, oceanógrafos, empresas petroleiras e produtores de documentários que tradicionalmente eram responsáveis pela maior parte da demanda, dois novos grupos de usuários finais estavam agora impulsionando o mercado: mergulhadores recreativos, uma legião crescente de pessoas que estavam dispostas a pagar dezenas de milhares de dólares por uma chance de ficarem íntimas do *Titanic* ou de se aconchegar nas fontes hidrotérmicas a 2,1 mil metros abaixo da superfície do oceano perto dos Açores; e os caçadores de tesouro ou, como preferiam ser chamados nos dias de hoje, "arqueólogos comerciais".

A Internet tinha desempenhado um papel crucial ajudando a localizar o navio de pesquisa. Depois de alguns telefonemas e um curto vôo, Vance e Tess foram até o porto de Pireu, em Atenas, onde o *Savarona* estava atracado. Seu capitão, um incrível e alto aventureiro grego chamado George Rassoulis, que ostentava um bronzeado que parecia atingir os ossos, tinha inicialmente rejeitado a proposta de Vance por causa de um conflito em sua agenda. Já estavam em curso os preparativos para ele levar um pequeno grupo de historiadores e uma equipe de filmagem ao norte do Egeu em busca de uma frota perdida de trirremes persas. Rassoulis só poderia oferecer seus serviços a Vance por não mais de três semanas, antes de ter de levar seu grupo para o norte, e três semanas, ele tinha explicado, não estaria nem um pouco perto de ser suficiente. O seu navio tinha sido reservado por dois meses, que era por si só uma janela relativamente curta, dado que ter sucesso na localização de naufrágios antigos era algo parecido com encontrar uma agulha num palheiro. Mas, a maioria das expedições não tinha algo que Vance tinha à sua disposição: o astrolábio, que, ele esperava, restringiria o local de sua presa para uma área de 26 quilômetros quadrados.

Vance tinha contado a Rassoulis que eles estavam atrás de uma embarcação dos cruzados, insinuando a possibilidade de transportar ouro e outros objetos de valor que tinham sido desviados da Terra Santa depois da queda de Acre. Intrigado, Rassoulis tinha concordado relutantemente em aceitá-los, dragado pelo entusiasmo de Vance, pela crença contagiante do professor na habilidade do instrumento antigo de lhes entregar o *Templo do Falcão* dentro daquele limitado período de tempo, bem como por um toque de cobiça. O capitão ficou muito feliz em satisfazer o pedido de Vance de total discrição. Estava acostumado com caçadores de tesouro — *arqueólogos comerciais* — e sua necessidade de evitar publicidade. E dado que ele tinha negociado uma parte do valor do tesouro para si próprio, era também do seu interesse garantir que nenhum penetra entrasse nessa festa. Ele explicara a Vance como o navio varreria o local de busca de fora para dentro em não mais de algumas horas de cada vez antes de navegar até um outro local e disfarçar os locais de busca para desviar a atenção de sua área-alvo, uma tática que era perfeitamente conveniente para Vance.

O que Tess estava agora redescobrindo — a última vez que ela tinha passado por isto, lembrou-se, tinha sido na costa de Alexandria, no Egito, na época em que Clive Edmondson tinha passado a sua desajeitada cantada — era que o processo de busca exigia muita paciência, algo que não tinha exatamente em abundância agora. Estava desesperada em descobrir quais segredos estavam guardados debaixo da dócil protuberância que ondulava sob os seus pés, e ela sabia que eles estavam muito perto. Era capaz de senti-lo, e isto tornava ainda mais difíceis de suportar os grandes períodos junto ao parapeito.

Enquanto as horas passavam, ela ficava perdida em seus pensamentos, os olhos inconscientemente cravados nos dois cabos que eram arrastados atrás do velho navio e desapareciam debaixo de seu curso espumoso. Um deles puxava um sonar de varredura lateral de baixa freqüência, que mapeava cada protuberância perceptível na superfície submarina; o outro arrastava um magnetômetro por ressonância magnética, que detectaria qualquer resíduo de ferro no navio naufragado. Houve dois momentos de excitação nos dias anteriores. Em cada ocasião, o sonar tinha detectado alguma coisa e o VOR — o veículo operado por controle remoto, afetuosamente chamado de *Dori* em homenagem à peixe-fêmea distraída de *Procurando Nemo* — tinha sido enviado para investigar. A cada vez, Tess e Vance correram até a sala de controle do *Savarona*, os corações em disparada, cheios de esperança. Tinham ficado lá, os olhos grudados nos monitores, olhando as imagens borradas chegando da câmera de *Dori*, as imaginações estimuladas a todo o vapor para, no fim, suas esperanças serem frustradas pela percepção de que o que o sonar tinha encontrado não era exatamente aquilo que estavam esperando: num dos casos, era um afloramento de rocha do tamanho de um naufrágio e, no outro, os restos de um barco de pesca do século XX.

O restante do tempo foi gasto em ficar junto ao parapeito, aguardando e tendo esperança. Enquanto os dias passavam, a mente de Tess passeava pelos eventos recentes de sua vida. Ela se flagrou revivendo constantemente os momentos que a levaram até ali, a sessenta quilômetros da costa da Turquia, num navio de mergulho com um homem que chefiara um roubo armado no Metropolitan, no qual pessoas tinham sido mortas. Sua decisão de deixar Reilly e se juntar a Vance a assombrou durante os primeiros dias. Ela sentiu as dores angustiantes de culpa e remorso, teve ataques de pânico e muitas vezes precisou se esforçar muito para asfixiar o impulso de ir embora do navio a qualquer custo e fugir. Tais preocupações lentamente diminuíam a cada dia que passava. Às vezes, quando se perguntava se deveria ou não ter feito tudo isso, ela se esforçava ao máximo para racionalizar suas decisões e afastar os pensamentos inquietantes, convencendo-se de que o que estava fazendo era importante. Não apenas para ela — embora, como tinha dito a Reilly, uma descoberta como esta fosse fazer uma enorme diferença para a sua carreira e, por extensão, à segurança financeira dela e de Kim —, mas para milhões de outros. No final, porém, ela sabia que não tinha sentido tentar justificar. Era algo que ela se sentia inexplicavelmente compelida a fazer.

Uma preocupação que não conseguiu sufocar era com Reilly. Pensava muito nele. Ela se perguntava como e onde ele estaria. Pensou em tê-lo abandonado e fugido como um ladrão no meio da noite e achou difícil racionalizar. Tinha sido errado, terrivelmente errado, e sabia disso. Ela colocara a vida dele em perigo. Tinha-o deixado lá, no meio de lugar nenhum — e com um atirador de tocaia à solta. Como pôde fazer algo tão irresponsável assim? Queria saber que ele estava bem; queria lhe pedir desculpas, tentar explicar por que o fizera e sentia dor ao pensar que este era um golpe que ela nunca seria capaz de corrigir, pelo menos no que dizia respeito a ele. Mas também sabia que Vance estava certo quando disse que Reilly entregaria a descoberta deles para as pessoas que a enterrariam para sempre — e isso era algo com que ela não conseguiria viver. De qualquer maneira, ela percebeu, o relacionamento entre eles estava condenado — por ironia, exatamente pela mesma razão que os tinha reunido.

Logo, com uma ondulação de 1,80 metro rolando preguiçosamente sob ele, o *Savarona* virou para começar mais uma corrida pela grade pré-mapeada. O olhar de Tess desviou-se dos cabos e subiu para o horizonte, onde chumaços de nuvens negras se insinuavam num céu que, do contrário, seria claro. Ela sentiu um aperto no peito. Uma outra coisa a estava importunando desde a noite partira de carro com Vance. Era uma sensação perturbadora que estava sempre lá, vindo de dentro e agarrando-a, que nunca a deixava em paz e, ao final de cada rodada de busca do *Savarona*, ficava cada vez mais difícil de ignorar:

estaria ela fazendo a coisa certa? Teria analisado a situação com suficiente profundidade? Seria melhor que certos segredos fossem deixados enterrados? Seria a perseguição da verdade, neste caso, uma busca sensata e nobre ou estaria ela ajudando a desencadear uma terrível calamidade num mundo desprevenido?

Suas dúvidas foram abreviadas pelo aparecimento da figura alta de Vance. Ele saiu da timoneira e se juntou a ela no parapeito. Pareceu aborrecido.

— Nada ainda? — perguntou.

Ele sacudiu a cabeça.

— Depois desta rodada, teremos de sair daqui por hoje. — Ele olhou fixamente para longe, enchendo o peito inteiro com o ar oceânico. — Não estou preocupado, contudo. Mais três dias e teremos coberto toda a área de busca. — Ele virou para encará-la e sorriu. — Nós o encontraremos. Está aí, em algum lugar. Só está bancando o difícil de ser apanhado.

Seu olhar foi distraído por um fraco zumbido ao longe. Os olhos se estreitaram enquanto examinavam o horizonte, o semblante contraindo quando divisou a fonte do barulho. Tess seguiu a linha do seu olhar e também o viu: um ponto diminuto, um helicóptero, deslizando junto à superfície do mar a muitos quilômetros de distância, seguindo uma direção aparentemente paralela. Os olhos de ambos permaneceram fixos nele, seguindo-o enquanto seguia um curso reto antes de virar e se afastar. Em segundos, estava fora do campo visual.

— É para nós, não é? — perguntou Tess. — Estão procurando por nós.

— Eles não podem fazer muito por aqui — disse Vance encolhendo os ombros —, estamos em águas internacionais. Mas eles não têm seguido exatamente as regras, têm? — Ele ergueu o olhar na ponte, onde um engenheiro entrava na sala de controle. — Sabe o que é engraçado?

— Não consigo imaginar — disse ela secamente.

— A tripulação. São sete deles e dois de nós, que totalizam nove — ele refletiu. — Nove. Exatamente como Hugo de Payens e seu grupo. Poético, não acha?

Tess desviou o olhar, não conseguindo encontrar nada remotamente poético naquilo que estavam fazendo lá.

— Eu me pergunto se eles chegaram a ter as mesmas dúvidas.

Vance arqueou uma sobrancelha enquanto empinava a cabeça e a examinava atentamente.

— Você não está mudando de idéia, está?

— Você não está? — Ela estava ciente do tremor em sua voz e pôde ver que Vance o detectou. — O que estamos fazendo aqui, o que poderemos descobrir... isto não o preocupa nem um pouco?

— Preocupar?

— Você sabe o que quero dizer. Você não parou para pensar sobre o choque, o caos que isto poderia provocar?

Vance ironizou com desdém.

— O homem é uma criatura deplorável, Tess. Sempre desesperado em encontrar alguma coisa ou alguém a quem venerar, e não apenas por ele próprio, não, tem de ser venerado por todo mundo, em todos os lugares, a qualquer custo. Tem sido a ruína da existência do homem desde o início dos tempos... Preocupado com isso? Espero ansiosamente por isso. Estou ansioso para libertar milhões de pessoas de uma mentira opressiva. O que estamos fazendo é dar um passo natural para frente na evolução espiritual do homem. Será o início de uma nova era.

— Você fala sobre isso como se fosse ser recebido com desfiles e fogos de artifício, mas é exatamente o oposto, você sabe disso. Aconteceu antes. Desde os sassânidas até os incas, a história é repleta de civilizações que simplesmente desmoronaram depois que seus deuses foram desacreditados.

Vance não se comoveu.

— Eram civilizações erigidas sobre mentiras, sobre areias movediças, exatamente como a nossa. Mas você se preocupa demais. Os tempos mudaram. O mundo hoje é um pouco mais sofisticado que isso.

— Eram as civilizações mais avançadas de sua época.

— Dê um pouco de crédito às pobres almas deste mundo, Tess. Não estou dizendo que será indolor, mas... elas conseguem suportar.

— E se não conseguirem?

Ele abriu as palmas num gesto simulado de desamparo, mas não havia nem um pingo de desamparo em seu tom. Ele estava falando muito sério.

— Então que seja.

Os olhos de Tess ficaram cravados nele por um momento antes de ela se virar e se afastar. Ela fixou os olhos no horizonte. Chumaços de nuvens cinzentas pareciam se materializar vindo de lugar nenhum e, ao longe, ondas espumosas coloriam um mar que, do contrário, seria uniformemente escuro.

Vance encostou-se contra o parapeito ao lado dela.

— Tenho pensado muito sobre isto, Tess, e, colocando tudo na balança, não tenho qualquer dúvida de que estamos fazendo a coisa certa. Bem no fundo, você sabe que eu tenho razão.

Ela não duvidava que ele tinha pensado muito sobre isso. Sabia que ele tinha se consumido por causa disto, tanto acadêmica quanto pessoalmente, mas ele sempre o tinha considerado de um ponto de vista distorcido, através de uma lente estilhaçada pelas trágicas mortes de pessoas amadas. Mas teria ele pensado com suficiente profundidade sobre como isto afetaria realmente toda alma viva do planeta? Como questionaria não apenas a fé cristã, mas o próprio conceito de fé? Como os inimigos da Igreja não perderiam tempo em aproveitá-lo, como atrairia as pessoas e como milhões de verdadeiros crentes possivelmente perderiam o âmago espiritual que sustenta suas vidas?

— Eles o combaterão, você sabe — declarou ela, surpresa com um quê de esperança na própria voz. — Tirarão da obscuridade, ou sabe-se lá de onde, especialistas para desacreditá-lo, usarão tudo em que conseguirem pensar para provar que é apenas uma mistificação e, quanto a você, dada a sua história... — Ela subitamente se sentiu pouco à vontade em desenvolver esse argumento.

Ele assentiu.

— Eu sei — concordou ele calmamente. — E é por este motivo que iria preferir se você o apresentasse ao mundo.

Tess sentiu o sangue desaparecer do próprio rosto. Olhou fixamente para ele, confusa com a sugestão.

— Eu...?

— É claro. Afinal, é tanto sua descoberta quanto é minha e, como você disse, dado que o meu recente comportamento não foi exatamente... — ele fez uma pausa, procurando pelo termo mais adequado — *louvável...*

Antes que conseguisse formular uma resposta, ela ouviu os fortes rugidos dos motores do navio diminuirem e sentiu um súbita desaceleração até um ronco antes de se transformar num sussurro. Ela avistou Rassoulis emergir da ponte e, no redemoinho enevoado da sua mente, ouviu seu grito chamando-os. Vance manteve os olhos cravados nela por um momento antes de virar-se para o capitão, que gesticulava entusiasticamente, pedindo-lhes que se juntassem a ele, berrando algo que soava como:

— Conseguimos alguma coisa.

Capítulo 73

De pé em silêncio nos fundos da ponte, Reilly observava enquanto De Angelis e o capitão do *Karadeniz*, um homem atarracado de nome Karakas, cabelos pretos densos e um bigode espesso, inclinavam-se sobre a tela do radar do barco de patrulha e selecionavam seu próximo alvo.

Não havia escassez de alvos. A tela escura estava iluminada com dezenas de bipes verdes luminosos. Apontados para alguns deles, havia pequenos códigos alfanuméricos, que indicavam um navio com um moderno *transponder*. Esses eram mais fáceis de identificar e descartar, usando os bancos de dados da Guarda Costeira e de navegação, mas não eram muitos freqüentes. Na maioria esmagadora, os contatos na tela eram apenas bipes anônimos provenientes das centenas de barcos de pesca e pequenas embarcações que povoavam esta faixa bem popular da linha costeira. Reilly sabia que não seria fácil descobrir qual deles transportaria Vance e Tess.

Este era seu sexto dia no mar, o que, para Reilly, já era muito. Logo ficou óbvio que ele não era, nem de longe, um lobo-do-mar, mas pelo menos o mar vinha se comportando razoavelmente bem desde que tinham iniciado sua busca e, felizmente, as noites eram passadas em terra firme. A cada dia, eles zarpavam de Marmaris ao amanhecer e trabalhavam sistematicamente de cima a baixo da linha costeira, do Golfo de Hisaronu até a área ao sul das doze ilhas. O *Karadeniz*, um barco de patrulha da classe SAR-33, branco reluzente com uma larga listra vermelha inclinada em seu casco ao lado das palavras *Sahil Güvenlik* em negrito, impossíveis de não notar — o nome oficial da Guarda Costeira Turca —, era rápido como um relâmpago, razoavelmente confortável e conseguia cobrir um trecho surpreendentemente grande do mar no curso de um dia.

Outros barcos com base em Fethiye e em Antalia estavam examinando as águas mais ao leste. Helicópteros Agusta A-109 também participavam, realizando varreduras visuais a baixa altitude e alertando as lanchas sobre os avistamentos promissores.

A coordenação entre os vários componentes aéreos, marítimos e terrestres da busca era quase impecável; a Guarda Costeira Turca tinha uma extensa experiência na patrulha dessas águas de grande movimento. As relações entre Grécia e Turquia sempre foram pouco cordiais, e a íntima proximidade das ilhas Dodecaneso (as doze ilhas) da Grécia era constantemente uma fonte de disputas pesqueiras e turísticas. Além disto, a estreita faixa de mar que separava os dois países tinha a preferência dos traficantes de migrantes desesperados que saíam da Turquia — ainda não pertencente à União Européia — e tentavam chegar à Grécia e ao resto da UE. Ainda assim, havia muito mar a cobrir e, com a maioria do tráfego consistindo em inócuas embarcações de lazer sem ninguém de prontidão no rádio, peneirá-los se revelava um esforço trabalhoso e extenuante.

Enquanto o operador do radar estudava minuciosamente alguns dos mapas ao lado de sua tela e o operador de rádio comparava anotações com a tripulação de um dos helicópteros, Reilly se afastou da tela e olhou para fora do pára-brisa do *Karadeniz*. Ele ficou surpreso em ver uma área de mau tempo ao sul. Uma parede encapelada de nuvens escuras situava-se logo acima do horizonte, separada por uma delgada faixa de luz amarelada brilhante. Parecia um tanto irreal.

Ele quase pôde sentir a presença de Tess; a idéia de que ela estava em algum lugar por aí, frustrantemente próxima e, ainda assim, fora de alcance, o enervava. Ele se perguntava onde ela estaria e o que estaria fazendo neste preciso momento. Teriam ela e Vance já encontrado o *Templo do Falcão*? Estariam a caminho de... onde? O que fariam com "aquilo" se o encontrassem? Como anunciariam sua descoberta ao mundo? Ele tinha pensado muito sobre o que diria a ela quando realmente a alcançasse, mas, surpreendentemente, a raiva inicial por ter sido abandonado tinha há muito abrandado. Tess tivera os seus motivos.

Ele não concordava com eles, mas sua ambição era uma parte intrínseca dela e ajudava a fazer dela o que era.

Ele olhou do outro lado da cabine e do lado oposto do barco, e o que viu o perturbou. Ao longe, ao norte de sua atual posição, o céu também estava escurecendo ameaçadoramente. O mar assumira uma aparência cinza marmorizada e ondas espumosas se alastravam pela imensidão distante. Ele percebeu o timoneiro lançar um olhar para o outro homem na ponte, que Reilly supôs ser o primeiro-oficial, e mostrar o fenômeno com um aceno da cabeça. Parecia que eles estavam espremidos entre duas frentes opostas de mau tempo. As tempestades se moviam em parceria, parecendo convergir sobre eles. Mais uma vez, Reilly olhou para o timoneiro, que agora dava a impressão de estar um pouco perturbado. O mesmo acontecia com o primeiro-oficial, que se aproximou de Karakas e indubitavelmente discutia a questão com ele.

O capitão consultou o radar meteorológico e o barômetro e trocou umas poucas palavras com os dois oficiais. Reilly olhou de relance para De Angelis, que percebeu e traduziu para ele.

— Acho que poderemos ter de voltar mais cedo que o planejado hoje. Parece que temos, não uma, mas duas frentes de tempestade vindo em nossa direção rapidamente. — O monsenhor olhou para Reilly com incerteza e, então, franziu uma sobrancelha. — Soa familiar?

Reilly já fizera a associação antes que De Angelis o tivesse mencionado. Era desconfortavelmente parecido com aquilo que Aimard descrevera em sua carta. Ele percebeu que Plunkett, que estava fora fumando um cigarro no convés, vigiava a tempestade que se formava com uma certa preocupação. Virando-se para a cabine, viu que os dois oficiais que estivera observando estavam agora atentos a um grupo de mostradores e monitores. Isto e os freqüentes olhares deles em direção às barreiras convergentes de nuvens escuras informaram a Reilly que as tempestades deixavam os dois homens inquietos. Nesse exato momento, o operador de radar chamou o capitão e falou alguma coisa em turco. Karakas foi até o console com De Angelis. Reilly afastou os seus olhos da frente da tempestade e se juntou a eles.

De acordo com a tradução entrecortada do capitão, o operador de radar estava lhes explicando detalhadamente um mapa no qual ele plotara os movimentos de alguns navios que ele vinha rastreando. Ele estava particularmente interessado em um dos navios, que tinha um curioso padrão de navegação. Tinha gastado um tempo incrível navegando para cima e para baixo em um estreito corredor do mar. Isto, por si só, não era raro. Poderia muito bem ser um barco de pesca, pescando com rede numa área preferida por seu capitão. Vários outros bipes se comportavam exatamente da mesma maneira. Mas o operador de radar notou que, embora durante nos dois últimos dias o navio ficasse duas horas navegando para cima e para baixo numa faixa específica de mar antes de se afastar e ir pescar em outro lugar, ele está parado durante as duas últimas horas. Além do mais, das quatro embarcações na área, três estavam se afastando, presumivelmente porque tinham avistado as tempestades que se aproximavam. O quarto — o contato em questão — não se move.

Reilly inclinou-se para olhar mais de perto. Viu que os outros três contatos na tela tinham de fato alterado o curso. Dois deles estavam rumando para o continente turco, o terceiro para a ilha grega de Rodes.

O rosto de De Angelis contraiu enquanto absorvia a informação.

— São eles — disse ele com segurança quando Plunkett entrou. — E se não estão se movendo, é porque encontraram aquilo que estavam procurando. — Ele se dirigiu a Karakas, os olhos endurecendo. — A que distância eles estão?

Karakas examinou a tela com os olhos experientes.

— Cerca de quarenta milhas marítimas. Neste mar, eu diria duas, duas horas e meia de distância, talvez. Mas vai piorar. Poderemos ter de voltar antes de chegar até eles. As leituras do barômetro estão caindo muito rápido, nunca vi nada assim.

De Angelis nem piscou.

— Não me importo. Ordene que um helicóptero dê uma olhada mais de perto e leve-nos até lá o mais rápido possível.

Capítulo 74

A câmera deslizou pela escuridão proibida, passando por galáxias fluidas de plâncton que iluminavam a tela antes de fugirem correndo da luz ofuscante de seu holofote.

As imagens do VOR desenrolavam-se diante de uma platéia na sala de controle do *Savarona*, um espaço limitado situado atrás da ponte da embarcação. Vance e Tess estavam de pé, inclinando-se sobre os ombros de Rassoulis e de dois técnicos que estavam sentados diante de um pequeno grupo de monitores. À esquerda do monitor que mostrava as imagens da câmera da *Dori*, um monitor menor de posicionamento GPS exibia a localização do navio enquanto dava a volta ao redor dele mesmo e voltava para trás em seu curso, tentando manter sua posição contra uma corrente surpreendentemente forte. Uma tela menor, à direita, mostrava uma representação computadorizada da varredura do sonar, um grande círculo com bandas concêntricas azul, verde e amarela; outra, uma bússola pixelada, mostrava que seu rumo estava ligeiramente deslocado do sul. Mas ninguém dava a esses monitores mais que um rápido olhar ocasional. Seus olhos estavam todos cravados no monitor central, aquele que mostrava as imagens da câmera do VOR. Eles assistiam em arrebatado silêncio enquanto o fundo do mar ia aparecendo, a leitura pixelada no canto da tela rapidamente se aproximando dos 173 metros, mostrado pelo instrumento de profundidade da nave-mãe.

A 168 metros, as partículas estreladas ficaram mais grossas. A 171 metros, uma dupla de lagostas em movimentos espasmódicos fugiu em disparada da luz e, então, a 173 metros, a tela foi subitamente inundada por uma silenciosa explosão de luz amarela. O VOR tinha pousado.

O guardião superprotetor da *Dori*, um engenheiro corso de nome Pierre Attal, estava inteiramente concentrado enquanto usava um *joystick* e um pequeno teclado para manipular seu artefato robótico. Ele estendeu a mão para um pequeno *trackball* na borda do teclado e, respondendo às ordens dos seus dedos, a câmera girou sobre si mesma, dando uma panorâmica do leito marinho. Como uma sonda em Marte, a câmera mostrava imagens de um mundo sobrenatural, inviolado. Ao redor do visitante robótico, nada, exceto uma extensa área plana de areia que desaparecia numa escuridão infernal.

A pele de Tess formigava com a expectativa comedida. Não conseguia evitar sua excitação, embora soubesse que não estavam necessariamente lá ainda, de forma alguma. O sonar de baixa freqüência de varredura lateral só fornecia a posição aproximada de qualquer alvo promissor; o VOR tinha então de ser empregado, pois seu sonar de alta freqüência permitia a eventual identificação e exame daqueles locais. Ela sabia que o fundo do mar debaixo do *Savarona* poderia chegar a uma profundidade de até 250 metros em alguns lugares e estava coberto com recifes de coral dispersos, muitos do tamanho que esperavam que o *Templo do Falcão* tivesse. As varreduras do sonar não bastavam para diferenciar o naufrágio dessas colinas naturais e era aqui que os magnetômetros entravam em cena. Suas leituras ajudariam a detectar o ferro residual do navio naufragado e, embora fossem cuidadosamente calibrados — Rassoulis e sua equipe tinham calculado que, depois de setecentos anos de corrosão pela água salgada, restariam, no máximo, quinhentos quilos de ferro nos destroços do *Templo do Falcão* —, ainda tinham o risco de disparar alarmes falsos por causa dos bolsões naturais de geomagnetismo ou, mais freqüentemente, de naufrágios mais recentes.

Ela assistia ao procedimento que tinha testemunhado duas vezes em dias recentes novamente se desenrolar. Com levíssimas cutucadas no *joystick*, Attal guiava com segurança o VOR pelo solo marítimo. Em intervalos de cerca de um minuto, ele o pousava em outra nuvem de areia. Ele então apertava um botão que fazia com que seu sonar iniciasse uma varredura de 360° de seus arredores imediatos. A equipe estudava cuidadosamente a varredura resultante antes que Attal voltasse aos controles, disparando os propulsores hidráulicos do pequeno robô e impelindo-o para frente em sua busca silenciosa.

Attal tinha repetido o exercício mais de meia dúzia de vezes antes que uma mancha incipiente aparecesse no canto da tela. Guiando o VOR até o local, iniciou mais uma varredura com o sonar. A tela levou uns dois segundos para registrar os resultados antes que Tess visse a mancha se aglutinar e se transformar num formato róseo oblongo, acenando para ela de seus arredores azuis.

Tess olhou para Vance, que retribuiu seu olhar calmamente.

Sem erguer o olhar para eles, Rassoulis disse a Attal:

— Vamos dar uma olhada mais de perto.

O VOR estava novamente em movimento, quase roçando o fundo do mar como um aerodeslizador submarino enquanto Attal guiava-o com perícia até seu alvo. No ruído metálico seguinte, a forma rósea ficou mais nítida em suas bordas.

— O que você acha? — perguntou Vance.

Rassoulis ergueu os olhos para Vance e para Tess.

— As leituras do magnetômetro estão um pouco altas, mas... — Ele apontou um dedo na imagem da varredura. — Vê como está retificado nesta ponta e estreitado aqui, na outra? — Ele ergueu a sobrancelha com uma expressão de esperança. — Não me parece uma rocha.

A sala ficou em silêncio enquanto o VOR se deslocava. Os olhos de Tess estavam presos à imagem enquanto a tela flutuava sobre uma nuvem de plantas marítimas que oscilavam quase imperceptivelmente nas águas desoladas. Quando o veículo caiu para trás e roçou novamente a areia, Tess sentiu seu coração acelerar. Na borda do feixe de luz do VOR, alguma coisa estava entrando no campo visual. As bordas também eram angulares, as curvas excessivamente regulares. Pareciam feitas pelo homem.

Em questão de segundos, os restos inconfundíveis de um navio tornaram-se discerníveis. O robô contornou o local, revelando o esqueleto de um navio, suas cavernas de madeira escavadas por vermes teredos.

Tess imaginou ter avistado alguma coisa. Apontou ansiosamente no canto da tela.

— O que é isto? Consegue uma imagem mais nítida disto?

Attal guiou seu robô conforme as instruções. Tess debruçou-se para ver melhor. No brilho intenso dos holofotes, ela conseguiu distinguir algo arredondado, semelhante a um barril. Parecia que era feito de um metal enferrujado. Era difícil saber a escala relativa dos objetos na tela e, por um momento, especulou se o que estava vendo seria um canhão. O pensamento disparou uma súbita onda de preocupações dentro dela — ela sabia que uma embarcação do período final das Cruzadas não transportaria um. Mas quando o VOR se aproximou num giro, o formato metálico curvo se mostrou diferente. Parecia mais plano e mais largo. Do canto do seu olho, Tess viu uma careta infeliz surgir no rosto de Rassoulis.

— Isso é uma couraça de aço — disse ele encolhendo os ombros. Ela soube o que ele queria dizer antes de proferir as palavras. — Não é o *Falcão*.

O VOR deu uma volta em torno dele, mostrando-o sob um outro ângulo. Attal confirmou desolado.

— E, olhe, lá. É a pintura — ele ergueu os olhos para Tess e balançou a cabeça consternado. Enquanto o robô passava lentamente ao redor da embarcação afundada, ficou bem claro que o que eles tinham encontrado eram os restos de um navio bem mais recente.

— Meados do século XIX — confirmou Rassoulis. — Sinto muito. — Ele lançou um olhar para fora da janela. O mar ficava cada vez mais agitado e as enormes nuvens escuras se aproximavam em duas frentes a uma velocidade alarmante. — Seria melhor sairmos daqui e irmos embora. Isto não parece nada bom. — Ele se dirigiu a Attal. — Traga *Dori* para cima. Terminamos aqui.

Tess inclinou a cabeça lentamente, soltando um suspiro de desânimo. Estava para se virar e sair da sala quando algo no canto da tela atraiu seu olhar. Sentiu um súbito frêmito de excitação e olhou fixamente para ela, com os olhos bem abertos, antes de bater um dedo no lado esquerdo do monitor.

— O que é isto? Bem aqui? Está vendo isto?

Rassoulis esticou o pescoço, olhando atentamente na tela enquanto Attal manobrava o robô em direção ao local que Tess tinha apontado. Olhando detidamente entre os dois homens, Tess estudou atentamente a tela. Na borda da frágil luz do VOR, uma protuberância entrava no campo visual. Parecia o toco de uma árvore inclinada, erguendo-se de um pequeno monte. À medida que o robô se aproximava, ela conseguiu ver que o monte era composto por algo que parecia a mastreação, com algas marinhas pendendo de alguns dos mastros, mas que sua imaginação esperava que fossem, na verdade, os restos dos cordames. Alguns dos pedaços pareciam curvos, como as cavernas de uma carcaça antiga. Séculos de crescimento marinho cobriam os restos fantasmagóricos.

Seu coração batia rápido. Tinha que ser um navio. Outro, mais velho, parcialmente escondido pelo naufrágio mais recente que jazia sobre ele.

O VOR se aproximou mais, deslizando sobre os destroços em desintegração incrustados de coral, as luzes banhando a protuberância com seu brilho esbranquiçado.

Tess de repente sentiu o ar ao seu redor ser sugado para fora da sala.

Lá, banhada na luz ofuscante fantasmagórica do holofote e projetando-se do solo oceânico em provocação feroz, jazia a figura de proa de um falcão.

Capítulo 75

Na timoneira palpitante, Rassoulis, Vance e Tess olhavam fixamente para fora, cada vez mais preocupados com a tempestade que se aproximava. O vento tinha subido para trinta nós e a ondulação ao redor do *Savarona* tinha crescido e se transformado em ondas espumosas, a água agora da mesma cor das nuvens pretas se deslocando ameaçadoramente.

Abaixo da ponte, um pequeno guindaste estava descendo o VOR para o convés principal. Attal e outros dois tripulantes ficaram parados lá, encarando corajosamente o mau tempo enquanto esperavam para prendê-lo.

Tess afastou do rosto os cabelos soprados pelo vento.

— Não deveríamos voltar? — perguntou ela a Rassoulis.

Vance interveio rapidamente, sem hesitação.

— Bobagem. Não está tão ruim assim. Tenho certeza de que temos tempo para enviar o VOR para mais uma olhada — ele sorriu com confiança para Rassoulis —, não concorda?

Tess olhou para o capitão enquanto ele estudava os céus desfigurados, em fúria, precipitando-se sobre eles. Ao sul, os relâmpagos rasgavam as nuvens e, mesmo desta distância, eles viam que as grossas cortinas de chuva agora varriam todo o mar.

— Não gosto disto. Uma frente, podemos enfrentar, mas duas... Poderemos deslizar através delas se partirmos agora — ele se dirigiu a Vance. — Não se preocupe. As tempestades aqui não duram muito e nosso localizador GPS tem precisão de um metro. Voltaremos assim que tiverem passado, provavelmente pela manhã.

Vance fez uma careta para ele mesmo.

— Eu preferiria não sair daqui sem alguma coisa — disse ele calmamente. — A figura de proa do falcão, por exemplo. Com certeza temos tempo para recuperá-la antes que tenhamos que sair daqui, não temos? — Pela expressão de preocupação de Rassoulis, ficava claro que ele não estava exatamente entusiasmado com a idéia. — Só estou preocupado que a tempestade dure mais do que você espera — Vance continuou a pressionar —, e, então, com seu outro frete já agendado, poderão passar meses antes que consigamos voltar e quem sabe o que acontecerá nesse meio tempo.

Rassoulis contraiu o rosto em direção às frentes de tempestade que convergiam, claramente avaliando se o *Savarona* conseguiria ou não suportar uma permanência ao redor do local do naufrágio.

— Farei com que valha a pena para você — insistiu Vance. — Traga para cima o falcão e terminarei aqui. Você poderá ficar com tudo o mais que estiver aqui embaixo.

Rassoulis ergueu a sobrancelha com ar de curiosidade:

— Isso é tudo que você quer? O falcão? — Ele fez uma pausa, perscrutando Vance. Tess olhou para ele e teve a sensação de uma intrusa num grande jogo de pôquer. — Por quê?

Vance encolheu os ombros e sua expressão se tornou distante.

— É pessoal. Chame-o de uma questão de.... colocar um ponto final. — Seus olhos endureceram, voltando a pousar sobre Rassoulis. — Estamos perdendo tempo. Tenho certeza de que poderemos fazê-lo se andarmos rápido. E, depois disto, é todo seu.

O capitão pareceu considerar suas opções por alguns segundos e, então, inclinou a cabeça e se afastou, gritando ordens para Attal e os outros tripulantes.

Vance voltou-se para Tess, o rosto irrequieto com uma energia nervosa.

— Quase lá — murmurou com uma voz estridente. — Estamos quase lá.

— Quanto mais? — De Angelis gritou para o capitão.

Reilly podia sentir a ponte do *Karadeniz* reverberando intensamente, muito mais do que antes. Por mais de uma hora, eles atravessavam diagonalmente as ondas que batiam violentamente a estibordo e empurravam o casco do barco de patrulha com ferocidade crescente. Com o vento uivando e os motores sobrecarregados lutando contra o volume de água, eles precisavam gritar para se fazerem ouvir.

— Pouco menos de vinte milhas marítimas — respondeu Karakas.

— E quanto ao helicóptero?

O capitão consultou seu operador de radar e depois respondeu gritando:

— Contato estimado em pouco menos de cinco minutos.

De Angelis suspirou pesadamente, bufando de impaciência.

— Esta droga não consegue ir mais rápido?

— Não neste mar — respondeu Karakas laconicamente. Reilly aproximou-se do capitão. — Quanto terá piorado quando os alcançarmos?

Karakas balançou a cabeça, sua expressão, sombria. Não gritou sua resposta, mas, de qualquer maneira, Reilly a ouviu.

— Só Deus sabe — disse ele, encolhendo os ombros.

Tess assistia com os olhos extasiados enquanto os dedos de Attal controlavam o braço manipulador da *Dori* para fixar o último dos arreios à figura de proa do falcão. Apesar das condições difíceis, a tripulação tinha trabalhado rápido e com uma precisão militar para prover o VOR com o equipamento de recuperação necessário antes de enviá-lo de volta para as águas agitadas. Attal tinha feito sua mágica ao *joystick*, guiando o VOR para baixo e posicionando a rede de recuperação com eficiência desarmante. Tudo que restava era tracioná-lo de volta, usar o controle remoto para acionar a insuflação simultânea dos três sacos de içamento e assistir enquanto a cabeça de proa subia flutuando suavemente até a superfície.

Attal expressou sua disposição:

— Podemos trazê-lo para cima, mas... — Ele encolheu seus ombros gauleses, os olhos voltados em direção ao pára-brisa que era fustigado pelo vento uivante.

Rassoulis fechou a cara, olhando fixamente para o redemoinho que os cercava.

— Eu sei. Trazê-lo a bordo assim que vier à tona não será fácil. — Ele voltou-se para Vance, com expressão melancólica. — Não podemos descer um Zodiac neste mar e também não quero arriscar mandar os mergulhadores. Vai ser bem difícil trazer de volta o VOR, mas pelo menos está acorrentado e é móvel. — Ele fez uma pausa, avaliando as condições em rápida deterioração, antes de tomar uma decisão. — Não conseguiremos trazê-lo para cima hoje. Deixaremos os flutuadores aqui e voltaremos para buscá-lo quando a tempestade se dissipar.

Vance olhou incrédulo.

— Temos de trazê-lo para cima agora — ele insistiu. — Poderemos não ter outra chance.

— Do que é que você está falando? — disparou Rassoulis. — Ninguém vai vir até aqui e roubá-lo de nós com este tempo. Voltaremos assim que o tempo permitir.

— Não! — explodiu Vance irritado. — Temos que fazê-lo agora!

Rassoulis empinou a cabeça, surpreso com a explosão de Vance.

— Olha, não vou arriscar a vida de ninguém por causa disto. Estamos voltando e é isto — seus olhos fuzilaram os de Vance por um segundo antes de se dirigir a Attal. — Traga *Dori* para cima o mais rápido que puder — disse bruscamente. Mas antes que conseguisse dar qualquer outra ordem, alguma coisa atraiu sua atenção. Era o som familiar do bater de pás de um helicóptero. Tess também o ouviu e, pelo grunhido de Vance, era óbvio que ele também tinha ouvido.

Eles pegaram alguns pára-ventos e saíram para o estreito convés da ponte. O vento tinha evoluído inteiramente para um vendaval e lâminas de chuva chegavam com ele. Tess protegeu os olhos com a mão enquanto examinava o céu turbulento e logo o avistou.

— Lá — gritou ela, apontando.

Ele voava rente à água, rumando diretamente para eles. Em segundos, estava sobre eles, branco como uma banheira e com uma larga faixa vermelha diagonal, trovejando sobre suas cabeças antes de fazer uma curva para cima e contornar para dar mais uma volta. Sua velocidade diminuiu à medida que se aproximou do navio e, então, pairou paralelamente a bombordo do *Savarona*, lutando contra os ventos, seu rotor soprando violentamente contra o mar e levantando um redemoinho de água das cristas das ondas espumosas. Tess conseguiu divisar claramente o símbolo da Guarda Costeira Turca em sua fuselagem e viu o piloto falando ao microfone enquanto os olhos percorriam a embarcação.

Ele então apontou para o seu fone de ouvido, fazendo gestos vigorosos para que eles apanhassem rádio.

Na ponte do *Karadeniz*, Reilly viu o rosto de De Angelis se iluminar. O relato do helicóptero confirmou que o contato era um navio de mergulho. Apesar de as condições estarem piorando seriamente, mantinha a posição. O piloto pôde ver atividade no convés ao redor do guindaste, indicando a recuperação iminente de um submersível de alguma espécie. Ele também avistara as duas figuras-alvo em seu convés e suas descrições não deixaram absolutamente nenhuma dúvida na mente do monsenhor.

— Pedi-lhe que estabelecesse contato por rádio com eles — disse Karakas a De Angelis. — O que quer que lhes diga?

De Angelis não hesitou.

— Diga-lhes que estão prestes a serem atingidos por uma tempestade de proporções bíblicas — respondeu categoricamente. — Diga-lhes que devem sair de lá se quiserem viver.

Reilly estudou o rosto de De Angelis e isto só confirmou a ameaça intransigente que lera na réplica do monsenhor. O homem estava determinado a não deixar que eles escapassem com o que tivessem vindo buscar, a qualquer custo. Ele já revelara seu insensível desprezo pela vida humana quando o assunto era proteger o grande segredo da Igreja. "Todo mundo é prescindível", ele tinha declarado, para não deixar qualquer dúvida, lá na Turquia.

Reilly tinha de interferir.

— Nossa prioridade deveria ser a segurança deles — refutou. — Há uma tripulação inteira lá.

— Meu objetivo, exatamente — replicou De Angelis calmamente.

— Eles não têm muitas opções — enfatizou Karakas. Ele estudou a tela do radar, que mostrava os inúmeros bipes se afastando da área. — As tempestades cercaram-nos ao norte e ao sul. Eles podem rumar para o leste, onde temos dois barcos de patrulha aguardando para apanhá-los, ou podem vir para o oeste, em nossa direção. De qualquer maneira, nós os pegamos. Duvido que tivessem muita sorte se tentassem nos deixar para trás. — Seu sorriso não era particularmente bem-humorado. Ocorreu a Reilly que Karakas poderia realmente apreciar uma caçada, o que, combinada com a predisposição sanguinária de De Angelis, não era um bom presságio.

Ele olhou para o convés de proa e para o canhão automático de 23mm montado ali e sentiu uma onda de inquietação. Tinha de alertar Tess e os que estavam com ela sobre quem estariam enfrentando.

— Deixe-me falar com eles — Reilly falou rapidamente.

De Angelis olhou para ele, impassível ao seu pedido.

— Você queria que eu ajudasse — Reilly continuou a pressionar. — Eles não sabem que estamos aqui. Eles também podem não estar cientes da escala real da tempestade que está prestes a atingi-los. Deixe-me conversar com eles, convencê-los a nos seguir até a costa.

Karakas também não pareceu se importar com uma ou outra opção. Olhou para De Angelis em busca de orientação.

O monsenhor sustentou o olhar em Reilly com olhos frios calculistas e, então, assentiu sua aquiescência.

— Dê-lhe um microfone — ordenou.

O coração de Tess saltou para a garganta quando ouviu a voz de Reilly no rádio do navio. Ela agarrou o microfone de Rassoulis.

— Sean, é a Tess — estava sem fôlego, o pulso golpeava suas têmporas.

— Onde você está?

O helicóptero já tinha há muito se virado e se afastado, desaparecendo rapidamente no céu escuro assolado pela chuva.

— Não estamos longe — a voz de Reilly voltou estalando. — Estou em um barco de patrulha, a cerca de 15 milhas marítimas a oeste de vocês. Temos outros dois barcos a leste de vocês. Ouça-me, Tess. Vocês precisam largar tudo que estiverem fazendo e sair correndo daí. As duas frentes de tempestade estão prestes a se chocar diretamente com vocês. Vocês precisam rumar para o oeste já, num curso de — ele fez uma pausa, aparentemente esperando pela informação antes de voltar com — dois sete zero. É dois, sete, zero. Nós iremos ao seu encontro e escoltaremos vocês de volta a Marmaris.

Tess percebeu Rassoulis olhando com incerteza para Vance, que ficou visivelmente mais exasperado. Antes que conseguisse responder a Reilly, o capitão pegou o microfone dela.

— Aqui fala George Rassoulis, o capitão do *Savarona*. Com quem estou falando?

Seguiu-se um pouco de estática e, então, a voz de Reilly retornou.

— Meu nome é Sean Reilly. Sou do FBI.

Tess viu a expressão de Rassoulis ensombrecer enquanto lançava um olhar dúbio para o professor. Vance ficou parado, imóvel, antes de dar alguns passos em direção aos fundos da ponte.

Sem tirar os olhos de Vance, o capitão perguntou:

— Por que o FBI está dando um aviso a um navio grego de mergulho sobre uma tempestade no meio do Mediterrâneo?

Vance respondeu, ainda de costas:

— Estão aqui por minha causa — disse com uma surpreendente indiferença. Quando ele se virou, Tess viu que segurava uma pistola apontada para Rassoulis. — Acho que já ouvimos o bastante dos nossos amigos do FBI. — E, com isto, disparou dois tiros no rádio. Tess gritou quando faíscas e restos saíram do aparelho. A estática que saía do alto-falante morreu instantaneamente.

— Agora — falou sibilando, os olhos fervilhando de uma raiva que mal conseguia conter —, podemos todos voltar aos negócios aqui?

Capítulo 76

O corpo inteiro de Tess enrijeceu. Ela teve a impressão de que suas pernas tinham sido pregadas no chão da cabine e conseguiu apenas permanecer silenciosa em seu canto enquanto assistia a Vance dar alguns passos ameaçadores em direção a Rassoulis e ordená-lo que iniciasse a seqüência de recuperação da cabeça de proa.

— Não adianta — argumentou o capitão —, estou lhe dizendo que não podemos trazê-la a bordo, não nas atuais condições.

— Aperte o maldito botão — insistiu Vance —, ou o farei por você. — Ele olhou ameaçadoramente para Attal, que ainda estava sentado no console de comando do VOR, os dedos paralisados contra o *joystick*.

O engenheiro olhou de relance para o capitão, e Rassoulis afrouxou, inclinando ligeiramente a cabeça. Attal tocou nos controles. No monitor, a imagem da câmera de *Dori* ficava menor à medida que o VOR recuava e, então, uma depois da outra, as bolsas de içamento cor de laranja começaram a encher, inflando até ficarem esticadas em segundos. No início, o falcão não pareceu se mover, resistindo teimosamente à tração para cima dos grandes flutuadores. Então, de repente, numa explosão de areia, ele se ergueu como um tronco de árvore desarraigado, deixando atrás dele uma nuvem em redemoinho dos sedimentos que tinham se assentado sobre ele durante os séculos. Attal guiou o VOR para cima numa subida paralela, mantendo na tela a imagem fantasmagórica da figura de proa em ascensão.

Tess ouviu a porta da timoneira vibrar quando um tripulante entrou, vindo do passadiço. Ela percebeu que Vance perdera a concentração e desgrudara da tela os olhos extasiados para olhar para a comoção. Abruptamente, Rassoulis investiu contra Vance e começou a lutar contra ele pela posse da arma. Tess deu um passo para trás, gritando:

— Não!

Attal e outro engenheiro ficaram de pé para ajudar o capitão quando, um som ensurdecedoramente alto no espaço limitado, a arma disparou.

Por um momento, Vance e Rassoulis ficaram parados, presos um ao outro e imóveis, antes de Vance se afastar e o capitão cair bruscamente ao chão, o sangue espirrando da boca enquanto os olhos viravam para cima e se fechavam.

Horrorizada, Tess olhou para o corpo do capitão, que convulsionou ligeiramente antes de ficar flácido. Ela fitou Vance.

— O que você fez? — ela gritou enquanto caía sobre seus joelhos ao lado de Rassoulis, sem ter certeza do que fazer e, então, tentou ouvir uma respiração, tentou sentir um pulso.

Não encontrou nenhum dos dois.

— Ele está morto — ela gritou. — Você o matou.

Attal e os outros tripulantes ficaram paralisados, sem acreditar no que viam. Então, o timoneiro reagiu bruscamente em reflexo, arremessando-se contra Vance, tentando agarrar a arma. Com uma velocidade surpreendente, Vance o golpeou no rosto com a coronha da arma, derrubando-o no chão. Por um breve momento, Vance pareceu estar atordoado; então, seus olhos entraram em foco e sua expressão endureceu.

— Consigam-me o falcão e todos poderemos ir para casa — ele ordenou. — Agora.

Vacilante, o primeiro-imediato e Attal foram tratar dos preparativos para a recuperação, gritando ordens aos outros tripulantes, mas as palavras passaram por Tess num atordoamento indecifrável. Ela não conseguia perder Vance de vista, cujos olhos ganharam vida própria. Eles não pertenciam ao professor erudito que tinha conhecido tantos anos atrás, nem ao homem destroçado e determinado com quem ela embarcara nesta jornada equivocada. Ela reconheceu a rispidez fria, distante, que tinha visto neles. Ela a tinha visto pela primeira vez no Metropolitan, na noite do ataque. Essa rispidez a apavorara então; agora, com um homem morto no chão ao seu lado, a aterrorizou.

Olhando novamente para o corpo de Rassoulis, ela subitamente se deu conta: era bem possível que morresse aqui. E, nesse instante, pensou na filha e se perguntou se voltaria a vê-la novamente.

Reilly saltou para trás quando a voz de Rassoulis desapareceu e o alto-falante do rádio irrompeu uma sibilação alta, estática. Um calafrio de pavor correu sua espinha. Achou ter ouvido o que pareceu o disparo de uma arma pelo rádio, mas não podia ter certeza.

— Capitão? Tess? Alguém?

Não houve nenhuma resposta.

Ele olhou para o operador de rádio ao seu lado, que já estava ajustando os controles do console, balançando a cabeça e se reportando ao capitão em turco.

— O sinal se foi — confirmou Karakas. — Parece que ouviram tudo que queriam ouvir.

Reilly olhou fixamente para frente, com irritação, através dos limpadores de pára-brisa em movimento que nada faziam para melhorar a visibilidade. O *Karadeniz* estava num esforço violento, lutando contra as ondas cada vez mais ferozes. Toda a conversa na ponte foi em turco, mas Reilly entendeu que a tripulação da canhoneira estava mais concentrada no mar em fúria do que no outro barco, que ainda parecia estar estacionário. Embora o *Savarona* agora estivesse teoricamente em alcance visual, o grande volume de chuva e os mares altos implicavam que ele ficaria visível de vez somente quando as imensas ondas sob os dois barcos estivessem simultaneamente em seus picos. Quando Reilly conseguia vê-lo de relance, tudo o que decifrava era uma forma distante borrada. Sentiu um bolo crescer na garganta ao pensar que Tess estava lá, no navio castigado.

Reilly viu Karakas e o primeiro-oficial trocarem algumas palavras em voz baixa e, então, o capitão dirigiu-se a De Angelis, com profundos sulcos de preocupação marcando sua testa curtida.

— Está saindo de controle. O vento está quase a cinqüenta nós e, nestas condições, não há muito o que possamos fazer para forçá-los a nos seguir.

De Angelis pareceu estranhamente sereno.

— Enquanto eles estiverem lá, continuaremos em frente.

O capitão respirou profundamente. Os olhos dispararam para Reilly, buscando por alguma explicação para o estado de espírito de De Angelis, mas não encontraram nada.

— Não acho que devamos permanecer aqui por mais tempo — ele declarou monotonamente. — Já não é mais seguro. — De Angelis virou-se para encará-lo:

— Qual é o problema — disse ele indignado —, não consegue lidar com algumas ondas? — Irritado, ele apontou um dedo para o *Savarona*. — Não os vejo dar meia-volta e sair correndo. Sem dúvida, não estão com medo de estar aqui. — Sua boca torceu estranhamente. — Você está?

Reilly viu Karakas ficar parado lá, o pulso visivelmente acelerado com a provocação. O capitão lançou um olhar fulminante para o monsenhor antes de vociferar algumas ordens para o nervoso primeiro-oficial. De Angelis assentiu, disparou um rápido olhar para Plunkett e virou-se para olhar para frente e, apenas por seu perfil, Reilly sabia que o monsenhor estava sombriamente satisfeito.

Tess ficou parada ao lado de Vance, olhando para fora, os jorros no pára-brisa pareciam chumbo grosso enquanto as rajadas de chuva vindas de todas as direções se lançavam contra a timoneira. Grandes manchas de espuma arfavam nas densas listras brancas ao seu redor e o convés do *Savarona* era inundado com água.

E, então, elas apareceram.

Três bolsas de içamento cor de laranja, a estibordo do navio, impulsionando para fora da água como baleias saltando.

Os olhos de Tess se contraíram, tentando atravessar o imenso volume de chuva e, então, ela o avistou, uma grande e escura viga de madeira arredondada balançando entre os flutuadores. Apesar do desgaste dos séculos, estava inconfundivelmente esculpida na forma de um pássaro e era vigorosamente evocativa de sua antiga glória.

Ela olhou de relance para Vance e viu seu rosto iluminar. Durante um brevíssimo momento, sentiu uma repentina emoção, uma onda de excitação que obscureceu todo o pavor e horror que estava sentindo.

E, então, tudo voltou correndo.

— Mandem os mergulhadores ao mar — gritou Vance ao primeiro-imediato, que cuidava das faces ensangüentadas do timoneiro. Vendo a hesitação nos olhos do homem, Vance esticou o braço e empurrou a pistola no rosto do imediato aterrorizado. — Faça. Não vamos sair daqui sem ele.

Exatamente nesse momento uma enorme onda bateu ruidosamente na popa do navio. Com o giro brusco do *Savarona* para um dos lados, o timoneiro cambaleou sobre os pés e assumiu o comando dos tripulantes prostrados, lutando com o leme para impedir que a embarcação desse uma guinada e emborcasse enquanto a manobrava para fora do perigo e mais para perto das bolsas de içamento flutuantes. Resistindo com perícia às ondas, ele manteve a posição da embarcação castigada enquanto outros dois tripulantes se equiparam e relutantemente saltaram do convés para mergulhar, os pesados cabos de recuperação em suas mãos.

Tess assistia nervosamente aos mergulhadores abrirem caminho até o equipamento, os tensos minutos tiquetaqueando agonizantemente antes que um sinal de o.k. indicasse o seu sucesso. O primeiro-imediato então apertou um interruptor e, lá fora no convés, o guincho ganhou vida ao começar a girar ruidosamente, fazendo força contra o balanço do navio e os choques das ondas. A figura de proa, ainda atrelada às bolsas de içamento, ergueu-se para fora das águas espumosas e balançou em direção ao convés de espera do navio.

Vance de repente contorceu o rosto, sua atenção presa por algo além do equipamento suspenso. O rosto de Attal se iluminou ao mesmo tempo em que agarrava o braço de Tess e fazia um gesto na mesma direção, rumo ao oeste. Ela olhou adiante da proa e viu uma forma fantasmagórica ao longe. Era o *Karadeniz*, lutando contra as ondas esmagadoras e resistindo a elas.

Vance dirigiu-se impetuosamente ao timoneiro.

— Tire-nos daqui — ele ordenou, acenando sua pistola furiosamente.

Fios de suor com vestígios de sangue desciam pelo rosto do timoneiro enquanto lutava para impedir que o navio virasse transversalmente às ondas.

— Precisamos antes resgatar os mergulhadores — ele protestou.

— Deixe-os — rugiu Vance. — O barco de patrulha os apanhará. Isto ajudará a retardá-los.

Os olhos do timoneiro disparavam para todos os lados, assimilando as leituras dos ventos no radar meteorológico. Ele apontou para o *Karadeniz*.

— A única saída desta tempestade é em direção a eles.

— Não. Não podemos ir para esse lado — berrou Vance.

Tess viu o *Karadeniz* bem próximo e virou-se para ele.

— Por favor, Bill. Acabou. Eles nos cercaram e, se não sairmos daqui agora, a tempestade nos matará.

Vance lançou-lhe um olhar feroz de silêncio e, então, disparou olhares ansiosos para fora, pelo pára-brisa, e para o radar meteorológico. Seus olhos gelaram.

— Sul — vociferou para o timoneiro. — Leve-nos para o sul.

Os olhos do timoneiro se arregalaram, como se tivesse recebido um soco no estômago.

— Sul? Isto é ir direto para a tempestade — ele rebateu. — Você está louco.

Vance empurrou sua arma contra o rosto do homem hesitante e, sem aviso, apertou o gatilho, deslocando a arma ligeiramente para um dos lados ao disparar. A bala passou roçando pelo timoneiro e se chocou contra um anteparo atrás dele. Vance disparou um rápido olhar ameaçador para os demais na ponte antes de voltar a pressionar a arma contra o rosto do homem traumatizado.

— Você pode se arriscar com as ondas... ou com uma bala. A decisão é sua.

O timoneiro apenas o fitou por um momento, deu uma rápida olhada nos seus instrumentos e, então, girou o leme e apertou para frente os aceleradores. O barco avançou contra as águas agitadas, deixando os mergulhadores se debatendo imponentemente em sua esteira, e se lançou diretamente para a ira da tempestade.

Foi só então que Vance finalmente tirou os olhos do timoneiro e percebeu que Tess se fora.

Capítulo 77

Na ponte do *Karadeniz*, De Angelis olhou atentamente com os binóculos marinhos Fujinon em furiosa incredulidade.

— Eles o pegaram — disse ele com os dentes cerrados. — Não acredito nisto. Conseguiram levá-lo a bordo.

Reilly também tinha visto, e uma onda de preocupação percorreu sua espinha. "Então era tudo verdade, afinal." Lá estava aquilo, arrancado para fora do abismo, depois de centenas de anos, pela tenacidade resoluta de um homem.

"Tess. O que você fez?"

E com um horror vertiginosamente crescente, ele soube que, agora, De Angelis não pararia por nada.

O primeiro-oficial, de pé ao lado deles, também tinha os olhos pregados no barco de mergulho, mas possuía outras preocupações.

— Estão indo em direção ao sul. Estão abandonando os mergulhadores.

Assim que ouviu isto, Karakas começou a disparar ordens. Instantaneamente uma sirene explodiu, seguida por comandos rapidamente disparados pelos alto-falantes da canhoneira. Os mergulhadores começaram a se vestir imediatamente enquanto, no convés, os tripulantes aprontavam apressadamente o bote inflável do barco de patrulha.

De Angelis assistiu à frenética atividade com total incredulidade.

— Esqueçam os malditos mergulhadores — ele berrou, apontando exaltado para o *Savarona*. — Eles estão fugindo. Precisamos interceptá-los.

— Não podemos deixá-los aqui — rechaçou bruscamente Karakas, mal disfarçando o desprezo em seus olhos. — Além disto, aquele navio nunca conseguirá atravessar esta tempestade. As ondas são grandes demais. Precisamos sair daqui assim que resgatarmos os mergulhadores.

— Não — repeliu firmemente o monsenhor. — Mesmo que haja uma única chance em um milhão de eles conseguirem sair inteiros, não podemos permitir que isto aconteça. — Ele fitou intensamente pelo pára-brisa e então virou-se novamente para encarar o capitão atarracado, os olhos lampejando ameaçadoramente. — Afunde-os.

Reilly não conseguiu mais se conter. Ele investiu contra De Angelis, agarrando-o e virando-o fortemente para encará-lo.

— O senhor não pode fazer isto, não há...

Ele parou imediatamente.

O monsenhor tinha sacado uma grande automática e pressionado a boca do cano no rosto de Reilly.

— Fique fora disto — ele gritou, empurrando Reilly de volta para o fundo da cabine.

Reilly olhou fixamente adiante do frio cano de aço que pairava a milímetros dele, para dentro dos olhos de De Angelis, inflamados com uma fúria assassina.

— Sua presença aqui já não tem mais razão de ser — disse o monsenhor asperamente. — Você me entende?

Era tão grande a implacabilidade na expressão de De Angelis que Reilly acreditou que ele puxaria o gatilho sem a menor hesitação. Também sabia que, se fizesse um gesto contra ele, estaria morto muito antes de conseguir sequer alcançá-lo.

Ele assentiu e recuou, equilibrando-se contra o movimento do barco.

— Calma, agora — disse ele tranqüilamente. — Calma.

De Angelis manteve os olhos firmemente presos em Reilly.

— Use o canhão — ordenou ao capitão. — Antes que eles saiam de alcance.

Reilly sabia que Karakas não estava nem um pouco à vontade com aquilo que ocorria em seu navio.

— Estamos em águas internacionais — ele objetou — e, se isso não for suficiente para o senhor, é de um navio grego que estamos falando. Já temos problemas suficientes com...

— Não me importo — vociferou De Angelis, virando para encarar Karakas e acenando sua arma furiosamente. — Este navio está operando sob o comando da OTAN e, na qualidade de oficial de mais alto posto, estou lhe dando uma ordem direta, capitão...

Desta vez, foi Karakas quem interrompeu.

— Não — ele declarou categoricamente, encarando De Angelis. — Arriscarei minhas chances com um tribunal militar.

Os dois homens se colocaram em posição de defesa por um tenso momento, o braço direito do monsenhor inteiramente estendido, sua arma diretamente no rosto do capitão. Para o crédito de Karakas, ele não recuou. Ficou simplesmente de pé em seu campo até que o monsenhor empurrou-o para o lado, dirigiu-se a Plunkett e lhe ordenou que os vigiasse e arremeteu pela porta para o passadiço.

— Ao diabo com você — gritou furioso. — Eu mesmo o farei.

Plunkett assumiu sua posição, sacando a própria arma enquanto o monsenhor abria a porta. Os ventos com força de vendaval golpearam a ponte. De Angelis revestiu-se de coragem e saiu para a tempestade em fúria.

Reilly disparou um olhar incrédulo para Karakas exatamente quando uma grande onda bateu estrondosamente contra o costado do barco, sacudindo a ponte e forçando todos que lá estavam a se agarrar em algo firme. Reilly viu a oportunidade e a aproveitou. Atirou-se contra Plunkett, que chegou até ele exatamente quando o monsenhor esticava o braço para se equilibrar contra o console ao seu lado. Reilly conseguiu bloquear a mão que segurava a arma contra o balcão ao mesmo tempo em que lançava um gancho ruidoso que afrouxou suficientemente o punho fechado de Plunkett para que pudesse arrancar a arma dele. Plunkett respondeu com um golpe lateral furioso e violento, mas Reilly o bloqueou e, sem hesitação, deu um golpe no assassino, seguido de um golpe selvagem em sua testa. Plunkett caiu ao chão, inconsciente.

Reilly enfiou a arma no seu cinto, passou pelo capitão, agarrou um colete salva-vidas, prendeu as correias freneticamente e foi para fora, atrás de De Angelis.

O vento o golpeou imediatamente, arremessando-o para trás, contra a parede da timoneira, como um boneco de pano. Reilly equilibrou-se e, puxando-se ao longo do parapeito uma das mãos depois da outra, avistou a silhueta do monsenhor, fustigada pela chuva, avançando vagarosamente para frente ao longo da mureta e indo inexoravelmente em direção ao convés de proa, onde estava montado o canhão automático.

Protegendo os olhos enquanto avançava, mirou adiante da proa e avistou o *Savarona*. Estava bordejando pesadamente, a uma distância de apenas duzentos metros agora, mas separado do barco de patrulha por um mar montanhoso.

Reilly subitamente paralisou. No convés abaixo da timoneira do navio de mergulho, surgiu uma pequena figura que pareceu se mover, castigada por torrentes de água, segurando-se desesperadamente aos cordames.

Ele sentiu o ar abandonar seus pulmões.

Tinha certeza de que era Tess.

Tess desceu apressadamente a escada do tombadilho, confusa e com o coração pulsando de modo ensurdecedor nos ouvidos. Ela vasculhou as paredes, tentando desesperadamente se lembrar de onde tinha visto o machado.

Finalmente o encontrou, montado num anteparo logo à saída da cozinha. Em segundos, ela também achou um colete salva-vidas e o vestiu, prendendo as correias. Inspirou profundamente, juntando forças para o que estava prestes a fazer, escancarou a porta à prova de água, subiu pela braçola da escotilha e se lançou à fúria que rugia ao lado de fora.

Tess sabia que Vance não se arriscaria a sair da cabine. Agarrando o machado com uma das mãos e usando a outra para se equilibrar, moveu-se cuidadosamente pelo convés principal, soltando os salva-vidas enquanto avançava, na esperança de que pudessem ter alguma utilidade para os mergulhadores em dificuldades.

Ela viu a crista de uma onda gigantesca além da proa e firmou seus braços ao redor do parapeito, abraçando-se, quando uma parede de água a atingiu bem de frente e cobriu todo o convés. Sentiu o convés deslizar e se afastar debaixo dela enquanto o *Savarona* voava por sobre o pico da onda e despencava ladeira abaixo antes de pousar pesadamente em seu vale. Ela se impulsionou para cima e avistou o falcão, balançando no ar a um metro acima do convés, num vai-e-vem violento. Ela se esforçou para subir até a base do guindaste e do cabo que emergia de seu carretel.

Chegando até lá, olhou para cima, para a janela da cabine. Através dos véus de jatos, viu o rosto alarmado de Vance. Revestiu-se de coragem, ergueu o machado e girou-o com toda a força. Ela quase perdeu sua pega quando o machado bateu com força no cabo esticado, e ergueu os olhos para ver Vance correndo para fora da timoneira, lutando contra o vento que o cortava. Ele gesticulava enfurecidamente e gritava o que parecia um contínuo "Não!" a plenos pulmões, mas com o uivo do vento, Tess não conseguia ouvir. Sem se deixar intimidar, ela golpeou novamente, equilibrou-se e, então, golpeou mais uma vez. Uma correia estalou, depois outra, à medida que ela lançava o machado repetidamente numa explosão frenética de pancadas.

Ela não deixaria que Vance o tivesse. Não desta maneira. Não nesta costa. Ela fora tola em lhe dar o benefício de qualquer dúvida, e estava na hora de começar a fazer os reparos.

A última correia finalmente cedeu e, enquanto o *Savarona* jogava a bombordo, o falcão subitamente caiu, chocando-se pesadamente no mar.

Tess avançou firmemente ao longo do convés inclinado, distanciando-se da timoneira, abaixando-se instintivamente para evitar a linha de visão de Vance. Ao disparar um rápido olhar para trás, ela viu as bolsas de flutuação emergirem da água espumosa. Seu coração parou enquanto esperava para ver se ainda seguravam o falcão e, então, soltou um suspiro pesado quando avistou a forma arredondada marrom escura sobressaindo-se entre os balões inflados.

Sua euforia pelo sucesso teve vida curta já que, exatamente nesse momento, pequenas explosões sacudiram o *Savarona*. Mergulhando em busca de proteção,

Tess olhou para trás, para o barco de patrulha que os perseguia e ficou surpresa de ver o canhão em sua proa cuspir um fogo mortal.

Fustigado pelo jato torrencial e o vento feroz, Reilly correu atrás de De Angelis.

O *Karadeniz* fazia um esforço violento para manter sua posição, seus mergulhadores de resgate puxavam um dos mergulhadores em apuros para um bote inflável enquanto o outro homem se segurava desesperadamente a um colete salva-vidas até que também ele pudesse ser puxado a bordo.

O monsenhor finalmente chegou ao convés de proa. Em segundos, estava posicionado firmemente entre os apoios de ombro, semicirculares e acolchoados, da arma. Destravando a temível arma e girando-a com a desenvoltura de um perito, ele rapidamente encontrou o barco de mergulho que escapava e disparou uma explosão feroz de cartuchos incendiários de 23 mm.

— Não! — gritou Reilly, subindo por sobre o parapeito e indo ao convés do canhão. Mesmo com o vento silvando pelos ouvidos, o barulho do canhão foi ensurdecedor.

Ele investiu contra De Angelis, sacudindo a arma para fora de curso e fazendo com que as balas traçassem um arco longe do *Savarona* e desaparecessem inocuamente no mar. O monsenhor deslizou um dos seus ombros para fora do apoio da arma e agarrou a mão de Reilly, vergando seus dedos para trás antes de dar um golpe violento que pegou o agente no meio da bochecha e o fez cambalear para trás pelo convés inclinado e encharcado.

Incapaz de obter o controle dos seus pés, Reilly foi empurrado pelo convés e levado para longe de De Angelis. Tentou desesperadamente se agarrar para parar de escorregar. Sua mão passou por um pedaço de corda e ele o agarrou. Conseguiu se colocar de pé, mas só se manteve firme enquanto o barco de patrulha bordejou fortemente subindo uma montanha de água. Quando o barco chegou à crista da onda, De Angelis tinha se posicionado novamente e o barco de mergulho voltou a entrar no campo de visão. O monsenhor lançou outra rajada de projéteis. Horrorizado, Reilly olhou fixamente, sem poder fazer nada, enquanto dezenas de projéteis traçavam suas trajetórias mortais brilhantes através da escuridão quase total para chover sobre o barco de mergulho. Chamas e chumaços de fumaça saltaram no ar quando a maioria dos projéteis chocou-se contra a popa desprotegida do *Savarona*.

Bem agachada atrás de um caixote de aço, o coração de Tess batia tão forte que parecia querer sair do peito enquanto o *Savarona* estremecia sob o ataque impiedoso da metralhadora giratória. A mil balas por minuto, mesmo uma rajada curta possuía um impacto devastador.

Os projéteis trituravam o convés ao redor dela quando uma explosão abafada vindo de dentro da embarcação a sacudiu, fazendo-a berrar. Quase imediatamente, uma nuvem de fumaça negra saiu da popa e das chaminés no convés inclinado. O navio bordejava, quase como se alguém tivesse pisado nos freios. Tess sabia que o motor tinha sido atingido. Imaginava — ou tinha esperança — que o tanque de combustível tivesse sido poupado, já que o navio não tinha explodido embaixo dela. Ela contou cada segundo que passava, esperando que isso acontecesse, mas não aconteceu.

O que era igualmente ruim.

Avariado, o barco de mergulho era impotente contra o mar agitado. As ondas vinham de todas as direções, maltratando o navio e fazendo-o bordejar e girar como um carrinho bate-bate num parque de diversões.

Tess olhou horrorizada quando uma gigantesca montanha de mar ergueu-se atrás do *Savarona*, alcançou-o e arrebentou sobre a timoneira. Ela mal conseguiu prender um colete salva-vidas ao parapeito e abraçar-se a ele antes que a água caísse como uma avalanche sobre o navio, inundando todo o convés e provocando a implosão das janelas Lexan de meia polegada da cabine.

Ela afastou os cabelos molhados do rosto e olhou para o alto, para a timoneira devastada. Não havia nenhum sinal de Vance nem dos outros. Ela sentiu o início das lágrimas e encolheu-se numa bola, agarrando-se para salvar a própria vida. Olhou para onde vira pela última vez o barco de patrulha, na esperança que estivesse ainda mais perto agora, mas não estava em nenhum lugar à vista.

E, então, ela a viu. Uma gigantesca onda de vinte metros. Era tão íngreme que era praticamente vertical, com um imenso vale à frente que parecia estar sugando o *Savarona*.

Vinha sobre o navio avariado a bombordo.

Tess fechou os olhos, com firmeza. Sem motor, não havia nenhuma maneira de virar o barco, quer de frente à onda, quer fugindo dela — não que ainda restasse alguém no leme. Qualquer uma dessas manobras teria feito com que a embarcação sofresse um grande golpe e fosse engolida pela água, mas ainda teria saído com o lado certo para cima.

Este monstro estava prestes a bater contra eles pelo flanco.

E quando o fez, ergueu o navio de aço de 130 toneladas sem nenhum esforço e o fez rolar inteiramente como um brinquedo de criança.

Reilly assistiu aos projéteis serem lançados com violência para a popa do barco de mergulho e a fumaça negra ser expelida dele e gritou para De Angelis a plenos pulmões, mas sabia que não era possível que o monsenhor o ouvisse acima do vento estridente e do estrondo do fogo de artilharia.

Ele subitamente se sentiu exausto e inteiramente esgotado e, nesse exato momento, percebeu o que tinha de fazer.

Abraçando-se contra o parapeito, sacou a automática, equilibrou a boca do cano contra o ataque do vento o melhor que pôde e puxou o gatilho repetidamente. Jatos vermelhos saíram com violência das costas do monsenhor e ele arqueou para trás e caiu para frente, contra a metralhadora, inclinando o cano em direção ao céu tempestuoso.

Reilly jogou a Glock para o lado e olhou para fora do convés do barco de patrulha. Lutando contra as rajadas, procurou pelo *Savarona*, mas tudo que conseguiu enxergar através das lâminas de chuva eram montanhas agitadas e vales de águas espumosas raiadas de branco.

Os mergulhadores de resgate tinham conseguido de alguma maneira voltar a bordo com os homens que tinham tirado do mar e Reilly sentiu o barco de patrulha virando-se para se afastar de sua direção anterior, os motores num esforço crescente para apressar a virada e limitar o tempo em que ficaria de lado para as ondas e exposto à adernação. Um senso de pânico apoderou-se dele quando percebeu que estavam indo para trás, afastando-se da tempestade.

Exatamente nesse momento, as ondas abaixaram por alguns segundos e seus olhos se arregalaram com a visão do barco de mergulho emborcado, seu casco sujo escorregando abaixo das ondas convergentes.

Não havia sinal de sobreviventes.

Ele voltou a olhar para a ponte e viu o capitão fazer sinais frenéticos para ele voltar para dentro. Reilly protegeu o rosto e apontou para onde tinha visto o *Savarona*, mas Karakas moveu suas mãos num gesto negativo e apontou para longe, indicando que tinham de sair dali enquanto ainda podiam.

Reilly agarrou com força o parapeito, sua mente estudava febrilmente todas as opções, mas realmente havia uma única coisa que ele conseguia pensar em fazer.

Avançou com dificuldade até o bote inflável rígido da canhoneira, que os mergulhadores tinham deixado amarrado a estibordo. Buscando em sua memória tudo o que conseguia se lembrar de um curso rotineiro de treino do FBI com a Guarda Costeira dos Estados Unidos, pulou para dentro do bote salva-vidas motorizado, puxou a alavanca de liberação e, agarrando-se às suas barras, segurou a respiração ao se soltar do barco de patrulha e se lançar ao mar em fúria.

Capítulo 78

Reilly conseguiu acionar o motor do inflável e, perscrutando a cortina cegante de chuva e jatos, ele virou-se para onde achava ter visto pela última vez o *Savarona* emborcado. Manejava o inflável da melhor maneira que conseguia na paisagem que mudava continuamente ao seu redor, seguindo os instintos e a esperança, já que tinha perdido todo o senso de direção. A água estava tão cheia de espuma e o ar tão úmido que era quase impossível saber onde terminava o mar e começava o céu.

O mar se erguia e caía em ondulações vertiginosas, uma onda arrebentando sobre ele e inundando a pequena embarcação com a mesma rapidez com que outra sacudia a água para fora dele. Ele se segurava enquanto subia e descia pelas paredes de água, o som do motor aumentando até um grito infernal cada vez que era lançado acima de uma onda e sua hélice rodopiava solta.

Depois de minutos intermináveis, ele o avistou, uma forma angular marrom escura ressaltando-se de um vale que parecia um buraco no mar. Com os músculos se esforçando ao máximo, apontou o pequeno motor em direção ao barco, mas continuou sendo tirado do curso por ondas combativas, que não cooperavam. Ele teve de ajustar constantemente seu rumo enquanto tinha alguns vislumbres do barco emborcado entre as montanhas de água.

Ainda não havia nenhum sinal de Tess.

Quanto mais se aproximava, mais horrível se tornava a visão. Escombros se espalhavam ao redor do casco, flutuando ao seu lado numa dança da morte sinistramente sincronizada. A seção da popa do navio estava agora inteiramente submersa e sua proa, saindo do mar como um *iceberg* inclinado, deslizava lentamente debaixo das ondas que passavam sobre ela.

Desesperadamente, ele procurou por sobreviventes e por Tess; sua esperança diminuía gradualmente e depois aumentou rapidamente quando, do outro lado do casco, ele a avistou, balançando num colete salva-vidas laranja, batendo os braços impetuosamente.

Virando o inflável em sua direção, ele manobrou dando a volta pelo imenso casco repleto de crustáceos e se aproximou dela, seus olhos oscilavam dela para as ondas traiçoeiras, que continuavam a bater contra eles sem remorso. Quando estava suficientemente perto, estendeu uma mão e agarrou o braço dela, soltou-a e, então, voltou a estender desesperadamente o braço e, desta vez, seus dedos fecharam firmemente e ele conseguiu segurá-la.

Arrastando-a para dentro do bote, um sorriso fraco e desesperado se insinuou em seu rosto e ele viu o rosto dela se iluminar de alívio e, subitamente, transformando-se em medo. Ela olhava atrás dele. Ele virou-se, exatamente a tempo de ver um grande pedaço dos destroços do *Savarona* ser arremessado por uma onda e ir diretamente para ele.

E, então, seu mundo escureceu.

Desorientada e totalmente desnorteada, Tess tinha certeza de que iria morrer e mal pôde acreditar em seus olhos quando viu Reilly vindo em sua direção no bote salva-vidas.

Usando cada gota de força que lhe restava, conseguiu agarrar a mão dele e erguer metade de seu corpo dentro da minúscula embarcação quando viu o pedaço de prancha de madeira girar sobre uma onda e se chocar contra ele. O objeto o atingiu diretamente na cabeça e o fez voar para fora da borda do bote.

Ela voltou a escorregar para dentro da água, estendeu o braço e o agarrou, segurando-se a ele ao mesmo tempo em que mantinha a outra mão agarrada às barras do inflável. Através das águas agitadas, ela viu que as pálpebras dele estavam fechadas, sua cabeça balançando apaticamente contra o apoio de pescoço do colete salva-vidas. Sangue corria de um grande corte em sua testa, desaparecendo a cada vez que uma onda lavava o ferimento e reaparecendo em seguida.

Ela tentou puxá-lo para dentro do bote salva-vidas, mas percebeu rapidamente que era uma tarefa impossível. Pior, estava esgotando a pouca energia que lhe restava. O bote estava se tornando mais um risco que um salva-vidas, enchendo-se de água e ameaçando se chocar contra eles a cada ressurgimento das ondas. Com um coração pesaroso, ela soltou a barra à qual estava se segurando e, em vez disto, agarrou Reilly.

Assistindo ao inflável ser levado para longe, ela lutou para manter a cabeça de Reilly acima da superfície. Durante um tempo, que pareceu infinito, foi necessária toda a sua determinação apenas para permanecer consciente. A tempestade não mostrava sinais de abrandar e Tess sabia que tinha de se manter alerta, mas era uma batalha perdida. Sua força estava diminuindo rapidamente.

Foi quando ela viu um grande pedaço de madeira, uma espécie qualquer de tampa de escotilha, ela imaginou. Desesperadamente, nadou em sua direção, um braço prendendo Reilly junto a ela até que, por fim, conseguiu alcançá-la com o outro braço e agarrar uma corda que pendia dela. Com muito trabalho e muita dor, arrastou os dois para a plataforma plana e então usou a corda para amarrá-los a ela da melhor maneira que conseguiu. Ela também enganchou os cintos de seu salva-vidas aos dele. O que quer que acontecesse, eles não seriam separados. De uma maneira estranha, tal pensamento deu início a uma pequena onda de esperança dentro dela.

Enquanto a tempestade continuava a explodir ao redor dela, Tess fechou os olhos e puxou longos jatos de ar para seus pulmões, tentando acalmar seus medos. Não importava o que mais acontecesse, ela não poderia se dar ao luxo de entrar em pânico. Tinha de encontrar a força necessária para evitar que ela e Reilly perdessem sua instável segurança neste frágil pedaço de madeira. Exceto por isto, ela estava imponente. Tudo o que poderia fazer era recostar e se deixar ser carregada para onde quer que quisessem que eles fossem.

A balsa improvisada pareceu se equilibrar por um momento e Tess abriu os olhos, especulando se a trégua seria um sinal de melhores coisas por vir. Não poderia estar mais longe da verdade. Elevando-se acima deles estava uma onda descomunal, uma que apequenava inteiramente aquela que tinha emborcado o *Savarona*. Parecia estar pairando ali, sem movimento, quase a provocando.

Segurando-se desesperadamente a Reilly, Tess fechou os olhos e esperou o ataque que então chegou, chocando-se sobre eles como um rochedo em queda e engolindo-os sem qualquer esforço, como se fossem folhas mortas.

Capítulo 79

Toscana – janeiro de 1293

Martin de Carmaux abaixou-se ao lado da pequena fogueira, de costas para o vento frio que vinha do norte. O uivo do vento era misturado com o rugido de uma cachoeira que mergulhava nas profundidades obscuras de um desfiladeiro estreito. Ao lado de Martin, envolto nos restos esfarrapados de um manto tirado muitos meses atrás de um dos mamelucos mortos em *Beer el Sifsaaf*, Hugo gemia baixinho num sono intermitente.

No curso de sua longa jornada desde que foram lançados à praia depois do naufrágio do *Templo do Falcão*, Martin desenvolvera uma grande afeição pelo velho marinheiro. Aimard de Villiers à parte, ele nunca tinha conhecido ninguém com maior senso de devoção e determinação, para não dizer nada da estóica aceitação de Hugo de tudo que lhes tinha acontecido. Nos longos e árduos dias de sua viagem, o marinheiro suportara vários ferimentos nas lutas e quedas acidentais e, ainda assim, cobria quilômetro após quilômetro brutal sem uma palavra de queixa.

Pelo menos, tinha suportado até os últimos dias. O inverno rigoroso agora prendia-os firmemente em sua garra mortal e as rajadas geladas da cadeia de montanhas que os separava da França começavam a cobrar seu preço do homem enfraquecido.

Durante as primeiras semanas depois de partir de *Beer El Sifsaaf*, Martin tinha mantido os quatro sobreviventes juntos, acreditando que, enquanto fossem presa fácil de seus inimigos muçulmanos, precisavam da força que isto lhes proporcionava. Depois que saíram do território mameluco, porém, ele decidiu que chegara o momento de seguir o plano de Aimard e se dividir em dois pares. Os perigos que ainda enfrentariam, em particular os bandidos andarilhos nos contrafortes de Stara Planina, por muitos dos milhares de quilômetros que se seguiriam antes que chegassem aos estados venezianos, eram bem reais.

Ele tinha decidido por um plano simples. Depois de se dividirem em dois pares, seguiriam uma rota predeterminada, a uma distância de cerca de meio dia. Desta maneira, aqueles à frente poderiam dar um aviso àqueles que seguiam sobre qualquer perigo; e aqueles que estavam atrás poderiam ajudar os líderes se acontecesse algum problema com eles.

— Em hipótese alguma — ele insistira —, a segurança das cartas deverá ser comprometida. Mesmo que isto signifique abandonar um de nós ao seu destino.

Ninguém tinha protestado.

Ele não levara em conta a violência do terreno. Obstruindo seu caminho estavam montanhas e abismos, rios de corrente rápida e florestas densas. Eles foram obrigados a fazer muitos desvios do caminho planejado. Depois de terem se separado, com ele e Hugo na liderança, somente uma vez tinham encontrado sinais de seus companheiros. Isto fora havia muitos meses.

Ao longo do caminho, tinham perdido seus cavalos, por morte ou em troca por comida, e tinham sido reduzidos à caminhada semanas atrás. Muitas noites, quando deitava exausto ao lado de uma fogueira, mas incapaz de dormir, Martin se perguntava se os outros teriam sido mais afortunados, se teriam talvez encontrado uma rota mais fácil e mais segura e se já haviam chegado a Paris.

Não fazia nenhuma diferença para os seus planos. Ele não poderia desistir. Tinha de continuar.

Olhando agora para a figura de Hugo, que dormia, um pensamento desalentador lhe ocorreu. Achou improvável que o velho marinheiro chegasse a Paris com ele. O inverno iria se tornar mais rigoroso, o terreno, mais difícil e a tosse ofegante do companheiro estava cada vez pior. Mais cedo naquela noite, Hugo tivera uma febre violenta e sua tosse tinha produzido sangue pela primeira vez. Por mais relutante que se sentisse, Martin sabia que se aproximava rapidamente o momento em que ele teria de deixar Hugo e seguir sozinho. Mas não poderia deixá-lo desamparado nos contrafortes das montanhas. Hugo certamente congelaria até a morte. Ele precisava encontrar um abrigo, algum lugar para deixar seu amigo, antes de continuar.

Eles tinham avistado uma pequena cidade no dia anterior, do outro lado da cadeia de montanhas. A cidade ficava perto de uma pedreira que tinham contornado, onde viram pequenas figuras labutando em meio a nuvens de poeira e imensos blocos de mármore. Quem sabe ele conseguisse encontrar alguém na cidade sob cujos cuidados ele pudesse deixar Hugo.

Quando Hugo emergiu de seu sono agitado, Martin falou-lhe sobre seus pensamentos. O comandante do navio sacudiu a cabeça enfaticamente.

— Não — ele protestou —, você tem de continuar até a França. Eu o seguirei o melhor que puder. Não podemos confiar nestes estrangeiros.

Isso era verdade. As pessoas desta terra eram conhecidas — e ninguém confiava nelas — por causa de seus negócios, e aqui, no extremo norte, quadrilhas de ladrões e negociantes de escravos contribuíam para a notoriedade da região.

Desconsiderando os protestos de seu companheiro, Martin avançou com dificuldade pelas rochas que cobriam a margem da cachoeira. Uma fina neve caíra durante a noite, cobrindo a montanha com uma manta fantasmagórica. Durante seu caminho ao longo do desfiladeiro estreito, Martin fez uma pausa para tomar fôlego e percebeu que uma das rochas possuía fissuras que pareciam uma cruz larga, bem parecida com aquela que os cavaleiros templários tinham tornado seu símbolo. Ele refletiu sobre as estranhas fissuras por um momento, vendo nelas um presságio de esperança. Talvez Hugo encontraria um fim pacífico para os seus dias neste vale tranqüilo e desolado, afinal de contas.

Uma vez na cidade, Martin foi logo até a porta de um curador local, um homem imponente cujos olhos enchiam-se de lágrimas com o frio que os agredia.

O cavaleiro lhe contou a história que inventara durante sua descida até a cidade: que ele e um companheiro eram viajantes indo para a Terra Santa.

— Meu companheiro está doente e precisa de sua ajuda — suplicou.

O homem mais velho olhou-o cautelosamente. Martin sabia que, sem dúvida alguma, ele parecia um vagabundo sem um níquel.

— Você pode pagar? — o homem perguntou grosseiramente.

— Temos pouco dinheiro — ele assentiu —, mas deve ser suficiente para pagar comida e abrigo por alguns dias.

— Muito bem. — Os olhos do homem se suavizaram. — Você está com uma aparência de quem está prestes a desmoronar. Entre e coma alguma coisa e diga-me onde você deixou seu amigo. Encontrarei alguns homens para ajudá-lo a trazê-lo da montanha.

Reconfortado por esta repentina mudança no comportamento do homem, Martin entrou na sala de pé-direito baixo e aceitou de bom grado um pouco de pão e queijo. De fato, ele estava bem perto de desmoronar, e a comida e bebida foram um tônico bem-vindo para seu corpo castigado. Entre os ávidos bocados, mostrou a crista em que deixara Hugo, e o homem corpulento saiu.

Enquanto Martin esvaziava seu prato, uma súbita sensação de inquietação cresceu dentro dele. Como se emergindo de um nevoeiro, ele foi até a janela e espiou cautelosamente. Um pouco adiante na rua lamacenta, o médico conversava com dois homens, as mãos fazendo gestos em direção à casa. Martin afastou-se da janela. Ao olhar de novo, o médico desaparecera, mas os dois homens estavam agora vindo em sua direção.

Ele sentiu os músculos enrijecerem. Poderia haver, ele sabia, muitas razões para isto, mas ele temeu pelo pior. E, então, arriscou mais uma olhada e viu um deles sacar um grande punhal.

Movendo-se rapidamente pela casa em busca de uma arma, ouviu alguns sussurros do lado de fora da porta dos fundos. Deslizou silenciosamente pelo chão, colocou a orelha na porta e ouviu. Ele viu a tranca de ferro da porta subir e ficou rente à parede quando ela se abriu lentamente.

Quando o primeiro dos homens avançou cautelosamente e entrou, Martin estendeu o braço e o agarrou, tirando o punhal de sua mão e empurrando-o pesadamente contra a parede de pedra. Ele chutou a porta para trás diretamente contra o segundo intruso, arremessando-o violentamente contra o umbral de madeira. Recuperando o punhal com rapidez, Martin pulou sobre o homem atordoado, agarrando-o pelo pescoço e impelindo a lâmina contra a sua região lateral.

Ele arrancou o punhal e deixou que o corpo do homem caísse ao chão; então, virou-se rapidamente para onde o primeiro homem se erguia. Atravessando a sala, Martin derrubou-o com um pontapé, antes de erguer o punhal e enterrá-lo nas costas do homem.

Rapidamente, apanhou toda a comida que conseguiu encontrar e enfiou-a numa bolsa, concluindo que poderia ser de grande ajuda para Hugo. Escapulindo pela porta dos fundos, contornou a cidade furtivamente até encontrar o caminho que o levava à montanha.

Não demorou muito até que viessem atrás dele. Quatro, possivelmente cinco homens, a julgar pelas vozes irritadas que ecoavam pelo bosque inóspito.

Flocos de neve desciam do céu encoberto quando Martin chegou até a escarpa onde descansara antes. Seus olhos pousaram nas fendas evocativas e ele parou, lembrando das instruções que dera aos seus colegas de arma todos esses meses atrás. "Em hipótese alguma, a segurança da carta de Aimard deverá ser comprometida." Com sua mente a todo vapor, ele estudou as fissuras que formavam a cruz larga.

Sabia que nunca conseguiria esquecer este lugar.

Usando o punhal, ele raspou a base da rocha, soltou algumas pedras do tamanho do punho fechado de um homem e, então, empurrou a carta bem no fundo do buraco que tinha feito, antes de recolocar as pedras e martelá-las de volta ao lugar com o salto da bota. E então continuou a escalada, não fazendo nenhuma tentativa de esconder seus rastros.

Não demorou muito e os gritos dos homens atrás dele foram abafados pela percussão trovejante da cachoeira. Mas quando chegou ao local do acampamento, não havia nenhum sinal de Hugo. Olhando para trás, viu seus perseguidores, agora inteiramente à vista. Cinco homens no total. Atrás do grupo estava o médico que o tinha traído.

Empunhando sua espada larga, Martin reiniciou a subida em direção à borda da colina por sobre a qual a força da água mergulhava. Aqui, decidiu, era onde ele resistiria.

O primeiro dos homens, mais jovem e mais forte que os outros, estava a certa distância à frente deles e pulou apenas com um forcado de dentes longos nas mãos. Martin recuou e, então, girou sua espada, atravessando o cabo do forcado como se fosse um galho. O homem caiu para frente, ainda se movendo com rapidez com o próprio impulso. Martin parou, empurrou seu ombro no estômago do homem, ergueu-o e o derrubou, fazendo-o cair no abismo debaixo da cachoeira.

O grito do homem ainda ecoava nos ouvidos de Martin quando dois dos outros chegaram até ele. Embora fossem mais velhos e mais cautelosos, estavam mais bem armados. O primeiro carregava uma espada curta com a qual deu golpes no ar em frente a Martin. Para um cavaleiro treinado como Martin, foi quase como lidar com uma criança. Bastou simplesmente aparar o golpe e, em seguida, dar um golpe lateral para cima, e a espada do homem também desapareceu cachoeira abaixo. Com o golpe lateral de retorno, Martin golpeou o ombro do homem, quase separando o braço. Desviou-se, então, para o lado para evitar a investida do terceiro homem, esticando o pé para dar uma rasteira. O homem caiu de joelho e Martin desceu vigorosamente o cabo da sua espada, arremessando a cabeça ao chão. Depois, inverteu a espada e, como um carrasco, abriu a espinha do homem no alto do pescoço.

Olhando para baixo, viu o médico que recuava aos tropeções no caminho pelo qual tinha chegado e, então, subitamente sentiu uma dor lancinante nas costas. Ao se virar, viu que o homem que ele tinha desarmado estava novamente de pé, com o forcado do jovem em suas mãos. Sangue gotejava dos dentes do instrumento. Martin avançou com dificuldade, a dor abrasadora nas costas forçando um suspiro involuntário dos seus lábios. Reunindo toda a força que lhe sobrara, atacou o homem com um golpe para frente da sua espada, dilacerando sua garganta.

Por um momento Martin ficou parado, um manto crescente de fadiga se infiltrando nele e, então, acima do estrondo da torrente, ele ouviu um som e, dando meia-volta, ofegou em dor ao fazê-lo. O último de seus perseguidores corria em sua direção com uma velha e enferrujada espada nas mãos. Martin também foi lento em reagir, mas, antes que o homem o alcançasse, Hugo saiu do subterrâneo e chegou cambaleando. O homem o avistou, virou-se e se afastou de Martin, apanhando sua espada com as duas mãos e impelindo-a diretamente pelo torso do velho marinheiro.

O sangue exsudou da boca de Hugo, mas, de alguma forma, ele não apenas conseguiu manter-se ereto, como também cambaleou para frente, empurrando a espada mais fundo em seu peito enquanto apertava as mãos firmemente em torno de seu atacante atordoado. Lenta e agonizantemente, Hugo continuou em frente, empurrando o homem para trás, nunca afrouxando seu braço de ferro apesar das tentativas de se libertar, até que atingiram a borda do desfiladeiro com vista para a cachoeira. O homem viu o que estava prestes a acontecer e berrou, ainda lutando contra o aperto de Hugo.

Momentaneamente desatento ao próprio destino, Martin ergueu os olhos para Hugo, posicionado à beira da cachoeira, o outro indefeso em seu macabro abraço. Os olhos deles encontraram-se com os de Hugo e ele viu algo parecido com um sorriso surgindo nos lábios do velho marinheiro e, com um aceno fraterno final, o mestre do *Templo do Falcão* perdido subiu pela margem, levando o lutador e a si próprio para a eternidade.

Um golpe súbito e violento atingiu a parte posterior da cabeça de Martin e ele sentiu uma náusea subir pela garganta. Contorcendo-se de dor e quase sem consciência, ele viu a figura nebulosa do médico de pé acima dele, uma rocha em suas mãos.

— Um homem com a sua força alcançará um preço muito bom na pedreira e, graças a você, não terei de dividi-lo com os outros — disse o médico com desdém. — E você poderia gostar de saber que alguns dos homens que você matou hoje são parentes dos capatazes da pedreira.

O médico ergueu a rocha para o alto e Martin sabia que não havia nada que pudesse fazer para desviar o golpe que chegava, para evitar sua captura e escravização posterior, para recuperar a carta e reiniciar sua jornada até Paris. Prostrado ali na neve fresca, as imagens de Aimard de Villiers e Guilherme de Beaujeu flutuaram em sua mente antes que a rocha descesse e seus rostos desaparecessem gradualmente na escuridão.

Capítulo 80

Um estrondo passou vibrando por Tess, arrancando-a de seu sono. Ela se agitou, vagueando entre consciência e inconsciência, sem ter certeza de onde estava. Conseguia sentir a chuva caindo fortemente na parte posterior da cabeça. Cada centímetro do seu corpo doía, e ela sentiu como se tivesse sido pisoteada por um elefante. À medida que seus sentidos despertavam lentamente, conseguia ouvir o vento passar assobiando e as ondas quebrando ao redor dela — e isto a amedrontou. A última coisa de que se lembrava era da parede de água prestes a enterrá-la. Uma súbita onda de terror se apoderou dela quando se perguntou se ainda estaria no mar, perdida numa tempestade, sendo castigada pelas ondas e, ainda assim... alguma coisa parecia errada. Ela tinha a sensação de que tudo estava diferente. E, então, ela percebeu por quê.

Ela não estava mais se movendo. Estava em terra.

O pavor foi substituído pelo alívio e ela tentou abrir os olhos, mas eles arderam violentamente e ela decidiu agir lentamente. As imagens ao seu redor estavam borradas e apagadas. Entrou em pânico por um brevíssimo momento antes de perceber que alguma coisa bloqueava sua visão. Esticando para cima um dedo trêmulo, ela afastou uma massa úmida de cabelos que cobriam seu rosto e sentiu suavemente as suas pálpebras. Elas estavam inchadas, assim como seus lábios. Tentou engolir, mas não conseguiu. Teve a sensação que uma bola de espinhos estava presa em sua garganta. Precisava de água insípida.

Lentamente, as imagens enevoadas entraram em foco. O céu ainda parecia nublado e cinza, mas ela sentia o sol vindo por trás dela e, a julgar pelo rugido da arrebentação das ondas, era também ali que o mar estava. Ela tentou se sentar, mas seu outro braço estava imobilizado por alguma coisa e não se movia. Puxá-lo provocava uma dor que se espalhava por todo seu corpo. Usando a mão livre do outro lado, percebeu que estava amarrada com uma corda que entrava em sua carne. Voltando a se deitar, ela se lembrou que tinha usado correias para prender a si própria e a Reilly à tampa de escotilha de madeira.

"Reilly." Onde ele estava?

Ela percebeu que ele não estava ao seu lado na plataforma e o pavor voltou a ressoar. Sentou-se e lutou para soltar seu braço até conseguir tirá-lo debaixo da corda. Ela se impulsionou sobre os joelhos e levantou-se lentamente, assimilando os arredores. Conseguiu divisar um longo trecho de areia que se estendia ao longe, para cima e para baixo da costa, abrangendo um promontório rochoso em cada extremidade. Ela deu alguns passos hesitantes, examinando a praia deserta e desolada com os olhos semicerrados. Quis gritar o nome dele, mas a garganta ardente não permitiria. E, então, sentiu uma onda de náuseas e tontura tomar conta dela. Avançou ligeiramente, depois voltou a cair de joelhos, sentindo escapulir toda a energia remanescente. Quis chorar, mas nenhuma lágrima saiu.

Incapaz de encontrar nenhuma força, deixou-se cair pesadamente na areia, inconsciente.

Quando voltou a despertar, o cenário estava bem diferente. Estava tudo silencioso. Nada de ventos uivantes. Nada de ondas golpeando. Embora ouvisse a chuva caindo no fundo, estava celestialmente silencioso ao seu redor. E ainda, havia a roupa de cama. Não uma tábua de madeira, nem uma almofada de areia. Isto era uma cama de verdade, de boa-fé.

Ela engoliu e imediatamente sentiu a melhora em sua garganta e, ao olhar por todos os lados, entendeu por quê. Assomando-se sobre ela estava um preparo de soro IV pendendo de um pequeno suporte cromado ao lado da cama, seu tubo preso com uma fita adesiva na face interna do braço. Seus olhos dispararam por todos os lados. Ela estava em um pequeno quarto, mobiliado com simplicidade. Ao lado de seu leito, uma cadeira simples de madeira e uma mesa de canto. Uma pequena garrafa de água e um copo na mesa, sobre um caminho-de-mesa branco de renda com as bordas ligeiramente puídas. As paredes eram caiadas de branco e sem adornos, exceto por uma pequena cruz de madeira na parede ao seu lado.

Ela tentou se sentar, mas sua cabeça começou a girar. A cama rangeu sob seu peso quando mudou de lugar e o barulho ecoou para fora do quarto. Ela ouviu passos e algumas palavras truncadas, uma voz feminina urgente e, então, uma mulher apareceu, sorrindo para ela ao mesmo tempo em que a estudava com preocupação. Era uma mulher grande, perto dos cinqüenta e tinha a pele cor de oliva e os cabelos castanhos encaracolados presos sob um lenço branco, no estilo bandana. Seus olhos irradiavam bondade e cordialidade.

— *Doxa to Theo. Pos esthaneste?*

Antes que Tess conseguisse responder, um homem entrou correndo, parecendo encantado em vê-la. Usava óculos com aros de metal, um bronzeado cor de cobre e cabelos revoltos cobertos com gel que brilhavam como esmalte preto. Ele falou algumas palavras apressadas na mesma língua estranha para a mulher, antes de sorrir para Tess e perguntar-lhe alguma outra coisa que ela achou incompreensível.

— Lamento — murmurou, a voz trêmula. Ela limpou a garganta. — Não entendo...

O homem pareceu perplexo e trocou um olhar irônico com sua companheira antes de se dirigir a Tess.

— Peço desculpas, pensei que você fosse... você é americana? — perguntou ele num inglês com forte sotaque, ao mesmo tempo em que estendia o braço e lhe entregava um copo de água.

Tess tomou um gole e assentiu.

— Sou.

— O que lhe aconteceu?

Ela procurou as palavras.

— Eu estava em um barco, fomos pegos por uma tempestade e... — sua voz diminuiu até desaparecer. Uma claridade tentava passar pelo nevoeiro da sua mente e as perguntas estavam se formando. — Onde estou? Como cheguei aqui?

O homem inclinou-se para frente e colocou a mão na testa dela enquanto falava.

— Meu nome é Costa Mavromaras. Sou o médico local e esta é minha esposa, Eleni. Alguns pescadores a encontraram na praia em Marathounda e a trouxeram aqui para nós.

Os nomes e o sotaque atordoaram Tess.

— Onde é... *aqui*?

Mavromaras sorriu por sua pressuposição.

— Nossa casa. Em Yialos.

Uma expressão de confusão ainda deveria estar estampada em seu rosto porque o médico franziu a testa, em resposta ao olhar dela.

— Yialos, em Symi — ele explicou e, então, fez uma pausa, estudando-a. — Onde achou que estava?

A mente de Tess enevoou.

"Symi?"

O que ela fazia numa ilha grega? Muitas perguntas inundaram a sua mente. Ela sabia que Symi se situava nas ilhas Dodecaneso, em algum lugar perto da costa turca, mas ela queria saber exatamente onde era e como tinha chegado até lá. Queria saber que dia era, quanto tempo tinha se passado desde que a tempestade tinha atingido o *Savarona*, quanto tempo ela tinha ficado à deriva no mar — mas tudo isso poderia esperar. Havia uma outra coisa que tinha desesperadamente que saber.

— Havia um homem comigo — ela perguntou, a voz erguendo-se em tremores urgentes. — Os pescadores encontraram mais alguém...? — Ela parou quando viu a expressão do médico ficar em guarda e viu com preocupação crescente quando ele lançou um olhar à esposa. Ela olhou para trás, para a mulher, e assentiu; havia uma inconfundível tristeza em sua expressão que machucou seu coração.

— Sim, encontraram alguém, na mesma praia que você, mas temo que a situação dele seja um pouco mais séria que a sua.

Tess já estendia as pernas para fora da cama.

— Preciso vê-lo — implorou. — Por favor.

As pernas de Tess, já debilitadas e quase incapazes de sustentá-la pela curta caminhada pelo corredor até o quarto adjacente, quase cederam quando ela viu Reilly. O alto da cabeça estava envolvido com um grande curativo limpo e não havia sinal de sangue. Havia uma contusão amarela, escura, ao redor de seu olho e bochecha do lado esquerdo e as duas pálpebras estavam inchadas e fechadas. Os lábios estavam rachados e machucados. Um soro IV como o dela serpenteava pelo seu braço esquerdo, mas ele tinha também uma máscara de oxigênio presa ao seu rosto, a máquina bombeando ruidosamente por perto. O pior de tudo era a cor da sua pele. Havia nela uma palidez azulada, cadavérica.

Tess sentiu um grande pranto interno quando Mavromaras ajudou-a a se sentar ao lado da cama de Reilly. Do lado de fora, a chuva ainda não parara. O médico explicou que os pescadores tinham encontrado os dois quando estavam fazendo uma inspeção nos seus barcos numa praia da costa oriental da ilha. Eles se apressaram em trazer os dois para ele num mau tempo traiçoeiro, enfrentando com bravura as estradas da ilha alagadas pela chuva para chegar até à cidade e à sua clínica.

Isso tinha sido há dois dias.

O estado geral dela realmente não o tinha preocupado, já que seu pulso tinha respondido rapidamente à solução IV e, embora ela não se lembrasse, ficara oscilando entre consciência e inconsciencia o tempo todo. Reilly, contudo, estava em pior condição. Perdera muito sangue, seus pulmões estavam fracos, mas eles poderiam cuidar disso tudo. O golpe que ele claramente recebera na cabeça era o problema principal. Mavromaras não achava que tinha quebrado o seu crânio, embora não pudesse dizer com certeza já que não havia instalações de raios X na ilha. De qualquer modo, ele sofrera um grande trauma na cabeça e não tinha recuperado a consciência desde que fora encontrado, semi-afogado, na praia.

Tess sentiu o sangue fugir de seu rosto.

— O que você está dizendo?

— Os sinais vitais dele estão firmes, a pressão arterial está melhor, a respiração está fraca, mas pelo menos está respirando sozinho, sem auxílio, o aparelho só está lá para mantê-lo hiperventilado, para garantir que seu cérebro receba sangue suficiente enquanto estiver inconsciente. Além disto...

O rosto dela anuviou enquanto lutava contra o pensamento aterrorizante.

— Está me dizendo que ele está em coma?

Mavromaras olhou para ela, sombriamente.

— Estou.

— Você tem tudo de que precisa para tratá-lo aqui? Quero dizer, não deveríamos levá-lo a um hospital?

— Esta ilha é pequena e temo que não tenhamos um aqui. O mais próximo fica na ilha de *Rodos*, Rodes. Tenho feito contato com eles, mas infelizmente o helicóptero-ambulância deles quebrou três dias atrás quando estavam tentando pousar durante a tempestade, e eles estão esperando a remessa de algumas peças sobressalentes de Atenas para consertá-lo. De qualquer maneira, ele não poderia voar até aqui, por causa da tempestade. Eles esperam que o tempo melhore amanhã, mas, para ser franco com você, não tenho certeza de que transferi-lo seja uma boa idéia; além disto, ele não estará melhor lá, não há muito o que eles possam fazer, exceto colocar nele mais alguns monitores avançados que não temos aqui.

Tess sentiu o nevoeiro que tinha coberto a sala ficar mais espesso.

— Tem que haver alguma coisa que você possa fazer. — ela balbuciou.

— Temo que não, não com comas. Posso vigiar a pressão arterial dele, a oxigenação do sangue, mas não existe nenhum modo de — ele fez uma pausa, procurando pelo termo correto — *despertar* alguém para que saia do coma. Precisamos apenas esperar.

Ela teve quase medo de perguntar.

— Por quanto tempo? — finalmente conseguiu dizer.

Ele abriu as mãos para fora, incerto.

— Poderiam ser horas, dias, semanas... Não há realmente como saber... — Sua voz diminuiu até sumir, os olhos transmitindo o restante. Obviamente não apenas uma questão de "quando".

Tess inclinou a cabeça, grata por não ouvi-lo verbalizar a horrível possibilidade que já tinha se consolidado firmemente na sua mente no instante em que caminhara até o quarto.

Capítulo 81

Tess ficou vagando entre o seu quarto e o de Reilly durante o resto do dia, ansiosamente passando pelo dele para vê-lo e encontrando Eleni lá todas as vezes. A enfermeira continuava a conduzi-la delicadamente de volta ao seu leito, tranqüilizando-a com seu inglês rudimentar de que Reilly ficaria bem.

Ela dera ao médico e sua esposa um versão bem diferente dos eventos que tinham levado Reilly e ela até a ilha, omitindo qualquer menção ao motivo de estarem lá, para começo de conversa, ou do navio armado turco abrindo fogo contra eles. Ela teve o cuidado de mencionar que havia outras pessoas no barco de mergulho, no caso de qualquer um dos outros ter sido encontrado, vivo ou morto, mas os Mavromaras lhe informaram sombriamente que, embora alguns dos escombros, supostamente do seu barco de mergulho, tivessem sido arrastados pelas ondas até a ilha, não tinham ouvido falar da descoberta de quaisquer outros sobreviventes, ou corpos.

Ela usara o telefone para ligar para o Arizona, para a casa da tia, e encontrara Kim e Eileen lá, preocupadas por não terem recebido notícias dela havia vários dias. A surpresa delas ao lhes contar que estava numa pequena ilha grega foi palpável, mesmo através da linha telefônica com estalidos e ecos. Ela tivera o cuidado de não mencionar o nome da ilha, embora tenha mais tarde se perguntado por que se preocupara em fazer tal coisa antes de perceber que não estava completamente preparada para enfrentar o mundo exterior e suas perguntas. Depois de desligar, achou que tinha feito um trabalho razoável para acalmá-las sobre a sua segurança, dizendo-lhes que estava apenas explorando uma inesperada oportunidade de trabalho na área e que voltaria a entrar em contato em breve.

Por volta do pôr-do-sol, duas mulheres locais apareceram na casa do médico e foram conduzidas ao quarto de Tess. Como falavam um pouco de inglês, ela acabou entendendo que eram as esposas de alguns dos pescadores que a tinham encontrado na praia. Elas tinham trazido algumas roupas para ela; um par de calças de algodão, uma camisola de dormir, duas blusas brancas e um cardigã grosso de algodão, no qual ela se envolveu alegremente. Também tinham trazido um grande pote de barro bem quente de *giouvetsi*, que Eleni explicou ser um cozido de cordeiro e pasta de arroz. Tess avançou agradecida, ficando surpresa consigo mesma por devorar um grande prato com um apetite recém-descoberto.

Mais tarde, um banho quente fez maravilhas para a sua inflexibilidade e Mavromaras trocou o curativo do seu braço, a contusão roxa da corda olhando para ela como se fosse marcá-la para sempre. Então, e apesar das delicadas objeções de seus anfitriões, ela passou a maior parte do restante da noite sentada à cabeceira de Reilly, embora achasse difícil conversar com ele da maneira que, ela sabia, algumas pessoas conversavam com as pessoas amadas em estado de coma. Ela tinha dúvidas sobre se isso realmente o ajudaria ou não, e não tinha certeza, dado tudo o que tinha acontecido, se a voz dela seria a que ele mais gostaria de ouvir. Ela se culpava por tudo pelo que eles tinham passado e, embora tivesse muitas coisas que gostaria de lhe contar, preferiu dizê-lo quando ele estivesse em posição de responder, favoravelmente ou não. Ela não queria se impor a ele quando, na melhor das hipóteses, era um ouvinte cativo e, na pior, não estaria ouvindo absolutamente nada.

Perto da meia-noite, ela finalmente sucumbiu à exaustão, tanto física quanto emocional, e voltou ao seu quarto. E caiu no sono sem nenhum esforço, a cabeça aninhada entre dois travesseiros antigos.

Na manhã seguinte, Tess sentiu-se forte o bastante para se aventurar fora da casa e caminhar para eliminar a rigidez. O vento ainda soprava, embora a chuva tivesse pouco a pouco se amainado, e ela sentiu que uma curta caminhada provavelmente lhe faria muito bem.

Enfiou-se em suas roupas e passou para dar uma olhada em Reilly. Eleni estava lá, como sempre, e massageava suavemente a perna dele. Mavromaras logo apareceu e o examinou. O estado geral de Reilly era estável, ele lhe contou, mas não tinha melhorado muito. Ele explicou que, nestas situações, qualquer melhora não seria gradual. Aconteceria mais ou menos de uma só vez. Reilly estaria inconsciente num momento e, se ele fosse emergir do seu coma, simplesmente acordaria sem qualquer aviso fisiológico.

Mavromaras tinha que ir visitar um paciente do outro lado da ilha e disse que estaria de volta em duas horas. Tess perguntou se poderia acompanhá-lo até seu carro.

— O serviço de ambulância aérea em Rodes me telefonou esta manhã — ele lhe disse ao saírem da casa. — Eles deverão estar em condições de voar em algum momento amanhã.

Embora Tess antes estivesse ansiosa para levar Sean a um bom hospital, ela já não tinha mais tanta certeza.

— Estive pensando sobre o que você disse. Realmente acha que deveríamos levá-lo para lá?

Um sorriso afável cruzou o rosto do médico antes de ele responder.

— Francamente, cabe a você decidir. É um hospital muito bom e conheço o encarregado lá, eles cuidarão bem dele, posso lhe garantir. — A incerteza devia estar claramente estampada em seu rosto porque ele então acrescentou: — Não precisamos tomar nenhuma decisão agora. Vamos ver como ele estará de manhã e poderemos então decidir.

Eles caminharam pela rua, contornando algumas grandes poças de água, e chegaram até um velho Peugeot ligeiramente enferrujado. Mavromaras abriu a porta que, Tess percebeu, não estava trancada.

Ela lançou olhares de um lado a outro da rua estreita. Mesmo nestas condições nubladas, a cidade era de tirar o fôlego. Uma fileira atrás da outra de casas neoclássicas bem cuidadas, pintadas de cores quentes em tons pastel cobriam toda a colina íngreme até o pequeno porto abaixo. Muitas delas tinham frontões triangulares e telhados vermelhos e uma sutil e agradável uniformidade de estilo. A água transbordava nas valetas saturadas nas laterais da estrada e desciam pelos degraus íngremes que cortavam a colina. No alto, o céu desfigurado ainda parecia disposto a mais um ataque.

— Foi uma tempestade infernal — observou Tess.

Mavromaras fitou as nuvens, assentindo.

— Foi muito pior que qualquer coisa que qualquer um consiga se lembrar, mesmo as pessoas mais velhas da cidade. E especialmente para esta época do ano...

Tess pensou na tempestade que atingira o *Templo do Falcão* tantos anos atrás e, quase para si mesma, murmurou:

— Um ato de Deus.

O médico ergueu uma sobrancelha com curiosidade, surpreso com o comentário.

— Talvez. Mas se quiser pensar nesses termos, pense nisso mais como um milagre.

— Um milagre?

— É claro. Um milagre que você e seu amigo tenham sido trazido pelas ondas até nossa ilha. Há um grande mar aí fora. Um pouco mais ao norte e vocês teriam parado na costa turca que, nesta área, é rochosa e inteiramente deserta. As cidades estão todas no outro lado da península. Um pouco mais ao sul e vocês teriam desviado da ilha inteiramente e teriam sido carregados para o Egeu e... — Ele ergueu as sobrancelhas e gesticulou astuciosamente, deixando que ela completasse os vazios; em seguida, encolheu os ombros e jogou sua maleta médica no assento de passageiros. — Tenho de ir. Estarei de volta esta tarde.

Tess não queria que ele partisse ainda. Havia algo de reconfortante em sua presença.

— Não existe nada que eu possa fazer para ajudá-lo?

— Seu amigo está em boas mãos. Minha mulher é uma excelente enfermeira e, embora isto não seja nada parecido com os hospitais com os quais está acostumada nos Estados Unidos, acredite em mim quando digo que temos muita experiência em lidar com todos os tipos de lesões. Mesmo em ilhas pequenas como esta, as pessoas se machucam. — Ele fez uma pausa, pensou sobre o assunto por um momento enquanto a estudava e, então, acrescentou: — Você já conversou com ele?

Tess ficou desconcertada com a pergunta.

— Conversar com ele?

— Você devia fazer isto. Converse com ele. Inspire-o, dê-lhe força. — Seu tom era quase paternal e, então, ele sorriu, balançando ligeiramente a cabeça. — Você deve achar que caiu nas mãos de algum curandeiro de cidade pequena. Juro que não é este o caso. Muitos estudos de médicos importantes defendem a idéia. Só porque ele está em coma, não significa que não consiga ouvir. Só significa que não consegue responder... ainda. — Ele fez uma pausa, seus olhos irradiavam esperança e empatia. — Converse com ele... e reze pelo melhor.

Tess soltou um pequeno riso e olhou para longe, pensativa.

— Não sou muita boa nisso.

Mavromaras não pareceu se convencer.

— Da sua própria maneira, embora não perceba, você já está fazendo. Você está rezando por ele simplesmente por desejar que ele se recupere. Muitas preces estão sendo feitas por ele. — O médico apontou para o outro lado, em direção a uma pequena capela. Ela pôde ver alguns moradores locais se cumprimentando à porta, alguns deles saindo enquanto outros entravam. — Muitos dos homens desta ilha ganham a vida no mar. Havia quatro barcos de pesca no mar na noite em que a tempestade chegou. As famílias deles rezaram a Deus e ao Arcanjo Miguel, o santo patrono dos homens do mar, por sua volta segura, e as preces foram atendidas. Todos eles conseguiram voltar para nós sãos e salvos. Agora, outras preces estão sendo feitas, preces de agradecimento. E preces pela recuperação do seu amigo.

— Todos eles estão rezando pela recuperação dele?

O médico assentiu.

— Todos estamos.

— Mas vocês sequer o conhecem.

— Isto não importa. O mar o trouxe para cá, até nós, e é nosso dever cuidar para que ele recupere a saúde e possa continuar sua vida. — Ele subiu no carro. — Realmente preciso ir agora. — E com um pequeno aceno e um olhar de despedida, partiu atravessando as poças de água de chuva lamacenta e desapareceu descendo a colina.

Por um momento, Tess ficou olhando-o partir. Ela virou-se para caminhar de volta para casa e, então, hesitou. Não conseguia se lembrar da última vez em que tinha estado dentro de alguma capela, igreja ou prédio religioso de qualquer espécie, exceto por seu trabalho e, é claro, durante o breve episódio nos restos queimados da igreja em Manhattan. Escorregando pelo seu caminho pela estrada alagada, ela atravessou o pequeno pátio de seixos, empurrou a porta e entrou.

A pequena capela estava meio cheia, com pessoas reunidas em oração sincera sobre os bancos de igreja, que eram velhos e alisados pelos muitos anos de uso. Tess ficou de pé ao fundo, olhando por toda a volta. A capela era simples, suas paredes caiadas de branco cobertas por afrescos do século XVIII e iluminada pelo brilho de muitas velas. Andando pela capela, ela percebeu uma alcova que possuía ícones de São Gabriel e São Miguel de prata adornados com pedras preciosas. Arrebatada pela luz bruxuleante das velas e pelos tons abafados das orações, uma sensação estranha se apoderou dela. De repente, ela teve a sensação que queria rezar. Sentiu-se pouco à vontade com a idéia e expulsou o pensamento inquietante, convencida de que seria hipócrita fazê-lo.

Ela estava se virando para sair quando avistou as duas mulheres que tinham levado a comida e as roupas no dia anterior. Dois homens estavam com elas. As mulheres a viram e se apressaram a ir até ela, cumulando-a de atenções, com uma satisfação imperturbável com a sua recuperação. Elas continuaram a repetir a mesma frase, "*Doxa to Theo*", e, embora não conseguisse entender o que estavam dizendo, ela devolveu o sorriso e assentiu, comovida com sua preocupação genuína. Tess entendeu que os homens eram seus maridos, os pescadores que também tinham escapado da ira da tempestade. Eles a cumprimentaram calorosamente. Uma das mulheres apontou para um pequeno agrupamento de velas num nicho nos fundos da capela e disse alguma coisa que Tess não conseguiu entender no início, mas que ficou claro aos poucos. Ela estava contando a Tess que ambas tinham acendido velas para Reilly.

Tess lhes agradeceu e lançou um olhar para a nave da capela, para os grupos de pessoas da cidade que estavam sentadas lá, unidas em oração, banhadas pela luz das velas. Ela ficou parada em silêncio por um momento, antes de se virar e voltar para a casa.

Tess passou o resto da manhã à cabeceira de Reilly e, depois de um início hesitante, descobriu que era, afinal de contas, capaz de conversar com ele. Evitou falar sobre os eventos recentes e, sabendo tão pouco da vida dele, decidiu se ater ao próprio passado, contando-lhe histórias sobre suas aventuras no campo, seus sucessos e obstáculos, historietas sobre Kim, e sobre o que passasse por sua cabeça.

Eleni entrou no quarto por volta do meio-dia, convidando Tess a descer para almoçar. O momento não poderia ter sido mais oportuno, já que Tess estava ficando sem coisas para falar e cada vez mais se aproximava perigosamente de ter de realmente encarar e conversar sobre o que ela e Reilly tinham vivido juntos. Ela ainda não se sentia à vontade com a idéia de discutir qualquer coisa substancial com Reilly enquanto ele estivesse inconsciente.

Mavromaras tinha voltado de sua consulta e Tess informou-o de que tinha pensado sobre a idéia de o transferir para Rodes, mas que preferia mantê-lo onde estava, desde que o médico e sua esposa ainda estivessem felizes de tê-los lá. Sua decisão pareceu agradá-los e ela ficou aliviada em saber, sem qualquer sombra de dúvida, que ela e Reilly poderiam ficar até que chegasse um momento em que fosse necessário tomar uma grande decisão sobre o estado dele.

Tess passou o resto do dia e maior parte da manhã seguinte à cabeceira de Reilly e, depois do almoço, sentiu que precisava pegar um pouco de ar.

Notando o quanto a tempestade tinha se amainado, decidiu se aventurar um pouco mais.

O vento agora não era nada mais que uma brisa forte e, finalmente, as chuvas tinham cessado inteiramente. Apesar das nuvens com ventre escuro ainda tomarem o céu por toda a ilha, ela percebeu que gostava muito da cidade. Não estava infestada pelo mais leve progresso e tinha mantido intacto o encanto do seu passado simples. Ela achou tranqüilizantes as ruelas estreitas e as casas pitorescas e reconfortantes os sorrisos dos transeuntes desconhecidos. Mavromaras lhe contara que Symi tinha passado por tempos difíceis depois da Segunda Guerra Mundial, quando grande parte da população tinha feito as malas e partido, depois de a ilha ter sido bombardeada tanto pelos Aliados quanto pelo Eixo — que tinham trocado de papéis como ocupantes. Felizmente, os últimos anos tinham sido testemunhas de uma grande melhora na sorte da ilha. Estava voltando a florescer agora que os atenienses e estrangeiros se davam conta de seus encantos, comprando as velhas casas e devolvendo-lhes generosamente a antiga glória.

Ela subiu os degraus de pedra da Kali Strata, passou pelos velhos museus e chegou até os restos de um castelo que tinha sido construído pelos cavaleiros de São João, no início do século XV, no local de uma fortificação bem mais antiga, para acabar sendo explodido enquanto abrigava um depósito provisório de munições dos nazistas durante a guerra. Tess perambulou pelo sítio antigo, parando numa placa comemorativa de Filibert de Niallac, o grão-mestre francês dos cavaleiros. "Mais cavaleiros, mesmo aqui neste pequeno canto perdido do mundo", ela refletiu enquanto voltava a pensar nos templários e olhava fixamente para a vista espetacular que dava para o porto e o mar adiante coberto pelas ondas de arrebentação. Ela observou as andorinhas entrando e saindo em disparada das árvores ao lado dos velhos moinhos de vento e viu um navio solitário, uma traineira, aventurando-se a sair do porto sonolento. Ver a vasta área azul que cercava a ilha desencadeou um sentimento de inquietação nela. Sufocando seu desconforto, sentiu um impulso de ver a praia onde ela e Reilly tinham sido encontrados.

Foi até a praça principal, onde encontrou um motorista que estava se dirigindo ao mosteiro em Panormitis, além do pequeno povoado em Marathounda. Depois de um curto e acidentado passeio, ele a deixou na entrada da cidade. Ao passar pelo pequeno grupamento de casas, ela se deparou com os dois pescadores que os tinham encontrado. Seus rostos se iluminaram ao vê-la e insistiram que ela os acompanhasse até a pequena taverna local para tomarem uma xícara de café, e Tess aceitou alegremente.

Embora a conversa fosse extremamente limitada por causa da barreira de língua entre eles, Tess entendeu que mais escombros do barco de mergulho tinham sido encontrados. Elas a levaram até um pequeno depósito de lixo logo depois da taverna e lhe mostraram os fragmentos e pedaços de madeira e fibra de vidro que tinham sido recolhidos das praias nos dois lados da baía. A tempestade e o naufrágio voltaram a memória de Tess e ela se sentiu entristecida com o pensamento dos homens que tinham perdido suas vidas no *Savarona* e cujos corpos nunca seriam recuperados.

Ela lhes agradeceu e logo caminhavam pela praia deserta varrida pelos ventos. A brisa trazia o aroma fresco do mar agitado e ela ficou aliviada em ver que o sol se insinuava através das nuvens, abrindo caminho depois de uma longa ausência. Ela avançou lentamente às margens da linha da maré, marcando a areia com seus pés, as imagens nebulosas daquela manhã fatídica inundando sua consciência.

Na outra extremidade da praia, bem fora do campo visual do pequeno povoado na boca da baía, ela chegou até um afloramento de rochas negras. Subiu sobre elas, encontrou um lugar plano e se sentou, abraçando os joelhos e olhando fixamente para o mar. Bem ao longe, uma grande rocha projetava-se da água, pequenas ondas brancas de arrebentação erguiam-se vertiginosamente ao seu redor. A rocha pareceu ameaçadora, mais outro perigo do qual ela e Reilly tinham escapado. Ela se conscientizou dos lamentos das gaivotas e, ao erguer os olhos, viu duas delas arremetendo alegremente e disputando um peixe morto.

Repentinamente, percebeu que lágrimas escorriam pelo seu rosto. Não estava soluçando, nem sequer chorando realmente. Eram apenas lágrimas, brotando de lugar nenhum. E tão subitamente quanto tinham começado elas secaram, e Tess percebeu que tremia, mas não de frio. Era algo mais primal, que originava-se dentro dela, bem do fundo. Sentindo necessidade de se livrar disso, ergueu-se sobre os pés e continuou sua caminhada; subindo por entre as rochas, encontrou um pequeno caminho que serpenteava ao longo da praia.

Ela o seguiu, passou por outros três estreitos rochosos e chegou a uma outra baía, mais remota, na extremidade sul da ilha. Não parecia haver estradas que chegassem até lá. Um crescente de areias virgens fazia um arco que começa ali onde ela estava e terminava em outro promontório que se erguia numa saliência altaneira, denteada.

Ela olhou pela praia na difusa luz do crepúsculo e uma forma estranha atraiu sua atenção. Jazia na outra extremidade da baía, à margem das rochas. Ela apertou os olhos, obrigando-os a colocá-la em foco, e percebeu que sua respiração estava acelerando, a boca subitamente seca. Seu coração disparou.

Não pode ser, ela pensou. "Não é possível."

E, então, ela corria pela areia até que, com uma respiração ofegante, chegou a cerca de um metro do objeto e parou, a mente rodopiando diante da possibilidade.

Era a figura de proa do falcão, toda emaranhada nos arreios do seu cordame, os flutuadores cor de laranja enrolados, semi-inflados, ao seu redor.

Parecia intacta.

Capítulo 82

Timidamente, Tess esticou o braço e o tocou. Passou as mãos sobre ele, os olhos bem abertos, a imaginação impelindo-a ao longo do tempo de volta aos dias dos cavaleiros templários, de Aimard e seus homens e sua viagem fatídica final no *Templo do Falcão*.

Um emaranhado de imagens inundou sua mente enquanto ela tentava lembrar das palavras de Aimard. O que ele tinha dito exatamente? O baú fora colocado numa cavidade que tinha sido entalhada no dorso da cabeça do falcão. O vazio restante fora preenchido com resina e depois coberto com uma peça de madeira que se encaixava perfeitamente, martelada com cavilhas para se acomodar no devido lugar. Isto, também, tinha sido lacrado com resina.

Ela examinou o dorso da cabeça do falcão atentamente. Ela quase conseguia discernir as marcas de onde a resina tinha sido inserida e, tateando cuidadosamente por toda a volta com dedos treinados, encontrou as bordas da tampa e as cavilhas que a mantinham no lugar. Os lacres pareciam todos intactos e, provavelmente, nem um pouco de água tinha se infiltrado nas cavidades cobertas de resina. Pelo que podia ver, era altamente provável que o que tivesse sido trancado dentro do baú ainda estivesse seguro e ileso.

Olhando ao redor, ela encontrou dois pedaços de rocha e os usou como martelo e formão para romper a cavidade. As primeiras camadas de madeira descamaram facilmente, mas o restante se mostrou teimosamente sólido. Procurando pela praia, ela se deparou com um pedaço de barra de reforço enferrujada e usou a aresta quebrada e afiada para desbastar a resina. Trabalhando febrilmente e com total desconsideração a quaisquer questões de conservação arqueológica — que, há apenas algumas semanas, a teriam obrigado a somente observar —, conseguiu remover os excessos sob a tampa de madeira e chegar à cavidade. Ela agora conseguia ver a borda do baú, pequeno e ornamentado. Limpando o suor da sobrancelha, raspou a resina em torno do baú e usou a vareta para desalojá-lo. Enfiando os dedos ao redor dele, finalmente conseguiu remover a pequena caixa.

Toda a sua excitação voltou a crescer vertiginosamente e ela tentou controlá-la, mas era praticamente impossível. Ela realmente o tinha, em suas mãos. Embora fosse intricadamente decorado com entalhes de prata, o baú era surpreendentemente leve. Ela o levou até um lugar da rocha protegido do vento, onde poderia examiná-lo detalhadamente. Havia uma argola de ferro, não com um cadeado, mas com um anel de ferro forjado. Ela usou a rocha para martelar sobre a argola até que, finalmente, ela se soltou da madeira e Tess pôde erguer a tampa do baú e examiná-lo por dentro.

Cuidadosamente, ela retirou seu conteúdo. Era um pacote, embrulhado em algo que parecia ser pele animal untada em óleo, bem semelhante àquela que Aimard tinha usado para proteger o astrolábio, e amarrada com tiras de couro. Bem lentamente, desdobrou a pele. Aninhado dentro dela estava um livro, um códex encadernado em couro.

No instante que o viu, ela sabia o que era.

Era inexplicavelmente familiar, sua humilde simplicidade não correspondia ao seu prodigioso conteúdo. Com dedos trêmulos, ela ergueu a capa ligeiramente e examinou o texto na primeira folha de pergaminho dentro dele. A inscrição nele estava desbotada, mas legível, e até onde pôde ver, o conteúdo do códex estava incólume. Ela soube, com certeza absoluta, que era a primeira pessoa a vê-lo, o mítico tesouro dos cavaleiros templários, desde que tinha sido colocado no baú setecentos anos antes por Guilherme de Beaujeu e confiado a Aimard de Villiers.

Exceto que não era mais um mito.

"Era real."

Cautelosamente, ciente de que isto deveria ser feito num laboratório, ou no mínimo em local coberto, mas incapaz de resistir ao impulso de olhar melhor,

Tess abriu o códex mais um pouco e ergueu uma folha de pergaminho. Reconheceu a tonalidade castanha familiar da tinta usada naquela época, feita de uma mistura de fuligem de carbono, resina, borras de vinho e tinta de sépia. O manuscrito era difícil de decifrar, ela reconheceu algumas palavras, o suficiente para saber que estava escrito em aramaico. Ela já se deparara com a língua ocasionalmente no passado, o suficiente para saber identificá-la.

Ela fez uma pausa, os olhos cravados no manuscrito simples em suas mãos.

"Aramaico."

A língua falada por Jesus.

Seu coração batendo ruidosamente nos ouvidos, ela olhou fixamente para o pergaminho, reconhecendo outras palavras aqui e ali.

Bem lentamente, quase de má vontade, começou a sondar apenas aquilo que segurava nas mãos. E a perceber quem tinha tocado pela primeira vez essas folhas de pergaminho; de quem eram as mãos que tinham escrito estas palavras.

Eram os escritos de Jeshua de Nazaré.

Os escritos do homem que o mundo inteiro conhecia como Jesus Cristo.

Capítulo 83

Segurando com firmeza o protetor de couro que guardava o códex, Tess caminhou de volta lentamente, ao longo da praia. O sol estava se pondo, o último raio de luz atravessava a parede cinza de nuvens que permanecia no horizonte.

Ela decidira não carregar o baú de volta, optando por ocultá-lo atrás de uma rocha, para não atrair uma atenção indesejada. Ela voltaria para buscá-lo mais tarde. Sua mente ainda se debatia com as implicações daquilo que ela acreditava ter em mãos. Não era um fragmento de cerâmica, não era Tróia, nem Tutancâmon. Era algo que poderia mudar o mundo. Tinha de ser tratado, para dizer no mínimo, com extrema cautela.

À medida que se aproximava do pequeno grupamento de casas em Marathounda, ela pegou o outro cardigã e embrulhou-o em torno da pequena bolsa. Os dois pescadores já tinham saído da taverna, mas ela conseguiu que um dos homens, que a reconheceu por tê-la visto ainda naquele dia, a levasse de volta dc carro para a casa do médico.

Ao entrar na casa, Mavromaras a recebeu com um grande sorriso.

— Onde você esteve? Estivemos procurando por você. — Antes que conseguisse dizer alguma mentira, ele a conduziu mais para dentro da casa, em direção aos quartos. — Venha, rápido. Alguém quer vê-la.

Reilly olhava para ela, já sem a sua máscara, uma tentativa valente de sorriso nos lábios secos. Ele estava sentado ligeiramente inclinado, apoiado contra três grandes travesseiros. Ela sentiu que alguma coisa mudou dentro dela.

— Oi — disse Reilly, fracamente.

— Oi, pra você também — ela respondeu, o alívio tomando conta de todo o seu rosto. Sentiu-se emocionalmente animada de uma maneira que nunca tinha se sentido antes. Ela virou-se, tentando não atrair a atenção de Eleni nem do médico para o gesto, pousou casualmente o cardigã enrolado sobre uma pequena estante de frente para a cama, antes de se aproximar de Reilly e afagar suavemente a sua testa. Seus olhos passaram sobre o seu rosto ferido e ela mordiscou o lábio inferior com os dentes, sentindo algumas lágrimas brotar.

— É ótimo tê-lo de volta — conseguiu dizer numa voz fraca.

Ele encolheu os ombros, o rosto se alegrando lentamente.

— De agora em diante, eu escolho onde iremos passar as férias, está bem?

O rosto dela se iluminou e ela conseguiu impedir que uma lágrima escapasse.

— Está combinado. — Ela virou-se, seus olhos úmidos com um sorriso irradiante se dirigindo ao médico e sua esposa. — Obrigada — ela falou. Eles simplesmente sorriram e inclinaram a cabeça. — Eu... nós dois devemos nossas vidas a vocês. Como poderei algum dia retribuir?

— Bobagem — respondeu Mavromaras. — Temos um ditado em grego. *Den hriazete euharisto, kathikon mou*. Significa que não há necessidade de agradecimento por aquilo que é um dever. — Ele olhou de relance para Eleni, trocando um sinal sem palavras. — Nós os deixaremos — disse ele gentilmente —, tenho certeza que vocês têm muito o que conversar.

Tess os viu virando-se para sair e, então, correu até o médico e lhe deu um abraço, beijando-o nas duas bochechas. Ruborizando debaixo do bronzeado, Mavromaras sorriu com modéstia e saiu do quarto, deixando-os sozinhos.

Ao se virar para se aproximar de novo de Reilly, ela divisou o cardigã enrolado sobre a estante como uma bomba que não explodiu. Ela se sentiu horrível por estar sendo falsa, tanto com o generoso casal que tinha salvado sua vida, quanto com Reilly. Queria desesperadamente contar a ele sobre o objeto, mas sabia que não era o momento certo.

Logo, contudo.

Com um coração pesado, ela buscou um sorriso e se aproximou dele, à sua cabeceira.

Reilly tinha a sensação de que estivera longe por semanas. Sentia uma dormência estranha nos músculos e uma vertigem na cabeça que simplesmente permanecia lá. Uma das pálpebras ainda estava parcialmente fechada e não estava ajudando a percepção irregular de profundidade também.

Ele não se lembrava de muita coisa, além de atirar em De Angelis e de se jogar ao mar. Perguntara a Mavromaras como tinha chegado lá e o médico só pôde lhe dar detalhes vagos que ouvira de Tess. Ainda assim, despertar e descobrir que ela estava lá, e ilesa, foi um enorme alívio.

Ele tentou se levantar cuidadosamente para se sentar, e isso provocou um ligeiro estremecimento de dor em seu rosto. Ele voltou a se acomodar contra os travesseiros.

— Então, como é que acabamos aqui? — perguntou ele.

Ele ouviu enquanto Tess lhe contava do que se lembrava. Ela também tinha um buraco negro em sua memória, desde a onda fenomenal até despertar na praia. Ela lhe contou sobre o golpe que ele recebera na cabeça, como ela tinha prendido os coletes salva-vidas de ambos e sobre a onda. Contou-lhe sobre a tampa de escotilha e mostrou-lhe o profundo corte em seu braço. Ela quis saber por que o barco da Guarda Costeira tinha atirado contra eles e Reilly lhe contou sobre a sua jornada, desde o momento em que De Angelis tinha saído do helicóptero na Turquia.

— Sinto muito — disse arrependida quando o assunto finalmente surgiu. — Não sei o que se passou comigo. Não sei, foi só que... eu não devia estar no meu juízo perfeito, largando você daquele jeito. Toda esta confusão, é só que... — Ela não conseguiu encontrar as palavras para expressar seu remorso.

— Está tudo bem — ele respondeu, um frágil sorriso atravessando os lábios rachados. — Não falemos disto agora. Nós dois conseguimos sobreviver e é isso o mais importante, não é?

Ela assentiu relutantemente, irradiando sua gratidão, e ele continuou, explicando como o responsável tinha sido o monsenhor o tempo todo, matando os cavaleiros em Nova York e até operando a arma ele mesmo a bordo do *Karadeniz*. Reilly lhe contou que tinha atirado em De Angelis.

E, então, contou-lhe sobre as revelações do cardeal Brugnone.

Tess sentiu uma imensa dor de culpa quando Reilly contou, passo a passo, aquilo que lhe fora revelado no Vaticano. A verdade monumental sobre o que ela encontrara na praia, confirmada a ele pelas próprias pessoas que mais seriam prejudicadas, tinha eletrizado cada poro de seu corpo, mas ela não pôde exibi-lo. Ela se esforçou ao máximo para parecer perplexa, fazendo perguntas, odiando-se cada vez mais a cada falsa reação. Ela queria sacar o códex e compartilhá-lo com ele lá mesmo, naquela hora mesma. Mas não poderia fazê-lo. Uma inquietude profundamente arraigada estava estampada no rosto dele, e ela sabia que o que Brugnone tinha contado a ele, a mentira no âmago da Igreja, era uma ferida que devia o estar machucando. Sob hipótese alguma ela iria infligir a ele o caráter definitivo da prova física tão cedo assim. Neste momento, ela sequer tinha certeza de quando ou se algum dia chegaria a fazê-lo. Ele precisava de tempo. Ela também precisava de tempo para meditar detidamente sobre a questão.

— Você vai ficar bem? — perguntou ela com hesitação.

Ele olhou fixamente para longe por um momento, o rosto anuviando enquanto ele obviamente se esforçava para colocar seus sentimentos em palavras.

— É esquisito, mas toda esta coisa, a Turquia, o Vaticano, a tempestade... dá a sensação de um sonho ruim. Talvez eu esteja dopado demais ou algo assim, mas... Tenho certeza de que, em algum momento, vai cair a ficha. Agora, estou muito cansado, sinto-me inteiramente esgotado, mas não sei o quanto disto é físico e o quanto é emocional.

Tess examinou seu rosto fatigado. Não, definitivamente agora não era a hora certa de contar a ele sobre isso.

— Vance e De Angelis tiveram o que mereceram — ela disse em vez disso, alegrando-se —, e você está vivo. Existe motivo para fé nisto, não existe?

— Talvez — disse num meio-sorriso, de modo pouco convincente.

Os olhos de Reilly percorreram o rosto dela e, embora caindo de sono, ele se flagrou pensando sobre o futuro. Não era algo em que já tivesse realmente pensado e surpreendeu-o que isto tivesse passado por sua cabeça agora, aqui, quase morto nesta praia distante.

Por um momento fugaz, ele se questionou se queria ou não continuar a ser um agente do FBI. Ele sempre gostara de trabalhar no Bureau, mas este caso tinha provocado uma ferida profunda. Pela primeira vez na vida, sentia-se cansado da vida que escolhera, cansado de passar seus dias invadindo as cabeças de delinqüentes dementes, cansado de experimentar o pior que o planeta tinha a oferecer. Ele se perguntou preguiçosamente se uma mudança de carreira poderia recuperar seu gosto pela vida — talvez até sua fé na humanidade.

Ele sentiu as pálpebras se fecharem.

— Desculpe — ele mal conseguiu dizer —, acho que teremos que guardar isto para mais tarde.

Tess viu Reilly mergulhar num sono profundo e ela mesma se sentiu exausta.

Ela pensou sobre a piada que ele tinha feito, sobre escolher as férias. Isto trouxe um sorriso em seu rosto e ela sacudiu a cabeça levemente. Pensou que férias eram exatamente aquilo de que estava precisando, e sabia exatamente onde as passaria. De repente, Arizona pareceu um paraíso. Ela decidiu que iria diretamente para lá. Não conseguia sequer pensar em voltar para o escritório. Simplesmente trocar de avião em Nova York e ir ver a filha. E se Guiragossian e qualquer outra pessoa no Instituto não gostasse, então para o inferno com eles.

De repente ocorreu a ela que havia muitas coisas interessantes para uma arqueóloga fazer nos estados do sudoeste e ela se lembrou que Fênix tinha um museu de *status* mundial. Lançou então um olhar para Reilly. Nascido e criado em Chicago, nova-iorquino por adoção, viciado em estar exatamente onde estivesse a ação. Ela especulou se ele conseguiria algum dia desistir de tudo e trocar por uma vida tranqüila num estado deserto. E, de alguma forma, bem repentinamente, isso pareceu importar. Muito. Talvez mais do que tudo o mais.

Saindo para a sacada de seu quarto, Tess olhou para as estrelas no céu, lembrando-se da noite que ela e Reilly estavam sozinhos no acampamento a caminho do lago. A ilha era silenciosa mesmo durante o dia, mas, à noite, tornava-se etereamente tranqüila. Ela estava plenamente consciente da tranqüilidade e da quietude. Poderia haver noites como esta no Arizona, mas não em Nova York. Ela pensou em Reilly, especulando o que ele diria e faria se ela realmente se demitisse do Instituto Manoukian e se mudasse para o Arizona. Quem sabe um dia ela lhe perguntasse.

Olhando acima do mar reluzente, ela considerou sobre o que fazer com o códex. Era indubitavelmente uma das descobertas arqueológicas e religiosas mais importantes de todos os tempos, descoberta esta com ramificações perturbadoras para centenas de milhões de pessoas. Anunciar a descoberta faria dela o membro mais famoso de sua profissão desde as descobertas nas Grandes Pirâmides do Egito quase oitenta anos antes. Mas o que isto faria ao restante do mundo?

Ela queria conversar com alguém a respeito.

Precisava conversar com Reilly a respeito.

Ela torceu o rosto, percebendo que tinha de fazê-lo, e logo. Mas, agora, ele precisava de descanso, e ela também. Pensou em ir para a própria cama, mas voltou a entrar e se enroscar à cabeceira de Reilly. Fechou os olhos e, bem rápido, também ela estava caindo no sono.

Capítulo 84

Os dias que se seguiram passaram voando. Tess passava o tempo com Reilly de manhã, antes de sair para longas caminhadas, voltando próximo à hora do almoço. Mais à tarde, ela voltava a se aventurar, geralmente até as ruínas do castelo, de onde assistia ao sol se fundir nas águas resplandecentes do Egeu. Era essa a parte do dia que ela mais adorava. Sentada lá em silenciosa reflexão, com o perfume da salva e da camomila descendo da encosta, ela achou o cenário idílico entre as rochas um tanto tranqüilizador, uma pequena trégua do pequeno embrulho em seu quarto que perseguia sua mente o tempo todo.

Ela conhecera muitas pessoas durante suas caminhadas, moradores locais a quem nunca faltava um sorriso para ela e sempre tinham tempo bastante para um pouco de conversa e, no terceiro dia, ela já explorara a maioria das ruelas e trilhas da cidade e tinha começado a se aventurar mais para longe. Ao som da trilha sonora dos zurros dos asnos e dos sinos das cabras, ela explorava os recantos ocultos da ilha. Havia feito uma longa caminhada até a minúscula ilhota de San Emilianos, onde vagueara entre os ícones de sua igreja caiada de branco, perambulado ao longo da praia de pedras, olhando com tristeza os ouriços-do-mar que cobriam as rochas abaixo da linha d'água. Tinha também visitado o mosteiro espraiado em Panormitis onde, para a sua surpresa, tinha conhecido três executivos atenienses com seus quarenta e poucos anos, hospedados em seus austeros quartos de hóspedes, que tinham lhe contado que visitavam o lugar para alguns dias de descanso e contemplação e para aquilo que tinham dado o intrigante nome de "renovação". De fato, era realmente impossível fugir da presença da Igreja na ilha. As igrejas eram o ponto de referência de seus vilarejos e, assim como todas as ilhas gregas, Symi tinha dezenas de minúsculas capelas espalhadas por todos os topos de colina. Não importava onde você estivesse, havia sempre uma lembrança da influência da Igreja ao alcance da vista e, ainda assim, estranhamente, não parecia opressivo para Tess. Longe disto. Parecia uma parte orgânica, intrínseca, da vida da ilha, um ímã que atraía seus habitantes e lhes oferecia conforto e força.

O estado geral de Reilly melhorava o tempo todo. A respiração era bem menos difícil, o inchaço dos lábios e ao redor dos olhos tinha diminuído e a palidez cerácea tinha sumido das bochechas. Ele agora caminhava por toda a casa e, naquela manhã, tinha dito que não poderia continuar escondido do restante do mundo para sempre. Agora que estava pronto para isto, ele precisaria tomar providências para a volta deles. Saindo da casa aquilo que dava a sensação de ser o peso do mundo sobre os seus ombros, Tess sabia que, em breve, teria de enfrentar a questão e discutir com ele sobre o que ela descobrira.

Ela passara o resto da manhã em Marathounda, onde recuperara o baú que continha o códex, e estava agora caminhando até a casa do médico quando deu de cara com as duas mulheres que tinham lhe levado comida e roupas. Elas saíam da pequena igreja e estavam claramente contentes em vê-la. Elas lhe disseram que ouviram falar sobre a recuperação de Reilly e a abraçaram calorosamente, gesticulando e acenando em uníssono para expressar seu sincero alívio. Os maridos também estavam com elas. Os homens a cumprimentaram com um aperto de mão, seus rostos irradiavam simpatia e alívio, antes de os quatro se afastarem, acenando com sorrisos animados e deixando Tess parada lá, olhando para eles, perdida em seus pensamentos.

Foi quando finalmente ela se deu conta. A percepção que vinha bem do fundo e estivera gritando para ela, a sensação confusa que superara os instintos de uma vida cínica, mas que ela ainda negava. Até agora.

"Não posso fazer isto com eles."

Não com eles, não com os milhões de outros como eles. O pensamento estivera perseguindo sua mente, dia e noite, desde que tinha descoberto o códex. Todo mundo que ela conhecera nos últimos dias, todas as pessoas que tinham sido bondosas e generosas com ela, sem reservas. Isto dizia respeito a elas. Todas elas e incontáveis outras em todo o mundo.

"Isto poderia destruir suas vidas."

O pensamento subitamente a fez se sentir enjoada. Se a Igreja consegue inspirar as pessoas a viver daquele jeito, a se doar daquele jeito, particularmente nos dias de hoje, ela pensou, então deve estar fazendo alguma coisa certa. Tinha que valer a pena preservá-la. Que importava que se baseasse numa narrativa que embelezava a verdade? Seria sequer possível criar algo com um poder tão fenomenal para inspirar, ela se perguntou, sem se extraviar nos estritos confins do mundo real?

Parada lá, vendo os dois casais se afastarem e voltarem às suas vidas, ela não conseguia acreditar que tivesse sequer considerado qualquer outra opção.

Ela sabia que não poderia fazê-lo.

Mas também sabia que não poderia mais esperar para contar a Reilly.

Naquela noite, depois de evitá-lo durante a maior parte da tarde, ela o levou até as ruínas do castelo. Ela segurou a mão dele com a palma suada, seu outro braço prendendo firmemente o pequeno pacote embrulhado no cardigã. O sol quase tinha desaparecido e o céu agora reluzia com uma leve neblina rósea, enquanto lançava os últimos raios da luz do dia.

Ela colocou o pacote numa parede parcialmente desmoronada e virou-se para Reilly. Achou difícil encarar o olhar dele, e sua boca parecia seca.

— Eu... — de repente, ela já não tinha mais certeza. E se ela simplesmente escondesse o pacote, ignorasse-o e nunca mencionasse nada a ele? Será que ele não estaria melhor se não soubesse, especialmente se considerado o que aconteceu ao pai dele? Será que ela não estaria lhe fazendo um favor se nunca mencionasse o fato de que tinha descoberto, visto e tocado nele?

Não. Por mais que lhe agradasse fazer isso, sabia que seria um erro. Nunca mais queria ser menos que verdadeira com ele. Já tinha feito muito disso para uma vida inteira. Bem no fundo, ela tinha esperança de que, apesar de tudo, ela e Reilly pudessem ter um futuro juntos e sabia que seria impossível que eles se tornassem mais íntimos com uma mentira tão grande escondida entre eles.

De repente, ela ficou ciente da intensa quietude que a cercava. Os pardais que ouvira antes estavam agora em silêncio, como que por simpatia ao momento. Ela revestiu-se de coragem e tentou novamente.

— Há dias que estou querendo lhe contar uma coisa, que realmente queria contar, mas precisei esperar até que você estivesse suficientemente bem.

Reilly olhou para ela com incerteza. Ela sabia que sua inquietação era óbvia.

— O que é?

Tess sentiu um nó se formar dentro dela e simplesmente disse:

— Preciso mostrar uma coisa para você. — Ela então se virou e tirou as camadas do cardigã, expondo o códex metido entre suas dobras.

Um olhar de surpresa passou pelas feições de Reilly antes que ele erguesse seu olhar para estudá-la. Depois do que pareceu uma eternidade, ele perguntou:

— Onde você o encontrou?

Ela não conseguiu dizer as palavras com suficiente rapidez, aliviada de finalmente conseguir tirar tudo do peito.

— O falcão foi levado pelas ondas até uma praia duas baías adiante de onde nos encontraram. As bolsas de içamento ainda estavam amarradas a ele.

Ela observou atentamente enquanto Reilly examinava a capa de couro antes de pegá-lo com cuidado em suas mãos e passar os olhos em uma das páginas de dentro.

— É assombroso. Parece bem... básico. — Ele virou para Tess. — A língua. Consegue lê-lo?

— Não. Só posso dizer que é aramaico.

— Que imagino seja a língua correta, aquela em que deveria estar.

Ela assentiu aflita:

— É.

Ele simplesmente olhou distraidamente para a encadernação antiga, sua mente travada em pensamento, os olhos inspecionando cada centímetro de sua capa.

— E, então? O que você acha? É verdadeiro?

— Não sei. Indiscutivelmente tem toda a aparência, mas realmente não é possível afirmar sem enviá-lo a um laboratório... existem muitos testes que teríamos que fazer nele: datação por carbono, análise da composição do papel e da tinta, checagem da coerência tipográfica... — Ela fez uma pausa e tomou um fôlego nervoso. — Só que o negócio é o seguinte, Sean. Não acho que deveríamos enviá-lo a um laboratório. Não acho que deveríamos pedir que alguém faça os testes nele.

Ele empinou a cabeça, desconcertado:

— O que você quer dizer?

— Quero dizer que acho que deveríamos simplesmente esquecer que o descobrimos — declarou enfaticamente. — Deveríamos queimar esta coisa maldita e simplesmente...

— E simplesmente o quê? — ele interpôs. — Agir como se nunca tivesse existido? Não podemos fazer isto. Se não for verdadeiro, se isto for alguma falsificação ou alguma outra mistificação dos templários, então não temos nada com que nos preocupar. Se for verdadeiro, bem, então... — Ele contorceu o rosto, a voz sumindo gradualmente.

— Então, ninguém jamais deveria saber sobre isto — ela insistiu. — Deus, eu gostaria de não ter lhe contado sobre isto.

Reilly olhou para ela, perplexo:

— Estou deixando escapar alguma coisa aqui? O que é que aconteceu com "as pessoas merecem saber"?

— Eu estava errada. Não acho mais que isso importa. — Tess soltou um intenso suspiro. — Você sabe, até onde consigo lembrar, eu só conseguia ver o que havia de errado com a Igreja. A história sangrenta, a cobiça, o dogma arcaico, a intolerância, os escândalos de abuso... Uma grande parte dela acabou se transformando em piada. Ainda acho que muito dela precisa de uma revisão rigorosa, sem dúvida. Mas, então, nada é perfeito, é? E se você olhar o que ela faz quando funciona, quando você pensa na compaixão e na generosidade que inspira... É aí que está o verdadeiro milagre.

Um bater de palmas lento e ritmado subitamente ecoou pelas ruínas desertas ao redor de Tess, assustando-a.

Virando-se para o local de onde estava vindo o som, ela viu Vance saindo de trás de uma parede de pedra. Ele continuou a bater palmas, cada batida lenta diferente da seguinte, os olhos dele cravados nos dela, a boca dele distorcida num sorriso irônico inquietante.

Capítulo 85

— Então, você viu a luz. Estou realmente comovido, Tess. Nossa Igreja infalível conseguiu mais um convertido. — O tom de Vance não poderia ter sido mais sarcástico nem mais silenciosamente ameaçador. — Aleluia! Louvado seja o Senhor!

Reilly o viu se aproximar e sentiu os músculos enrijecerem. Vance estava despenteado e parecia mais magro, mais abatido do que antes. Vestia roupas simples, sem dúvida também um presente de outro ilhéu caridoso. Mais importante, ele não carregava uma arma, o que era um alívio. Reilly não apreciava exatamente a idéia de tentar desarmar o professor, não em seu atual estado debilitado. Sem uma arma, contudo, e sem dúvida esgotado por ter sido levado pela tempestade como ele e Tess foram, o professor não representava uma ameaça muito grande.

Vance continuou a se aproximar de Tess e, só agora, se concentrava no códex nas mãos de Reilly.

— É como se ele simplesmente quisesse ser encontrado, não é? Se eu fosse um homem religioso — ele ironizou —, estaria tentado a achar que fomos destinados a descobri-lo.

Tess pareceu incrédula.

— Como você...

— Ah, é bem do seu caráter, imagino — Vance deu de ombros. — Acordei com meu rosto na areia e um casal de caranguejos me olhando com curiosidade. Praticamente só consegui chegar até o mosteiro em Panormitis. O padre Spiros me levou à casa das almas do mosteiro. Ele não fez nenhuma pergunta e não senti nenhuma necessidade de entrar em pormenores, tampouco.

E é onde a vi. Fiquei contente de ver que você também tinha conseguido se salvar, que era mais do que poderia ter esperado, mas isto... — Seus olhos se voltaram para o códex. Era como se estivesse arrebatado por ele. — É uma verdadeira dádiva. Posso?

Reilly ergueu a mão num gesto de parada:

— Não. Isto já é perto o bastante.

Vance parou de avançar. Seu rosto assumiu uma expressão desconcertada.

— Por favor. Olhe para nós. Por qualquer critério, deveríamos estar todos mortos. Isso não significa nada para você?

Reilly não se comoveu.

— Significa que você vai poder enfrentar um julgamento e passar alguns anos como hóspede de nossa penitenciária.

Vance pareceu se perder nos pensamentos com um olhar de decepção, quase ofendido e, então, num único gesto sem hesitação, correu até Tess, agarrando-a com um braço em torno do pescoço dela e segurando com o outro uma grande faca de mergulho a um palmo da garganta dela.

— Lamento, Tess — disse ele —, mas estou com o agente Reilly nisso. Não podemos apenas ignorar que o destino se desviou do seu caminho para nos ajudar. Você estava certa na primeira vez. O mundo realmente merece saber. — Seus olhos se inflamaram furiosamente, indo de um lado a outro, mantendo Reilly sob vigilância. — Dê-me — ordenou Vance. — Rápido.

Reilly fez um rápido estudo da situação, mas a faca estava perto demais da garganta de Tess para ele fazer uma jogada, especialmente em seu estado debilitado. Era mais seguro dar a Vance o códex e lidar com ele depois que Tess estivesse a salvo. Ele fez um gesto tranqüilizador em direção a Vance com uma das mãos.

— Acalme-se, está bem? Você pode ficar com a maldita coisa. — Ele esticou o outro braço, aquele que segurava o manuscrito. — Aqui. Pegue.

— Não — interpôs Tess com irritação —, não dê a ele. Não podemos permitir que ele vá a público com isto. É nossa responsabilidade agora. É minha responsabilidade.

Reilly sacudiu a cabeça.

— Não vale a sua vida.

— Sean...

— Não vale — ele insistiu, lançando-lhe um olhar de firme determinação.

Vance sorriu fracamente.

— Coloque no muro e recue. Lentamente.

Reilly pousou-o nas pedras ásperas e deu alguns passos para trás. Vance avançou um pouco, manobrando desajeitadamente Tess para mais perto do muro.

Ele ficou de pé diante do códex por alguns segundos, quase apavorado de tocá-lo, antes de pegá-lo com os dedos trêmulos e abrir cuidadosamente a capa. Ele o estudou num silêncio arrebatado, virando as páginas do pergaminho e sussurrando "*Veritas vos liberabit*" para si mesmo, uma calma extasiada agora irradiando de suas feições abatidas.

— Eu realmente teria adorado que você fizesse parte disto, Tess — disse ele em voz baixa. — Você vai ver. Será maravilhoso.

E, naquele momento, Tess decidiu fazer a sua jogada. Ela empurrou o braço dele violentamente do ombro dela e se afastou dele em disparada. Vance perdeu por um instante o apoio do pé e, ao esticar o braço para se equilibrar, a faca escapou da sua mão, caiu fazendo barulho no muro baixo de pedra, desaparecendo nos arbustos secos atrás dele.

Ele se endireitou, fechando o códex e agarrando-o com as duas mãos, e viu que Reilly tinha se posicionado entre ele e o caminho que levava para fora das ruínas do castelo, efetivamente bloqueando-o. Tess estava ao seu lado.

— Acabou — Reilly declarou laconicamente.

Os olhos de Vance se arregalaram como se tivesse recebido um soco no estômago. Ele disparou olhares rápidos para todos os lados, hesitou por um breve instante e, então, saltou por sobre o muro alto e partiu como um raio para o labirinto das ruínas.

Reilly foi rápido em reagir, subindo pelo muro e correndo atrás dele. Em segundos, ambos tinham desaparecido atrás das pedras antigas.

— Volte — gritou Tess —, que ele vá para o inferno, Sean. Você ainda não está bem. Não faça isto.

Embora tivesse ouvido os gritos dela, Reilly não parou. Pelo contrário, fazendo um esforço violento sobre o solo macio, ele já subia inabalavelmente, respirando pesadamente, logo atrás de Vance.

Capítulo 86

Vance estava se movendo rápido, atravessando uma trilha íngreme que cortava a encosta da montanha. Árvores dispersas e olivais logo foram substituídos por um terreno mais agreste de rochas e arbustos secos. Olhando para trás, viu Reilly vindo atrás dele e praguejou no íntimo. Ele passou uma vista de olhos pela área circundante. A cidade não estava em nenhum lugar à vista e mesmo as ruínas do castelo e os moinhos de vento em desuso agora estavam fora de vista. A encosta subia numa inclinação íngreme à direita e, à esquerda, o solo rochoso pareceu se curvar bruscamente para baixo, para o mar. Não havia nenhuma outra opção. Era enfrentar Reilly ou continuar se movendo. Ele escolheu a última.

Atrás dele, Reilly respirava pesadamente enquanto tentava manter Vance a uma pequena distância. Ele sentia suas pernas vacilantes, os músculos das coxas já ardiam apesar da distância relativamente curta que tinha coberto. Ele cambaleou num pequeno afloramento, mas conseguiu manter o equilíbrio e, por pouco, evitou machucar o tornozelo. Endireitando-se, subitamente sentiu-se tonto e inspirou profundamente, fechando os olhos e se concentrando, tentando reunir todas as reservas de energia que conseguiu encontrar. Olhou em direção a Vance, viu sua silhueta desaparecendo e ficando fora de vista. Recobrando suas forças, ele obrigou as pernas a continuarem e reiniciou sua perseguição.

Impulsionando-se para frente pela superfície escorregadia das rochas, Vance finalmente chegou ao topo de um penhasco, percebendo que estava numa armadilha. Diante dele estava uma queda quase vertical até as rochas denteadas a uma grande distância lá embaixo. Um mar em vaivém se chocava ruidosamente contra elas em explosões rítmicas de espuma branca.

Virando urgentemente, ele viu Reilly, que estava subindo, ficar à vista.

Reilly chegou à escarpa rochosa e subiu com dificuldade numa rocha grande. Ele agora estava na mesma altura de Vance, a menos de dez metros de distância dele. Os dois homens se olharam intensamente.

Vance tomava grandes fôlegos de ar, recuperando a respiração. Examinou os arredores furiosamente, para a esquerda e depois para a direita. Vendo que o solo era mais firme à direita, decidiu ir nessa direção.

Reilly disparou atrás dele.

Vance correu pelo penhasco íngreme, mas mal tinha percorrido vinte metros quando deu de cara com uma pequena fissura e seu pé ficou preso entre duas rochas. Ele recuperou seu apoio e impeliu-se para frente.

Dolorosamente ciente de que lhe sobrava pouca força nas pernas, Reilly viu a oportunidade e se arremessou para frente num mergulho, seus dedos visando os tornozelos de Vance. Ele mal fez contato, mas foi o bastante. Vance perdeu seu precário equilíbrio e caiu. Subindo com dificuldade com as mãos e os joelhos, Reilly investiu contra as pernas de Vance, mas seus braços estavam tão enfraquecidos quanto as pernas. Vance rolou e recuou rapidamente, o códex ainda firmemente preso em suas mãos. Ele deu um chute em Reilly, o pé atingiu o rosto, fazendo-o inclinar e cair alguns metros ladeira abaixo. Vance então recuou e se esforçou para ficar de pé.

A mente de Reilly estava confusa e a cabeça parecia pesar uma tonelada. Ele tentou expulsar o nevoeiro e se levantou, apenas para ouvir a voz de Tess ecoando atrás.

— Sean — gritava para ele. — Deixe que ele vá. Você só vai conseguir se matar.

Reilly a viu subindo e olhou para Vance, que mal fazia progresso e ainda estava a uma pequena distância. Ele virou em direção a Tess, que gesticulava ferozmente.

— Volte. Volte e consiga alguma ajuda.

Mas Tess já o alcançara. Também estava sem fôlego e se agarrou a ele.

— Por favor. Não é seguro aqui em cima. Você mesmo o disse. Não vale nenhuma de nossas vidas.

Reilly olhou para ela e sorriu e, nesse exato momento, soube com certeza absoluta que passaria o resto de sua vida com esta mulher. Nesse instante, ele ouviu um grito de pânico vindo da direção de Vance. Ele se virou bem a tempo de ver Vance escorregando para baixo pelo afloramento escarpado e liso que estava galgando, os dedos tentando agarrar qualquer coisa, mas sem nada encontrar na superfície polida das rochas negras.

Os pés de Vance finalmente se apoiaram em uma pequena saliência exatamente quando Reilly começava a avançar, apressando-se pela escarpa. Ele chegou à saliência e olhou para baixo. Vance abraçava a parede de pedra com uma das mãos trêmula, a outra ainda cravada ao redor do códex.

— Pegue minha mão — ele berrou enquanto estendia o braço para baixo, esticando o máximo que conseguia.

Vance olhou para cima, um olhar de puro terror nos olhos. Ele avançou pouco a pouco o braço com o códex para cima, mas ainda estava a meio palmo de distância.

— Não consigo — balbuciou.

Nesse exato momento, a saliência sob seus pés desmoronou, retirando o apoio. Ele se esticou para se segurar e os dedos instintivamente soltaram sua carga. O códex voou de sua mão inteiramente esticada, abrindo-se ao bater num afloramento de rocha. As páginas do diário voaram, flutuando no ar salgado, caindo em espiral em direção à água.

Reilly sequer teve tempo de terminar seu "Não..."

A voz de Vance explodiu num grito angustiante enquanto tentava inutilmente agarrar os papéis. Ele caía rápido, seus braços esticados sacudiam em direção às páginas esvoaçantes que pareciam estar provocando-o. Tombou indefeso no vazio antes de se chocar contra as rochas abaixo.

Tess alcançou Reilly e se abraçou a ele. Eles se aproximaram cuidadosamente da beirada, examinando a queda vertiginosa. O corpo de Vance jazia lá, vergado em ângulos antinaturais. As ondas chocavam-se contra ele, erguendo-o e movendo-o como um boneco de pano. E ao redor de seu corpo retorcido, páginas de um documento antigo deslizavam para dentro do mar, suas ondas engolindo a tinta que se desprendia do pergaminho, bem como o sangue que saía das feridas abertas de Vance.

Reilly agarrou-se firmemente a Tess. Olhou para baixo melancolicamente enquanto a última das páginas era sugada pelo mar. "Imagino que jamais saberemos", pensou ele sombriamente, rangendo os dentes com o pensamento.

E, então, avistou algo.

Soltando-se de Tess, ele rapidamente ficou de costas para a borda e desceu pela parede rochosa.

— O que é que você está fazendo? — ela gritou, debruçando-se sobre o mar para ver aonde ele estava indo, sua voz doente de preocupação.

Momentos depois, ele reapareceu sobre a borda da rocha. Tess esticou o braço para baixo e o ajudou a subir e viu que ele estava segurando alguma coisa entre os dentes.

Era um pedaço de pergaminho.

Uma solitária página do códex.

Tess cravou os olhos nela sem acreditar enquanto Reilly entregava-a para ela. Ele a observou.

— Pelo menos temos alguma coisa para provar que simplesmente não imaginamos tudo — conseguiu dizer, ainda sem fôlego por causa do esforço para recuperá-la.

Tess estudou a página em sua mão por um longo momento. Tudo o que ela tinha vivido desde aquela noite no Metropolitan, todo o derramamento de sangue, o medo e a agitação dentro dela voltaram correndo. E, naquele momento, ela soube. Soube, sem nenhuma sombra de dúvida, o que faria com ela.

Sem hesitação, ela sorriu para Reilly, amarrotou a folha de pergaminho e a lançou girando pelo penhasco.

Ela a viu cair dentro do mar, virou-se para Reilly e envolveu seus braços ao redor dele.

— Tenho tudo de que preciso — ela lhe disse, antes de pegar sua mão e o conduzir para longe da saliência do rochedo.

Epílogo

Paris – março de 1314

A tribuna de honra de madeira suntuosamente decorada ficava perto da borda de um campo na Île de la Cité. Bandeirolas de cores vivas ondulavam na leve brisa, o fraco brilho do sol refletia nos vistosos apetrechos dos cortesãos e partidários do rei lá reunidos.

Atrás de uma multidão entusiasmada e barulhenta de plebeus, Martin de Carmaux estava de pé, encurvado e exausto. Vestia uma túnica marrom surrada, o presente de um frade que conhecera poucas semanas antes.

Embora tivesse apenas poucos anos mais que quarenta, Martin tinha envelhecido muito. Por quase duas décadas, ele trabalhara na pedreira toscana sob um sol brutal e os açoites impiedosos dos capatazes. Esteve a ponto de abandonar a esperança de fuga quando um dos muitos deslizamentos de rocha, este pior que a maioria, matou 12 dos homens lá escravizados, bem como alguns dos guardas. Por um golpe de sorte, Martin e o homem a quem estava acorrentado conseguiram usar a confusão e os redemoinhos de nuvens de poeira para escapar.

Sem se deixar intimidar pelos longos anos perdidos na escravidão e inteiramente isolado de qualquer notícia além daquele execrável vale, Martin tinha uma única idéia em mente. Ele se dirigiu diretamente para a cachoeira e encontrou a rocha com as fissuras que lembravam a larga cruz dos templários, recuperou a carta de Aimard e iniciou a longa jornada através das montanhas em direção à França.

A jornada tinha levado vários meses, mas o tão atrasado retorno à terra natal só lhe tinha trazido uma devastadora decepção. Ele tinha tomado conhecimento dos desastres que tinham ocorrido aos cavaleiros templários e, à medida que chegava mais perto de Paris, sabia que estava atrasado demais para fazer qualquer coisa que pudesse alterar o destino da Ordem.

Ele tinha procurado e indagado, com o máximo de discrição possível, mas não encontrara nada. Todos os seus irmãos tinham partido, morrido ou estavam escondidos. A bandeira do rei se desfraldava no grande Templo de Paris.

Estava sozinho.

No presente momento, parado lá e esperando no meio da multidão em alvoroço, Martin identificou a figura vestida de cinza do papa Clemente, que subia os degraus da tribuna de honra e assumia seu lugar em meio aos aduladores vistosos como um pavão.

Enquanto Martin o assistia, a atenção do papa se voltou para o centro do campo onde duas estacas tinham sido rodeadas com galhos quebrados. Um movimento atraiu o olhar de Martin quando os corpos emaciados e exauridos de dois homens, que ele sabia serem Jacques de Molay, o grão-mestre da Ordem, e Geoffroi de Charnay, o preceptor da Normandia, eram arrastados para o campo.

Com nenhum dos homens condenados possuindo qualquer capacidade física para resistir, eles foram rapidamente presos às estacas. Um homem corpulento avançou com uma tocha em chamas e, então, olhou em direção ao rei à espera de instruções.

Um súbito silêncio caiu sobre a multidão e Martin viu o rei erguer a mão num gesto descuidado.

O fogo foi ateado à madeira.

A fumaça começou a subir e, logo, as chamas se alastraram, os galhos estalando e crepitando à medida que o calor aumentava. Enjoado e inteiramente impotente, Martin quis dar as costas e se afastar, mas sentiu necessidade de observar, de ser testemunha desse ato depravado. Embora de má vontade, ele avançou aos empurrões até a frente da multidão. Foi então que, para o seu assombro, viu o grão-mestre erguer a cabeça e olhar diretamente para o rei e para o papa.

Mesmo a distância, a visão perturbou Martin. Os olhos de De Molay estavam inflamados com um fogo mais feroz do que aquele que em breve o consumiria.

Apesar de sua aparência frágil e alquebrada, a voz do grão-mestre estava forte e firme.

— Em nome da Ordem dos Cavaleiros do Templo — disse ele com aspereza —, eu os amaldiçôo, Felipe, o Belo, e seu papa bufão, e peço a Deus Todo-Poderoso que faça com que ambos se juntem a mim diante de Sua presença no prazo de um ano, para enfrentar Seu julgamento e queimar para todo o sempre nas provações do inferno...

Se De Molay disse mais alguma coisa, Martin não o ouviu, já que o fogo rugiu para o alto, obliterando os gritos dos homens agonizantes. Então a brisa virou de direção e a fumaça se precipitou sobre a tribuna de honra e a multidão carregando consigo o fedor nauseante de carne queimada. Tossindo e cuspindo, o rei desceu aos tropeços os degraus, o papa em seu encalço, os olhos lacrimejando por causa da fumaça. Quando passaram perto de onde Martin estava, o velho templário olhou atentamente para o papa. Sentiu a bile da cólera se erguer e queimar sua garganta e, naquele momento, percebeu que sua tarefa ainda não tinha terminado.

Talvez não durante a sua vida. Mas um dia, quem sabe, as coisas seriam diferentes.

Naquela noite, ele partiu, deixando a cidade e rumando para o sul, para a terra de seus antepassados, para Carmaux. Ele se estabeleceria lá, ou em qualquer outro lugar em Languedoc, e viveria o resto de seus dias. Mas antes que morresse, ele garantiria que a carta não desaparecesse para sempre. De alguma maneira, ele descobriria os meios para que ela sobrevivesse.

Tinha de sobreviver.

Tinha de cumprir seu destino.

Ele devia àqueles que tinham morrido, a Hugo e a Guilherme de Beaujeu e, acima de tudo, ao seu amigo Aimard de Villiers, garantir que seus sacrifícios não tinham sido em vão.

Tudo se resumia a ele, agora. Sua mente voltou para o passado e ele pensou na revelação final de Aimard naquela noite, bem no fundo da igreja perto do salgueiro. Sobre os esmerados esforços de seus predecessores, que tinham tramado o embuste. Sobre os nove anos de trabalho manual meticuloso. Sobre o cuidadoso planejamento que tinha levado quase duzentos anos para gerar frutos.

"Chegamos perto", pensou ele, "bem perto. Era um objetivo nobre. Valeu todo o trabalho duro, todos os sacrifícios, toda a dor."

Ele sabia o que tinha de fazer.

Tinha de garantir que a ilusão fosse mantida viva. A ilusão de que ainda estava lá, à espera.

"A ilusão de que era real."

E, no momento certo, certamente não durante seu período de vida, talvez, apenas talvez, alguém seria capaz de usar a obra-prima perdida deles para realizar o que tinham começado a fazer.

E, então, um sorriso agridoce cruzou seu rosto quando um pensamento de esperança passou por sua mente. "Talvez um dia", ele refletiu, "viesse a ser obsoleto." Talvez o plano pudesse não ser mais necessário. Talvez as pessoas viessem a aprender a superar suas diferenças insignificantes e se erguessem acima das brigas assassinas em torno da fé pessoal.

Ele afastou o pensamento, repreendendo-se por esta melancólica ingenuidade, e continuou a andar.

Agradecimentos

Muitas pessoas contribuíram generosamente com seu conhecimento, perícia e apoio para este livro, e gostaria de começar agradecendo ao meu grande amigo Carlos Heneine, por me apresentar aos templários e, como sempre, ficar num jogo de bate-rebate de idéias comigo; a Bruce Crowther, que me ajudou a entrar neste novo reino; e a Franc Roddam, que entrou de cabeça neste projeto e lhe deu asas.

Gostaria também de agradecer pessoalmente a Olivier Granier, Simon Oakes, Dotti Irving e Ruth Cairns, da Colman Getty; Samantha Hill, da Ziji; Eric Fellner, Ed Victor, Bob Bookman, Leon Friedman, Maitre Francois Serres, Kevin e Linda Adeson (desculpe pelas controvérsias, Mitch), Chris e Roberta Hanley, dr. Philip Saba, Matt Filosa, Carolyn Whitaker, dr. Amin Milki, Bashar Chalabi, Patty Fanouraki e Barbara Roddam. Muito obrigado, também, a todos da Duckworth e da Turnaround.

Meus agradecimentos muitos especiais a Cephas Howard, bem como à equipe de Budapeste da Mid-Atlantic Films: Howard Ellis, Adam Goodman, Peter Seres, Gabby Csoma, Csaba Bagossy e a nossos amigos generosos da www.middleages.hu. Sou imensamente grato a todos vocês.

Meu muito obrigado ilimitado à minha agente literária, Eugenie Furniss, sem cuja paixão e infatigáveis incentivos e apoio, este livro nunca teria se materializado. Obrigado também a Stephanie Cabot, Rowan Lawton e demais membros da equipe da William Morris Agency.

Por fim, mas a galáxias de distância de ser menos importante, gostaria de agradecer à minha mulher, Suellen, que conviveu com este projeto por tanto tempo; um homem não poderia pedir uma maior defensora, amiga e alma gêmea.

Este livro foi composto em Minion 10,5/16,8
e impresso pela Ediouro Gráfica sobre
papel pólen soft 70g para a Ediouro em fevereiro de 2007.